AF372040

El fin de todo

Primera edición: abril de 2025
Título original: *The End of Everything. How Wars Descend Into Annihilation*

© Victor Davis Hanson, 2024
© de la traducción, Joan Eloi Roca, 2025
© de esta edición, Futurbox Project, S. L., 2025
Todos los derechos reservados, incluido el derecho de reproducción total o parcial de la obra.
Esta edición ha sido publicada mediante acuerdo con Basic Books, sello de Perseus Books, LLC, filial de Hachette Book Group, Inc. con sede en Nueva York, Estados Unidos.

Diseño de cubierta: Taller de los Libros
Imagen de cubierta: *El curso del Imperio IV: Destrucción,* de Cole Thomas, Wikimedia Commons.
Corrección: Bernat Ruiz, Darío Méndez, Raúl Ferrández

Publicado por Ático de los Libros
Calle Roger de Flor n.º 49, escalera B, entresuelo, oficina 10
08013, Barcelona
info@aticodeloslibros.com
www.aticodeloslibros.com

ISBN: 978-84-19703-92-7
THEMA: NHWA
Depósito Legal: B 7366-2025
Preimpresión: Taller de los Libros
Impresión y encuadernación: Liberdúplex
Impreso en España — *Printed in Spain*

VICTOR DAVIS HANSON

EL FIN DE TODO

CÓMO LAS GUERRAS CONDUCEN A LA ANIQUILACIÓN

Traducción de
Joan Eloi Roca

ÁTICO DE
LOS LIBROS

Barcelona - Madrid

ÍNDICE

LISTADO DE MAPAS

PREFACIO

Agradezco a mi editora en Basic Books, Lara Heimert, el aliento y el apoyo que me ha brindado durante la publicación de cuatro libros. Roger Labrie volvió a ser de gran ayuda en la cuidadosa edición del manuscrito. Glen Hartley y Lynn Chu, mis agentes desde hace más de treinta años, me ofrecieron su acostumbrado apoyo, experiencia y ánimo. David Berkey, Megan Ring, Morgan Hunter, Christian Martin y Andre Brilliant, de la Hoover Institution, desempeñaron un papel decisivo en la corrección y edición del manuscrito, como también en la preparación de las ilustraciones y los mapas, aportando asesoramiento y material de investigación. Agradezco a mi esposa, Jennifer, su ayuda constante, que me permitió disponer del tiempo y me proporcionó el entorno necesario para escribir el libro; así como el aliento de mi hija, Pauline Hanson Steinback, y de mi hijo, William Hanson.

A menos que se especifique lo contrario, he traducido todos los textos clásicos griegos y latinos a partir de fuentes primarias. Todas las fechas de los capítulos 2 y 3 son a. C., y las de los capítulos 3 y 4 son d. C.

Durante los últimos veintiún años, he tenido la suerte de disfrutar de mi residencia en la Hoover Institution de la Universidad de Stanford, junto con el apoyo constante de su directora, Condoleezza Rice, y del anterior director, el difunto John Raisian, quien me invitó por primera vez a Hoover. Mi colega de la Hoover, Bruce Thornton, leyó el manuscrito e hizo valiosos comentarios sobre su contenido y estructura. Agradezco a Bill Nelson la elaboración de los mapas. Tengo una deuda de agradecimiento especial por la ayuda directa de los supervisores de la Hoover,

Martin Anderson, Lew Davies, Jim Jameson, Robert, Rebekah y Jennifer Mercer, Roger y Martha Mertz, Jeremiah Milbank y Victor Trione.

Victor Davis Hanson
Martin and Illie Anderson Senior Fellow,
Clásicos/Historia Militar
Hoover Institution, Universidad de Stanford.
Selma, California, 31 de agosto de 2023

INTRODUCCIÓN

CÓMO DESAPARECEN LAS CIVILIZACIONES

> Y en el pedestal se leen estas palabras:
> «Mi nombre es Ozymandias, rey de reyes:
> ¡Contemplad mis obras, poderosos, y desesperad!».
> Nada queda a su lado. Alrededor de la decadencia
> de estas colosales ruinas, infinitas y desnudas
> se extienden, a lo lejos, las solitarias y llanas arenas.
> **Percy Bysshe Shelley, «Ozymandias»**

Hay muchas formas y causas por las que los Estados y sus pueblos pueden desaparecer de la historia. A veces, tanto el ser humano como la naturaleza —terremotos, tsunamis, erupciones volcánicas, plagas y cambio climático— acaban con poblaciones vulnerables. Culturas enteras han quedado arrasadas, ya sea de un plumazo o a lo largo de décadas. Sin embargo, este libro se centra en algo más inusual: la destrucción abrupta de una civilización, un Estado o una cultura por la fuerza de las armas; para ello, toma como casos de estudio la Tebas clásica, la Cartago púnica, la Constantinopla bizantina y los aztecas de Tenochtitlán. Sus conclusiones son una advertencia de que el mundo contemporáneo, incluyendo a los Estados Unidos, no es inmune a la repetición de estas calamidades.

Históricamente, un asedio o a una invasión solían anteceder al golpe de gracia contra una capital o el centro cultural, político, religioso o social de un Estado. Dicho golpe suponía la aniquilación de la forma de vida de todo un pueblo, cuando no el de gran parte de la propia población. Lo más curioso es que el paso de la normalidad al apocalipsis podía producirse con bastante rapidez y de forma inesperada, traumática. Sin embargo, con la derrota absoluta se revelaban, tardíamente, vulnerabilidades olvidadas durante mucho tiempo; fisuras económicas, políticas y sociales que solo se evidenciaban bajo las tensiones de la guerra. Los imperios en decadencia rara vez querían aceptar, y mucho menos abordar, el hecho de que sus extensos dominios de antaño habían quedado reducidos a lo que los defensores podían ver desde sus murallas.

La ingenuidad, la arrogancia, las evaluaciones erróneas de las fortalezas y debilidades, la pérdida de la capacidad de disuasión, las nuevas tecnologías y tácticas militares, la caída en ideologías totalitarias y el repliegue a ensueños del pasado pueden explicar por qué estos acontecimientos catastróficos, por lo general poco frecuentes, siguen repitiéndose: desde la destrucción del Imperio inca hasta el fin de la nación cheroqui, pasando por el genocidio de un pueblo judío populoso, pujante y de habla yidis o yiddish que ya habitaba en Europa central y oriental antes de la Segunda Guerra Mundial. La continua desaparición de culturas a través del tiempo y el espacio debería advertirnos de que incluso los Estados del siglo XXI pueden llegar a ser tan frágiles como sus homólogos antiguos, dado que las mejoras en la defensa marchan a la par que las artes de la destrucción. La ingenuidad y la ignorancia de los Gobiernos y líderes contemporáneos sobre las intenciones, el odio, la crueldad y las capacidades de sus enemigos no deben sorprendernos. Dada la inmutable naturaleza humana, es predecible el cómodo repliegue hacia la despreocupación y credulidad —el precio habitual de la opulencia y la inacción—, y ninguna de las pretensiones de una aldea global posmoderna y tecnológicamente avanzada puede protegernos.

Incluso en nuestra era de prosperidad transnacional, economía globalizada, Davos, las Naciones Unidas, miles de organizaciones no gubernamentales, un orden internacional basado en normas y la disuasión nuclear de las grandes potencias, los destinos de Tebas, Cartago, Constantinopla y Tenochtitlán no son meros recuerdos de un pasado lejano, inofensivo e irrelevante.

Es cierto que ningún Estado moderno esclaviza a toda la población vencida superviviente de una guerra —una de las formas más eficaces de borrar una civilización en el pasado— al estilo de Alejandro Magno con Tebas, o Escipión Emiliano con Cartago. Además, Estados Unidos está protegido por dos océanos, una formidable fuerza nuclear disuasoria de casi seis mil quinientas cabezas nucleares y la economía y el Ejército más poderosos de la historia. ¿Cómo podría ser aniquilada una potencia de este tipo por cualquier enemigo en el escenario mundial?

Por desgracia, los cambios tecnológicos no cambian la naturaleza humana, y esta es una ley que se aplica incluso a unos Estados Unidos que a menudo se creen exentos de las desgracias de otras naciones, tanto pasadas como presentes. Este libro deja claro, sin embargo, que ni la aceleración del progreso científico, ni el aumento del ocio, ni la disminución de las distancias mediante nuestras pantallas, contribuyen al desarrollo de la sabiduría o la moralidad humana, y mucho menos a una mejora radical de su naturaleza innata.

El sitiador de Tenochtitlán, Hernán Cortés, actuaba con los mismos principios con los que operaba Alejandro Magno unos 1788 años antes, al asumir que casi todos los aztecas a los que atacó acabarían como siervos, esclavos… o muertos. Aunque la mayoría del mundo actual no tolera la esclavitud, el canibalismo ni los sacrificios humanos, las herramientas para el genocidio —nuclear, químico y biológico— están mucho más avanzadas que nunca, y al alcance de nuestra mano. El periodo de 1939 a 1945, con sus setenta millones de muertos apenas dos décadas después de que veinte millones perecieran en «la guerra que debía acabar con todas las guerras» de 1914-1918, nos mostró una vez más que el progreso material y tecnológico suele acompañar al retroceso moral, una lección que se remonta a las advertencias del poeta griego Hesíodo del siglo VII a. C.

El siglo XXI ya ha vivido guerras sangrientas en lugares tan diversos como Afganistán, Chechenia, Crimea, Darfur, Etiopía, Irak, Líbano, Libia, Níger, Nigeria, Osetia, Pakistán, Sudán, Siria, Cisjordania y Yemen, todas tras los genocidios de fin de milenio en Camboya y Ruanda. Sin embargo, estos espantosos conflictos ni siquiera son los puntos que amenazan con mayor probabilidad con atraer a las grandes potencias que poseen armas de destrucción masiva, entre las que destaca Estados Unidos. Durante los últimos años, Rusia ha amenazado con utilizar armas contra Ucrania; China contra Taiwán; Irán contra Israel; Pakistán contra la India, y Corea del Norte contra Corea del Sur, Japón y Estados Unidos. Turquía ha hablado de lanzar misiles contra Atenas e Israel, o de resolver el «problema» armenio a la manera de sus antepasados. Estas son solo las amenazas en forma de bombas y misiles, pero al mismo tiempo nos adentramos en la era de los agentes patógenos mejorados genéticamente y las municiones guiadas por inteligencia artificial.

Nótese que los cuatro antiguos apocalipsis provocados por el hombre de los que hablamos difieren de las misteriosas desapariciones, o de los abruptos colapsos de enormes sistemas, de «civilizaciones perdidas» como los micénicos *(c.* 1200 a. C.) o los mayas *(c.* 900 d. C.). Evidentemente, no son lo mismo que extinciones menores como los misteriosos finales de las islas de Pascua, Pitcairn o Roanoke.[1]

El libro tampoco se centra en la decadencia interna y gradual que va carcomiendo una nación o un imperio, como la disolución y absorción parcial de la Roma imperial del siglo v d. C. por los bárbaros, así como su lenta metamorfosis en la Europa de la llamada Edad Media. No trataremos la desaparición política de Gobiernos estatales o el cambio de etnónimos, como el final formal de la denominación y la existencia política de Prusia y los prusianos, o Yugoslavia y los yugoslavos. Ni siquiera la destrucción efectiva de un Estado enemigo —con habitantes, un Gobierno, una historia y una cultura únicas— equivale siempre al genocidio de todo un pueblo, aunque a veces un asedio victorioso pueda provocar muertes masivas impulsadas por el odio racial, étnico o religioso.

Si los Estados y las culturas pueden quedar arrasados por sus enemigos en tiempos de guerra, ¿cuándo podemos decir que un pueblo ha sido vencido o extinguido? ¿Quizá cuando su nación se conquista y ocupa formalmente y su ciudadanía se reduce a la condición servil? Otra alternativa, como se argumenta en este libro, es cuando el Gobierno de un Estado desaparece, su infraestructura queda arrasada, la mayor parte de su población muere, se dispersa o es esclavizada, su cultura se fragmenta y no tarda en olvidarse, y el espacio que ocupaba es abandonado o tomado por otro pueblo muy diferente.

Por supuesto, nada se acaba del todo, al menos completamente. Las instituciones políticas se hunden, la cultura declina, la lengua pervive y la gente se desperdiga, pero unos pocos supervivientes pueden salir adelante, durante un tiempo, sobre los laureles de glorias pasadas. Así pues, como veremos, puede haber gradaciones de «aniquilación». Debemos examinar detenidamente si una Tebas o una Cartago fueron destruidas tal y como nos dicen los registros, y qué significan exactamente verbos como «destruida», «demolida» y «arrasada», que aparecen en las fuentes.

Desde la caída de Troya hasta la pulverización de gran parte de Hiroshima, la destrucción de ciudades y —ocasionalmente— de sus civilizaciones es inusual, pero no solo pertenece a nuestro pasado bárbaro. Los ecos de algunas de estas catástrofes nos llegan a través de los siglos. A veces, estas aniquilaciones cambiaron la vida de pueblos bastante diferentes, mucho más allá de los muertos y esclavizados. Millones de personas alejadas de la zona cero comprendieron casi de inmediato que las consecuencias de esa destrucción acabarían alterando sus vidas, y las generaciones posteriores se dieron cuenta de que tales aniquilaciones habían marcado el abrupto final de una era y una transición hacia algo muy diferente. Al margen de que la trascendencia de la pérdida de un sistema político, la desaparición de una cultura o el borrado de un pueblo se evidenciara mientras sucedía o más tarde, sigue habiendo ciertas similitudes —y, por tanto, lecciones— en estas desapariciones históricas de sociedades enteras en tiempos de guerra.[2]

El tamaño y la riqueza de la población objetivo marcaron la diferencia. El mundo antiguo lamentó la destrucción de la pequeña isla de Melos y de su cultura en el 415 a. C. por parte de los atenienses. Sin embargo, los griegos clásicos no equipararon un mundo sin los melios con la pérdida del helenismo, al menos a la manera de la posterior devastación de Tebas o Corinto, mucho más grandes e influyentes. La lengua, la literatura, el arte y la ciencia de los desaparecidos, así como su capacidad para trascender sus propios orígenes, también importaban. El mundo de Asia Menor y del Mediterráneo cambió tras el fin de la Constantinopla bizantina mucho más que tras la aniquilación de los vándalos en el norte de África, Sicilia e Italia.

Los casos estudiados aquí —la devastación de Tebas por Alejandro Magno, la eliminación de Cartago por Escipión Emiliano, la conquista y transformación de Constantinopla por el sultán Mehmed II y la aniquilación de Tenochtitlán por Hernán Cortés— marcaron el final de culturas y civilizaciones, así lo consideraron tanto los contemporáneos como las generaciones posteriores. Con la extinción de Tebas y sus habitantes, Alejandro puso fin a la Grecia clásica de cientos de ciudades-Estado independientes, cuya implosión inauguró una era helenística muy diferente, de reinos y valores imperiales.

La destrucción de Cartago y de la civilización púnica en África supuso la desaparición del último gran obstáculo para un Mediterráneo occidental romano. Su desaparición incorporó el norte de África a Occidente y aceleró la transformación de Roma de república a potencia imperial. Por su parte, la caída de Constantinopla confirmó el declive del mundo mediterráneo como nexo del comercio europeo. La pérdida de la ciudad desvaneció la presencia formal europea en Asia, aunque, por otro lado, también contribuyó a abrir un nuevo mundo atlántico dominado por Portugal, España, Francia y, más tarde, Holanda e Inglaterra. Asimismo, la aniquilación del Imperio azteca y de su capital, Tenochtitlán, por parte de Cortés, normalizó el aplastamiento de los estados nativos independientes en las Américas, a la vez que alumbraba una nueva civilización hispanohablante que no era del todo indígena ni española.

A menudo, una gran ciudad —normalmente una capital, definida por su centralidad e influencia políticas, o por su tamaño y riqueza— se convierte en una sinécdoque, una metonimia del colapso de toda su civilización para las generaciones posteriores. Por supuesto, los actores implicados no siempre se reconocieron como los agentes de la transformación que estaban desencadenando. No podemos asegurar que Alejandro pensara en arrasar Tebas más que para eliminar una molestia rebelde, un obstáculo que frenaba sus planes de invasión y saqueo del Imperio persa.

Tampoco podemos afirmar que, Escipión Emiliano, a pesar de todos sus supuestos remordimientos posteriores y sus pretensiones filosóficas, acaso estuviera más preocupado por su propia carrera política por no demoler Cartago después de que sus dos inmediatos e ineptos predecesores hubieran fracasado. Mehmed II mostraba cierta idea del significado histórico y cultural de la caída de Constantinopla, ya que anunció que él era ahora el único y legítimo heredero del Imperio romano. Sin embargo, ni siquiera el sultán previó que sus decisiones impulsarían a Europa Occidental a conquistar el mundo por mar para evitar el creciente control y la obstaculización del comercio mediterráneo entre Oriente y Occidente por parte de la Kostantiniyye otomana. Cortés proyectó sus conquistas por su propia carrera y riqueza, así como el engrandecimiento del poder y el nombre de su Iglesia, su rey y él mismo.

***

El capítulo 1 repasa el destino de la ciudad de Tebas, célebre tanto en la historia como en el mito. En el 335 a. C., los tebanos no solo se rebelaron contra la ocupación macedonia de Grecia, sino que desafiaron a Alejandro Magno a que tomara la legendaria ciudad.

Así lo hizo, tras una breve pero salvaje batalla que duró un día. Después, de forma bastante inesperada, consiguió que otras ciudades-Estado griegas conquistadas ratificaran su decisión de arrasar la ciudad, matar a la mayoría de los varones adultos, vender como esclavos a los cautivos supervivientes y permitir que los vecinos se apropiaran del territorio tebano. De este modo, Alejandro acabó para siempre con la antigua ciudadela de Cadmo, fundador mítico de la ciudad sagrada.

Se destruyó algo más que la propia Tebas. La aniquilación de los tebanos marcó el final icónico de toda la era de las ciudades-Estado independientes que los tebanos rebeldes habían intentado salvar. Tras la desaparición de Tebas, un imperio o reino sucedió a otro en suelo griego: primero Alejandro y sus *diadochoi* ('sucesores') helenísticos, luego Roma y Bizancio, más tarde los otomanos y, por último, la monarquía griega independiente. Sin embargo, después de Alejandro se desvaneció aquella fértil civilización de polis de la edad dorada; no solo la de Tebas, sino también la de Atenas y el resto de Grecia.

El capítulo 2 explora la rivalidad fatal entre Roma y Cartago que culminó en el 146 a. C., unos 189 años después del fin de Tebas, cuando los cartagineses también desaparecieron como pueblo, lo que supuso el final de la tercera guerra púnica. La propia civilización púnica desapareció con su capital. También perecieron por asedio después de que sus lejanas fronteras se redujeran a los suburbios de la ciudad. La lengua, la literatura y el pueblo cartagineses, antes extendidos por todo el Mediterráneo, retrocedieron hasta convertirse en remotas evocaciones durante los siglos grecorromanos que siguieron.

A lo largo de las tres guerras púnicas, Cartago había luchado contra Roma durante demasiado tiempo y se había vuelto muy vulnerable. Su existencia llegó a percibirse ya no como un peligro existencial, sino como una irritación constante para Roma. Su destino era casi irrelevante para los demás, y Roma buscó una oportunidad para destruir a su rival económico y apropiarse de sus riquezas. Los historiadores consideraron que la caída de Cartago, junto a la casi simultánea destrucción de Corinto y la creación de provincias romanas en Grecia, supusieron el final de los reinos helenísticos y el inicio del mundo mediterráneo romano.

La más infame de las aniquilaciones bélicas fue la destrucción de la Constantinopla bizantina el 29 de mayo de 1453, el «martes negro», tema del capítulo 3. Mientras que la lengua griega y la religión cristiana ortodoxa sobrevivieron de forma dispersa en el sur de Europa y en los confines de Asia tras la caída del Imperio bizantino, la realidad milenaria de un Imperio romano oriental de habla griega y el culto en Asia Menor desaparecieron, a pesar de las posteriores pretensiones de Rusia de restablecer una tercera Roma cristiana. Constantinopla había sobrevivido y más o menos se había recuperado del brutal saqueo por parte de los caballeros occidentales de la Cuarta Cruzada en 1204, pero no se recuperaría de los planes mucho más ambiciosos del sultán Mehmed II, que acabaría con la civilización bizantina y se apropiaría y transformaría su prestigiosa capital.

Los otomanos odiaban el cristianismo. Supusieron, con razón, que Constantinopla era vieja y débil, y que la mayor parte de la cristiandad occidental la había abandonado hacía tiempo. Santa Sofía, la mayor catedral cristiana de Occidente durante siete siglos, acabó convertida en la mayor mezquita del mundo. Los bizantinos, la ciudad griega de Constantinopla y la idea de una cultura helénica cristiana y grecoparlante cohesionada en Asia desaparecieron para siempre. El armazón griego de la ciudad saqueada permaneció y, con ella, su estratégico emplazamiento en el Bósforo, pero sería absorbida como Kostantiniyye, la nueva y dinámica capital del ascendente Imperio otomano, y más recientemente rebautizada como Estambul.

Desde una perspectiva global, la caída de Constantinopla marcó el fin del mundo centrado en el Mediterráneo oriental, la transferencia del poder y la influencia helénicos a la Europa del Renacimiento y, muy pronto, el comienzo de la era atlántica. En 1444, casi una década antes de la caída de la ciudad, los exploradores portugueses, que buscaban una ruta marítima para eludir el control otomano del Mediterráneo y las rutas terrestres hacia Asia, ya habían alcanzado el punto más occidental de África. Al sur del Sáhara ya empezaban a burlar el control musulmán del comercio con la Costa del Oro africana. En 1488 ya habían alcanzado el cabo de Buena Esperanza, lo que aseguró a los europeos el acceso directo al comercio con Asia. En 1492, apenas treinta y nueve años después de la caída de Constantinopla, los europeos descubrieron «el Nuevo Mundo».

Al igual que «vándalo», «bizantino» solo sobrevive como adjetivo. Se utiliza de forma inexacta e injusta para transmitir la supuesta ineficacia e intriga de unas burocracias fosilizadas y sobredimensionadas. Por lo demás, los bizantinos se desvanecieron en la memoria colectiva griega. La idea de una Bizancio revivida resurgió solo una vez, como una fantasía efímera. Tras la disolución del Imperio otomano en 1918, el sueño helénico de la Μεγάλη Ιδέα (*Megali Idea* o 'Gran Idea') cobró mayor impulso, pero no tardó en morir definitivamente. Esta nueva encarnación de la Megali Idea había imaginado un Egeo panhelénico en el siglo xx unido por los grecoparlantes de Asia Menor, la Grecia continental, las islas y la costa septentrional egipcia, pero el ejército del nacionalista turco Mustafa Kemal Atatürk la aplastó en la conflagración final de Esmirna (1922) tras la guerra greco-turca de 1919 a 1922, y el naciente Estado de Turquía la remató.[3]

El salvaje empeño de Hernán Cortés en la destrucción del Imperio azteca es el tema del capítulo 4. Cuando terminó el asedio de la ciudad en 1521, ya no existía el concepto de un pueblo azteca ni de una majestuosa capital indígena en Tenochtitlán, ni tampoco de una ciudad-isla de canales como Venecia. De hecho, apenas quedaba nada, salvo las posteriores mitificaciones de una patria azteca perdida en el suroeste de Estados Unidos y los esclavos que construían la nueva capital española de Ciudad de México, asentada deliberadamente sobre el emplazamiento de la antigua. Al igual que Cartago y Constantinopla, Tenochtitlán había sido el centro neurálgico de un imperio frágil, la gran ciudad que articulaba una periferia de miles de kilómetros cuadrados.

Aunque habían ido conociendo la civilización azteca durante los dos años anteriores, los españoles trataron casi inmediatamente de destruir su religión, cultura y estirpe. Creían tener razones más que suficientes para destruir el Imperio azteca en lugar de limitarse a derrotar a los *mexicas* (la palabra indígena para «azteca»). Al igual que con Tebas, la destrucción de Tenochtitlán y del Imperio mexica no se limitó a borrar un Estado. La desaparición de la ciudad marcó el fin de la civilización *altepetl* ('ciudad-Estado') de América Central en su conjunto. Cuando se combinó con la posterior conquista española del Imperio inca, indirectamente inspirada por Cortés, la muerte de la ciudad marcó el colapso de la era de las civilizaciones independientes del «Nuevo Mundo».

El libro termina con un breve epílogo que traza un esquema trágico, pero predecible, de todas estas desapariciones tan diferentes en los aspectos geográficos, étnicos, religiosos y cronológicos. El resultado es una advertencia para nosotros y nuestro futuro. A medida que se reducen los márgenes de error humano y aumentan las posibilidades de malentendido en los conflictos, nuestro mundo se vuelve cada vez más vulnerable y peligroso —desde Ucrania a Taiwán, pasando por Oriente Próximo—, en un escenario humano cada vez más uniforme e interconectado. Debemos recordar que las guerras mundiales del siglo pasado se cobraron probablemente más vidas humanas que todos los conflictos armados en conjunto desde los albores de la civilización occidental, hace dos mil quinientos años. Lo hicieron con armas ya obsoletas y con planes de destrucción muy conocidos, que no han cambiado desde la Antigüedad. En cuanto a las víctimas de la agresión, siguen muy presentes las viejas mentalidades y las falsas ilusiones que condenaron a los tebanos, los cartagineses, los bizantinos y los aztecas, sobre todo los últimos pensamientos de los masacrados: «Esto no puede ocurrir aquí».

CAPÍTULO 1

LA ESPERANZA, CONSUELO DEL PELIGRO

LA ANIQUILACIÓN DE LA TEBAS CLÁSICA (DICIEMBRE DEL 335 A. C.)

Melios. Pero sabemos que la fortuna de la guerra es a veces más imparcial de lo que la desproporción de los números podría hacer suponer; someternos es entregarnos a la desesperación, mientras que la acción aún nos conserva la esperanza de mantenernos erguidos.

Atenienses. La esperanza, consuelo del peligro, puede consentirse por aquellos que tienen abundantes recursos, si no sin pérdida, en todo caso sin ruina; sin embargo, su naturaleza es la extravagancia, y aquellos que van tan lejos como para ponerlo todo en la aventura solo la ven en sus verdaderos colores cuando están arruinados.

Tucídides, *Historia de la guerra del Peloponeso*

La ingenuidad colectiva puede llevar a la muerte a un pueblo vulnerable. Así le ocurrió a la ciudad-Estado griega clásica de Tebas. En el año 335 a. C., sus dirigentes apostaron a que rebelarse contra el Imperio macedonio de Alejandro Magno tendría éxito o que, al menos, podrían negociar una rendición que garantizara la pervivencia de su civilización. Cometieron un error fatal en ambos aspectos.

En una serie de errores de cálculo demasiado comunes, los orgullosos tebanos se centraron en su impresionante ejército, en la justicia de su causa, en la simpatía de sus aliados y en la sagrada reputación de su ciudad como icono de la eterna cultura helénica, pero no tuvieron en cuenta los antecedentes despiadados de Alejandro Magno. Olvidaron la superioridad de la falange macedonia. Además, sus líderes ignoraron el terror que la ocupación macedonia había diseminado en unas mil quinientas ciudades-Estado griegas conquistadas.

Por eso murieron en masa.

La ingenuidad de los atacados es un tema recurrente en la extinción de civilizaciones al final de una guerra: una credulidad

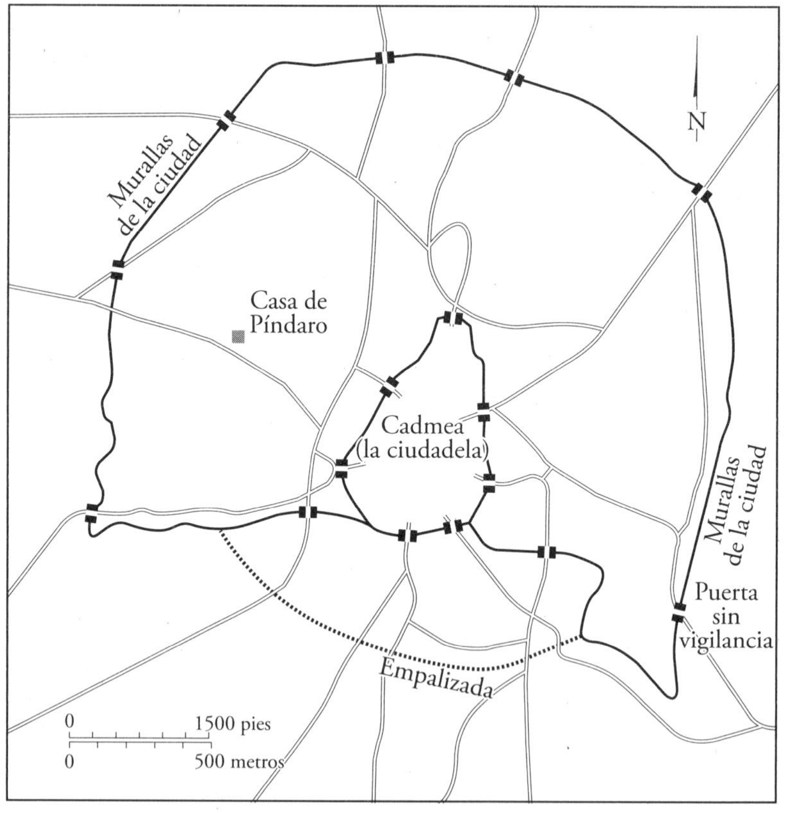

Tebas

28

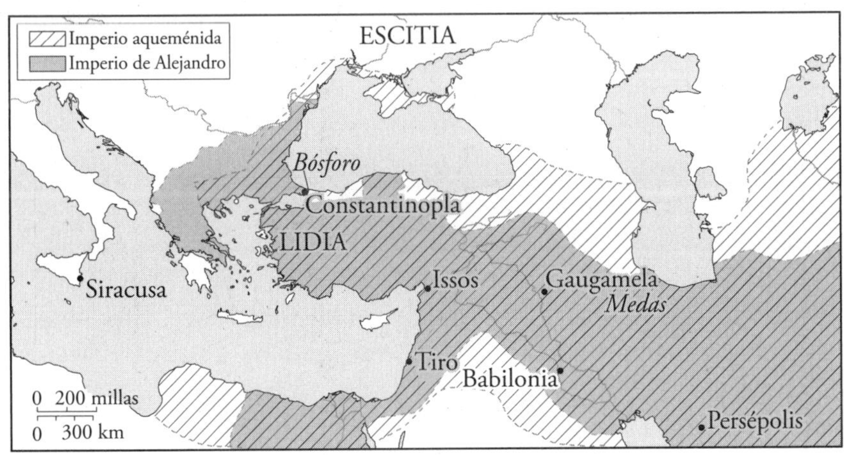

Grecia y Macedonia en el siglo IV a. C.

propia de los humanos en situaciones límite, causada por el fervor y la histeria desatados por la guerra. Los defensores a ultranza se engañan a sí mismos pensando que todos los demás son idealistas como ellos, o que al menos deben estar igual de comprometidos con la causa de su propia supervivencia. Se burlan de los apaciguadores y de los realistas, de aquellos que son conscientes de sus responsabilidades familiares, que ven más allá del idealismo colectivo y tienen en cuenta la aritmética de la muerte para tomar sus decisiones según las posibilidades reales de victoria.

Los confiados emisarios tebanos que viajaron hacia el sur, al istmo de Corinto, para encontrarse con los ejércitos aliados que supuestamente llegaban del sur de Grecia para salvarlos se encontraron con sus ilusiones hechas añicos. Bajo el riguroso interrogatorio de sus amigos, los tebanos habían admitido que Alejandro estaba cerca, maniobrando en Beocia, cerca de sus propias murallas. Casi de inmediato, los demás aspirantes a revolucionarios panhelénicos expresaron su simpatía, pero decidieron eludir cualquier aventura bélica contra los temidos macedonios. No tardaron en dar media vuelta y regresaron a casa avergonzados pero vivos. Fue así como la desafiante Tebas se quedó sola para enfrentarse a las fatales consecuencias de su idealismo.

En su celo revolucionario, los indómitos soldados de infantería pesada tebanos salieron con confianza de las murallas de su ciudad asediada para enfrentarse a los invasores. Estos lanceros hoplitas —soldados ciudadanos con pesadas armaduras de bronce y grandes escudos de madera— no esperaron el ataque de los macedonios, aunque habría sido lo más prudente. Admitieron que las famosas murallas de la legendaria «Tebas de las siete puertas» tenían muchos puntos vulnerables que no resistirían el asedio de los maestros en el arte de asaltar ciudades, los macedonios de Alejandro Magno. Así pues, en lugar de limitarse a vigilar las murallas, los tebanos deseaban salir de la ciudad cercada y evitar que los sitiadores arrastraran sus máquinas de asedio hasta las murallas.

A los tebanos les preocupaba especialmente que la creciente tropa de infantería macedonia extramuros pudiera rescatar a su guarnición cautiva dentro de la ciudad. Se trataba de tropas macedonias atrapadas en el interior de la acrópolis conocida como Cadmea. Por desgracia, a diferencia de la mayoría de las acrópolis, como la de Atenas, que servían como centro de las *poleis* ('ciudades-Estado') amuralladas, un lateral de las fortificaciones de la Cadmea formaba parte de la muralla exterior de la ciudad. Así pues, a diferencia de un torreón medieval protegido, parte de la célebre ciudadela de Tebas se encontraba justo en medio de la línea de frente de un asedio.

¿Por qué el futuro Alejandro Magno había acampado frente a una preeminente griega y amenazaba con arrasar Tebas? Hacía poco que la guerra había comenzado como una supuesta rebelión panhelénica contra las fuerzas de ocupación macedonias, aprovechando la muerte del rey Filipo II de Macedonia y el ascenso de su hijo y heredero, Alejandro. El incendiario político ateniense Demóstenes había afirmado falsamente que Alejandro había muerto en su campaña para reprimir unas revueltas en Iliria (la actual Albania), muy al norte. La rebelión estalló en cuanto los tebanos escucharon este rumor. Atacaron a la guarnición macedonia local como primera muestra de levantamiento, confiando en que otras ciudades-Estado griegas emularían su ejemplo. Para sorpresa de todos, los tebanos apenas tardaron en cercar a los hombres de Alejandro en Cadmea de una forma un tanto humillante, dada la supuesta y férrea subyugación de Grecia a los macedonios.

Sin embargo, parecía que Alejandro no había muerto. De hecho, en respuesta a los rumores de su desaparición, había hecho marchar a su ejército cuatrocientos ochenta kilómetros desde Iliria hasta Tebas, en el centro de Grecia, en solo dos semanas, al asombroso ritmo de más de treinta kilómetros al día. Ahora una inesperada fuerza de macedonios avanzaba hacia las murallas, mientras que sus compatriotas estaban encerrados en la acrópolis y los tebanos, entremedias, atrapados en su propia ciudad.

Durante tres años (hasta el inesperado asesinato de su conquistador, Filipo II), la mayor parte de Grecia había estado más o menos pacificada. Pronto, su hijo de veintiún años liquidó a sus rivales y marchó con el ejército de su difunto padre hasta Tebas. Lo que siguió fue un enfrentamiento entre Tebas, lugar emblemático de la mitología griega y hogar del ejército más consumado de la Grecia clásica, y un inexperto y joven rey macedonio al frente de una temida jauría de veteranos asesinos profesionales. Pocos años antes, cuando todavía era un adolescente, Alejandro había liderado el ala izquierda del ejército de su padre en el cercano campo de batalla de Queronea (338 a. C.), y su decisiva acción contribuyó a romper la formación del ejército griego coaligado. Sin embargo, para los griegos Alejandro aún no era Filipo II, el monstruo de un solo ojo que durante veinte años había revolucionado la guerra helénica y por fin había logrado lo que ningún rey persa consiguió jamás: el sometimiento de las ciudades-Estado griegas.

Los tebanos pensaron que su sencilla e improvisada captura de la guarnición macedonia incitaría a otras ciudades-Estado griegas a acudir en su ayuda. La reputación del ejército tebano y su alzamiento por el retorno de una Hélade libre provocarían sin duda un levantamiento panhelénico contra los macedonios. Juntas, las ciudades-Estado griegas se agolparían a las puertas de Tebas y aplastarían a la falange invasora macedonia. Ya se habían extendido rumores descabellados de que varios de los mejores ejércitos peloponesios de griegos libres —sobre todo los etolios, arcadios y eleos— se estaban reuniendo no muy lejos, en el istmo de Corinto, a la espera de unirse a la creciente insurrección. Por un momento, muchos griegos pensaron que esta resistencia podía incluir a Atenas y Esparta. Además, aunque Alejandro Magno no hubiera muerto como se rumoreaba, los insurrectos lo juzgaban demasiado joven como para mantener unido al ejército macedonio de su difunto padre y a los generales de la vieja guardia.

Sin embargo, los tebanos asediados esperaron ayuda en vano. Una vez que los ejércitos aliados del sur se hubieron esfumado, pronto se hizo evidente que ninguno de los generales griegos tenía una idea exacta de dónde se estaba metiendo: ni en lo referente al tamaño de la fuerza invasora macedonia, ni al plan de un Alejandro que ahora estaba muy vivo, ni cuándo se pondría en marcha. En su lugar, cada ejército griego calculó que, aunque en teoría todas las ciudades-Estado juntas podrían derrotar a Alejandro y sus macedonios, cualquier polis que luchara en solitario sería aniquilada. Así pues, todos decidieron no ser esa solitaria.

Alejandro ya presionaba a la ciudad aislada súbitamente. Como dijo el historiador del siglo I Diodoro, la mayoría de los griegos, al enterarse de la revuelta, se preocuparon sinceramente por los tebanos. Sin embargo, la simpatía no se tradujo en auxilio. Las demás ciudades-Estado griegas no solo asumieron que Alejandro sofocaría la rebelión sin piedad, sino que racionalizaron su inacción al alegar —con razón— que sus supuestos libertadores, los tebanos, eran demasiado temerarios e impredecibles. De hecho, los tímidos aliados arguyeron todo tipo de endebles excusas que ensalzaban la discreción como la mejor parte del valor, recordando oportunamente que, un siglo y medio antes, los tebanos habían ayudado a los invasores persas, por lo que eran indignos del sacrificio de sus hermanos.[1]

No obstante, los tebanos mantuvieron sus planes de una batalla campal. La mística de la falange tebana, la envidia de todos los griegos del siglo IV, era algo así como la reputación de entreguerras del supuestamente invencible ejército francés de la Primera Guerra Mundial: una idea basada en la esperanza del pasado más que en una realidad fundamentada en hechos actuales. En 1916, *l'armée de terre française* (el Ejército de tierra francés) había detenido milagrosamente a los alemanes en Verdún al grito de *«Ils ne passeront pas!»,* '¡No pasarán!'. Durante el periodo de entreguerras de los años treinta, la mayoría de los europeos occidentales, incluidos los británicos, seguían suponiendo que esta enorme fuerza, el antiguo baluarte de Occidente, quizá volviera a doblegarse, pero nunca llegaría a romperse. Sin duda, su millón de soldados en campaña, con cinco millones más en reserva, detendría a la Wehrmacht de Hitler tal y como el mismo ejército había frenado en su día a las legiones invasoras del Kaiser. En mayo de 1940, el sueño tardó seis semanas en disiparse.

Al igual que las debilidades ocultas en el ejército francés, el declive de Tebas, desde su papel preeminente en Grecia hasta su impopular liderazgo de una tambaleante federación democrática beocia, garantizó la erosión de la legendaria falange de su anterior y renombrado general Epaminondas *(c.* 419/411-362 a. C.). Los macedonios ya habían aplastado al ejército tebano apenas tres años antes, en la batalla de Queronea. Allí, en más o menos una hora, el tan jaleado Batallón Sagrado de ciento cincuenta parejas de amantes fue aniquilado hasta el último hombre. Desplegados probablemente en el flanco derecho del ejército griego, los tebanos se habían encontrado frente a frente con el propio Alejandro, que lideraba la izquierda macedonia. El ala tebana fue derrotada. El legendario Batallón Sagrado yacía ahora enterrado bajo el campo de batalla de Queronea. En tiempos modernos se han desenterrado la mayoría de sus restos, que descansaban bajo un majestuoso león de piedra conmemorativo. Quizá los supervivientes de aquella batalla siguieran traumatizados por su inusitada derrota, la huida, las pérdidas y los meses posteriores bajo la ocupación macedonia.[2]

No obstante, tres años después, esas mismas corazas se enfrentaban al mismo ejército y al mismo líder que había destruido sus fuerzas. Pronto descubrieron el gran tamaño del ejército macedonio. Alejandro había desplegado más de treinta mil falangitas, soldados de infantería equipados con largas sarisas de más de cuatro metros y medio de longitud. En los flancos había contingentes más pequeños de hipaspistas, infantería con grandes escudos y armados como los hoplitas griegos, con armadura completa y lanzas más cortas. El núcleo de la caballería lo formaban tres mil jinetes veteranos; además, tropas ligeras armadas con proyectiles se disponían delante y en la retaguardia de la línea de batalla para explotar y ampliar cualquier debilidad y brecha en el frente de los tebanos.

En otras palabras, el nuevo ejército macedonio creado por el difunto Filipo II era una orquesta de asesinos, incrementada ahora por miles de beocios rurales de la zona, hostiles a su capital compartida en Tebas. Cada contingente de batalla potenciaba a los demás: cada uno jugaba un papel complementario en un momento y lugar de ataque, todo lo contrario que las falanges hoplitas unidimensionales. Los griegos siempre habían considerado a los macedonios un pueblo a medio civilizar, pero, tras aprender el poderío militar de los hoplitas de sus vecinos del sur, ampliaron y mejoraron el concepto de una masa de lanceros en columna y alargaron las lanzas hasta convertirlas en picas. Añadieron otros tipos de combatientes para complementar la falange unidimensional, alineando caballería tanto ligera como pesada, infantería y tropas de proyectiles con una gran variedad de armas y protección corporal.

Alejandro se mostró paciente: ya llevaba tres días esperando fuera de las murallas con la esperanza de que el mero espectáculo de sus fuerzas erosionara la moral tebana y forzara la sumisión. ¿No entrarían en razón y recordarían que él, con solo dieciocho años, había aplastado al contingente tebano en Queronea? Previendo la posibilidad de que a los tebanos les diera por resistir, los ingenieros de asedio de Alejandro ya habían iniciado los preparativos para un asalto prolongado, incluso mientras enviaba emisarios que mediaran por una rendición negociada y no humillante. Los términos indulgentes de los macedonios revelaban su afán por concluir la rebelión de forma pacífica. Alejandro incluso había prometido amnistiar a todos los rebeldes tebanos si se limitaban a entregar a sus cabecillas, Prostytes y Fénix.

Los rebeldes tebanos apenas se dejaron impresionar por las condiciones moderadas de Alejandro. Creían ingenuamente que su falange de infantería podía luchar mucho mejor fuera de sus murallas, en parte porque habían improvisado unas empalizadas, junto con trincheras recién excavadas. Estas fortificaciones fuera de la ciudad también impedían que los atacantes asaltaran con facilidad la vulnerable muralla cadmea y liberaran a los rehenes macedonios. Como ya se ha comentado, el defecto de las fortificaciones tebanas siempre había sido que la muralla que rodeaba la ciudad también conformaba el muro exterior de la ciudadela interior.[3]

Al parecer, los tebanos confiaban más en su ejército en el campo de batalla que en la población de la ciudad apostada en las murallas. Durante casi un siglo, hasta Queronea, los gloriosos hoplitas tebanos habían aplastado a todos los ejércitos contra los que se habían enfrentado. Victoriosos en la guerra del Peloponeso bajo el mando del legendario Pagondas, habían arrollado a los atenienses en la batalla de Delio (424 a. C.) y puesto en fuga a miles de hoplitas de vuelta al Ática, excepto al valeroso Sócrates, ya entrado en años, y su círculo más próximo. Más tarde, liderados por el general Epaminondas, los tebanos prácticamente destruyeron el ejército espartano en Leuctra (371 a. C.). Pocos meses después de esa victoria, invadieron la patria de los espartanos; según la leyenda, fueron los primeros invasores que entraban en la sagrada Laconia en casi setecientos años. Incluso en la derrota de Queronea, los tebanos estuvieron a punto de dar la vuelta a la batalla antes de ser derrotados por Filipo II y Alejandro.

En cierto sentido, la incapacidad de los tebanos para sacar conclusiones útiles de su reciente y crucial derrota en Queronea fue similar a la adhesión de los acérrimos confederados de la guerra de Secesión a una mística «causa perdida». Al parecer, los tebanos creían que la catástrofe de Queronea, tal vez como la crucial derrota sureña en Shiloh, no era un dictamen inequívoco —o una advertencia— acerca de la evidente inferioridad de su fuerza militar. Prefirieron creer que esa singular derrota era atribuible al azar, la mala suerte y las muertes inoportunas o los errores garrafales de sus propios comandantes.[4]

Aun así, incluso en su ocaso, la falange tebana clásica seguía siendo un ejército ofensivo, famoso por su fuerza física y su audacia. *In extremis,* los comandantes más realistas al menos pensaban que era mejor morir en batalla campal que masacrados poco a poco en sus calles. Era característico de los tebanos atacar en gran profundidad y a menudo avanzar en orden oblicuo, pero esa táctica era imposible dentro de las murallas. El brutal Heracles, el semidiós heroico que representaba la fuerza sobrehumana y que según algunos mitos había nacido en Tebas, era el patrón de la ciudad, en cuyos escudos permanecía blasonado su rudo garrote. La mayoría del ejército no estaba dispuesto a rendirse.

Más importante todavía: la Tebas del siglo IV se enorgullecía de ser la cuna de la revolución. Tras democratizarse bajo Epaminondas y Pelópidas, la ciudad había puesto Grecia patas arriba. La Tebas en armas había castrado a Esparta, reconfigurado todo el sistema político del Peloponeso, liberado a los ilotas mesenios y, más tarde, anclado la resistencia griega en Queronea. Tebas también se reivindicó como fuerza moral, ya que el victorioso Epaminondas no había ordenado ejecutar ni esclavizar en masa a los vencidos. De no haber muerto en la batalla de Mantinea (362 a. C.), Epaminondas podría haber aspirado a una entidad política federalizada, democrática y panhelénica. No es de extrañar, pues, que los tebanos se jactaran una vez más ante los griegos de que su polis supervisaría el renacimiento espiritual de las ciudades-Estado. Surgirían de su sometimiento una vez más, cual ave fénix, para derrocar el *statu quo* de una Grecia ocupada y humillada.[5]

Alejandro no quiso arriesgarse con la primera y más poderosa de las ciudades que podrían rebelarse justo cuando planeaba invadir Asia. Por ello, el joven rey había decidido desplegar todo su ejército macedonio: una concentración casi del mismo tamaño que la fuerza que en cuatro años destrozaría tres ejércitos persas en las batallas decisivas de Gránico, Issos y Gaugamela, y destruirían así al mayor imperio del mundo.

La cuestión es que los tebanos no habían visto un enemigo tan grande fuera de sus famosas siete puertas en casi siglo y medio —probablemente no desde el 479 a. C.—, cuando habían traicionado al resto de griegos uniéndose al enemigo persa. Entonces, como quintacolumnistas, los tebanos habían caído derrotados en la batalla de Platea junto a sus aliados invasores. Avergonzada, Tebas acabó rodeada y asediada por sus indignados compatriotas griegos. La ciudad se vio obligada a rendirse, humillada, y suplicando clemencia a las victoriosas y vengativas ciudades-Estados. Aquella antigua mancha sobre los tebanos seguía siendo un argumento recurrente de la propaganda de sus enemigos, y Alejandro volvió a invocarla para disuadir a cualquier otra helénica que contemplara unirse a tan dudosa insurrección.

En términos militares, los anticuados hoplitas campesinos de Tebas eran ampliamente superados en número por los profesionales de Alejandro, quizá hasta en una proporción de tres a uno en el campo de batalla. A pesar de su prestigio panhelénico como duros luchadores físicos, los tebanos, como todos los ejércitos griegos, seguían siendo una milicia unidimensional. La falange luchaba sin contingentes estrechamente integrados de tropas ligeras y de proyectiles, sin caballería pesada comparable a la de los macedonios, sin reservas y sin un general a la altura de Alejandro. Ya no había ningún comandante comparable a las glorias pasadas de Epaminondas o Pelopidas. Durante los tres años transcurridos desde el desastre de Queronea no habían surgido nuevas tácticas, ni nuevos equipos, ni nuevos alistamientos. Parafraseando la valoración de Arthur Wellesley, duque de Wellington, sobre la derrota del ejército napoleónico en la batalla de Waterloo, los tebanos se presentaron al viejo estilo y los macedonios los derrotarían al viejo estilo.[6]

Anteriormente, los tebanos habían construido empalizadas alrededor de sus tierras de labranza para mantener alejados a los espartanos, e integraban tales obstáculos en una ágil defensa en el campo de batalla. Tal hábito y pericia también pueden explicar por qué los tebanos volvieron a confiar en las fortificaciones campales para proteger su acrópolis del enemigo exterior. Su profunda defensa era doble. Además de la falange principal que marchaba a luchar bajo las murallas de la ciudad, un segundo contingente estaba estacionado extramuros: fuera de las murallas y detrás de las empalizadas, salía de su cobertura y se aseguraba de que ningún macedonio irrumpiera en la muralla bajo Cadmea. Alejandro reaccionó dividiendo su ejército en tres: su fuerza principal debía golpear a la falange tebana; una segunda fuerza asaltaría la empalizada exterior y atravesaría a los tebanos bajo la acrópolis, y una tercera se mantendría en reserva.

Casi de inmediato, los dos ejércitos quedaron en punto muerto ante las murallas de la ciudad. El desesperado avance de las lanzas de dos metros de largo de los tebanos fue pronto detenido —pero no roto— por la mayor masa de falangitas macedonios con picas. Los soldados de infantería de Alejandro tenían la ventaja de alancear con sarisas mucho más largas, de más de cuatro metros y medio, casi el doble de la longitud de las antiguas lanzas hoplitas tebanas. La longitud y el peso de las sarisas exigía el uso de ambas manos para empuñarlas. Como resultado, en el enfrentamiento inicial los tebanos fueron alcanzados por las cinco primeras filas de Alejandro, dos filas más de puntas de lanza de las que podían alcanzar las lanzas más cortas de los hoplitas tebanos. Pronto se envió a miles de macedonios de la reserva a la refriega para engrosar el contingente. Los tebanos, exhaustos y superados en número, eran continuamente golpeados por otro muro de lanceros frescos. No sabemos si Alejandro había pretendido un choque en el campo de batalla con la falange tebana, o si Pérdicas se había adelantado a su rey para forzar la situación. En cualquier caso, el ejército macedonio, ya fuera en batallas campales o atacando las murallas, era mayor y más experimentado que los defensores de la ciudad.

El historiador de época romana Diodoro, basándose en fuentes griegas de la época, hoy desaparecidas, detalló la furia extramuros y cómo la batalla pronto se convirtió en una lucha cuerpo a cuerpo:

Cuando todos recurrieron al uso de la espada cuerpo a cuerpo, se produjo una tremenda lucha. Los macedonios gozaban de mayor fuerza, debido al número de sus hombres y al peso de su falange. Sin embargo, los tebanos seguían siendo superiores por su fuerza física y su incesante entrenamiento atlético. Aún más, tenían un espíritu inconquistable y, por tanto, despreciaban los peligros. Así, en ambos bandos, muchos eran los heridos y muchos los que caían tras recibir heridas frontales. Del tumulto se alzó una mezcla de gemidos, alaridos y gritos de braveza. En cuanto a los macedonios, estaban decididos a demostrar un valor comparable al de la anterior batalla, mientras que los tebanos no podían olvidar a sus hijos, esposas y familiares que ahora se hallaban amenazados de esclavitud, ya que cada casa natal estaba abierta a la furia de los macedonios. Debían de recordar las batallas de Leuctra y de Mantinea y aquellas ilustres hazañas que ahora eran de dominio público en toda Grecia. Así, durante mucho tiempo, la batalla permaneció igualada.[7]

Los tebanos vencerían o morirían; todos ellos: soldados, esclavos y civiles. Después de que sus lanzas se hicieran añicos y perdieran su formación, los defensores degeneraron en una turba de combatientes individuales. Luchaban como hombres libres por sus hogares y familias, con sus parientes a solo unos cientos de metros, dentro de la ciudad. Solo por esa desesperada razón seguían confiando en su afamada superioridad física, incluso sobre los macedonios profesionales y mejor equipados.

Sin embargo, incesantes tropas de reserva enemigas seguían llegando a la batalla. Diodoro continúa describiendo los desesperados esfuerzos finales de los exhaustos tebanos por superar el número y la capacidad macedonios:

> Los tebanos no concedieron la victoria, sino todo lo contrario: inspirados por la voluntad de vencer, despreciaron ya todos los peligros. Tan envalentonados estaban por el valor que exclamaban a gritos, que incluso los propios macedonios creían ser inferiores. Cuando un enemigo envía nuevas reservas, es habitual que todos los soldados teman estas inyecciones de refuerzos, pero solo los tebanos afrontaron estos peligros cada vez con más audacia, incluso cuando el enemigo, a causa del cansancio de la batalla, enviaba nuevas tropas para sustituir a las que luchaban contra ellos.[8]

No es probable que los alardes y las burlas de los tebanos pudieran oírse por encima del fragor de la batalla. Pocos en el bando perdedor se motivan cuando el enemigo hace uso de refuerzos. En realidad, el destino de los defensores se hacía cada vez más sombrío. Minuto a minuto, estaban más cansados y aislados. Las pocas esperanzas de recibir refuerzos de la ciudad o de los aliados del sur perecieron definitivamente. Cualquier retirada de los tebanos llevaría la batalla al interior de las fortificaciones y podría suponer no solo la derrota, sino la matanza inmediata de sus familias. Finalmente, el gran número de falangitas de Alejandro destrozó todo conato de orden entre los tebanos. Los macedonios rompieron las defensas y se dirigieron hacia las murallas de la ciudad.

Como las empalizadas exteriores y las zanjas bajo Cadmea se habían levantado y cavado precipitadamente, ahora eran fáciles de derribar y atravesar. De repente, un destacamento de macedonios al mando de Pérdicas, uno de los generales del círculo más íntimo de Alejandro, divisó una puerta de acceso sin vigilancia y abierta misteriosamente: era el proverbial fallo de los asedios, ya fuera debido a la traición o a la incompetencia, que socava una defensa por lo demás enérgica. Pérdicas, al parecer por iniciativa propia, ordenó a cientos de soldados que se dirigieran a esa entrada imprevista. Esa decisión les permitió irrumpir en la propia Tebas. La mayoría de las puertas de la ciudad parecían estar abiertas de par en par desde el interior. En ese momento, todos los planes para un asedio formal dieron paso a la lucha abierta por las calles de la ciudad. El terror se extendió entre los residentes. Todos los hoplitas tebanos que aún sobrevivían extramuros se dieron la vuelta y se apresuraron a regresar para salvar a las mujeres, los niños, los ancianos y sus sirvientes. Algunos esclavos y hombres mayores intentaron impedir la entrada de más mercenarios macedonios, pero la mayoría huyó hacia las estrechas y sinuosas calles para escapar de los intrusos. El «sálvese quien pueda» durante los asedios procede como el pánico de los depositantes de las quiebras bancarias, cuando la confianza ingenua en la integridad del sistema puede hacer que uno acabe perdiéndolo todo. Cada defensor que abandona los muros a su suerte multiplica la fuerza del colapso colectivo de los que permanecen.

Ese defecto de diseño —la antigua ciudadela Cadmea compartiendo la muralla principal de la ciudad— significaba, en primer lugar, que la guarnición macedonia atrapada en el interior estaba encima de sus compatriotas, que luchaban bajo las murallas; y, en segundo lugar, que cualquier brecha permitiría no solo la entrada en la ciudad, sino una ruta directa al último reducto de Tebas. En comparación con otras ciudades más jóvenes, como las fortalezas peloponesias de Mantinea, Mesenia y Megalópolis —por ironías del destino, muchas construidas apenas unas décadas antes con ayuda de los arquitectos tebanos—, los parapetos ancestrales de Tebas estaban enormemente sobrevalorados.

En realidad, la legendaria reputación de la muralla de la ciudad se debía a los ciclópeos bloques de piedra de las anteriores fortificaciones micénicas, que siglos después, durante la edad oscura y el periodo arcaico, se mitificaron como construidas por los monstruosos cíclopes (de ahí el apelativo). Los tebanos podían contemplar cada día las grandes piedras fundacionales, erigidas por sus antepasados cerca o incluso dentro de la posterior ciudad clásica. También se enorgullecían de la gran ampliación de las fortificaciones a mediados del siglo v, que quizá completaran un segundo anillo alrededor de la ciudad antigua. Aun así, no había indicios de que hubieran logrado nada comparable a la Muralla Larga de Atenas o a las fortificaciones de las grandes ciudades del sur, de inspiración tebana. Las murallas que habían resistido los asedios de otras ciudades-Estado ya no eran una protección útil ante los experimentados asediadores macedonios.[9]

La estrategia defensiva tebana clásica durante más de un siglo se había mantenido expedicionaria y preventiva: utilizar su excelente caballería y soberbia infantería para luchar lejos de la ciudad y, si era posible, cerca de la frontera o incluso en la patria del enemigo. Todos los demás griegos temían los campos de Beocia —la región política y geográfica que rodeaba la capital en Tebas— como la «pista de baile de la guerra». El epíteto era merecido. Decenas de campos de batalla salpicaban el paisaje beocio, excepto alrededor de las murallas de la propia Tebas. Ahora, sin embargo, el tradicional campo de batalla tebano se había reducido a unas pocas hectáreas dentro y fuera de la propia ciudad.[10]

Durante la retirada, algunos grupos de hoplitas tebanos se vieron enzarzados y batidos por los confundidos jinetes de su propio bando, ya que algunos de los más valientes de la caballería tebana también habían corrido hacia la retaguardia para salvar a sus familias intramuros. El revoltijo de hombres a caballo entremezclados con la infantería tornaba imposible la resistencia, por muy caótica que fuera. Para empeorar las cosas, la guarnición macedonia atrapada en Cadmea irrumpió de repente en el interior de la ciudad. El resultado fue que los defensores pronto se vieron condenados entre un martillo y un yunque de macedonios. Más aún: Diodoro señala que los tebanos fueron pisoteados por su propia caballería y alanceados por sus propias armas:

Pero durante estas operaciones, la caballería de los tebanos en retirada galopaba hacia la ciudad junto a la infantería. Muchos pisotearon —y luego mataron— a bastantes de sus propios hombres. Siguieron huyendo hacia la ciudad en su propio y lamentable desorden, pero entonces se vieron envueltos en un laberinto de callejones y trincheras, perdieron pie, tropezaron y siguieron muriendo por sus propias armas. Justo en ese momento, la guarnición macedonia de Cadmea irrumpió en la ciudadela, se enfrentó a los tebanos y, en su confusión, les infligió una gran matanza.[11]

La matanza no cesó hasta el anochecer. La calma solo llegó con la práctica aniquilación del ejército tebano y el fin de toda resistencia por parte de los no combatientes, a muchos de los cuales se asesinó en sus propias casas. Alejandro había desatado a los fanáticos de los pueblos beocios circundantes, sobre todo de las ciudades más pequeñas de Platea, Tespias y Orcómeno, que odiaban a los tebanos. Todos serían bien recompensados tras la derrota tebana: se les concedió una importante participación en el destino de los cautivos y se los remuneró generosamente al encomendarles la redistribución de las tierras de labranza y la venta de los tebanos esclavizados.

La mayoría de estos tebanos satélites eran enemigos históricos de Tebas. Sin embargo, seguían siendo una minoría en la confederación beocia dirigida por Tebas, y antes se habían unido con entusiasmo a las iniciativas del gran libertador de los ilotas mesenios, Epaminondas. Para los macedonios, eran los sucesores ideales de los tebanos rebeldes: podrían actuar como colaboradores, a la manera de un Vichy *avant la lettre,* una vez roto el yugo de Tebas como capital de Beocia. La venganza de estas bandas de beocios renegados alimentó el odio por las numerosas pérdidas de los macedonios, así como su rabia por el atrevimiento de los tebanos a rebelarse contra su joven rey. El desenfreno de furia consiguiente selló el destino de los supervivientes atrapados.[12]

Casi quinientos años después de la destrucción de Tebas, el historiador romano Arriano ofreció una vívida descripción de las últimas horas de la ciudad sagrada. Al igual que su predecesor Diodoro, se basó en historiadores griegos contemporáneos (cuyos testimonios se han perdido), sobre todo en Ptolomeo, general macedonio y camarada de Alejandro. Así pues, es probable que el relato de Arriano sea razonablemente exacto, aunque reconstruido casi exclusivamente del lado vencedor. Confirmó que los beocios locales, incluso más que los macedonios, fueron responsables en buena medida del derramamiento de sangre tras el cese de la resistencia tebana organizada. A menudo, los asediadores de una ciudad icónica se aliaban con pueblos locales e indígenas, como los cristianos balcánicos entre los invasores de Mehmed II, la caballería númida que ayudó a Escipión Emiliano en Cartago o los tlaxcaltecas que se unieron a los conquistadores de Cortés. Estos estados oportunistas, que habían sobrevivido a la sombra del imperialismo de la ciudad hegemónica, conocían mejor las oportunidades de saqueo si era conquistada. Los beocios estimaban que los invasores podían triunfar y querían estar en el bando vencedor.

Una de las razones por las que quizá Alejandro subcontrató el trabajo sucio del final a griegos rivales de la zona fue, precisamente, asegurarse una carnicería de griegos contra griegos. Una guerra civil griega podía disminuir su propia responsabilidad y reforzar la propaganda macedonia según la cual los griegos, y no los macedonios, se habían ocupado brutalmente de su propia ciudad rebelde:

Entonces surgió la cólera, no tanto por parte de los macedonios como entre los focenses, los plateos y los demás beocios. De forma despiadada, acuchillaron a los tebanos que no ofrecían resistencia. Incluso cayeron sobre algunos en sus casas, donde habían intentado defenderse. No perdonaron a otros que rezaban a los dioses en los templos por su salvación, ni a las mujeres ni a los niños.[13]

Semejante odio era aborrecible, pero hasta cierto punto también era comprensible. Anteriormente, los tebanos habían arrasado las vecinas ciudades beocias de Orcómeno, Platea y Tespias. La descendencia de cualquier superviviente de aquellas atrocidades daba el merecido que consideraba a los descendientes de los perpetradores. Diodoro ofrece una escena final todavía más horrible que Arriano, ya que se centra en el papel inequívoco de los macedonios en el asesinato de civiles:

Mientras los macedonios proferían amenazas, se abalanzaron con más fuerza sobre el desamparado pueblo, matando a todos aquellos que hallaban a su paso, sin perdonar a nadie. Los tebanos mantenían desesperadamente su desvanecida esperanza de victoria. Daban tan poco valor a sus vidas que, al encontrarse con cualquier enemigo, se abalanzaban sobre él y resistían sus ataques. Una vez capturada la ciudad, no se vio a ninguno de los tebanos rogar a los macedonios que le perdonaran la vida, y ninguno se postró cobardemente ni se agarró a las rodillas de los vencedores. Ni su valentía agónica mereció la piedad de sus enemigos ni la duración del día sació el salvajismo de su venganza. Al contrario, saquearon toda la ciudad. Niños y niñas fueron llevados al cautiverio mientras gritaban lastimeramente los nombres de sus madres.[14]

Los tebanos fueron vencidos en un solo día y su ejército fue derrotado y borrado de la historia, pero ¿qué iban a hacer los vencedores con los más de treinta mil habitantes que habían sobrevivido, cautivos dentro de lo que ahora era su propia prisión? ¿Todo el colectivo de los tebanos debía considerarse culpable de la rebelión? Es cierto que tenían un Gobierno consensuado y, por tanto, el pueblo había votado a favor de la rebelión en su *ecclesia* ('asamblea política'). Aun así, ¿había tebanos supervivientes dispuestos a colaborar, o que fueran partidarios de Alejandro y su nueva coalición panhelénica y antipersa, que merecieran la exención del castigo?[15]

La mayoría de esas consideraciones resultaron irrelevantes, al menos durante la masacre en las calles. En cambio, lo que siguió al cese de los combates fue la ejecución sumaria de la mayoría de los varones adultos supervivientes, al menos de los que no eran sacerdotes o no podían demostrar ningún vínculo macedonio. La matanza se acompañó de la esclavización de miles de jóvenes, ancianos y mujeres. A tales atrocidades las siguió la devastación física, absoluta, de la ciudad. En otras palabras, tanto la «Tebas» material como la idea de los «tebanos» —su etnia, su lengua y su entidad política— dejaron de existir.

Los relatos históricos antiguos y la creencia popular coincidían en que la destrucción fue total, definitiva y despiadada. Plutarco añade que la batalla solo cesó cuando los últimos supervivientes del ejército tebano hicieron una última y desesperada resistencia en la ciudad, entre los atacantes de Alejandro y la guarnición macedonia que había salido de Cadmea. Por lo demás, el historiador griego confirma con toda naturalidad que se dio muerte a los atrapados y rodeados en el mismo lugar donde se encontraban, y que se aseguró que la ciudad fuera «capturada, saqueada y arrasada». Aunque escribió cuatro siglos y medio después de los hechos, vivía en Queronea, a escasos cincuenta kilómetros de Tebas, por lo que probablemente estuviera familiarizado con historiadores, monumentos e inscripciones beocios locales, hoy perdidos.[16]

No existen cifras exactas del tamaño de la población de Tebas en el 335 a. C. Las estimaciones académicas sitúan el total (tanto del interior de las murallas como de sus alrededores) entre los treinta mil y cincuenta mil residentes, por lo que estaríamos ante uno de los núcleos urbanos griegos más grandes; aun así, su población sería muy inferior a las poblaciones de las tres mayores ciudades griegas antiguas: Atenas (unos ciento cincuenta mil), Corinto (unos noventa mil) y Siracusa (unos cien mil). En consecuencia, Tebas era un objetivo más fácil de suprimir que las metrópolis griegas más pobladas, sobre todo porque no tenía salida al mar y no podía abastecerse por barco ni enviar a los supervivientes a un lugar seguro. Los relatos antiguos no suelen separar las muertes bélicas de las civiles y, además de la dificultad de calcular el número de supervivientes también es casi imposible determinar con exactitud cuántos tebanos murieron durante la batalla. Dicho esto, disponemos de suficientes cifras coherentes de muertos y esclavizados en general para apreciar la magnitud de la carnicería de Alejandro.[17]

Plutarco escribió sin ambages que solo hubo unas pocos y pequeños grupos de residentes que escaparon de la ejecución o la esclavitud:

Después de separar a los sacerdotes, y a todos los que estaban en términos amistosos con los macedonios, y a los que eran descendientes de Píndaro (el legendario poeta lírico de principios del siglo v a. C.) y a los que habían votado en contra de la rebelión, vendió a todos los demás como esclavos, y sumaban más de veinte mil, mientras que los que habían sido asesinados eran más de seis mil.

Plutarco también relata una historia conmovedora sobre una de las escasas supervivientes, la noble Timocleia, viuda de Teágenes, que había perecido heroicamente al frente del Batallón Sagrado en Queronea. Una vez atacaron los contingentes tracios de Alejandro, algunos irrumpieron en la casa de Timocleia y la desvalijaron. Su líder la violó. Después de amenazarla con la muerte a menos que le diera más oro y plata, Timocleia señaló el pozo de la casa, la típica caja fuerte del hogar en tiempos de guerra. Cuando su comandante se asomó, ella lo empujó al pozo y luego lo apedreó hasta la muerte.

Los esbirros del comandante muerto ataron y llevaron a Timocleia ante Alejandro para su ejecución. Siguiendo su habitual sentido del heroísmo alejandrino, este quedó más impresionado por los detalles de su arrojo y valentía que preocupado por el asesinato de uno de sus comandantes bárbaros más salvajes y prescindibles, y decidió ponerla a salvo con sus hijos. Ignoramos a cuántos miembros más de la élite tebana, si es que hubo alguno, amnistió el impredecible Alejandro.[18]

Al parecer, Plutarco incluyó esta anécdota no tanto para destacar la magnanimidad voluble de Alejandro, sino para ilustrar la desesperación de la resistencia civil y sugerir que la verdadera barbarie se debía a los pueblos de la región que habían acudido por cuenta propia y no al ejército macedonio, bajo las órdenes directas del propio Alejandro. A este respecto, debemos recordar el relato anterior de Tucídides sobre la espeluznante matanza de educandos en la vecina ciudad tebana de Micaleso durante la guerra del Peloponeso. Ese antiguo crimen de guerra también lo perpetraron bandas tracias similares y, al parecer, configuraba un estereotipo de la barbarie bélica en la literatura histórica griega. En el 413 a. C., los mercenarios tracios habían masacrado a todos los hombres, mujeres y niños de la pequeña ciudad, Micaleso, a la cual aniquilaron de hecho. Así pues, el papel de los tracios en la destrucción de Tebas también dio una oportunidad al Plutarco beocio para insistir en los tristes destinos de las ciudades beocias y su defensa de la civilización acosada por la barbarie septentrional no helénica.[19]

Salvo por su menor número de esclavizados, Plutarco ofrece aproximadamente las mismas cifras sobre las pérdidas en combate que Arriano. Probablemente, ambos se basaron en muchas de las mismas fuentes hoy perdidas. Arriano también coincide con Plutarco al afirmar que «murieron más de quinientos macedonios», así como seis mil tebanos. Sin embargo, al igual que Diodoro, informa de una cifra mayor —y más probable— para los esclavizados: unos «treinta mil vendidos como esclavos».

Diodoro añadió resúmenes sobre los muertos macedonios y las propiedades tebanas saqueadas: «Más de seis mil tebanos perecieron, más de treinta mil fueron capturados y la cantidad de propiedades saqueadas fue increíble. El rey dio sepultura a los muertos macedonios, más de quinientos en número».[20]

Las cifras generales de los que perecieron en Tebas son bastante claras. Unos seis mil tebanos murieron probablemente en los combates y durante los asesinatos y ejecuciones que siguieron. Era una cifra espantosa para los estándares de las batallas entre ciudades-Estado griegas, que, recuérdese, eran por término medio más pequeñas que las ciudades romanas o europeas posteriores. La suma podría incluir a todos los soldados de infantería y jinetes perdidos en los combates, a todos los civiles que se resistieron y fueron asesinados en las calles, y a unos cuantos varones adultos supervivientes, pero ejecutados más tarde.

Disponemos de cierto contexto de la época para estimar el número de bajas en la culminante batalla campal de Queronea tres años antes, donde Filipo II destruyó la resistencia griega organizada. Allí, el número total de combatientes fue mucho mayor (de sesenta mil a setenta mil). Sin embargo, los atenienses y tebanos derrotados solo sufrieron unas dos mil muertes en total y los macedonios, menos de ciento cincuenta. De hecho, incluso en la feroz batalla de Leuctra (371 a. C.), los derrotados espartanos apenas sufrieron mil muertos. Así pues, podemos suponer que la sola idea de seis mil tebanos muertos supuso una pérdida extraordinaria para una de la Grecia clásica, que refleja la aniquilación del ejército tebano y la matanza dentro de la ciudad.[21]

Arriano señala que Alejandro vendió «como esclavos a las mujeres y los niños, y a todos los varones que sobrevivieron». Al igual que Plutarco, menciona excepciones a las ejecuciones masivas y a la esclavización: «quienes eran sacerdotes o sacerdotisas, quienes eran amigos y huéspedes relacionados con Filipo o Alejandro, o quienes habían sido agentes públicos de los macedonios. Dicen que Alejandro preservó la casa y la descendencia del poeta Píndaro, por respeto a su memoria».[22]

La cifra total de exentos (religiosos, promacedonios, descendientes de Píndaro y diversos traidores tebanos) no podía ser grande. Cuando se suman los muertos con los treinta mil esclavos, debemos suponer que la mayoría de los tebanos que estaban vivos cuando Alejandro llegó a la ciudad perecieron o fueron esclavizados en menos de veinticuatro horas.

También se nos dice que los vendedores de esclavos que subastaron a los treinta mil hombres, mujeres y niños tebanos obtuvieron un beneficio de unos 440 talentos, o 2 640 000 dracmas. Esa suma equivale a unos 88 dracmas por cabeza, una cifra extraordinaria para una venta tan rápida y masiva de miles de personas. Generalmente, el precio de un esclavo variaba mucho en todo el mundo griego según la época y el lugar. A menudo se fijaba en función de la oferta y la demanda de la guerra, sobre todo cuando los vencedores, escasos de dinero, ponían de golpe en el mercado a los miles de esclavizados de una ciudad derrotada. El historiador Justino, nuestra última fuente sobre la venta de esclavos tebanos, también afirmó que uno de los motivos de la venta era el odio hacia los tebanos por parte de los vecinos compradores beocios, como si presenciar su continuo tormento como esclavos fuera un incentivo adicional. Al parecer, tal enemistad contribuyó a elevar el precio de los supervivientes esclavizados.

El salario diario en la Grecia clásica era una dracma al día, por lo que el precio por esclavo era más o menos el equivalente a ochenta y ocho días de trabajo, o sea, alrededor de una cuarta parte de los ingresos anuales de un griego medio. Entre los nuevos esclavos también estaban los anteriores esclavos de los tebanos, que ahora cambiaban de amo y se vendían junto con quienes fueron sus dueños.[23]

Se marcó a los esclavizados y luego, probablemente, se revendieron a precios más altos durante los años siguientes, o los hicieron trabajar hasta la muerte —dado el gran número de ancianos y enfermos—. Su destino dependía en cierta medida de sus habilidades, edad y sexo. Las tebanas mayores con educación podían convertirse en esclavas domésticas aptas para hacer todo tipo de actividades, desde las tareas del hogar hasta la tutoría de los niños. Las más jóvenes podían venderse como prostitutas, amantes, trabajadoras domésticas, tejedoras o nodrizas. Por su parte, casi todos los varones jóvenes probablemente acabarían en condiciones más duras como trabajadores agrícolas y peones de campo, o revendidos al otro lado de la frontera para trabajar en las minas de plata atenienses.

No tenemos cifras sobre a cuántos civiles —como Timocleia— perdonó Alejandro, cuántos habían huido de la ciudad durante los primeros días de la resistencia antes de la llegada de los macedonios, o cuántos se habían escabullido durante los tres días comprendidos entre el inicio del asedio y la destrucción de la ciudad. Varias fuentes hablan de «exiliados» tebanos, pero ignoramos si en su mayoría eran refugiados que habían huido antes de la Tebas sometida, o de unos pocos supervivientes de la rebelión contra Alejandro.

Incluso en este caso, la ira de Alejandro no se apagó con la muerte y la esclavización de decenas de miles de tebanos. Emitió un edicto a todas las ciudades-Estado griegas para que cualquiera de los exiliados tebanos que viviera en sus alrededores fuera expulsado como apátrida o fuera entregado a los macedonios. El decreto revelaba el disgusto de Alejandro por la forma en que los tebanos, hasta entonces sumisos, se habían visto incitados a la revuelta por el regreso de agitadores tebanos anteriormente exiliados.

Tras la destrucción de la ciudad, los agitadores atenienses hicieron las paces con Alejandro. Sus oradores intercedieron en nombre de los pocos tebanos que habían sobrevivido al exterminio de su ciudad en el extranjero. Con el tiempo, en otras circunstancias, algunos de los exiliados encontraron refugio en varias ciudades-Estado. Muy pocos participarían en los posteriores esfuerzos macedonios por construir una nueva Tebas, más pequeña, sobre los escombros de la antigua.[24]

———

Entonces, ¿cuál fue el destino material, físico, de la infraestructura de Tebas? Al fin y al cabo, nuestras fuentes hablan repetidamente de final, de una Tebas «arrasada» *(kataskapsai es edaphos)*, con la excepción de la casa del poeta Píndaro y de los recintos y templos sagrados. Estos dramáticos testimonios y exageraciones, ¿acaso eran como los antiguos relatos de tierras de labranza «destruidas», «eliminadas» o «quemadas» por los asoladores enemigos que, de hecho, rara vez se saldaban con pérdidas totales?

Tal vez no. Es cierto que las tierras de labranza de Beocia probablemente cubrían unos 3100 km², y la devastación agrícola durante la guerra a menudo era contenida y de duración limitada a la breve temporada de campaña. Sin embargo, los macedonios no se enfrentaban ahora a tales condiciones ni resistencias propias de la zona: el tamaño del núcleo urbano de Tebas propiamente dicho apenas ocupaba unos cientos de hectáreas. Tebas no era Cartago ni Constantinopla, y el ejército macedonio y sus secuaces beocios constituían una enorme fuerza de destrucción. Sin duda, a los treinta mil supervivientes tebanos esclavizados se los obligó a realizar el humillante trabajo de arrasar sus propios hogares y su ciudad.[25]

Así pues, la aniquilación total de Tebas era ciertamente posible. Así lo vieron los testigos contemporáneos que lloraron la desaparición de la ciudad.

Sin embargo, en un mundo en que el trabajo era muscular, es decir, humano y animal, tal destrucción no era tarea fácil. A pesar de los cimientos de piedra, los muros de adobe y las cubiertas de tejas, las casas antiguas podían incendiarse prendiendo fuego a las vigas de madera y al resto de la estructura para provocar su derrumbe. Las tejas de barro y la piedra labrada eran mercancías valiosas en el antiguo mundo griego, por lo que debemos suponer que, como en el caso de la venta de esclavos, los comerciantes pululaban por el desolado lugar y subastaban piedras, ladrillos y tejas a los beocios de los alrededores.

La tarea de acarrear los materiales de construcción recuperables no habría llevado meses, sino años. De hecho, las inscripciones en piedra revelan que los beocios aliados de los macedonios que ayudaron a arrasar la ciudad utilizaron los restos útiles —utensilios de oro, plata, bronce y hierro, y muebles de madera— para dotar santuarios y edificios durante años. El núcleo urbano y las tierras de labranza circundantes también se subastaron o se repartieron entre los beocios que se habían unido a los macedonios.[26]

El historiador Arriano cierra su trágico relato comentando que los beocios se quedaron para terminar la subasta del botín y custodiar la devastación:

> Alejandro asignó el arreglo final de los asuntos tebanos a los aliados que habían participado en la acción. Les pareció prudente asegurar Cadmea con una guarnición, arrasar la ciudad, redistribuir entre ellos todas las tierras (excepto las consagradas a los dioses) y vender como esclavos a las mujeres y los niños, y a cuantos hombres hubieran sobrevivido hasta entonces.[27]

En resumen, el primer día del asedio la ciudad de Tebas estaba como siempre había estado durante los tres siglos y medio anteriores. Al cabo de unos días, ya no había tebanos ni Tebas. Al término de la batalla, Alejandro se mostró inseguro por un instante, o al menos fingió incertidumbre, sobre el destino final de los supervivientes. La política era delicada, además de los retos logísticos más inmediatos que supondría atender a la población superviviente, de treinta mil griegos o más, sin los medios necesarios.

Por un lado, Tebas era la más sagrada de las ciudades-Estado, el hogar mítico de héroes y dioses panhelénicos como Heracles y el dios Dioniso. Los más renombrados arquetipos trágicos de Grecia —Antígona, Cadmo, Edipo, Penteo, Tiresias y Sémele— eran sinónimos de tradición tebana. La ciudad y sus alrededores habían dado al mundo algunos de los más grandes nombres de la poesía griega, como Hesíodo y Píndaro, y su reputación siguió siendo muy apreciada por Alejandro y los macedonios.

Los seguidores de Pitágoras habían gozado de un gran culto en Tebas, donde también había seguidores de la filosofía socrática. Los filósofos tebanos Simmias y Cebes aparecen o se mencionan en el discurso socrático tanto en Platón como en Jenofonte. Crates, el cínico tebano, fue en su momento alumno de Diógenes de Atenas. Apenas tres décadas después de su muerte, el consenso popular consideró al tebano y pitagórico Epaminondas el hombre más grande que había producido Grecia. Tres siglos más tarde, el romano Cicerón aún lo proclamaría *Princeps Graecae* ('Primer Hombre de Grecia'). Así pues, ¿deseaba realmente Alejandro exterminar el hogar de una tradición filosófica y cultural tan rica?[28]

Más importante aún: cuando Alejandro arrasó la ciudad y mató o esclavizó a la población superviviente, no podía predecir la reacción de las otras mil quinientas o más ciudades-Estado griegas. Es cierto que, durante las numerosas guerras de los griegos, muchas polis derrotadas quedaron devastadas. Sin embargo, ni la superficie ni la población de una Platea o una pequeña Melos arrasada se acercaron a las de la Tebas clásica.

Otras ciudades, como Atenas y Esparta, habían sido derrotadas en tiempos pasados. Sus victoriosos enemigos habían ocupado el centro de sus ciudades o habían alcanzado sus suburbios, pero ambas sobrevivieron intactas a las derrotas del 403 y el 369, respectivamente. En general, las ciudades-Estado en disputa no deseaban ver sus principales polis como Atenas, Esparta o Tebas arrasadas.

Había, pues, algunas razones para la indulgencia. Alejandro conocía bien la propaganda macedonia de su difunto padre. Durante dos décadas, Filipo II había predicado la falsedad de que la monarquía solo deseaba unir a las ciudades-Estado, siempre pendencieras y autodestructivas, en una coalición panhelénica. Entonces, como pueblo grecoparlante indivisible, todas las invadirían Asia bajo el liderazgo macedonio: liberarían a los compatriotas griegos de Asia Menor, se vengarían de los persas tras casi dos siglos de injerencia en los asuntos helénicos (incluidas dos invasiones en la Grecia continental) y, lo que era aún más práctico, se enriquecerían colectivamente saqueando las ciudades y los tesoros del Imperio aqueménida. Probablemente, masacrar a los habitantes indefensos de una de las ciudades más célebres de Grecia en vísperas de semejante proyecto no favorecía esa narrativa universal.[29]

Tradicionalmente, Tebas, junto con Esparta, Atenas y Corinto, habían formado una tétrada de los estados griegos continentales más prestigiosos, poderosos e influyentes, quizá análoga a la preeminencia de las ciudades estadounidenses de principios del siglo XIX de Boston, Nueva York, Filadelfia y Washington. Existía la tradición de que, aunque las ciudades de la tétrada luchaban entre sí en alianzas cambiantes y a menudo los vencedores amenazaban con exterminar a los vencidos, nunca se había producido la aniquilación de ciudades importantes.

Por otro lado, había argumentos aún más realistas a favor de la severidad macedonia. Alejandro solo tenía veintiún años. No había demostrado su valía. Su reinado era el resultado del imprevisible asesinato de su padre, que debería haber sido rey durante al menos una o dos décadas más. El asesinato de este genio militar de cuarenta y seis años había provocado numerosos intentos de golpe de Estado contra Alejandro por parte de prominentes pretendientes al trono, más veteranos y asentados. De hecho, las conspiraciones de asesinato seguían siendo frecuentes. Al norte del Imperio macedonio todavía quedaban ciudades súbditas que podían rebelarse.

Exterminar a los tebanos serviría a varios propósitos. El más importante era que representaría a Alejandro como despiadado, temerario e impredecible ante cualquier posible aspirante macedonio al trono. Si no temía acabar con la más legendaria de las ciudades griegas, tampoco dudaría en tratar con dureza a los conspiradores de la corte macedonia.

Además, la destrucción de Tebas advertiría a los griegos del precio de la rebelión. En efecto, lo consiguió: los revolucionarios de las polis aliadas no solo cesaron su agitación ante los rumores de invasión, sino que, a los pocos días de la llegada de Alejandro a Tebas, ya estaban echando a cualquier aliado de los tebanos que pudiera haber en sus propias ciudades al tiempo que enviaban obsequiosas delegaciones a los macedonios para ofrecerles su apoyo incondicional.

Tal aniquilación eliminaría de un plumazo los últimos obstáculos para la inminente invasión del Imperio persa, cuya planificación y preparativos había comenzado el propio Filipo II el año anterior en Asia Menor. Alejandro estaba enfurecido por la contratación de mercenarios griegos por parte de los persas. Supuso que el exterminio de Tebas enviaría el mensaje de que esos soldados griegos contratados por los persas podrían compartir el destino de sus hermanos tebanos. En cualquier caso, incluso después de arrasar la ciudad, miles de griegos, tanto en Grecia como al otro lado del Mar Egeo, se alistaron para detener a Alejandro. Tal vez unos veinte mil lucharían contra él en su primera gran batalla en Gránico (334 a. C.), y siguieron luchando para los persas en Issos (333 a. C.).[30]

Ya había informes provenientes de Asia Menor sobre la creciente resistencia a los preparativos de los generales de Alejandro. Le instaban a cerrar el frente interno griego con tanta seguridad y firmeza de la que fuera capaz. Alejandro hizo una lectura cínica de la situación y se dio cuenta de que su severidad en Tebas provocaría llamamientos a la unidad griega bajo sometimiento macedonio, y que cualquier muestra de clemencia envalentonaría las conversaciones sobre la resistencia panhelénica a la tiranía extranjera.

Por otra parte, el joven rey macedonio había intentado seguir el ejemplo de su difunto padre en cuanto a pensamiento estratégico, sobre todo para con las respuestas a la insurgencia. Apenas trece años antes, en el 348 a. C., Filipo se había enfrentado implacablemente a Olinto, la rebelde e influyente ciudad-Estado en la península Calcídica, al norte de Grecia. Consiguió una breve y exitosa ocupación de la capital de una histórica liga de treinta y dos ciudades-Estado. Tras supervisar la esclavización y venta de la población superviviente, arrasó la ciudad. La consecuencia inmediata de semejante crueldad fueron los gestos de buena voluntad hacia Macedonia por parte de la mayoría de las aterrorizadas ciudades del norte de Grecia.

Al parecer, ni Filipo ni Alejandro se preocuparon de que sus respectivas atrocidades en dos grandes ciudades griegas, Olinto y Tebas, pudieran ensuciar sus legados como propios de unos macedonios medio civilizados a los que había que combatir hasta la muerte en lugar de apaciguar.[31]

Es probable que Alejandro y Filipo también tuvieran razones personales para sentir una especial animadversión hacia Tebas. De niño, Filipo había admirado a Epaminondas, el gran general tebano que acabó con el poder de Esparta. Había pasado varios años como rehén (*c.* 368- 365 a. C.) en Tebas durante el reinado de su propio padre, aprendiendo la estrategia militar y la diplomacia del propio Epaminondas. Cuando se convirtió en rey, adoptó los protocolos de la infantería tebana junto con sus propias innovaciones tácticas. Sin embargo, Tebas no correspondió su admiración y lideró la oposición a Filipo.

Había otras razones para acabar con Tebas y masacrar a los tebanos. Alejandro intuyó que la ciudad también era profundamente odiada por sus vecinos beocios por diversas razones, algunas bastante justificadas. Tradicionalmente, la hegemonía tebana (371-362 a. C.) había obligado a las ciudades-Estado satélites a permanecer subordinadas en lugar de ascender hasta asociarse con la capital, que siempre trató con dureza a cualquier polis de la liga beocia sospechosa de alojar intrigas extranjeras. Como hemos visto, la principal razón por la que había plateos, tespios y orcomenos asesinando a tebanos en las calles era porque Tebas había arrasado estas tres ciudades de la región y esclavizado a sus poblaciones varias veces. Sus vecinos, los focenses, también compartían agravios anteriores y ansiaban la destrucción de la ciudad. Algunas de nuestras fuentes mencionan a «otros» beocios de ciudades-Estado sin nombre que también aborrecían a los tebanos y participaron en el alboroto.

Tebas seguía siendo despreciada por haberse aliado con los persas durante la segunda guerra médica a principios del siglo v a. C. Mientras Esparta y Atenas ganaban gloria imperecedera en las Termópilas y Salamina, y lideraban una gran coalición hacia la victoria final en la batalla de Platea, Tebas, para su eterna infamia, se había aliado en el 480 a. C. con los invasores persas.

Aunque los mitos tebanos configuraban el impresionante estándar panhelénico, también eran un grotesco recordatorio de algo espeluznante y perverso del pasado griego y, en particular, de horribles sucesos acaecidos en la ciudad bajo el monte Citerón. Los griegos observaron que los peores males del escenario trágico ateniense —la supuesta «antigua infamia» de los «viejos crímenes» de incesto, parricidio, fratricidio, decapitación, automutilación, excesos orgiásticos— caracterizaban las casas tebanas de Edipo y Cadmo. Las horribles historias de personajes mitológicos como Eteocles y Polinices, Layo, Yocasta y Edipo, y Penteo y Agave parecían hablar de Tebas, y se representaban en el teatro de Dioniso en Atenas, su ciudad enemiga más próxima. Justino señaló que esta cuestión fue capital en los argumentos para destruir Tebas: «También sacaron a relucir los fabulosos relatos de sus antiguos crímenes, con los que habían llenado todos los teatros, para hacerlos odiosos no solo por su reciente perfidia, sino por su antigua infamia».[32]

Los macedonios también se beneficiaron del fin del putativo líder estratégico y militar de las ciudades-Estado griegas. Antes de la catastrófica derrota griega en la batalla de Queronea, una Beocia unificada bajo Tebas había liderado la resistencia griega. Sin embargo, la destrucción de la ciudad debilitó la unidad de Beocia y acabó con un núcleo antimacedónico. Beocia, a su vez sin una gran capital, ya no era de temer. Su liderazgo se fragmentaría y dispersaría. Los beocios se quedarían riñendo entre sus pequeñas ciudades mientras que los viejos gigantes, Atenas y Esparta, antaño temibles potencias militares, quedaban reducidos a megáfonos vacíos.[33]

Los macedonios se asemejaban a los griegos, pero no se los consideraba verdaderos helenos. Hablaban una lengua estrechamente emparentada con el griego, pero lo bastante diferente como para que los griegos del sur solo la comprendieran parcialmente. Además de las diferencias lingüísticas y étnicas, se apegaban a tradiciones antihelénicas, como la monarquía, y a objetivos políticos que no reconocían la existencia de ciudades-Estado libres y autónomas.

Alejandro, que era mitad griego y mitad macedonio, y a pesar de todos sus emotivos arrepentimientos por haber arrasado Tebas y de su parloteo sobre la «libertad de los griegos» en clave panhelénica, apenas mostró compasión por cualquiera que se le cruzara, ya fueran individuos o colectivos. Desde luego, no legó ideales democráticos a sus sucesores dictatoriales en el mundo helenístico. La lista de ciudades arrasadas, pueblos esclavizados y amigos y enemigos masacrados no haría más que crecer durante la siguiente década en Asia.[34]

Alejandro recababa las opiniones de los estados griegos conquistados y emasculados solo cuando suponía que encajarían con sus propios deseos. Solo en ese contexto, y en una fingida muestra de preocupación democrática, sometió el destino de los tebanos al criterio la Liga de Corinto, el consejo de ciudades-Estado griegas servil a Filipo, con especial deferencia hacia aquellas polis que habían participado en la reciente batalla. Así, desempeñó el papel del posterior Poncio Pilato al cumplir, con fingida reticencia, el severo veredicto de sus aliados.

En realidad, Alejandro intuía que los aduladores representantes griegos de la Liga de Corinto seguramente impondrían el más duro de los castigos a Tebas, aunque solo fuera para evitar que los ahora ociosos militares macedonios marcharan sobre sus propios muros. Así pues, acogió con satisfacción las demandas beocias de que no se tuviera piedad con los cientos de supuestas maldades de los tebanos. No quedó decepcionado. La lista de agravios de los atroces estados beocios contra Tebas se remontaba incluso a tiempos míticos. El historiador Justino repasó la larga lista de transgresiones tebanas:

> En las deliberaciones sobre la destrucción de la ciudad, los foceos, los plateos, los tespios y los orcomenos —aliados de Alejandro y participantes en su victoria— no dejaron de insistir en la destrucción de sus propias ciudades y en la crueldad de los tebanos. Arremetieron contra ellos, no solo por sus actos presentes, sino también por su pasada ayuda a los persas en contra de los intereses de la libertad de Grecia. Por esa razón, decían, la ciudad se había convertido en objeto del odio general, como quedó claro cuando todos juraron destruir Tebas una vez conquistados los persas.[35]

Cleadas, un retórico tebano y ahora prisionero que se enfrentaba a la esclavitud o a la muerte, rogó a los vencedores macedonios que perdonaran a los cautivos y preservaran la ciudad. Cleadas esgrimió motivos legales, históricos y mitológicos para la clemencia, guiado por su propio interés en vivir como un hombre libre un día más. Argumentó con malicia que, técnicamente, los tebanos solo se habían sublevado ante los falsos rumores de la desaparición de Alejandro, como si tal error de cálculo implicara algún tipo de principio. Parece que, en nombre de los condenados, Cleadas razonó que temían que los herederos macedonios de un Alejandro supuestamente fallecido no acataran los acuerdos de su difunto líder con los griegos. En términos jurídicos algo reduccionistas, los tebanos solo eran culpables, por tanto, de rebelarse contra los asesinos de un Alejandro muerto, y ahora podían convertirse lógicamente en aliados del Alejandro vivo. No podemos saber cómo la lucha armada de los tebanos contra un rey joven, todavía muy vivo, reforzaba tal alegato.

Al final, el desesperado Cleadas emprendió la desafortunada tarea de convencer a Alejandro de que sus compañeros tebanos no eran unos oportunistas cuando aprovechaban cualquier acontecimiento que pudiera debilitar a sus señores. Con bastante ingenio, presentó a los tebanos como buenos abogados, que veían a los aspirantes macedonios al trono del Alejandro supuestamente muerto como menos dignos de confianza que su difunto rey. En cualquier caso, nadie se tragó un argumento tan ridículo.

Cleadas, sin embargo, sí agregó un argumento lógico y realista: que destruir Tebas era redundante. Después de todo, la mayoría de sus jóvenes en edad militar ya estaban muertos. Su ejército era inexistente. Casi toda la ciudad era ahora el lamentable dominio de los ancianos, las mujeres, los niños y los tullidos. Terminó con un emotivo llamamiento a la raíces mitológicas comunes del panhelenismo tebano, aludiendo directamente al célebre culto de Alejandro a Heracles:

Pidió un indulto al rey también por su supersticiosa afinidad con Heracles, que había nacido entre los tebanos y de quien descendía el clan de los Eácidas, y también por ser consciente de que la juventud de su padre Filipo había transcurrido en Tebas. Así pues, rogó que se perdonara a una ciudad que había celebrado como dioses a algunos de los propios antepasados de Alejandro que habían nacido en ella, y que había considerado a otros que se habían criado allí como reyes de la mayor talla.[36]

Tal y como Arriano recogió el debate, los agraviados beocios también recordaron a Alejandro que los tebanos no solo habían traicionado a los griegos un siglo y medio antes, en el 480 a. C., sino que también habían atacado la cercana Platea durante la guerra del Peloponeso, precipitando una guerra en la que los tebanos exigieron y consiguieron la destrucción de la vecina ciudad-Estado. Además, tras la derrota de la capital del Ática en esa última guerra (casi setenta años antes), los tebanos habían rogado en vano a sus aliados, los espartanos vencedores y ocupantes, que arrasaran la ciudad. El hecho de que hasta los espartanos parecieran indulgentes al lado de los tebanos era un buen argumento en contra de cualquier clemencia con ellos. En resumen, Tebas tenía un largo y nutrido historial de amenazas y destrucción de ciudades-Estado, y ahora la diosa Némesis se saldría con la suya.[37]

Tampoco podemos omitir el papel de lo irracional. Los tebanos no solo habían desafiado a Alejandro, sino que, tras rechazar sus condiciones, habían insultado a sus enviados. A instancias de los exiliados tebanos que habían llegado a su país antes del asedio, asesinaron a dos oficiales de la guarnición macedonia junto con algunos tebanos destacados del Gobierno títere de Alejandro. En la batalla, los hoplitas tebanos habían matado a quinientos de sus mejores soldados. En otras palabras, Alejandro sufrió más bajas en Tebas que tres años antes, en Queronea, y más de las que sufriría seis meses después, en la que sería su gran victoria inicial sobre los persas en Gránico (mayo del 334). Incluso en su exitoso triunfo sobre los persas en Gaugamela (331 a. C.), supuestamente solo perdió quinientos soldados de infantería. Para los macedonios, la muerte de quinientos profesionales en vísperas de invadir Persia fue una pérdida terrible e imperdonable.

Algunos investigadores añaden otro motivo más personal. Filipo II había arrasado Olinto tras acusar a sus ciudadanos de preferir a uno de los pretendientes rivales al trono macedonio, y Alejandro sospechaba que los tebanos no deseaban tanto librarse del yugo macedonio como sustituir su pretensión por la de su rival Amyntas, un general considerado más favorable a los griegos.[38]

Así pues, el joven rey halló una solución a su dilema. Sometiendo la decisión al «voto mayoritario» de sus aliados griegos representados por la Liga de Corinto, Alejandro aplacaría parte del odio beocio hacia Tebas. Los que odiaban a Tebas tendrían su oportunidad de vengarse y sacar provecho. Los que odiaban a Macedonia podrían culpar a sus compatriotas griegos, y no a Alejandro, de la matanza.

Desatar a los vengativos beocios sobre los indefensos ciudadanos de Tebas fue algo parecido a las políticas de la Wehrmacht tras la invasión de la Unión Soviética en junio de 1941. Los nazis a menudo encomendaban parte de su barbarie a los fascistas locales de Europa del Este y los países bálticos. A este respecto, hay dos debilidades fatales de los subalternos del vencedor que son características en nuestro estudio de los Estados condenados. En primer lugar, muy a menudo los supuestos «amigos» o aliados se unen a la destrucción o se abstienen de hacer nada, situados a una distancia segura. En segundo lugar, en vísperas de la invasión, los defensores mantienen rencillas internas y en realidad no suelen ser capaces de unirse frente a un enemigo común.

También había un motivo económico. La venta de toda la población superviviente a los subastadores de esclavos le reportó a Alejandro, como ya se ha mencionado, cuatrocientos cuarenta talentos. Esa suma equivalía al salario de un año de siete mil de sus soldados, y parecía una opción mucho mejor que costear el sustento de miles de desamparados en la ciudad ocupada.[39]

Al final, Alejandro también encontró un pretexto legalista para no mostrar piedad. Sus subalternos griegos juzgaron a los tebanos culpables de deshonrar a los dioses por haber violado sus juramentos sagrados como miembros de la Liga de Corinto —títere del propio Alejandro—, es decir, su compromiso de unirse a una causa común contra los persas bajo el liderazgo macedonio. Los llamados delegados dictaminaron que los tebanos habían traicionado no solo a Alejandro, sino también a sus compañeros helenos.[40]

¿Cómo explicaron posteriormente los contemporáneos la cadena de desastrosas decisiones tebanas que, una a una, condujeron a la destrucción de su cultura, su pueblo y su ciudad? En cualquier momento del otoño y el invierno del 335 a. C., una decisión diferente, una vacilación, un paso atrás, podría haber resultado en una Tebas ocupada pero a salvo. En resumen, ¿por qué los tebanos erraron tanto el cálculo como para emprender una rebelión condenada al fracaso y permitir que una probable derrota se convirtiera en su aniquilación?

Vista en retrospectiva, la primera decisión fatal se basó en un completo error de cálculo tanto de su poder militar como de su prestigio e influencia entre las ciudades-Estado. La confianza de Tebas en su ejército era anacrónica, como si hubieran retrocedido treinta y cinco años y vivieran en los tiempos de la hegemonía tebana (371-362 a. C.). Además, por alguna razón, creían que, si se atrevían a desafiar a Alejandro, miles de griegos acudirían en masa en su ayuda. Es posible que lo hubieran hecho, pero solo si antes derrotaban al enorme ejército macedonio que se aproximaba desde el norte.

El problema no era solo que los tebanos tuvieran una visión anticuada o incluso idealista de su pasado, sino que nunca habían apreciado del todo la revolución militar de Filipo II con sus antaño rústicos y despreciados macedonios. El uso de la pica más larga, o sarisa, por parte de su ejército; la integración de mayores contingentes de caballería pesada y ligera, así como de diversos tipos de tropas de proyectiles; el ímpetu y la instrucción de una falange profesional, y el decisivo papel inspirador de un rey montado a la cabeza de su ejército —una fuerza mucho mayor que la población de la mayoría de las ciudades—: todo ello había dejado obsoletas a las viejas y agrarias milicias hoplitas.

La incapacidad tebana para apreciar las consecuencias de la revolución militar del padre de Alejandro fue especialmente irónica dado que el joven Filipo, durante sus tres años críticos como rehén en Tebas (369-367 a. C.), estuvo bajo la custodia de Pamenes, un líder del Batallón Sagrado. El adolescente conoció a

Epaminondas y Pelópidas, generales en la cima de sus carreras militares y políticas. Los investigadores han argumentado que muchas de las reformas militares que Filipo promulgó una década más tarde fueron fruto de sus anteriores observaciones de primera mano o de relatos relacionados con el genio táctico y organizativo del propio Epaminondas, en particular el uso macedonio de las reservas, el ataque oblicuo de una falange más profunda, la sincronización de la infantería y la caballería y el uso de un ejército como herramienta de ideología política. De hecho, Filipo había aplicado muchas de las lecciones aprendidas en Tebas durante veinte años de conquista y casi treinta campañas exitosas. Su milicia macedonia había asaltado con éxito más de diez ciudades y capturado otras cuarenta y cuatro.[41]

La segunda mala decisión tebana se basó en un vicio compartido por todas las ciudades-Estado griegas, a saber, creer los rumores de los exiliados tebanos que regresaban, según los cuales Alejandro había sido asesinado en el norte. Podría haber sido una suposición razonable, dado que Alejandro pasó los meses posteriores a la muerte de su padre liquidando a los aspirantes al trono rivales —muchos eran parientes consanguíneos, mejor relacionados con los generales de la vieja guardia— y evitando complots.

Muchas de nuestras fuentes antiguas citan el deleite con el que los tebanos recibieron el rumor de un Alejandro asesinado como la chispa que encendió sus pasiones. Arriano menciona un testimonio que culpaba explícitamente del levantamiento al regreso de los exiliados que había desterrado Filipo y proyectaban su futuro como tebanos libres, supeditado a la derrota de los macedonios.

Aun así, parece increíble que los tebanos pudieran haber creído un rumor tan manifiestamente interesado, difundido por exiliados cuyas vidas y carreras dependían de la revuelta en ciernes. Tan desquiciados estaban los rebeldes que siguieron mintiendo hasta que Alejandro apareció bajo sus murallas.

Obsérvese también este predecible y recurrente rasgo humano de entregarse a la esperanza, o «el consuelo del peligro», como el historiador Tucídides llamó a tal ingenuidad. En un futuro no tan lejano, los cartagineses también querrían creer que rebeldes macedonios de ideas afines habían alejado de África el poder de Roma. Los bizantinos, en las murallas de Constantinopla, se aferrarían a los rumores de que una flota cristiana se dirigía al Bósforo para socorrerlos. Los aztecas se convencerían en numerosas ocasiones de que Cortés había caído en batalla y estaba muerto.

Al parecer, los exiliados se habían dispersado por las ciudades-Estado griegas tras la derrota en Queronea. La mayoría no pudo regresar a sus hogares debido a la gran guarnición macedonia en Cadmea. El aterrorizado Gobierno títere tebano les había prohibido incluso visitar sus hogares. Sin embargo, en el relato de Arriano, los exiliados no solo diseminaron la mentira de que Alejandro había muerto, sino que se enzarzaron de inmediato en un auténtico golpe de Estado para sustituir al Gobierno promacedonio de Tebas —similar al de Vichy— por uno democrático. Véase con qué facilidad azuzaron a la asamblea tebana con eslóganes sobre la democracia:

En ese momento, algunos de los exiliados desterrados de Tebas, que habían entrado en la ciudad por la noche, fueron escoltados por aquellos ciudadanos que planeaban una revuelta. [...] Una vez hubieron entrado en la asamblea, incitaron a los tebanos a rebelarse contra Alejandro, invocando antiguos y nobles eslóganes como «libertad» e «independencia», y a liberarse por fin de la opresión de los macedonios. Parecían especialmente persuasivos al insistir en que Alejandro había muerto mientras estaba entre los ilirios. El rumor se propagó por mucha gente y ganó credibilidad porque Alejandro se había ausentado durante mucho tiempo y no había llegado ninguna comunicación suya.[42]

Incluso si los rumores de los exiliados sobre la muerte de Alejandro, de veintiún años, hubieran sido ciertos, los tebanos habrían obviado que su ejército seguía dirigido por la vieja guardia de generales experimentados de Filipo, los mismos profesionales que habían creado el ejército macedonio. Su reputación de superioridad militar institucionalizada es la razón por la que se extendieron los rumores de que Antípatro, el subordinado del Alejandro supuestamente muerto, encabezaba la marcha hacia Tebas. Los revolucionarios omitieron el hecho de que aquellas tropas veteranas, con veinte años de guerra a sus espaldas al lado de Filipo, eran, incluso sin Alejandro, asesinos curtidos en batalla: Antígono, Antípatro, Crátero, Eumenes, Parmenio y Tolomeo eran más que simples rivales para cualquier general de una ciudad-Estado griega y su ejército. En la tierra firme de Grecia, no tenían necesidad de que Alejandro les instruyera en el arte de la guerra, la diplomacia o la gestión de ciudades rebeldes.[43]

Un tercer error fue la equivocada confianza en el poder, el prestigio y la alianza de los alborotadores y engreídos, pero ahora impotentes, atenienses. Tras el final de la guerra del Peloponeso, Tebas no había tardado en triangular con la derrotada Atenas para impedir una ascendente hegemonía espartana sobre Grecia. Esa alianza había fracasado más tarde en Queronea, pero aún existían fuertes lazos entre los antaño rivales. El orador y archienemigo de los macedonios, Demóstenes, no solo había atizado el odio de los griegos hacia Alejandro, sino que también había suministrado dinero y armas a los tebanos, esperando ingenuamente que las tropas atenienses se unieran a Tebas cuando esta liderara una triunfante rebelión panhelénica.[44]

Desgraciadamente para Tebas, Atenas no solo estaba gobernada por pragmatistas, sino también por algunos estadistas que apoyaban verdaderamente la causa macedonia, recibían sobornos o estaban amenazados para que guardaran silencio. Atenas todavía mantenía cierto lustre como la «escuela de la Hélade» de Pericles. Sin embargo, no solo fue ingenuo, sino suicida, que los líderes tebanos entregaran el destino de miles de no combatientes al voluble fervor revolucionario de los atenienses en general, y de Demóstenes en particular, quien, según se dice, había arrojado su escudo y huido presa del pánico cuando el ejército ateniense se disipó en Queronea.

Aunque más tarde los atenienses ofrecieron refugio a los tebanos que habían escapado de la batalla, su fervor revolucionario se desvaneció ante la visión inicial de un Alejandro vivo dirigiéndose hacia ellos. Según dijo secamente el historiador Justino, cuando los atenienses vieron al ejército macedonio en el Ática:

> Los atenienses, al igual que habían sido los primeros en rebelarse, también fueron los primeros en lamentar su rebelión, ya que convirtieron su desprecio por su enemigo en casi adoración, y admiraron la antaño despreciada juventud de Alejandro como superior a la de los líderes más antiguos.

Plutarco señaló que Demóstenes había prometido armas a los rebeldes tebanos que atacaron a la guarnición macedonia de la ciudad. El orador había escrito cartas a los generales persas en Asia para instarles a declarar la guerra a Alejandro. Más tarde, había incitado a todos los griegos a ponerse del lado de Tebas. Sin embargo, una vez que Alejandro arrasó Tebas, volvió la mirada hacia Atenas y puso los ojos en Demóstenes, en palabras de Plutarco: «Demóstenes se marchitó».[45]

El cuarto error tebano fue la saña con que sus líderes insultaron al rey macedonio, lo que tornó una revuelta política o incluso ideológica en una cuestión de venganza y honor personal para el joven y temperamental Alejandro. Los tebanos habían iniciado su rebelión asesinando a dos oficiales macedonios, Amyntas y Timolao, que en tiempos de paz paseaban por las calles de Tebas sin ningún temor.

Cuando Alejandro llegó a las murallas, los tebanos no solo rechazaron sus condiciones de capitulación —un *statu quo ante bellum* bastante indulgente, aunque con la rendición de los instigadores— sino que también se burlaron de él. Su desafío pretendía avivar el furor popular contra el enemigo. Sin embargo, la mofa de los tebanos, supuestamente incitada de nuevo por los exiliados, también contribuyó a que fuera necesaria la aniquilación de la ciudad, y no solo su derrota, para restaurar el sentido del honor de Alejandro.

El historiador Diodoro ofrece un buen retrato de la irrealidad en Tebas. A pesar de la falta de medios para detener al mayor ejército que había producido el mundo clásico, los tebanos siguieron vituperando al más peligroso de los hombres vivos:

Al principio, el rey se mantuvo callado y dio tiempo a los tebanos para que cambiaran de opinión, creyendo que una sola ciudad ni siquiera se atrevería a enfrentarse en batalla con semejante ejército. Si los tebanos hubieran cedido a la situación y hubieran negociado con los macedonios la paz y una alianza, el rey habría aceptado sus peticiones con gusto. Habría accedido a todo lo que le hubieran pedido, dado que estaba ansioso por librarse de estos disturbios en Grecia y de ese modo podría dirigir la guerra contra Persia sin distracciones. Finalmente, sin embargo, una vez que comprendió que era odiado por los tebanos, se empeñó en destruir la ciudad. Mediante ese terror, aplastaría el celo de los que se atrevieran a rebelarse contra él.

Alejandro ofreció en vano a los desafiantes tebanos una última oportunidad de capitular y salvar sus vidas y las de sus familias:

Después de preparar sus fuerzas para la batalla, envió a un heraldo para que proclamara que cualquiera de los tebanos que lo deseara podía unirse a él y disfrutar así de la paz común a todos los griegos. En respuesta, los heraldos tebanos, desde una alta torre de la ciudad, respondieron confiados que cualquiera que quisiera unirse al Gran Rey [en referencia al rey persa] y a Tebas para liberar a los griegos y destruir al tirano de Grecia debía acudir a unirse a ellos. Alejandro montó en cólera ante aquella difamación, y se enfureció tanto que decidió infligir a los tebanos todo tipo de castigos. Aún furioso, se puso manos a la obra para construir máquinas de asedio y preparar todo lo necesario para la inminente batalla.[46]

Durante los años posteriores a Alejandro, ¿qué se sabía o quedaba de la ciudad física, además de un puñado de edificios religiosos abandonados y el supuesto hogar histórico del poeta Píndaro? Recordemos que Tebas era una ciudad-Estado, y no parte de ninguna nación de los beocios. La llamada federación beocia no era más que una vaga alianza de ciudades-Estado circundantes y más pequeñas que compartían dialecto, historia, cultos y rasgos étnicos, pero no conformaban un Estado. Alejandro sabía que para decapitar a Tebas y a su federación solo tenía que eliminar a todos los tebanos de la ciudad y no dejar más que unos pocos exiliados dispersos por Grecia.

La cuestión es que Tebas no era una Cartago o una Constantinopla, ciudades que antaño habían gobernado un imperio enorme. A diferencia de una Tebas más o menos provinciana, tanto Cartago como Constantinopla reunieron en su apogeo recursos humanos y económicos mucho más allá de sus murallas. Por el contrario, Tebas, aunque importante para los beocios, no era indispensable para la civilización helénica. Una ciudad-Estado tan pequeña nunca tuvo ninguna posibilidad realista de sobrevivir frente al mayor sitiador del mundo antiguo una vez que su ingenua rebelión panhelénica, incitada por los atenienses, se desvaneció.

Tras el fin de la ciudad, los hostiles vecinos beocios cultivaron las tierras de Tebas. Dado que Tebas no estaba cerca de canteras de piedra o arcilla, la mayor parte de las tejas de los edificios, los cimientos y los muros de piedra fueron valiosos despojos que se llevaron a las ciudades vecinas. La devastación y la continua reutilización de cualquier material aprovechable a lo largo de los siglos, junto con el hecho de que la ciudad moderna se asienta sobre sus antiguas predecesoras, explican por qué los arqueólogos modernos han encontrado pocos restos materiales del cataclismo tebano del 335 a. C.

La población, salvo unas pocas figuras religiosas y los descendientes de Píndaro, estaba muerta o esclavizada. En teoría no quedaban tebanos libres con vida, salvo unos pocos exiliados en algunas ciudades que no se habían unido a la afluencia original de regreso a Tebas que había incitado la revuelta. Tal vez algunos esclavos consiguieron comprar su libertad o fueron emancipados por amos simpatizantes. Sobreviven los nombres de un puñado de tebanos. Se dice que el orador ateniense Hipérides compró por un precio exorbitante a una joven cautiva tebana, una tal Fila ('Amada'), que se convirtió en su amante. Era un hecho común.[47]

Hubo algunos tebanos, o al menos algunos nombres beocios, mencionados posteriormente durante las guerras macedonias contra los persas en Asia. No tenemos ni idea de quiénes fueron estos supervivientes entre los pocos perdonados por Alejandro: los agentes de Alejandro, antiguos miembros de las castas sacerdotales, descendientes lejanos de Píndaro o soldados esclavizados en el 335 que más tarde fueron liberados por sus amos y viajaron a Asia para unirse al ejército persa.

Algunos han sugerido que unos pocos tebanos que luchaban fuera de las murallas podrían haber escapado del holocausto huyendo a puertos locales en el golfo de Corinto y haciéndose a la mar. Tal vez algunos miembros de la caballería tebana derrotada aprovecharon las escasas oportunidades de cabalgar hacia un lugar seguro y no volvieron a entrar en la ciudad, pero, en cambio, buscaron huir de la batalla perdida. Arriano, por ejemplo, afirma que los jinetes tebanos «llenaron la llanura» fuera de la ciudad en un momento dado. Sin embargo, la mayoría de los tebanos mencionados más tarde en la literatura y la historia griegas eran los pocos ciudadanos esclavizados o perdonados que seguían vivos en Tebas al día siguiente de que Alejandro asaltara la ciudad.[48]

¿Lamentaron los griegos la pérdida de una ciudad tan representativa? Al principio, no. Alejandro logró su propósito de intimidar hasta la sumisión a cualquier ciudad que mantuviera su afán revolucionario. Durante los doce años de vida que le quedaban al rey macedonio, todos los griegos bajo su dominio callaron sobre el destino de los tebanos o rivalizaron entre sí para congraciarse con los ocupantes macedonios.

Sin embargo, tras la muerte de Alejandro en Babilonia en el año 323 a. C.; y en medio de las diversas rivalidades y guerras entre los numerosos sucesores y aspirantes a encabezar la dinastía, los griegos, inquietos y envalentonados, empezaron a canonizar a los tebanos caídos como resistentes heroicos. Poco a poco, la extinción de Tebas se comparó con la desaparición de la luna, o con que el mayor orador de Grecia se quedara mudo. El antaño «merecido» destino tebano se transmutó en algo más horrible que una tragedia escenificada.

De hecho, «el saqueo de Tebas» se convirtió en una especie de *topos* para que oradores atenienses posteriores como Esquines y Dinarco se superaran unos a otros en alabanzas a la pasada valentía tebana, como si lo que los atenienses no hicieron materialmente por Tebas mientras existió lo enmendaran con su entusiasmo retórico después de su desaparición. Arriano compiló todo un catálogo sobre lo mucho que los griegos sufrieron después la pérdida, aunque él afirmaba que la destrucción se debió a la ira divina y no a la furia de su héroe Alejandro. De hecho, Arriano, que escribió quinientos años más tarde, juzgó la destrucción de Tebas como la mayor catástrofe de la historia griega. Tales lágrimas de cocodrilo recuerdan la «conmoción» de la cristiandad occidental al conocer la noticia del saqueo otomano de Constantinopla, un asedio que pocos en Occidente habían considerado merecedor de una sustancial ayuda europea *in extremis*.[49]

Tras la muerte de Alejandro, los siempre beligerantes y oportunistas regentes macedonios alentaron en ocasiones la ira panhelénica por la destrucción de la ciudad. En mitad de ese revisionismo, algunos historiadores promacedonios recordaron a los griegos que el propio Alejandro se arrepintió más tarde de su barbarie y que había intentado enmendarla ayudando a cualquier ciudadano tebano que se encontrara.

En un clima revisionista tan voluble, una nueva «Tebas» reapareció en el registro histórico unos veinte años después, pero solo tras la muerte de Alejandro Magno. El general macedonio y regente sucesor en Grecia, Casandro, refundó en el mismo lugar una versión más pequeña y casi simbólica de la famosa ciudad antigua, con una muralla de perímetro más reducido que solo abarcaba el antiguo núcleo urbano y la acrópolis de Cadmea.

La Tebas 2.0 obedecía en gran medida a un esfuerzo propagandístico para apaciguar a los griegos sometidos. Casandro pensó que podía demostrar su buena voluntad señalando sus simpatías panhelénicas, de ahí la estratagema de restaurar lo que el difunto Alejandro había destruido y de borrar la mancha de la devastación del 335 a. C. Algunas fuentes sugirieron incluso que la animadversión de Casandro hacia Alejandro, abiertamente reconocida, había alimentado su esfuerzo por deshacer el legado de su antiguo líder en Grecia.

Para construir una réplica en el anterior emplazamiento tebano y dotar de un barniz clásico a su nueva Tebas, Casandro reunió a algunos de los exiliados ausentes durante la devastación, los cuales vivían en diversas ciudades griegas como residentes apátridas. Puede que incluso buscara a los supervivientes, ya fueran esclavos liberados o fugitivos, presentes cuando todo sucedió, con la hipótesis de que ahora serían vistos como patriotas y no como insurrectos, ingenuos y necios. Del mismo modo, persuadió a los acérrimos enemigos de Tebas de que les convenía resucitar la ciudadela en Cadmea, sobre todo teniendo en cuenta que casi todos sus antiguos enemigos estaban muertos.[50]

La mayoría de los beocios, así como los griegos en general, acogieron con satisfacción la oportunidad de borrar, al menos simbólicamente, la mancha de Alejandro y resucitar una réplica de la antigua polis. Las inscripciones de la época en piedra revelan un amplio interés panhelénico por establecerse en Tebas o aportar fondos para la reconstrucción de la ciudad y su murallas, aunque a una escala mucho menor. Un siglo más tarde, los visitantes de la nueva y disminuida Tebas observaron su moderna retícula, muy diferente de las antiguas ciudades griegas de serpenteantes y estrechas calles que carecían de tal planificación urbana.[51]

Aun así, el número de aspirantes a colonos no podía ser grande, incluso si se reforzaba con cualquier tebano esclavizado superviviente del 335 a. C. que acudiera o que fuera comprado o manumitido para la ocasión. Este trasunto no era Tebas en absoluto, ni por la demografía ni por la disposición física de la nueva ciudad. Solo era un lugar para una mayoría de gente beocia, pero no tebana, con un Gobierno muy diferente, que ocupaba un antiguo emplazamiento con el mismo nombre que Tebas.

Resultaba irónico que aquellos que probablemente se habían unido al exterminio de los tebanos años antes pudieran encontrarse entre los «tebanos» de reemplazo. Los que no hicieron nada por salvar la Tebas clásica pudieron contribuir así al esfuerzo de resucitar su legado. También fue irónico que, en época romana, la reconstruida Tebas helenística fuera arrasada y saqueada al menos dos veces: por el general romano y destructor de ciudades Lucio Mummio en el 146 a. C., y de nuevo por Lucio Cornelio Sila en el 85 a. C.[52]

La Tebas sucedánea llegaría a albergar aproximadamente una cuarta parte de la población de la antigua. Durante la época imperial romana, tal vez residieran allí entre diez mil y quince mil «tebanos», aunque el núcleo urbano solo abarcaba una fracción de la anterior ciudad. A lo largo de las posteriores épocas helenística, romana, bizantina, franca y otomana, la Tebas sucesora fue conocida como un remanso provinciano, destacado por sus industrias del tejido y la seda. Siguió siendo un nexo político regional para las ciudades agrarias circundantes de Beocia, pero nunca volvió a recuperar el prestigio, la población o la influencia de la Tebas de antaño.

Hoy en día, el nombre «Tebas» se asocia casi por completo con la ciudad original y legendaria de Grecia, no con la pálida imitación helenística. La ciudad moderna de casi cuarenta mil habitantes se asienta sobre las ruinas de lo que destruyó Alejandro y goza de una robusta economía agrícola y manufacturera. También le ayuda su ubicación como un ligero desvío en la ruta turística Atenas-Delfos, en parte porque los famosos campos de batalla de Queronea, Delio, Leuctra, Maratón y Platea están cerca.

Como veremos, la mayoría de las ciudades arrasadas son refundadas o reocupadas por sus conquistadores. Las murallas caen, pero las ventajas de los emplazamientos naturales permanecen. Originalmente, la mayoría de las ubicaciones se eligieron por sus ventajas comerciales, militares, políticas o culturales, basadas en su inalterable idoneidad geográfica, sus recursos naturales o sus ricas tierras de cultivo.

En ese contexto, la destrucción de una gran ciudad, aunque sea arrasada, no significa que el lugar en sí haya dejado de tener su permanente potencial. A veces, nuevos pobladores se apoderaban de las ruinas, al margen de si las antiguas murallas fueron desmanteladas o quedaron relativamente intactas por parte de los vencidos y desaparecidos. Sin embargo, esta continuación de algún tipo de habitación humana en un mismo lugar no suele implicar la perpetuación de un pueblo vencido, la continuidad de una cultura estable o incluso una civilización afín.

La palabra «nación» es un derivado del latín *natio*. No existía ninguna palabra griega para la idea, ciertamente ajena, de una entidad política tan multiforme, singular y versátil. *Ethnos (ἔθνος,* 'étnico') se refiere a un pueblo en términos raciales o tribales más que políticos.[53]

Ciertamente, existían ligas y federaciones de ciudades-Estado griegas (conocidas como *koina*), y todas podían compartir aproximadamente la misma lengua, religión y costumbres. La Atenas del siglo V gobernaba por coerción sobre un «imperio» *(ἀρχή/archê)* de ciudades-Estado subordinadas, pero políticamente nunca existió una mancomunidad helénica unificada, al menos hasta el sometimiento intermitente bajo los macedonios y la posterior incorporación de Grecia al Imperio romano.

En su lugar, las cerca de mil quinientas polis griegas autónomas, con la excepción de las grandes ciudades-Estado como Argos, Atenas, Corinto, Esparta y Tebas, eran relativamente modestas y, por tanto, siempre vulnerables. Pocas albergaban poblaciones de siquiera diez mil habitantes, las murallas de sus ciudades no eran inexpugnables y sus ejércitos rara vez reunían más de quinientos o mil hoplitas.

Por consiguiente, en un mundo de guerras casi constantes, alianzas tornadizas y asedios generalmente exitosos, la destrucción de las ciudades-Estado no era infrecuente. El historiador Tucídides presta especial atención a las extinciones de las polis Platea, Escíone y Torone durante la guerra del Peloponeso, que precedieron a la obliteración absoluta de las ciudades beocias de Tespias y Orcómeno a finales del siglo IV a. C.[54]

En el 416 a. C., la destrucción imperial ateniense de la ciudad-Estado neutral de Melos, una isla del Egeo, mereció el famoso relato del historiador Tucídides. En su «diálogo meliano», una prolongada negociación de idas y venidas sobre el destino de la ciudad-Estado llevada a cabo entre sus dirigentes y los enviados invasores atenienses, Tucídides parece utilizar la trágica ocasión para instruir a sus lectores sobre el uso amoral del poder opresor contra adversarios derrotados y más débiles.

El historiador capta con brillantez la terrible situación humana de los atacados. Durante su resistencia, los melios apelan a valores y emociones como el honor y la esperanza en respuesta a los recordatorios de los atenienses de que no hay gloria ni valor en librar una guerra ya condenada desde el principio. En una situación tan desesperada, lo que está en juego no solo es la victoria o la derrota, ni tampoco la demostración de valor o cobardía, sino la extinción absoluta de la ciudad.

Aun así, los isleños persisten y esgrimen otros argumentos, en su mayoría vanos, como el sentido de la justicia de los griegos o la imagen de brutalidad que tal destrucción divulgaría entre los demás y desacreditaría a los atenienses. La célebre respuesta de los atenienses fue que la confianza y esperanza de los melios no se atenía a una valoración objetiva de la asimetría entre las fuerzas de ambos contingentes, por lo que su resistencia, abanderada como principio, pero aun así ingenua, resultaría catastróficamente suicida. Es posible que el historiador esté recordando a sus lectores que la resistencia frente a probabilidades abrumadoras no siempre conduce a una victoria espectacular; que tal desafío quizá no siempre sea noble, aunque los propios agresores atenienses habían decidido luchar en Maratón y Salamina, cuando estaban en gran inferioridad numérica. La derrota militar de trescientos soldados espartanos en las Termópilas fue gloriosa, pero también fue un desastre que costó la vida a su rey Leónidas. Los enviados atenienses a Melos supusieron que pocos lamentarían el destino de los muertos o desafiarían el poder de los aniquiladores.

Cuando la delgada capa de la civilización es arrancada por un conflicto interminable, ¿dónde queda la moralidad? ¿Acaso en la vergonzosa supervivencia que al menos ofrece algún tipo de continuación a los débiles, las mujeres, los niños y los ancianos? ¿O quizá en la gloriosa resistencia basada en principios, a pesar de la débil esperanza de victoria y la gran probabilidad de exterminio? ¿En qué momento de oro sopesa una civilización las consecuencias de la rendición cuando se enfrenta a una derrota segura frente a la gloria de la resistencia que podría ofrecer incluso una pequeña posibilidad de triunfo contra las aciagas probabilidades?

Durante dos mil quinientos años, tanto los estadistas como los revolucionarios han citado o parafraseado la famosa frase de la desdichada Ío en *Prometeo encadenado,* de Esquilo, que se lamenta de que «es mejor morir una vez que sufrir terriblemente todos los días». Supuestamente, el revolucionario mexicano Emiliano Zapata pronunció algo similar en un contexto militar: «Es mejor morir de pie que vivir de rodillas», un aforismo ya bastante común entre los líderes en tiempos de guerra. Sin embargo, por noble que sea el sentimiento, un fatalismo tan valiente suele ser un sabio consejo solo para los fuertes, o para aquellos que al menos conservan alguna confianza en la victoria. Para los vulnerables, morir «una vez» de pie puede significar la tortura, la esclavitud o la matanza de los que aún ni han empezado a andar.[55]

El destino de Tebas acabó horrorizando a los griegos, pero también bajó el listón de lo que se consideraba permisible en la guerra clásica. En su evaluación final, Arriano compara la destrucción con catástrofes similares sufridas por los principales rivales de Tebas, Atenas y Esparta. Llega a la conclusión de que ni siquiera la derrota ateniense de la guerra del Peloponeso, marcada por la destrucción de su Muralla Larga y la rendición temporal de su democracia, o la derrota de Esparta por Epaminondas en Leuctra y Mantinea y la posterior invasión de Laconia, supusieron un desastre comparable.

Aunque ciertamente hubo muchas más muertes en las catastróficas derrotas durante la guerra del Peloponeso (como la destrucción de las fuerzas expedicionarias imperiales atenienses, de casi cuarenta mil hombres, que remaron hacia Sicilia en el 415 a. C.), el argumento de Arriano sigue siendo válido: nadie en el pasado había arrasado una ciudad tan grande y legendaria como Tebas. Su absoluta destrucción tuvo un calamitoso efecto político y psicológico en los griegos durante décadas.[56]

Solo mucho más tarde se apreció una consecuencia trascendental de esa destrucción. La devastación de Alejandro, junto con la batalla de Queronea tres años antes, acabó por considerarse el icónico final de la civilización de las ciudades-Estado clásicas —la llamada Grecia Clásica— y el comienzo del periodo helenístico, de la cultura «a la griega» que se extendía por el Mediterráneo oriental y Asia. El poder, el dinamismo militar y la crueldad de Alejandro estaban muy por encima de la capacidad y la visión de las ciudades-Estado anteriores, pero quizá eran necesarios para crear un imperio que se extendía hasta el actual Pakistán. Sin embargo, al focalizar tales facultades en Tebas y destruir así la libertad de los griegos, provocó que muchos en su nuevo mundo helenístico de tiranos y hombres fuertes acabaran lamentando lo que habían destrozado.

El desenfreno de Alejandro en Asia implicaría el incendio de Persépolis, la capital de Darío III, y la aniquilación de muchas desafortunadas comunidades cuya única falta fue encontrarse en el camino de Alejandro. Más tarde, los romanos no dudarían en devastar la legendaria Corinto en el 146 a.C. Ese mismo año arrasaron con mucha más tenacidad una Cartago aún mayor, como veremos en el próximo capítulo.

Sería tranquilizador creer en el triunfo de última hora y en las gloriosas postreras batallas de ciudades y Estados idealistas pero condenados. No obstante, el destino de los vencidos con frecuencia se puede calcular *a priori* y con métodos más mundanos: por su inferioridad numérica o militar, su ingenuidad pasada y presente, su larga decadencia, su incompetencia o el puro genio militar y los recursos de sus atacantes.

Con Cartago, las apuestas se elevaron. Cartago no era una pequeña ciudad de cincuenta mil habitantes, sino diez veces mayor. Sus murallas no eran de una robustez endeble, sino de las más monumentales del mundo antiguo. Su desaparición no supuso, como en el caso de Tebas, la pérdida de una pequeña rama de una cultura más amplia, sino el borrado de toda una civilización. Su conquistador, como todos los demás, fue tan despiadado como Alejandro y, sin embargo, se consideraba igualmente un filósofo, un aniquilador por obligación y, en fin, un hombre «bueno».

CAPÍTULO 2

EL PAGO DE LA VENGANZA

LA DESTRUCCIÓN DE CARTAGO Y LA CIVILIZACIÓN PÚNICA EN ÁFRICA (149-146 A. C.)

Es innato a la naturaleza humana
odiar a aquellos a quienes se ha herido.
(Proprium humani ingenii est odisse quem laeseris).
Tácito, *Agrícola*

Ninguna gran civilización podía lograr la supremacía basándose en el genocidio y la venganza salvaje. Al menos, eso debieron pensar los cartagineses. Es posible que los romanos supieran que una Cartago derrotada y esquilmada dos veces, reducida a un mero vestigio de su antigua majestad, había complacido todas sus exigencias. Los romanos más racionales también debieron apreciar que incluso un rival con cierta actividad mercantil podía convenirles para el comercio en un Mediterráneo que cada vez era más «Nostrum». A medida que la República crecía fuera de Italia, ¿no había incorporado Roma a los pueblos conquistados y se había beneficiado de ellos en lugar de exterminarlos? Arrasar una ciudad enorme y fortificada no cuadraba en el característico análisis de costes y beneficios de unos romanos obsesionados por el dinero. Cualquiera que fuera el amargo recuerdo de las dos décadas que duró la devastadora invasión de Aníbal, debería haber remitido al cabo de medio siglo. Los confiados cartagineses descartaron la posibilidad de una venganza romana definitiva:

habían cumplido todo lo que el sobrio y juicioso Senado romano había exigido…, pero se encontraron atrapados en su propia ciudad, rodeados por un vengativo ejército empeñado en su destrucción absoluta.

En el año 146 a. C., los romanos irrumpieron en el mercado de Cartago tras tres años de asedio a la capital púnica, en la actual Túnez. Su repentina embestida en la enorme ciudad hizo huir a los supervivientes hacia la ciudadela, la legendaria Birsa. Aquí,

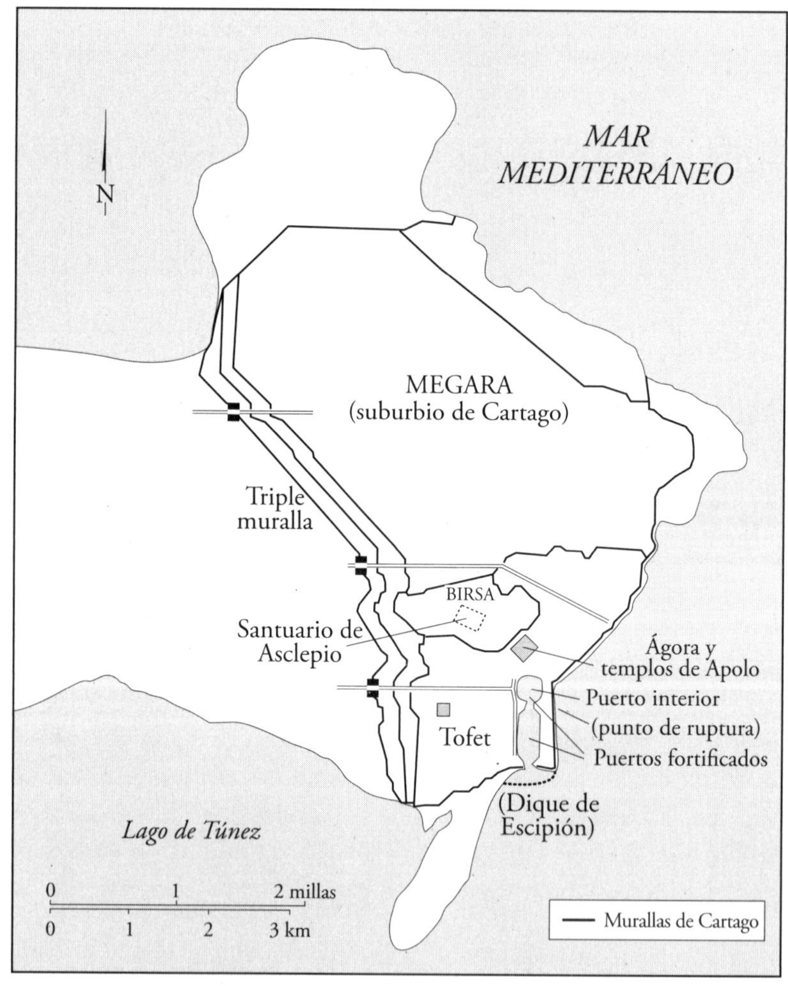

Cartago

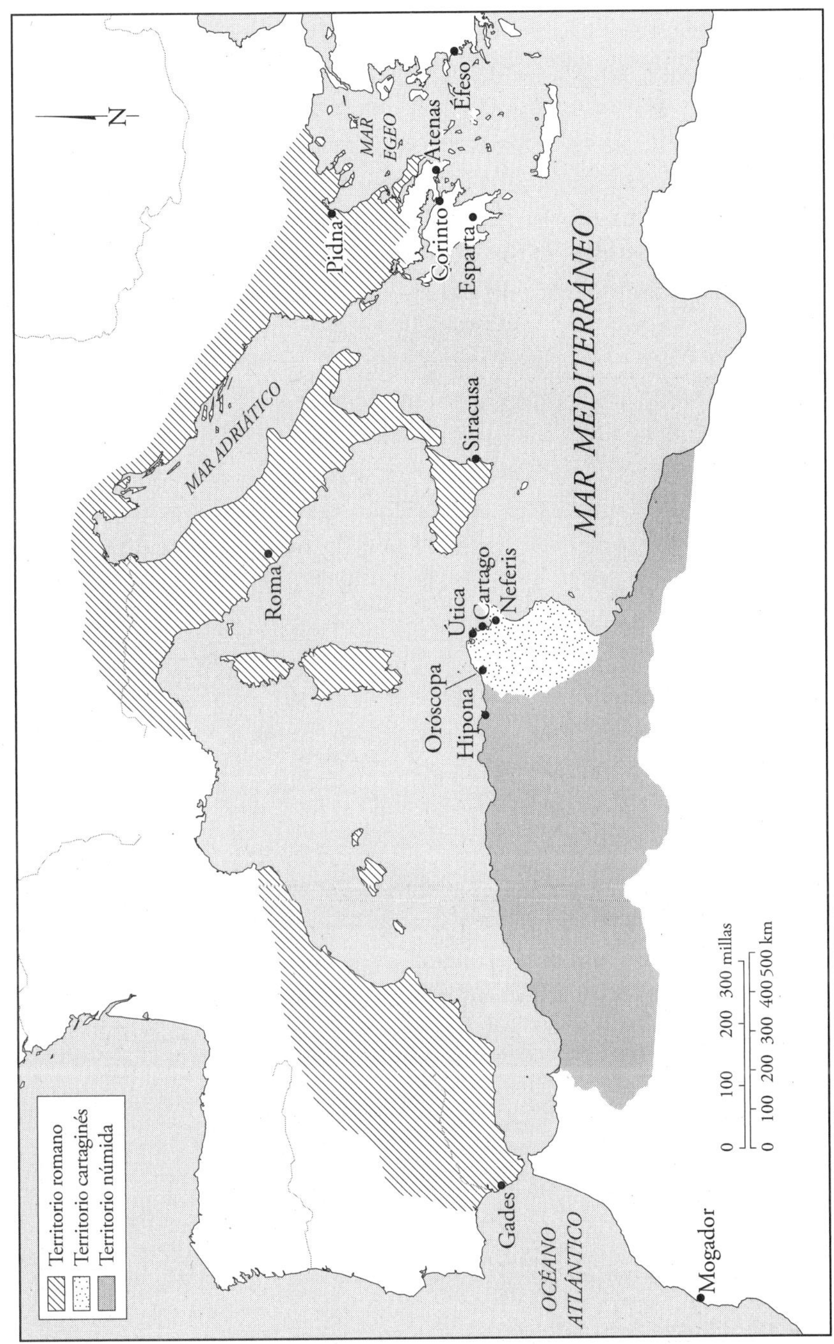

Los imperios romano y cartaginés en el siglo II a. C.

rozando el final de este último asalto de seis días, los legionarios empezaron a estrechar el cerco sobre los últimos cartagineses. Quizá quedaban unos cien mil con vida. La mayoría se había atrincherado en su reducto cada vez más pequeño en lo alto de la ciudad. Estaban en una situación desesperada: defendían las últimas posiciones de la destrozada fortificación que quedaba después de los últimos tres años.[1]

Los defensores no tardaron en atrincherarse en las casas que aún quedaban en pie. Algunas tenían seis pisos de altura y ofrecían plataformas ideales para atacar con proyectiles a los romanos que avanzaban más abajo. Los asediados habían bloqueado las calles, por lo que los romanos se habían visto obligados a demoler lo que quedaba de Cartago manzana por manzana. Había cierto orden y firmeza en el avance de los romanos entre el caos y los escombros de la ciudadela. Las cohortes en vanguardia marchaban metódicamente, limpiando las azoteas de combatientes y apartando los cadáveres de las calles para que la caballería pudiera seguirlas. El historiador Apiano describió la matanza que se produjo cuando se incendiaron y derrumbaron los edificios de piedra y adobe que quedaban, con miles de sitiados en su interior:

> El estruendo arreció y muchos cadáveres cayeron entre las piedras. Sin embargo, aún quedaban algunos vivos, sobre todo ancianos, mujeres y niños pequeños que se habían escondido en los recovecos más recónditos de las casas. Algunos estaban heridos, otros sufrían quemaduras importantes y proferían gritos desgarradores. No obstante, aún había otros a quienes se los había empujado afuera y habían caído desde las alturas junto con las piedras, la madera y el fuego, y que aparecieron despedazados, destrozados y mutilados entre toda clase de horrores.

La matanza obligó a los agotados legionarios a trabajar por turnos. Con tal cantidad de cadáveres, la mecánica de limpiar los cuerpos de las estrechas calles puso a prueba a los romanos y retrasó la conquista definitiva de la ciudad:

Pero este no era ni mucho menos el final de sus miserias, ya que los legionarios encargados del desescombro retiraban los obstáculos con sus hachas, picos y horcas para abrir calles. Utilizaban sus herramientas para arrojar a los muertos y a los vivos juntos en zanjas, arrastrándolos como si fueran palos y piedras mientras los volteaban con sus herramientas de hierro. Llenaron las fosas de hombres. Algunos, arrojados de cabeza y con las piernas sobresaliendo, pataleaban durante mucho tiempo. Otros cayeron con los pies por delante y su cabeza era lo único que asomaba. Los caballos les pasaron por encima, aplastándoles la cara y el cráneo, no a propósito, sino durante su precipitada carrera.[2]

Cuando el cónsul y general romano Escipión Emiliano, que había merodeado entre las primeras filas del asalto final, retiró finalmente a sus tropas, solo encontró a cincuenta mil cartagineses supervivientes. Tres años antes, la población original se acercaba a los quinientos mil. Probablemente murieron nueve de cada diez cartagineses al comienzo del asedio. Escipión perdonó la vida a los supervivientes solo para venderlos como esclavos.[3]

También hubo un último y espeluznante foco de resistencia. Unos novecientos legionarios romanos desertores que se habían unido a los cartagineses seguían atrincherados en el santuario del dios Asclepio. Entre esos soldados se encontraba Asdrúbal el Boetarca,[*] comandante de la ciudad durante el asedio. Su esposa y sus dos hijos estaban atrapados en el santuario junto a él, todos a punto de morir de hambre.

Los traidores romanos y los últimos cartagineses se habían encaramado al tejado del templo. Asdrúbal se había reunido en secreto con Escipión y se le había garantizado la inmunidad, pero solo para él. Al enterarse de esta traición, los refugiados en el

---

* Boetarca era un cargo cartaginés, cuya función exacta no está clara. Puede derivar del término griego antiguo βοηθός *(boēthós)* o 'auxiliar', lo que sugiere un papel de liderazgo entre los ejércitos mercenarios de Cartago. No debe confundirse con el título griego *beotarca* (del griego βοιωτάρχης, *boiôtárkhês,* de Βοιωτία, *Boiôtía,* 'Beocia', y ἀρχή, *arkhê,* 'el mandato'), líder de la Confederación Beocia. *(N. del T.)*

templo —incluida la familia de Asdrúbal— prendieron fuego al edificio. Lo irónico es que anteriormente se había considerado a Asdrúbal el más vehemente antirromano de Cartago. Su odio a Roma había galvanizado a medio millón de cartagineses, que morirían en pie en lugar de vivir de rodillas subordinados a Roma. Ahora había permitido que incineraran a su familia para poder vivir entre sus conquistadores.

Mientras su esposa ardía en llamas, gritó a su cobarde marido: «¡Indigno! ¡Traidor! ¡El más poco viril de los hombres! Este fuego nos sepultará a mí y a mis hijos. ¿Tú, el "líder" de la gran Cartago, adornarás un triunfo romano?». Así fue, pero no como su esposa lo habría esperado: ya había negociado un largo y seguro retiro en Italia, tras ser exhibido en Roma.

Asdrúbal fue uno de los pocos líderes derrotados que fue expuesto solemnemente ante el pueblo romano y, sin embargo, no fue ejecutado tras la ceremonia pública. No moriría en su ciudad, como lo hicieron Constantino XI en Constantinopla o Moctezuma en Tenochtitlán.[4]

Durante las últimas semanas de vida de la ciudad, los sitiadores romanos habían masacrado sistemática e indiscriminadamente a decenas de miles de civiles, junto con soldados y esclavos libertos reclutados en el ejército, cumpliendo así su anunciado programa de aniquilar todo rastro humano de la ciudad. Es imposible saber la población exacta de la antigua Cartago, y todavía menos su tamaño, incrementado cuando la población rural acudió en masa a la ciudad en vísperas del asedio. En cualquier caso, si había quinientos mil residentes en el 149 a. C., es muy posible que el noventa por ciento de ellos hubiera muerto tres años más tarde. Los historiadores suelen llamar a esa masacre el «primer genocidio».[5]

Después de que Escipión acabara con los últimos focos de resistencia de cartagineses y traidores romanos, permitió que sus hombres saquearan la ciudad, no sin antes destruir todas las armas que encontraron. Tras el saqueo, demolieron las enormes y antiguas murallas, derribaron todos los edificios que quedaban en pie e incendiaron todo lo que ardiera. Así eliminaron unos setecientos años de civilización púnica en África.

En el mundo antiguo, basado en el trabajo muscular y las herramientas manuales, no era fácil destruir o incluso reducir a cenizas edificios monumentales y murallas de piedra. Sin embargo, Escipión y el Senado romano deseaban asegurarse de que ningún romano tuviera que luchar por cuarta vez contra los cartagineses. Costara lo que costara. De hecho, cuando las noticias de la destrucción de Cartago llegaron a Roma, el pueblo se mostró incrédulo —solo por un momento— hasta que estalló en grandes celebraciones, como si un miedo de generaciones hubiera quedado atrás para siempre. Las jubilosas multitudes romanas intuyeron la trascendencia del acontecimiento: la destrucción de Cartago marcaba el final de una era y el comienzo de otra en la que Roma ya no se sentiría amenazada por ninguna potencia mediterránea que pudiera desplegar la guerra en la propia Italia.

Como vimos, tras la destrucción de Tebas, Alejandro Magno se dirigió al este para alcanzar la inmortalidad: invadió, conquistó y destruyó el Imperio persa, incluyendo Anatolia, Siria, Egipto, Mesopotamia, la propia Persia, Afganistán y gran parte de lo que hoy es Pakistán. Entonces, el autodenominado salvador del helenismo y señor de todo lo que había visto murió en Babilonia con treinta y tres años. Alejandro no dejó testamento ni proyecto de sucesión, y sus generales supervivientes, los llamados *Diadochoi* ('Sucesores') —Antípatro, Pérdicas, Ptolomeo I, Seleuco I, Antígono I y Lisímaco— se repartieron su imperio. En el curso de incesantes guerras entre sí y contra enemigos extranjeros, pronto fundaron nuevas ciudades griegas en Asia y el norte de África, lo cual extendió la lengua griega y la cultura helénica por todo Oriente. Como macedonios, dieron lugar a lo que hoy se conoce como mundo helenístico («a la griega»).

Tras varias décadas de conflictos por el botín del Imperio de Alejandro, los principados más pequeños de los generales acabaron fusionándose en unos pocos reinos poderosos en el Mediterráneo oriental y Asia. La dinastía antigónida se consolidó en el lugar de nacimiento de Alejandro en Macedonia, y llegó a incorporar gran parte de la propia Grecia. Pérgamo, en Anatolia occidental, surgió como la capital de un pequeño estado en Anatolia gobernado por los Atálidas. Siria y Mesopotamia constituían el núcleo del enorme imperio de los seléucidas en el este. La más rica de todas las provincias, Egipto, se desarrolló como centro del helenismo gracias a Ptolomeo. Durante los tres siglos siguientes, los ptolomeos mantendrían una monarquía macedonia híbrida relativamente estable y rica en Alejandría, su nueva ciudad mediterránea y cosmopolita.

Sin embargo, las ambiciones futuras de Alejandro y sus sucesores en el mundo mediterráneo occidental se habían visto limitadas no solo por su muerte, sino también por la aparición de dos Estados pujantes: Cartago y Roma. La Italia unificada y su transformación en una República romana con afanes expansionistas dio lugar a interminables guerras por la supervivencia, que acabarían con la anexión romana de grandes partes de lo que hoy es Francia, los países del Benelux, España, Sicilia y los Balcanes. Sin embargo, el crecimiento de la república, que duró tres siglos, se vio estancado o frenado a menudo por su formidable rival mediterráneo, la Cartago púnica, cuyo imperio terrestre en la costa norteafricana pronto se amplió hasta Sicilia y el sur de España. Además, la enorme flota de guerra cartaginesa aseguraba su preeminencia marítima y el mantenimiento de una enorme riqueza comercial, al tiempo que frenaba la expansión romana por el Mediterráneo.

Al igual que la rivalidad anterior entre Atenas —democrática, naval, jónica y cosmopolita— y Esparta —oligárquica, dórica, basada en la infantería y ligada a la tradición—, la competición entre Roma y Cartago enfrentaba a dos civilizaciones antitéticas. Roma era una potencia de infantería: después del 275 a. C., las legiones romanas habían unificado la mayor parte de Italia al sur del río Po. Por su parte, Cartago dominaba el mar Mediterráneo occidental. Los aliados y las colonias cartaginesas se extendían por Sicilia, Cerdeña, el norte de África y a lo largo de la costa de España, de manera que Roma las consideraba una barrera intolerable para su afán expansionista. Durante el polémico transcurso del siglo III a. C., Roma y Cartago habían colisionado en dos largas y cruentas guerras, ahora conocidas formalmente como la primera (264-241 a. C.) y la segunda (218-201 a. C.) guerras púnicas.

El conflicto inicial duró veintitrés años, y se libró principalmente en el mar por el control de Sicilia. Durante el transcurso de la contienda, y a pesar de tener muy poca experiencia en la guerra naval mediterránea, Roma construyó varias flotas de galeras. En la histórica batalla naval del cabo Ecnomo (256 a. C.), frente al sur de Sicilia —quizá el mayor combate marítimo de la historia—, Cartago consiguió enviar una flota que superaba incluso a la nueva y colosal armada romana de ciento cuarenta mil marineros y soldados. En la batalla participaron unos trescientos mil combatientes en total. Aunque Roma se alzó con la victoria, al año siguiente perdió casi toda su flota a causa de una tormenta en el Mediterráneo que le hizo perder cien mil hombres; fue uno de los peores naufragios militares transcurridos en un solo día de la historia naval.[6]

No obstante, tras este heroico esfuerzo por dominar la guerra en el mar, Roma salió victoriosa de la primera guerra púnica gracias a sus virtudes de persistencia y resistencia, tan típicamente romanas, que marcarían las tres guerras púnicas. En cada uno de estos conflictos, la república parecía fortalecerse tras sufrir reveses temporales. Como resultado de su primera derrota en el 241 a. C., una Cartago humillada no tuvo más remedio que renunciar a sus posesiones en Sicilia y Cerdeña. Roma las anexionó como sus primeras provincias, y, ávida y exaltada, confió en poder diezmar las colonias cartaginesas más próximas a Europa que a África. Si seguían esta estrategia, harían a Cartago mucho más vulnerable a la invasión extranjera, al tiempo que el interior de las tierras italianas de Roma estaría más protegido. Sin embargo, Cartago no perdió el tiempo durante las dos décadas entre la primera y la segunda guerra. Volvió a expandir el imperio que le había quedado, sobre todo con nuevas adquisiciones en Hispania y el norte de África. De hecho, a pesar de haber perdido la primera guerra púnica, la ciudad púnica había alcanzado el cenit de su fuerza —tanto en tropas como en recursos— cuando estalló la segunda.[7]

La segunda guerra púnica comenzó en el 218 a. C. con objetivos bastante diferentes a los del conflicto anterior. El general cartaginés Aníbal, uno de los mayores genios militares de todos los tiempos, condujo a su ejército más allá de Hispania casi de inmediato. Pasó por la Galia y, a través de la nieve y el hielo de finales de otoño, soportando considerables pérdidas, cruzó los Alpes con sus elefantes para llevar la guerra a la casa de los romanos. Una vez allí, a lo largo de cuatro brillantes victorias consecutivas en el río Tesino, el río Trebia, el lago Trasimeno y Cannas, Aníbal aniquiló a todos los ejércitos consulares que los romanos lanzaron contra él: mató a casi cien mil legionarios, capturó o hirió a otros tantos y destrozó al ejército romano hasta dejarlo casi inerme. Solo tras casi dos décadas de costosas batallas de desgaste, Publio Cornelio Escipión (que más tarde recibiría el honorífico «Africanus») consiguió elaborar una estrategia innovadora para devolver a los cartagineses a África. Primero, los romanos neutralizaron las bases de aprovisionamiento cartaginesas en España, aislando a Aníbal de cualquier socorro procedente de África o de la ayuda de las ciudades romanas desertoras. Después, Escipión le presionó para que abandonara Italia y salvara su patria enviando un ejército romano al norte de África. La batalla final, en Zama, a las afueras de Cartago, se saldó con una monumental victoria romana en el 202 a. C. Escipión logró una humillante victoria sobre Aníbal, y con ello aseguró el futuro de la expansión romana sin oposición en todo el Mediterráneo occidental.

Tras la derrota de Aníbal en el 202 a. C., Cartago fue despojada de su imperio y reducida a ciudad-Estado; solo conservó a unos pocos aliados locales con los que compartía los lazos de la cultura y la lengua fenicias. Mientras tanto, Roma, tras haber neutralizado a su rival occidental, se vio arrastrada cada vez más a los asuntos del Mediterráneo oriental griego, donde tuvo que enfrentarse a una sucesión aparentemente interminable de conflictos entre los reinos helenísticos de Macedonia, Grecia y Asia Menor.

Mientras el Senado olvidaba a una inerte Cartago durante medio siglo, las legiones emprendieron cuatro grandes guerras contra Macedonia y una contra la Siria seléucida, para lo cual contaron con el apoyo de uno de sus aliados habituales, Pérgamo, y del Egipto ptolemaico. Mientras asediaban Cartago durante la tercera guerra púnica, los romanos también vencieron a la Liga Aquea, una confederación de ciudades-Estado griegas unidas para contrarrestar a las superpotencias helenísticas. Tras la consolidación en Grecia y Asia Menor, los romanos derrotaron a casi todos sus enemigos del Mediterráneo oriental y obligaron a estos reinos y Estados en decadencia a tolerar humillantes concesiones. A medida que continuaban su expansión hacia el este y el oeste, los romanos abandonaron su anterior narrativa de victimización: dejaron de sentirse obligados a defenderse de potencias agresoras más antiguas y, más bien al contrario, la república empezó a servirse de las guerras preventivas como el medio para destruir a todos sus rivales en el mundo mediterráneo, al tiempo que se hacía mucho más rica y dominante en el proceso.

A mediados del siglo II, Roma dirigió por fin su atención hacia su antiguo enemigo y provocó la tercera guerra púnica con Cartago. (Prácticamente al mismo tiempo, también ajustaba cuentas en la cuarta guerra macedónica). Cartago, habitualmente astuta, esta vez no había comprendido que la Roma contra la que sus antepasados habían luchado en el 264 a. C. apenas se parecía a la nueva potencia más fuerte, más agresiva y, en última instancia, más despiadada que exigiría su destrucción en el 149.

El término derivado del latín 'púnico' *(poenus/punicus)* se tomó prestado del término griego para designar a los fenicios *(phoinix/phoinikes)*. El adjetivo designaba normalmente la cultura de los fenicios occidentales del norte de África. Para la época de su primera guerra contra Roma, Cartago había crecido hasta dominar unas trescientas colonias fenicias y se había expandido mucho más allá de su dominio costero original, en la actual Túnez. Al parecer, la legendaria reina fenicia Dido fundó la ciudad a principios del siglo IX, supuestamente en el año 814 a. C. La reina, según los mitos fundacionales que sobreviven en la *Eneida* de Virgilio, condujo a los colonos fenicios de Tiro al emplazamiento de la ciudad norteafricana casi setecientos años antes de su destrucción. Irónicamente, Cartago se fundó prácticamente al mismo tiempo que Roma, en el 753 a. C., según sus orígenes míticos. Así pues, es irónico el enfrentamiento entre la colonia fenicia probablemente más antigua de Occidente contra la más antigua de las ciudades de habla latina de Italia.[8]

Roma y Cartago diferían en los aspectos fundamentales de su cultura, lengua, historia y economía. Sin embargo, compartían algunas similitudes en sus espectaculares crecimiento y ascenso. A su manera, ambas representaban una antítesis del Mediterráneo occidental frente al omnímodo y todopoderoso mundo helenístico oriental. Roma obtuvo fuerza y confianza gracias a su extenso entorno del Lacio, ampliando el uso de la lengua latina y sistematizando las divinidades romanas. Sin embargo, los romanos también acogieron influencias de sus vecinos etruscos del otro lado del Tíber; eran bastante diferentes, pero de ellos tomaron varias instituciones políticas y prácticas religiosas que, a su vez, incorporaban algunas influencias culturales helénicas.

La identidad social de Cartago tampoco estaba totalmente dominada por la influencia helenística. Sí estaba muy influida por Fenicia, su madre patria, sobre todo por su lengua semítica, su panteón religioso y los ritos de sacrificio de niños. Además, los cartagineses también se inspiraron en la sociedad tribal bereber, más que nada porque las tribus indígenas eran mucho más numerosas que los primeros colonos fenicios.

Roma y Cartago también se consideraban parcialmente similares en términos políticos. Ambas se habían beneficiado de los precedentes políticos griegos mediante el contacto con los primeros colonos griegos de Sicilia, el norte de África, Hispania y el sur de la Galia. Como resultado, los testigos antiguos argumentaban que ambas ciudades habían disfrutado de las ventajas de una constitución «mixta» de inspiración helénica, conocida en una sola palabra como «política» *(πολιτεία)*. Durante la Antigüedad, ese era el término formal para denotar el minucioso equilibrio republicano entre los poderes ejecutivo, legislativo y judicial dentro de un mismo Gobierno, defendido tanto por Platón como por Aristóteles. A ojos de los testigos griegos y romanos, este préstamo compartido de elementos del Gobierno constitucional griego aseguró a ambos Estados una prosperidad, estabilidad, legitimidad y unidad excepcionales: eran los ingredientes, en definitiva, para una poderosa expansión.

En el siglo IV a. C., Aristóteles había elogiado el sistema tripartito del Gobierno cartaginés. Lo comparó con la anterior y estable constitución espartana, que contemplaba dos jefes ejecutivos (reyes), una asamblea legislativa de todos los ciudadanos (los espartiatas), un órgano legislativo superior (la Gerusía) y un poder judicial (éforos que actuaban como magistrados). El Gobierno espartano también habría sido un modelo de controles y equilibrios para el posterior estado romano de los cónsules, el Senado, las asambleas, y los pretores. El historiador Polibio estaba de acuerdo, y también destacó el sistema constitucional cartaginés. Argumentó que el equilibrio constitucional de Roma entre los poderes ejecutivo, legislativo y judicial garantizaba que la aristocracia del Senado romano no desembocara en un dominio oligárquico. Ni la asamblea tribal daría lugar a una oclocracia popular, ni el poder consular conduciría al despotismo.[9]

La estabilidad política interna y la eficacia de Roma y Cartago explican cómo superaron a sus respectivos rivales tribales, monárquicos y autocráticos, y por qué ambos se dirigían hacia una confrontación catastrófica para dirimir el control de Occidente y, en última instancia, de todo el Mediterráneo. Que Cartago y Roma fueran sociedades consensuales no impidió la contienda y la rivalidad. En el mundo antiguo, los Estados constitucionales solían atacar a otros Gobiernos análogos. La convención actual de que las democracias no guerrean con otras democracias habría estado muy fuera de lugar durante la Antigüedad, especialmente en los primeros tiempos de la historia escrita, cuando las dos democracias más grandes de la Grecia clásica, Siracusa y Atenas, libraron una amarga guerra de dos años por el destino de Sicilia (415-413).

Para la época de las guerras púnicas (264 a. C. – 146 a. C.), la hegemonía de Cartago había crecido hacia el oeste desde Leptis Magna, en la costa central de Libia, hasta Mogador, más allá del estrecho de Gibraltar, en la fachada atlántica del actual Marruecos. Durante el siglo III a. C., Cartago había levantado un dominio marítimo de colonias y ciudades portuarias de habla púnica —muy parecido al posterior imperio de la República de Venecia del siglo XVI d. C.— que se extendía por la costa de Dalmacia, incluía Grecia y llegaba hasta Creta y Chipre en el Mediterráneo oriental. De hecho, antes de la segunda guerra púnica, el sello de una palmera era una marca comercial e impronta monetaria tan presente en el Mediterráneo occidental como sería la posterior marca renacentista del león alado de San Marcos en el Mediterráneo oriental.[10]

Lo que había aterrorizado a la Roma republicana del siglo III d. C. era que los cartagineses colonizaran Europa a través del Mediterráneo con tanta facilidad. El Senado romano llegó a la conclusión de que Cartago pretendía ocupar Hispania, Cerdeña y Sicilia, y temía que, además, participara en una empresa mayor para arrinconar a Roma dentro de Italia y desarrollar una cultura púnica hostil en Sicilia, a solo tres kilómetros de la Italia continental. Los temores crónicos de Roma con respecto a un posible Mediterráneo púnico no eran infundados: al estallar la primera guerra, la confederación de Cartago podía tener casi el doble de población que la Italia romana.

La enorme riqueza de Cartago, garantizada por una flota comercial que operaba en todo el Mediterráneo, tornaba risibles las ambiciones marítimas de Roma. Tanto Cartago como Roma podían contar con poblaciones considerables, pero la ciudad africana era casi el doble de grande que Roma. Además, a lo largo de los diversos escenarios de la segunda guerra púnica, Cartago había podido enviar al campo de batalla a unos cincuenta mil soldados más que Roma.

Los testigos griegos también notaron grandes diferencias entre los militares de ambos Estados. Mientras que Roma reunía levas de soldados ciudadanos, los cartagineses confiaban más en la infantería mercenaria y solo solían reclutar ciudadanos para su armada naval. El historiador Polibio, que acompañó a Escipión Emiliano a Cartago, se esforzó en subrayar los diferentes perfiles de ambos ejércitos:

Para una expedición naval, los cartagineses son los mejor entrenados y preparados —como es natural en un pueblo que ha heredado este oficio durante generaciones por encima de todas las naciones del mundo—, pero, en lo que respecta al servicio militar en tierra, los romanos se entrenan a un nivel mucho mayor que los cartagineses. Los primeros dedican toda su atención a este aspecto, mientras que los cartagineses descuidan por completo su infantería, aunque se interesan algo más por la caballería. La razón es que emplean mercenarios extranjeros, mientras que los romanos se sirven de levas nativas y ciudadanas.[11]

Uno de los rasgos más extraños y repugnantes de la cultura cartaginesa, al menos para los griegos helenísticos, pero también para los romanos, era su institución del sacrificio infantil. Esta práctica se consideraba salvaje, anterior a la civilización, y era inusual en otros lugares de la Antigüedad clásica. No obstante, el sacrificio de niños en Cartago está bien atestiguado tanto por la arqueología como por las fuentes literarias antiguas. Los arqueólogos han observado que la prevalencia de los *tofets,* santuarios utilizados para el sacrificio de niños, aumenta durante los siglos IV al II a. C. Especulan que, en el Mediterráneo de la época, esta forma de sacrificio se convirtió en una especie de señal de identidad propiamente «cartaginesa», independiente de la mayoría de las prácticas religiosas del mundo helenístico.[12]

A los griegos les repugnaba la idea de matar niños. Se cita, por ejemplo, un fragmento de la historia perdida de Cleitarco, historiador del siglo IV, que hace hincapié en la naturaleza horripilante de la práctica:

Cleitarco dice que los fenicios, y sobre todo los cartagineses, que veneraban a Cronos, hacían un voto por uno de sus hijos cuando deseaban que una gran cosa tuviera éxito. Si recibían lo deseado, lo sacrificarían al dios. Erigían un Cronos de bronce, que extendía las manos hacia arriba sobre un horno también de bronce para quemar al niño. La llama del niño ardiendo alcanzaba su cuerpo hasta que, cuando se habían arrugado los miembros y parecía que la boca sonriente casi reía, caía en el horno. Por eso la mueca se llama «risa sardónica», ya que mueren riendo.[13]

A pesar de estas diferencias existenciales, tras las dos primeras guerras púnicas no hubo ningún llamamiento en Roma para arrasar una Cartago derrotada. En su lugar, la segunda guerra púnica terminó —como casi todas las guerras anteriores de Roma— con un tratado formal: el acuerdo del 201 a. C. entre una Roma victoriosa y una Cartago derrotada, pero no destruida. En esta ocasión, los cartagineses se vieron obligados a entregar todas sus posesiones más allá de las inmediaciones de la propia Cartago, a pagar una enorme indemnización a Roma y a tener que pedir permiso para emprender cualquier guerra fronteriza en África. Cartago pagó la indemnización durante los cincuenta años siguientes y completó la cantidad estipulada en el 151 a. C., antes de lo previsto; además, pudo prosperar comercialmente incluso sin su imperio (se podría comparar con un Japón resurgente, sin afán imperial, tras la Segunda Guerra Mundial).

La causa inmediata que provocó la tercera guerra púnica fue un desacuerdo sobre la disposición del tratado relativa a la guerra en África. La cuestión controvertida era la antigua rivalidad de Cartago con su vecino y antiguo vasallo, el reino de Numidia, que se había sublevado contra Cartago durante los últimos años de la segunda guerra púnica y luego se había aliado con Roma. El rey númida que encabezó la revuelta, Masinisa, seguía reinando en el 151 (aunque parezca increíble, tenía noventa años y seguía al frente de sus ejércitos). Masinisa ordenó atacar a distintos aliados de Cartago y acabó con sus posesiones en el norte de África. Sin embargo, cada vez que Cartago solicitaba al Senado romano que se le permitiera contraatacar, Roma lo impedía.

En el 151 a. C., tras una incursión númida especialmente perjudicial, Cartago reunió un gran ejército y tomó represalias sin permiso de Roma. Tal vez el pago final de sus indemnizaciones a Roma había envalentonado a los cartagineses. No obstante, este contraataque resultó ser un fracaso: tras su derrota estratégica en la batalla de Oroscopa, casi todo el ejército cartaginés se rindió a los númidas. La campaña se convirtió en el detonante de la tercera guerra púnica.

Tras el fracaso de esta expedición militar, Cartago envió varias misiones diplomáticas a Roma para explicar y justificar ante el Senado por qué había recurrido a una respuesta armada ante las reiteradas agresiones númidas. Los exasperados emisarios señalaron las continuas incursiones númidas que nunca se habían respondido. Argumentaron que, dijera lo que dijera el texto del tratado, ¿no tenía todo Estado derecho a la autodefensa? Expusieron su caso con vehemencia, pero los senadores, obsesionados con cualquier signo de resurgimiento púnico y favorables a la agresión númida, insistieron en que era necesario algún tipo de represalia. Entonces, los embajadores cartagineses solicitaron, al menos, una declaración clara de las exigencias de Roma. Sin embargo, los romanos no quisieron decir lo que tenían en mente y ocultaron sus intenciones: era un inquietante presagio de que ya maduraban unos objetivos incluso anteriores al contraataque de Cartago contra los númidas. Finalmente, los cartagineses aceptaron reunirse con los enviados romanos en África y llegar a un acuerdo definitivo.

Lo que Roma envió en el año 149 a. C. fue un ejército y una flota de gran tamaño, comandados por los dos cónsules anuales, que llegaron a la cercana ciudad portuaria de Útica, en el norte de África, para completar las «negociaciones». El principal obstáculo material para cualquier ofensiva militar romana contra Cartago había sido encontrar un puerto cerca de la ciudad donde desembarcar y reunir miles de tropas de asalto. Sin embargo, el problema se resolvió mucho antes de la llegada romana, cuando Útica desertó bajo la promesa de que sobreviviría como cliente romano.

El ejército y la armada invasores, que primero se habían concentrado en Sicilia y ahora desembarcaban en Útica, eran enormes. Unas ciento cincuenta galeras de gran envergadura, cuatro mil jinetes y un núcleo de ochenta mil legionarios quizá constituían la mayor fuerza anfibia vista en el mundo antiguo desde que Jerjes invadió Grecia en el 480 a. C. Probablemente, la fuerza romana era mayor que el contingente estadounidense que desembarcó en Francia el Día D, el 6 de junio de 1944.

Los dos cónsules se repartieron la responsabilidad del asedio, con Manio Manilio al mando del ejército y Lucio Censorino como almirante. Desde el principio, los cónsules, despreocupados, procedieron como si Cartago fuera a rendirse sin oponer resistencia. De hecho, si el historiador Apiano está en lo cierto sobre el tamaño de la fuerza expedicionaria, el ejército romano doblaba en tamaño al ejército de Escipión el Africano, que había desembarcado en Útica cincuenta y cuatro años antes y que al año siguiente había aplastado al ejército de Aníbal en Zama.[14]

Los términos del ultimátum romano a Cartago se fueron incrementando en su reunión de Útica. Los cónsules asumieron que sus excesivas demandas bien garantizarían una deseada guerra, bien eran tan punitivas que erradicarían definitivamente cualquier atisbo de resistencia de una Cartago obediente y humillada. Los romanos empezaron exigiendo trescientos rehenes para iniciar las negociaciones. También exigieron que cesara la adquisición y uso de elefantes que, irónicamente, eran tan temidos en el mundo antiguo como a menudo incontrolables en el campo de batalla.

Los romanos también exigieron la entrega de todas las armas cartaginesas (unas doscientas mil armaduras, dos mil catapultas y todas las armas ofensivas), y ordenaron la destrucción de casi toda su flota. Sin embargo, los atemorizados cartagineses aceptaron todas las condiciones y las cumplieron al pie de la letra.

En este punto, con el ejército romano en Útica, Roma y Cartago aún no estaban en guerra. Por supuesto, con el gran tamaño de la armada expedicionaria y la presencia de los más altos funcionarios de Roma se pretendía intimidar a los cartagineses para que se sometieran de inmediato. Sin embargo, curiosamente, las órdenes dadas a la flota en Útica sobre la ejecución de las directrices del Senado romano seguían siendo algo confusas y ambiguas. Se suponía que los dos cónsules estaban allí para poner en práctica las estipulaciones finales —y mayoritariamente aceptadas— de la rendición cartaginesa…, y, en efecto, todas esas condiciones se habían cumplido ya. Aun así, la miserable capitulación púnica dejó perplejos a los cónsules, que no sabían qué hacer con su gran fuerza de invasión.

En una conmovedora súplica de moderación y apelación a la justicia —que recordaba a los desesperados argumentos de los melios en el relato del historiador Tucídides—, los emisarios cartagineses recordaron a los invasores que ya habían cumplido todos los requisitos impuestos por Roma. En una nota de patetismo poco habitual en unas negociaciones de tan alto nivel, también señalaron que los cartagineses habían sufrido terriblemente en las guerras del pasado, y que solo deseaban vivir en paz:

> Nos arrebatasteis nuestro liderazgo en tierra y mar; os entregamos nuestros barcos y no hemos construido otros; nos hemos abstenido de capturar o poseer elefantes. Os hemos entregado, tanto en el pasado como ahora, a nuestros más nobles como rehenes, y os hemos pagado regularmente nuestro tributo, nosotros, que estábamos acostumbrados a recibirlo de otros. Estas cosas complacieron a vuestros padres, contra quienes luchamos. Firmaron tratados con nosotros para que fuéramos amigos y aliados, y el mismo juramento se mantiene para que ambas partes observen ese pacto. Y ellos, con quienes habíamos combatido, permanecieron después fieles a su palabra.

Los diplomáticos púnicos parecían desconcertados; para ellos era obvio que cualquier concesión más por su parte sería desproporcionada e impracticable. El enorme ejército romano en Útica no tenía ninguna razón para marchar sobre Cartago que no obedeciera al objetivo —planeado durante tanto tiempo— de arrasar la ciudad. Sin embargo, los desesperados cartagineses continuaron con su afligido discurso:

> Pero vosotros, con quienes nunca hemos luchado, ¿qué parte del tratado afirmáis que hemos violado, que tan abruptamente habéis votado ir a la guerra y marchar contra nosotros sin ni siquiera una declaración formal? ¿No hemos pagado el tributo? ¿Acaso poseemos barcos o elefantes? ¿No os fuimos fieles desde entonces hasta el presente? ¿No merecemos piedad por la reciente pérdida de cincuenta mil hombres a causa del hambre?[15]

Sin embargo, tras haberlos engañado para que se desarmaran, a los romanos les pareció que los cartagineses habían perdido cualquier posibilidad real de resistencia. Al fin, los heraldos se enteraron, horrorizados, de la última exigencia senatorial planeada de antemano: la exigencia inaudita de que casi medio millón de cartagineses desalojaran y destruyeran su antigua ciudad portuaria de setecientos años de antigüedad. Para colmo de males, el cónsul Censorino señaló despreocupadamente al marítimo pueblo cartaginés que podría fundar una nueva capital en cualquier lugar que les placiera, siempre que el nuevo emplazamiento estuviera al menos a dieciséis kilómetros del mar. Al fin y al cabo, ¿no estaba la propia Roma a casi veinte kilómetros de la costa italiana? El historiador Apiano nos da una idea de la arrogancia petulante de los cónsules romanos:

> Alabamos tanto vuestra obediencia como vuestra actitud hasta este punto, cartagineses, en este asunto tanto de los rehenes como de las armas. Pero en asuntos de necesidad, es vital hablar sin rodeos: soportad noblemente la última demanda del Senado. Entregadnos Cartago. Residid donde queráis dentro de vuestro propio territorio, a una distancia de al menos dieciséis kilómetros del mar, pues hemos decidido arrasar vuestra ciudad.[16]

La demanda se ha descrito como un «suicidio colectivo», como la aniquilación de la civilización púnica en el norte de África mediante la destrucción de su centro tradicional en Cartago. En realidad, a estas alturas Roma solo quería la guerra, y respondió a las súplicas de clemencia angustiando a los incautos emisarios con un montón de medias verdades, acusaciones inventadas y reproches por minucias. Durante semanas, Roma había maniobrado para debilitar a su enemigo y encontrar el *casus belli* adecuado para iniciar el asedio —y la fácil destrucción— de la ciudad. Lo único que no se declaraba abiertamente era el odio imperecedero hacia Cartago y un deseo insaciable de venganza contra el viejo enemigo, ahora vulnerable, después de más de un siglo enfrentados en guerras ya frías, ya incendiarias.

Peculiarmente, tanto las penúltimas exigencias de Roma como la aceptación sumisa de Cartago se parecen a los diversos ultimátums de Hitler entre 1936 y 1939 y a las invasiones de las democracias de Europa Occidental planeadas durante tanto tiempo y realizadas con éxito, así como a las respuestas apaciguadoras de las democracias aliadas, tan desesperadas por hacer prácticamente cualquier cosa menos luchar de nuevo contra Alemania. Los resultados, al menos en un principio, también fueron idénticos: el apaciguamiento cartaginés facilitó que la guerra, a todas luces inevitable, estuviera desde el principio del lado de Roma, un Estado que había movilizado todos sus recursos contra unos oponentes ingenuos y sorprendidos, y ahora arrepentidos de haberse desarmado casi por completo.[17]

Los emisarios cartagineses, preocupados y sobrecogidos, recorrieron la corta distancia que separaba Útica de su hogar. Les asustaba lo que les esperaba dentro de las murallas y les avergonzaba haber sido engañados durante semanas con falsas promesas tanto del Senado de Roma como de los generales consulares que se concentraban cerca, en Útica.

Al cumplir la exigencia romana de entregar todas sus armas, los cartagineses acababan de conseguir una indefensión casi absoluta. Sin embargo, en cierto modo, también habían intranquilizado y asustado a los romanos por la enorme cantidad de armamento sofisticado que poseían. El hallazgo tuvo el extraño efecto de confirmar las advertencias —a menudo estridentes— del senador romano Catón: una Cartago intratable, ingeniosa y resistente siempre supondría una amenaza militar. Solo al final los cartagineses comprendieron las ironías de sus autodestructivas políticas pasadas. Su fallida respuesta a la agresión númida había enfurecido y a la vez animado a Roma, tanto por la violación del tratado como por el inesperado y funesto fracaso del ataque púnico. Asimismo, la rendición del gigantesco arsenal de los cartagineses complació a los cónsules, aunque también avivó el deseo romano de extinguir a un enemigo tan resistente y tan bien preparado hasta entonces.

Los avergonzados embajadores cartagineses relataron las últimas e incomprensibles demandas romanas a la multitud que abarrotaba la reunión del consejo. Siguió el previsible caos. A algunos de los enviados se los apresó y arrastró por las calles. A otros se los apedreó. Se persiguió tanto a los halcones —quienes habían promovido la guerra— como a las palomas —quienes habían defendido la aceptación, si bien a regañadientes, de las duras condiciones romanas, no sin advertir de que, sesenta y tres años antes, los romanos habían saqueado y prácticamente destruido la desafiante Siracusa en condiciones similares—. La multitud también mató a cuantos comerciantes italianos encontraron.

Las madres lloraban por el destino de los trescientos rehenes, en su mayoría niños, entregados a los romanos como garantes de la paz, y que ahora se consideraban perdidos para siempre. Algunos hasta gritaron los nombres de sus queridos elefantes, que habían entregado estúpidamente a los romanos en Útica. En resumen, en vísperas del asedio, los defensores estaban tan divididos como los sitiadores unidos en su objetivo de tomar la ciudad.[18]

Ante la inminencia de la guerra, los otrora rechazados halcones púnicos, hasta ese momento considerados demasiado incendiarios por su firme rechazo a la escalada de ultimátums romanos, ahora se juzgaban clarividentes. Al enterarse de las últimas e inesperadas exigencias de los invasores romanos, las volátiles multitudes, tan belicosas ahora como antes aquiescentes, exigieron que se liberara de la cárcel y se llamara del exilio a todos los halcones.

Entre ellos se encontraba el impulsivo —pero, por lo demás, poco distinguido— general Asdrúbal el Boetarca. A su llegada del exilio, y absuelto de la condena a muerte que pesaba sobre él, casi inmediatamente trató de reunir al menos treinta mil soldados. También hizo un llamamiento a algunas de las tribus númidas vecinas, enemigas históricas de Cartago y sus ciudades púnicas, para que consideraran la posibilidad de cambiar sus lealtades y, en su lugar, honraran sus lazos de sangre enviándole ayuda a su esposa. Además, al menos durante los dos primeros años del asedio, y a excepción de cuatro o cinco grandes ciudades, la mayoría de los aliados púnicos de la confederación cartaginesa se mantendrían firmes con Cartago —o, al menos, neutrales— a pesar de su mayor vulnerabilidad a los ataques enemigos. La lealtad inicial de sus aliados, especialmente de las ciudades púnicas de Libia, garantizaría que el medio millón de habitantes de la ciudad no muriera de hambre por el asedio y bloqueo iniciales.[19]

Se liberó a todos los esclavos de Cartago con la promesa de tomar las armas contra los romanos. Los mineros trajeron a la ciudad metales de las inmediaciones que aún no estaban ocupadas, y en las forjas se produjeron nuevas armas desesperadamente, todo para reemplazar las que se habían entregado a los romanos apenas unos días antes. Las mujeres recogieron todas sus joyas de oro y cortaron sus trenzas para fabricar cuerdas con las que abastecer las catapultas de torsión recién construidas. En los talleres se fabricaban unos cien escudos cada día, quinientos proyectiles de mano y mil proyectiles de catapulta, y pronto casi igualarían el arsenal de armas que habían perdido anteriormente. Una vez comprendida la desesperada situación, los cartagineses atrapados dejaron de atacar a los mensajeros por sus malas noticias y canalizaron su furia en el rearme para una guerra total contra Roma, el agresor.[20]

Los cónsules romanos parecían algo intranquilos por estas muestras inesperadas de desafío púnico. Habían asumido de nuevo una rendición inmediata, dado el intimidante tamaño de sus fuerzas y la docilidad de los atemorizados emisarios cartagineses. Los complacientes embajadores púnicos les habían parecido muy distintos a los de los terroríficos cuentos populares que sus propios abuelos les habían narrado sobre los feroces cartagineses, esos que cincuenta años antes habían llevado la guerra a casa de los romanos y habían saqueado Italia durante casi dos décadas capitaneados por Aníbal.

Sin embargo, por fin los burlados cartagineses comprendían que una Roma vengativa había acogido con satisfacción la resistencia cartaginesa a los ataques locales de los númidas como un pretexto para justificar la destrucción completa de la civilización púnica en el Mediterráneo occidental, al tiempo que reivindicaba una guerra defensiva contra los «infractores del tratado», o aún peor: propagar el ejemplo de Cartago por todo el Mediterráneo, desatando una política de terror para mostrar a cualquier potencia —neutral u hostil— las horribles consecuencias de la resistencia al imperialismo romano. Cuando la dureza y la mala fe de las últimas exigencias romanas calaron, al principio consiguieron el efecto contrario al que pretendían. Ante la idea de que la sumisión significaba el verdadero fin de Cartago, y de que la resistencia era la única forma posible de mantener su libertad —al menos durante un tiempo—, tanto los líderes del Consejo oligárquico de los ciento cuatro como las masas cartaginesas se unieron para luchar.

Cuando comenzó el asedio en el 149 a.C., los atacantes sabían que ninguna fuerza romana había traspasado las formidables murallas de Cartago en ciento quince años de guerras. Por otra parte, ninguna fuerza expedicionaria romana lo había intentado, ni en la primera ni en la segunda guerra púnica. Para una ciudad que dependía de su armada para la defensa, sus fortificaciones eran vastas, de unos treinta y siete kilómetros de perímetro. En algunos lugares, las murallas tenían un grosor de diez metros. Se elevaban a más de doce metros de altura, y estaban apuntaladas con parapetos y torres aún más altas. Es posible que las murallas cartaginesas fueran las mayores fortificaciones del mundo antiguo hasta la fundación de Constantinopla, con sus inexpugnables murallas teodosianas, quinientos años más tarde. Sin embargo, en comparación con la fallida defensa de las murallas bizantinas en 1453, Cartago tenía diez veces más población para defender sus muros.

Así pues, la ciudad norteafricana gozaba de algunas ventajas incluso *in extremis*. La naturaleza inexpugnable de sus fortificaciones podía abrumar incluso a los ingenieros de asedio romanos. Además, Cartago aún disponía de algunas líneas de suministro abiertas por tierra y mar, en contraste con la necesidad de los asediadores romanos de ganarse al campo púnico o asegurarse un apoyo logístico fiable desde Sicilia. Entonces, ¿por qué los enviados cartagineses —y, de hecho gran parte de la ciudad— equipararon inicialmente el ultimátum romano con su probable destrucción? ¿Por qué fueron tan pesimistas?

Es muy probable que, al principio, la ciudad creyera que no podría reemplazar toda la cantidad de armas y material bélico que acababa de entregar a los cónsules con la vana esperanza de evitar una guerra. Además, la fuerza de Cartago en las dos guerras anteriores se había basado en cuatro premisas: la armada naval cartaginesa solía ser igual o superior a la flota romana; la caballería cartaginesa y aliada también podía ser mucho más hábil que los jinetes romanos; los reclutas mercenarios de infantería, en su mayoría procedentes de ciudades púnicas aliadas en África, habían luchado a menudo contra las legiones hasta detenerlas, y los elefantes seguían siendo armas de guerra formidables.

En el año 149 a. C., tras el medio siglo transcurrido desde la derrota final de Aníbal, no solo habían menguado esas ventajas, contando, además, la irreflexiva entrega de su arsenal a los cónsules romanos en Útica. El principal problema era que la tercera guerra púnica consistiría en el asedio de una gran ciudad imperial sin imperio. Cartago no podía construir y tripular suficientes barcos para romper el bloqueo y luchar contra las naves romanas en el Mediterráneo. Sus jinetes no podían entablar batallas campales de envergadura fuera de las murallas, y probablemente serían superados en número por la enorme caballería romana, de unas cuatro mil monturas. Los aliados estaban amenazados por Roma, se habían pasado al enemigo o estaban aislados y, por tanto, ya no podían proporcionar suficientes soldados de infantería a sueldo ni suministros constantes. Incluso si Cartago no hubiera entregado sus elefantes como se le exigía, tampoco habrían tenido demasiadas opciones en un asedio.[21]

Los asediadores romanos también tenían sus propios problemas. Cartago estaba situada en una península fácilmente defendible. La ciudad estaba unida al continente africano protegida por un istmo de casi cinco kilómetros de ancho. El diseño defensivo de Cartago también se había focalizado en una obstinada logística: suministros desde el Mediterráneo a través de sus puertos bien protegidos, y por tierra a través de su istmo fortificado hacia el interior de África.[22]

Lo que siguió, al menos durante los treinta meses siguientes, demostró la confianza inicial de los cartagineses, la insensatez y escasa inteligencia de los romanos y la dificultad innata de cualquier fuerza expedicionaria que intentara asaltar una ciudad cuya población se había multiplicado por más de cinco con respecto a la fuerza atacante, y con mucho mejor cobijo y protección que los asediadores. Además, los cartagineses se sentían moralmente superiores, dado que luchaban por defender sus hogares y familias, aun tras haber obedecido al pie de la letra el tratado con el Senado romano. Los romanos, en cambio, habían emprendido una guerra preventiva, pero lejos de Italia, y cuya agresividad obedecía a ambiciones imperialistas y, en gran parte, a su afán de hacerse con un nutrido botín.

Los mediocres cónsules Manilio y Censorino asumieron que el asedio sería corto. Se suponía que los aspectos más críticos —cortar todas las líneas de suministro cartaginesas tanto por mar como desde el interior númida— ya estaban asegurados por la autodestrucción de la flota púnica, el control del puerto de Útica y el dominio del interior norteafricano por parte de Masinisa, su voluble, pero —al menos por el momento— aliado númida.

Sin embargo, durante los primeros meses los romanos solo obtuvieron derrotas, una tras otra, y en gran medida a causa de la arrogancia de los dos generales consulares. Una vez más, ambos enfocaron el asedio como un breve interludio antes de la capitulación. Mientras tanto, Cartago intensificó las salidas de la ciudad para impedir el acceso de los romanos a la madera necesaria para construir sus máquinas de asedio. Los intentos de escalar las murallas —ya fueran las de tierra firme o las que daban al mar— con escaleras de mano se saldaron con previsibles derrotas.

La moral de la ciudadanía recién armada crecía con cada asalto rechazado. Los crispados romanos se desanimaron todavía más a causa de los centenares de muertos y heridos tras las sucesivas escaramuzas extramuros. Cuando el beligerante más débil obtiene una victoria y cierto éxito táctico sobre el agresor dominante, suele creer que la inesperada hazaña presagia el éxito estratégico final: así, los cartagineses, por mucho que carecieran de una flota o un ejército lo suficientemente numerosos para derrotar a los romanos en una batalla campal, empezaron a confiar en que los invasores habían perdido la capacidad de tomar su gran ciudad-fortaleza. Históricamente, cuanto más se prolongaba un asedio sin los debidos progresos, más debían preocuparse los sitiadores por sus propios suministros, el refugio en invierno, las enfermedades y un entorno cada vez más hostil. Los neutrales de los alrededores siempre observaban el pulso de la batalla para calcular qué bando prevalecería y, por tanto, a quién era más seguro apoyar o atacar.

Un envalentonado —si bien antaño despreciado— Asdrúbal, que ahora disfrutaba de un poder casi absoluto como general, se alejó aún más de la ciudad hacia el interior y a lo largo de la costa con su ejército. Esperaba rodear a los romanos acampados y atraparlos entre su ejército, el mar y las murallas de la ciudad. Mientras tanto, su subordinado y más brillante comandante de caballería, Himilcón Fameas, asaltó los campamentos romanos con incursiones en las que, tras un golpe fulminante, emprendía una rápida retirada. Puede que Asdrúbal no fuera Aníbal, pero sin duda los dos cónsules romanos demostraron ser aún más incompetentes en comparación con el legendario Escipión el Africano, héroe de la segunda guerra púnica.

Dado que en estos primeros meses del asedio los romanos no podían asaltar las grandes murallas terrestres ni construir máquinas para derribarlas, y dado que las escaramuzas de los cartagineses rondaban los campamentos romanos casi sin control, los exasperados invasores empezaron a cambiar de táctica. Ahora trataban de forzar la situación con asaltos frontales tan brutales como imprudentes. Los romanos esperaban que sus dos enormes arietes, cada uno manejado por unos seis mil legionarios, pudieran destrozar las puertas de la ciudad o cualquier punto débil de las murallas. Sin embargo, ninguna máquina podía crear una brecha lo suficientemente grande para permitir una entrada a gran escala. Reducidos contingentes romanos atravesaron algunas pequeñas brechas, pero fueron aislados y rechazados con rapidez. Mientras tanto, los cartagineses tapiaban cualquier brecha y luego realizaban incursiones al exterior para romper los arietes.[23]

Así pues, romanos y cartagineses lucharon una y otra vez sobre brechas y sus contramurallas, mientras los defensores salían constantemente para desmantelar las máquinas de asedio. Pocos meses después de la invasión, el asedio se había estancado: los romanos no podían impedir ni la entrada ni la salida de los cartagineses y sus aliados. A finales del verano y principios del otoño del 149, la baja moral y la menguante disposición de los legionarios, el mediocre mando de los cónsules, la irregularidad del tren de suministros procedente de Sicilia, los alrededores insalubres y las defensas deficientes del campamento de Censorino en el lago Túnez, a casi veinte kilómetros de la ciudad, se combinaron para paralizar los esfuerzos romanos. Los soldados estaban cada vez más hambrientos, enfermos y apáticos. Se habían desmoralizado hasta tal punto que, incluso cuando abrieron una brecha en las enormes murallas, fueron incapaces de explotarla y se vieron obligados a retroceder con pérdidas considerables.

Tanto los historiadores antiguos como los investigadores contemporáneos han citado a menudo el «Diálogo de los melios» de Tucídides para trazar un paralelismo con el trágico dilema de los cartagineses. En efecto, como los melios, se enfrentaban a su propia extinción ante los pragmáticos romanos, que desempeñaban el papel de los despiadados imperialistas atenienses. Sin embargo, después de casi un año de fracasos, la mejor comparación podría haber sido el desastroso y fallido asedio ateniense de la lejana Siracusa del 415-413 a. C., dos siglos antes de que los romanos arrasaran la ciudad siciliana en la segunda guerra púnica.

La incompetencia del mando romano y el consiguiente estancamiento del asedio ya se parecían demasiado a aquella célebre desgracia ateniense, que se había saldado con la aniquilación casi total de los invasores y la posterior revolución en la metrópoli, y que, además, hacía improbable que Atenas pudiera seguir ganando su larga guerra con Esparta. Tucídides registró el desastre siciliano de forma trágica:

De todos los acontecimientos griegos ocurridos en la guerra, o más bien, me parece a mí, de todos los acontecimientos griegos que conocemos, esta acción fue la más grande: tanto la más ilustre para los vencedores, como la más catastrófica para los vencidos. Pues fueron derrotados por completo y en todos los aspectos, y sus miserias fueron inimaginables. Tanto sus barcos como su infantería desaparecieron de la faz de la tierra; no hubo nada que no fuera destruido. De los muchos que habían salido, pocos lograron volver a casa. Así terminó la expedición siciliana.[24]

Cuando el primer año de asedio llegaba a su fin, se reclamó a Censorino en Roma. Un ejército mermado, ya solo bajo el mando del aún más incapaz Manilio, se vio obligado a buscar comida más lejos, en el campo, mientras intentaba en vano cortar la entrada de nuevos convoyes con alimentos para la ciudad. Los romanos no consiguieron hacer bien ninguna de las dos cosas.

Por el contrario, los cartagineses atrapados se mostraron cada vez más hábiles y recuperaron el ánimo. Siguieron incendiando todas las máquinas de asedio romanas nuevas o reparadas. Enviaron brulotes impulsados por el viento desde su puerto hacia la flota romana anclada, y casi la incendiaron. Rellenaron las zanjas y derribaron las empalizadas de los campamentos de los sitiadores romanos, y desataron a la temible caballería de Fameas para que acabara con los forrajeadores romanos. Por un momento, los cartagineses se animaron al pensar que podían ganar, como hicieron los tebanos cuando, al principio, rechazaron a los macedonios de su ciudad, y como también harían tanto los bizantinos, que durante semanas hicieron retroceder a los otomanos en Constantinopla, como los aztecas, cuando creyeron que podían seguir diezmando a los sitiadores españoles después de La Noche Triste.

Durante un tiempo la lucha defensiva se alejó de la ciudad y se desarrolló mediante constantes escaramuzas púnicas en las llanuras. Desgraciadamente para los romanos, el primer año también reveló la continua incompetencia del cónsul Manilio. Fue emboscado y bloqueado por la caballería cartaginesa merodeadora al mando de Fameas, así como por las temerarias fuerzas principales al mando de Asdrúbal. A finales de año, los atacantes romanos habían sufrido miles de bajas, entre muertos y heridos, y no estaban más cerca de asaltar la amurallada y extensa ciudad.[25]

Por el contrario, durante el primer año del asedio, Cartago permaneció bien alimentada, rearmada y abastecida desde su periferia. Aún más importante: la caballería númida nativa, históricamente enemistada con Cartago y aliada de Roma, a menudo permaneció neutral, atenta a los progresos del asedio. Al final, ambos cónsules romanos, humillados, terminaron sus mandatos y regresaron a Roma. Ninguno de los dos volvería a África. El final de sus desastrosos mandos fue una desafortunada ironía para los cartagineses, que hasta el momento habían humillado a la mediocridad consular romana.

En medio de este vacío de liderazgo, solo un oficial de alto nivel, el legado Escipión Emiliano, había mostrado dotes de mando. Cuando al malhumorado y anciano Catón, de vuelta en el Senado romano, le preguntaron por Escipión durante el primer año del asedio, parafraseó a Homero: «Solo él sigue pensando, los demás revolotean como sombras». Escipión había conseguido mantener el asedio en marcha emprendiendo varias operaciones de rescate de los torpes asaltos frontales, al menos hasta que llegaron los refuerzos y los cambios en el mando supremo.

El propio Escipión era el cuarto hijo del reconocido y victorioso general romano Lucio Emilio Paulo, el brillante vencedor del rey macedonio Perseo en la batalla de Pidna (168). Tras esa victoria, Emilio se hizo tristemente célebre por la matanza de los epirotas del norte de Grecia conquistados, junto con la esclavización sin precedentes de ciento cincuenta mil civiles que sobrevivieron a la devastación absoluta de setenta ciudades del Épiro. Sin embargo, quizá lo más importante era que Escipión Emiliano era también nieto adoptivo del propio vencedor de Aníbal, Escipión el Africano. El mero nombre de Escipión infundía temor a los cartagineses y esperanza a las legiones.

El joven patricio también era un astuto diplomático y estratega. En ausencia de comandantes supremos competentes, ahora podía actuar por su cuenta, así que recorrió sistemáticamente los alrededores de la ciudad e inspeccionó sus rutas de suministro. A medida que su comitiva visitaba las ciudades y aldeas de Cartago aún leales a su capital, Escipión mostraba magnanimidad, pero también erosionaba su apoyo a los cartagineses sitiados. Se corrió la voz de que cualquier aliado africano de Cartago que se rindiera a los hombres de Escipión sería tratado según las condiciones en las que se había rendido, acto que se interpretó como una notable muestra de indulgencia. Más importante aún: Escipión solo consideraba enemigos a quienes se alzaran en armas contra Roma, lo cual dejaba abierta la posibilidad de que neutrales oportunistas o asustados se unieran más tarde a lo que él esperaba que pronto sería el bando romano vencedor, con su botín correspondiente en el futuro.[26]

A medida que el asedio entraba en su segundo año, el joven subordinado Escipión —solo tenía treinta y siete años en el

148 a. C.— era visto cada vez más como una especie de salvador que se afanaba por solucionar los desmanes provocados por sus superiores. Era el único romano con suficiente prestigio, influencia política y probada perspicacia militar para retomar las riendas. Los actos de Escipión para desembrollar la situación pronto se hicieron evidentes para los inspectores enviados por el Senado para investigar por qué el asedio que se había estancado de forma tan desastrosa. A su regreso a Roma, se aseguraron de que el Senado y el pueblo conocieran las dimensiones de tan lamentable debacle.

Roma necesitaba un estimulante, dado que había más noticias que deprimían incluso a los partidarios de la guerra en el Senado. El anciano Catón, que había apoyado los nombramientos militares de Escipión tanto antes como durante su misión inicial en Cartago —y cuyas reiteradas exigencias anuales de destruir Cartago habían contribuido a emprender esta tercera guerra púnica aparentemente irreflexiva—, había muerto a la edad de ochenta y cinco años en el 149 a. C. Mientras tanto, el más firme amigo y aliado de Roma en África, el rey númida Masinisa, de noventa años, había fallecido no mucho más tarde, en enero del 148 a. C. La confianza romana en el asedio vivía sus momentos más bajos.

La incompetencia del mando, las muertes de Catón y Masinisa y el continuo estancamiento del asedio estaban convirtiendo la guerra en una llaga abierta sin esperanza de resolución inmediata. Escipión no tenía poder consular para cambiar ni la táctica ni la estrategia. Los cartagineses confiaban aún más en el éxito bajo el agresivo liderazgo doble de Asdrúbal y Fameas. Los dos se volvieron incluso más audaces en sus incursiones de forrajeo y más allá de las murallas de la ciudad. En respuesta, a pesar de las misiones de buena voluntad que Escipión enviaba a las ciudades cartaginesas, los romanos se encontraron aún más faltos de dirección. El nuevo cónsul, Calpurnio Pisón, fue tan inhábil como sus predecesores, y su almirante, el legado Lucio Mancino, resultó aún más decepcionante. Tanto cartagineses como romanos empezaron a aceptar que la guerra solo se decidiría por la suerte de Escipión. En resumen, si Escipión se encargaba del asedio como cónsul y general con poderes de mando supremo, entonces los días de la ciudad estaban probablemente contados. Si no, Roma pronto se enfrentaría a una versión antigua de un Dunkerque o un Galípoli.

Escipión había regresado a Roma en el 148 con la esperanza de ser elegido edil, un importante cargo responsable del mantenimiento de los edificios públicos y de la fiscalización de las funciones estatales. Sin embargo, se había llevado con él a Fameas, que había cambiado de bando junto a sus cuatro mil soldados de caballería, sobre todo a causa de su admiración por la habilidad y el liderazgo de Escipión y de sus generosos sobornos. Aun así, las masas romanas estaban descontentas por las terribles noticias que llegaban del otro lado del Mediterráneo sobre el estancamiento del asedio. El pueblo exigió que Escipión se olvidara del edilato y que fuera elegido cónsul para impedir la debacle, si bien haciendo una excepción por no tener aún la edad consular requerida, cuarenta y dos años.

Durante la estancia de Escipión en Roma, el cónsul Pisón, nombrado para enmendar los errores de los dos cónsules anteriores, había fracasado repetidamente a la hora de aislar la ciudad de su periferia, acción clave para ganar el asedio. De hecho, casi ochocientos soldados de caballería númida habían desertado y se habían unido a Asdrúbal. A los romanos no se les escapó que el cónsul había perdido jinetes aliados por deserción, mientras que su antiguo subordinado Escipión había ganado para la causa romana mucha más caballería cartaginesa bajo el mando de Fameas.[27]

Dados sus notables éxitos, Asdrúbal casi había prescindido del Gobierno civil de Cartago y comandaba la ciudad cada vez más como un gobernante absoluto. Había esperanzas de que Roma se viera obligada a retirar las fuerzas sitiadoras para sofocar la rebelión en un frente de guerra lejano contra Andrisco, el aspirante a libertador y pretendiente al trono de Macedonia. El advenedizo ya había destruido a una legión romana y encendido una cuarta guerra macedonia para independizarse de Roma. El objetivo de todo enemigo de Roma, o así lo calculaba ahora Cartago, era encontrar un aliado afín en un frente romano distante, y obligar así a las legiones a luchar en lugares lejanos sin poder concentrarse plenamente en ninguno.[28]

Sin embargo, una vez que fue nombrado cónsul a principios del 147 y regresó al norte de África esa primavera, Escipión empezó a romper el estancamiento. Se hizo a la mar y recaló en Sicilia para reunir refuerzos. Allí se hizo con miles de nuevos reclutas para reemplazar al contingente perdido durante los dos primeros años. Luego, acompañado por Fameas, se dirigió a Útica para auxiliar a Pisón y Mancino antes de que la causa se perdiera por completo. El historiador Apiano señala que durante la ausencia de Escipión, y dada la ineptitud de Pisón, los cartagineses habían vagado por la campiña a placer, encontrando suministros con facilidad. Al mismo tiempo, intentaban restaurar los lazos con las ciudades púnicas neutrales y desertoras, mientras sus enviados seguían lanzando «diatribas insultantes contra los romanos en las asambleas de las ciudades». Al parecer, los romanos habían perdido toda la capacidad de controlar el tráfico dentro y fuera de la ciudad amurallada.[29]

La estrategia de Asdrúbal solía ser ofensiva: mantener a los romanos alejados de las murallas, aislarlos de sus propios suministros en el interior, unir a las ciudades númidas y cartaginesas en la resistencia contra Roma y esperar que acontecimientos imprevistos como la muerte de fanáticos anticartagineses como Masinisa y Catón el Viejo pudieran conducir a algún tipo de armisticio. En otras palabras, la tercera guerra púnica fue una contienda de desgaste: los cartagineses seguían intentando demostrar a los romanos que la decisión de destruir su ciudad era un error corregible, que los perjudicaría mucho más que si se hubieran limitado a permitir que Cartago siguiera siendo independiente y neutral.

Tras llegar con los refuerzos, Escipión se movilizó casi de inmediato para salvar a un Mancino atrapado. El cónsul, que creía haber encontrado una grieta en la defensa cartaginesa, se había convertido en el primer romano en entrar en la ciudad. Sin embargo, fue arrinconado con rapidez y rodeado en una vasta extensión dentro de las murallas, por lo que se enfrentaba a la aniquilación si Escipión no llegaba a tiempo. No es de extrañar que, en pocas semanas, el mando supremo del asedio recayera solo en manos del nuevo cónsul. Pisón y Mancino, como sus fracasados predecesores Manilio y Censorino, regresaron humillados a Roma. El anquilosado asedio evidenció que los cónsules romanos electos rara vez eran genios militares. Las carreras de comandantes supremos consulares del calibre de Fabio Máximo, los Escipiones, Flaminino, Emilio Paulo, Pompeyo y Julio César siempre fueron excepciones.

El cambio de mando brindó al joven cónsul Escipión una ocasión excepcional para reorganizar el indisciplinado y erosionado ejército romano. Prometió ricas recompensas a las legiones, pero solo después de tomar la ciudad; el botín siempre era un incentivo necesario incluso para las legiones bien entrenadas. La remodelación del ejército habría sido una hazaña imposible sin una disciplina mucho mayor y una instrucción constante, incluyendo muchas expulsiones del campamento. Sin embargo, el nuevo cónsul, al modo de la zanahoria en el palo, advirtió a su ejército de sitiadores desmoralizados, codiciosos y desaliñados:

Sois más ladrones que guerreros. Sois desertores más que defensores de nuestro campamento. Sois más tragaldabas que sitiadores de éxito. Queréis lujos incluso mientras lucháis, en lugar de esperar a haber vencido. Por esta misma razón, un enemigo desesperado y débil cuando lo dejé se ha alzado con un gran poder. Así que vuestra tarea se ha vuelto mucho más difícil debido a vuestra pereza. Si yo considerara que vosotros sois los culpables de esta laxitud, entonces os castigaría ahora mismo. Sin embargo, como la culpa es de otro, estoy dispuesto a pasar por alto todo lo ocurrido hasta este momento.

Escipión recordó entonces a los legionarios que él no era un ladrón —al menos no todavía— sino, ante todo, un conquistador:

Yo, por mi parte, no he venido aquí a robar, sino a conquistar, y no a preocuparme por el dinero antes que por la victoria, sino primero a abatir al enemigo. Ahora, quienes no sean soldados deben abandonar nuestro campamento hoy mismo, a excepción de aquellos que cuentan con mi permiso previo para quedarse... Sin embargo, para vosotros, soldados, establezco un modelo vigente en todas las situaciones: mis propios hábitos y mi propia laboriosidad. Si podéis observar ese único mandato, no faltaréis a vuestro deber ni os faltará ninguna recompensa. De hecho, es necesario trabajar duro mientras todavía estemos en peligro. El botín y la comodidad debemos posponerlos a su debido tiempo. Esto es lo que yo y la ley ordenamos. Para los que obedezcan habrá grandes recompensas; para los que desobedezcan, solo un doloroso pesar.[30]

Con la moral y el orden gradualmente restaurados y el ejército limpio de oportunistas durante la primavera de 147, Escipión se sintió lo bastante seguro como para atacar Megara, un extenso suburbio cartaginés de campos cultivados dentro de las murallas de la ciudad. Allí, cientos de romanos amparados por la oscuridad comenzaron a consolidar sus posiciones, desde donde esperaban avanzar por los distritos periféricos de la intrincada ciudad. Sin embargo, tras encontrar los suburbios surcados de vallas, zarzas, surcos y setos, los confusos romanos dieron marcha atrás y abandonaron la ciudad. Al menos habían demostrado que se podía acceder a gran parte de la Cartago extramuros de la ciudadela.

La incursión de Escipión enfureció al mando cartaginés y preocupó a la ciudad. Se produjo un punto de inflexión cuando, de repente, un furibundo Asdrúbal mutiló y masacró en las murallas a todos los prisioneros romanos que había capturado y que no se habían pasado al bando cartaginés. Su pura barbarie, o eso creía él, provocaría tal horror en los romanos que sus propios soldados cartagineses, desesperados, aceptarían una lucha sin cuartel contra las enfurecidas legiones. La única posibilidad de sobrevivir dependía, por tanto, de seguir luchando con aún más vehemencia. Apiano lo relata con sangrientos detalles:

Al amanecer, Asdrúbal, desesperado y abatido por la incursión a Megara, reunió a todos los prisioneros romanos y los llevó a lo alto de las murallas. A la vista de sus camaradas legionarios les arrancó los ojos, la lengua, los tendones y las partes íntimas con garfios de hierro. A algunos les cortó las plantas de los pies. A otros les cortó los dedos. A algunos más los desolló vivos. A los que aún respiraban después de estas torturas los arrojó desde lo alto de las murallas.

Cualesquiera que fueran las motivaciones reales de Asdrúbal, los romanos —al igual que harían los enfurecidos conquistadores de Cortés, que vieron cómo los sacerdotes aztecas arrancaban los corazones de sus camaradas capturados en la gran pirámide de Tenochtitlán— desearon luchar y matar aún más, mientras que su propio pueblo cartaginés, asqueado, quizá deseaba resistir algo menos:

> Consiguió lo contrario de lo que quería. En su lugar, los cartagineses, ante estos crímenes impíos, se volvieron más pusilánimes que desafiantes. Ahora despreciaban a Asdrúbal por robarles cualquier esperanza de misericordia romana. Su propio Senado lo denunció por cometer estas crueldades salvajes y antinaturales en medio de tantos desastres. No obstante, Asdrúbal acorraló a algunos de los senadores que se habían atrevido a decir lo que pensaban y los ejecutó. Después dejó claro que era más un tirano que un general, y solo se sentía seguro si constituía un objeto de puro terror para ellos. De este modo se volvió inmune al peligro.[31]

Tal y como lo describió Apiano, el sangriento espectáculo dañó la moral y convirtió a Asdrúbal en poco más que un tirano para su desesperado pueblo. Sin embargo, la reacción romana fue cruelmente paradójica, ya que el salvaje Asdrúbal sería el único líder cartaginés capaz de negociar con los romanos su propia huida a un tranquilo retiro en Italia, mientras que su pueblo, ultrajado por la crueldad de su líder, sería masacrado o esclavizado casi por completo.

En un giro radical de los acontecimientos, ahora eran los defensores quienes empezaron a sufrir un liderazgo nefasto y un desaliento compartido. Al iniciarse el tercer año del asedio, los romanos, por el contrario, habían echado a sus comandantes incompetentes y cedido el mando a uno de los grandes genios tácticos de la época, mientras el otrora dinámico Asdrúbal se sumergía en un salvajismo megalómano y enajenado.

En respuesta al horror, Escipión destinó más tropas para bloquear los suministros que la periferia rural enviaba a la ciudad.

Los romanos empezaron a cortar sistemáticamente todas las entradas y salidas de la ciudad, por tierra y por mar, un objetivo que habían perseguido durante mucho tiempo y que por fin estaba al alcance de la mano, pues los pueblos y granjas de los alrededores se habían enterado de que los romanos habían podido entrar en los suburbios de Cartago. Para reforzar el bloqueo, Escipión hizo cavar zanjas fortificadas que atravesaban el istmo de acceso a la ciudad; así se aseguraba de que los suministros no llegaran desde el interior de África ni se desviaran por mar y entraran en el puerto de noche. Así pues, el hambre empezó a causar estragos en el interior de la ciudad, que seguía estando abarrotada.[32]

Escipión, a diferencia de sus predecesores, nunca subestimó el valor, la resistencia y el ingenio de su medio millón de enemigos atrapados. De hecho, en todos los asaltos sobre las murallas y las incursiones sobre el territorio, y a pesar de su ira contra Asdrúbal, los cartagineses no habían pensado en rendirse ni en negociar el armisticio. En su lugar, habían conseguido construir una pequeña flota y estaban decididos a atacar a los romanos y reabrir las rutas marítimas de suministro.

Apiano describe los arrebatados esfuerzos de los cartagineses por aliviar la presión sobre la ciudad e impedir que los ingenieros de Escipión bloquearan el puerto y su línea de suministro. Señala que, gracias al trabajo de los no combatientes, los cartagineses excavaron otra entrada en el extremo opuesto del puerto mientras construían en secreto una pequeña flota de trirremes y quinquerremes reutilizando madera vieja. A pesar del ruido de la construcción, Escipión y su mando ignoraron la existencia de la nueva armada cartaginesa dentro del puerto fortificado hasta el mismo momento en que emergieron los barcos:

Finalmente, cuando todo el trabajo hubo terminado, al amanecer los cartagineses abrieron su nueva entrada al puerto y zarparon con cincuenta trirremes, pero también con barcos de guerra menos impresionantes, botes e incluso embarcaciones más pequeñas, todas equipadas de manera que infundían miedo.[33]

Si los cartagineses hubieran estado bien dirigidos, semejante empresa podría haber invertido el curso del asedio. Desafortunadamente para ellos, el deshonrado Asdrúbal y sus oficiales nunca aprovecharon esa absoluta sorpresa ante los sitiadores romanos, que al borde de la victoria presenciaban cómo una misteriosa flota emergía de una ciudad rodeada y, según habían creído, sentenciada.

Sin embargo, Asdrúbal el Boetarca demostró una vez más que no era Aníbal, por lo que el valor de los sitiados fue en gran parte inútil:

Tanto la súbita aparición de esta entrada, como una flota entera navegando desde ella, conmocionaron tanto a los romanos que, si los cartagineses hubieran atacado inmediatamente sus barcos —en desorden a causa de la refriega sobre las murallas, y porque no había marineros ni remeros de guardia—, podrían haber capturado toda la flota romana. Sin embargo, dado que estaba predestinado que Cartago fuera destruida, la nueva flota solo zarpó para hacer una demostración y, tras avergonzar al enemigo de un modo tan flagrante, se limitaron a volver a puerto.

Fue otra ironía del asedio que quienes estaban en mayor peligro se mostraran más despreocupados que los propios hombres de Escipión, o sea, el bando atacante:

Tres días después de esta exhibición, por fin zarparon de nuevo para una batalla naval. Los romanos, tras preparar sus naves y todo su equipo, avanzaron contra ellos. De ambos bandos surgieron fuertes gritos acompañados de vítores de los remeros, pilotos y marinos. Los cartagineses invirtieron su última esperanza de salvación en esta batalla mientras que los romanos esperaban convertir el combate en su victoria definitiva.

Tras luchar durante horas, los agotados cartagineses regresaron a la nueva entrada del puerto. Sin embargo, la falta de experiencia provocó el caos. No había espacio suficiente para que toda la flota entrara en el puerto con seguridad, por lo que muchos barcos se limitaron a fondear en el agua y quedaron indefensos ante el contraataque romano del día siguiente. En cualquier caso, durante un breve momento de respiro, los cartagineses se dieron cuenta de que los trirremes romanos más grandes habían avanzado demasiado por el estrecho canal, pero se habían atascado, por lo que resultaban blancos estáticos muy vulnerables para los contraataques de la flota cartaginesa.[34]

Finalmente, los barcos romanos y los de sus aliados de Asia Menor pasaron al contraataque, bloqueando el avance cartaginés. Los defensores ya habían perdido una flota entregada a los cónsules en el año 146, y su sustituta estaba prácticamente hundida. Eran incapaces de construir una tercera. Se acercaba el invierno, y eso complicaba el combate marítimo. Además, Escipión había conseguido capturar Neferis, la última y más importante ciudad aliada cartaginesa que apoyaba a Cartago, la cual había sido durante mucho tiempo un depósito de suministros clave y un campamento para las incursiones cartaginesas contra los sitiadores. Los romanos planeaban aprovechar ese impulso y asaltar el puerto interior. Ese esfuerzo combinado podría asegurar que los cartagineses atrapados no tuvieran ninguna fuente de alimentos.

A finales del año 147 y con el invierno en ciernes, los romanos fueron presa de otra valiente e imprevista táctica desesperada de los defensores. Apiano relata cómo los atacados se convirtieron en atacantes por última vez:

Los cartagineses, aunque acosados por el hambre y aflicciones de todo tipo, salieron de noche para atacar las máquinas de asedio romanas. Sin embargo, no avanzaron por tierra, pues no había camino de salida. Tampoco podían salir en barco, pues el agua del mar era muy poco profunda. En su lugar, saltaron al mar desnudos con sus antorchas aún sin encender, para que no se los viera desde lejos. Entonces, en un punto que nadie habría esperado, entraron en el agua y cruzaron. Algunos vadeaban hasta el pecho, otros nadaban. Cuando llegaron a las máquinas romanas encendieron sus antorchas y se hicieron visibles, y, como estaban desnudos, sufrieron terribles heridas.

Sin embargo, devolvieron los golpes. Aunque eran golpeados constantemente con flechas y las puntas de las lanzas les atravesaban el pecho y la cara, no cejaron en su empeño. Al contrario, siguieron avanzando a pesar de sus heridas, como si fueran bestias salvajes, hasta que incendiaron las máquinas de asedio e hicieron huir a los desorganizados romanos. [...] Escipión, sobrecogido por este revés, salió a la carga con algunos jinetes y ordenó a sus oficiales que mataran a todos los que intentaran huir. De hecho, él mismo mató a algunos. Sin embargo, los enemigos, una vez quemadas las máquinas, nadaron de vuelta a casa.[35]

Tras este último y valeroso esfuerzo cartaginés, a los romanos solo les quedaba volver a entrar en los suburbios de Megara, marchar sobre la ciudadela y matar a miles de sus defensores. A pesar de la continua resistencia, no tardaron en asaltar las murallas con éxito y se dirigieron al reducto de Birsa, donde demolieron sistemáticamente la ciudad vieja y mataron a sus habitantes. Cuando Escipión acabara con Cartago, de la ciudad quedaría poco o nada. Casi todos los habitantes de habla púnica, tanto los libres como los que habían sido esclavos, que pudieron haber acudido en masa a la ciudad y que al comienzo de las hostilidades en el 149 fueron unos quinientos mil, habían muerto de enfermedad o de hambre, se habían suicidado o habían caído en batalla, salvo unos cincuenta mil que ya habían sido capturados y esclavizados.

La mayoría de las murallas y edificios de la ciudad fueron arrasados. Se ordenó que se abandonara la ciudad, mientras que se asaltó a los pueblos y ciudades de los alrededores. Solo a unos pocos se les concedió el perdón por haber profesado lealtad a Roma. Aunque las historias de los romanos sembrando el suelo de Cartago con sal para hacerla inhabitable para siempre son cuentos populares modernos basados en mitos antiguos, el lugar pudo haber sido arado y maldecido de forma ritual. En cualquier caso, la ciudad se abandonó en gran parte y, hasta la fundación de la nueva ciudad romana de Cartago en el antiguo emplazamiento púnico o cerca de él, solo hubo un poblamiento disperso y desorganizado. Apiano describe los últimos acontecimientos, cuando Escipión permitió que sus tropas saquearan todo lo que pudieran encontrar entre las ruinas mientras quemaba solemnemente todas las armas de los muertos:

Escipión concedió unos cuantos días a los soldados para saquear todo lo que pudieran excepto el oro, la plata y las ofrendas del templo. Después, dio numerosos premios a todos los que se habían mostrado valientes, excepto a los que habían profanado el recinto de Apolo. A continuación, envió a Roma una nave rápida, cargada de botín, para anunciar su victoria. Escipión también envió un mensaje a los sacerdotes de Sicilia para que fueran a Cartago a recuperar todas las propiedades colectivas de los templos que pudieran identificar como robadas por los cartagineses en guerras pasadas. Así se ganó la popularidad entre el pueblo, como alguien que había unido la generosidad con la autoridad. Más tarde vendió el botín restante y, a modo de sacrificio, quemó las armas, las máquinas y los barcos inservibles como ofrendas a Ares y Atenea, todo ello según las costumbres romanas.[36]

No se sabe cuándo se tomó la decisión de destruir Cartago tras la rendición del último enclave de resistencia en Birsa. Durante los tres años de asedio, y tras el empeño final que acabó con los últimos defensores y esclavizó al resto, gran parte de la ciudad había sido destruida, aunque, al parecer, no del todo.

En Roma no tardó en surgir un debate sobre lo que debía hacer Escipión con lo que quedaba de Cartago y con cualquier superviviente que hubiera capturado dentro o fuera de las murallas. Los senadores enseguida votaron enviar órdenes de acabar con la idea misma de Cartago, tanto la física como la abstracta. Tan rápida respuesta a las buenas noticias sugiere que la decisión de arrasar Cartago, en lugar de limitarse a derrotarla, era *pro forma*. Ya parecía estar implícita tres años antes, cuando Roma había advertido a los cartagineses que trasladaran su ciudad tierra adentro o se enfrentarían a la aniquilación. Así concluyó el historiador Dión Casio sobre la estricta adhesión de Escipión al comunicado senatorial sobre el futuro del lugar: «La ciudad entera fue borrada por completo, y además se decretó que, si alguien se asentaba en el antiguo emplazamiento, ese acto debía considerarse maldito».[37]

Los historiadores, antiguos y modernos, han defendido a menudo muchas de las guerras de la República romana; no solo sus primeros esfuerzos defensivos, sino también algunas de sus posteriores agresiones preventivas e imperiales en el extranjero. Sin embargo, casi ningún observador antiguo —ni siquiera los escritores romanos coetáneos— y pocos historiadores modernos han justificado la tercera guerra púnica de Roma. La mayoría ha condenado al Senado por instigar un conflicto de agresión innecesario contra un enemigo debilitado y claramente dispuesto a satisfacer todas las exigencias de Roma para evitar otro conflicto más, así como a aceptar un estatus inferior y, de hecho, impotente.

Por ejemplo, el propio historiador Polibio, aunque era amigo de Escipión, concluyó que todas las «razones» que dieron los romanos para la guerra eran simples pretextos:

Tras haber decidido desde hacía tiempo actuar así en estos asuntos, buscaban la ocasión adecuada y un pretexto viable para los testigos externos. Sobre todo los romanos mostraban gran preocupación por este asunto, y con razón, ya que, como dice Demetrio, cuando la justificación para iniciar una guerra parece justa, hace que la victoria sea mayor y la desventura menos peligrosa, mientras que, por el contrario, si se piensa que es deshonrosa y falaz, se produce justo el efecto contrario. Así que, en esta ocasión, dadas sus disputas entre ellos sobre el efecto en la opinión exterior, estuvieron a punto de retractarse de entrar en guerra.[38]

Cartago, como se ha dicho, había cumplido todas las condiciones tras su humillante derrota en la segunda guerra púnica medio siglo antes. En el 149 no poseía ninguna capacidad real para hacer daño a Roma o a sus intereses en el extranjero. En cambio, Cartago había acogido a los romanos en la ciudad durante décadas para comerciar y prosperar. Además, Roma seguía siendo un república consensual: no era un imperio, y mucho menos una dictadura. Su política exterior no era decisión exclusiva de un hombre fuerte ni de un megalómano. El consenso solía establecerlo un Senado aristocrático, que siempre había sido sensible a la imagen de Roma en el extranjero y a los análisis de coste-beneficio de los esfuerzos expedicionarios. En esta tesitura, ¿qué puede explicar la intransigente decisión de Roma de luchar una vez más contra Cartago, derrotarlo por tercera vez y, finalmente, borrar todo rastro de su civilización? Para responder a esa pregunta debemos comprender lo extraña que se había vuelto la tercera guerra púnica.[39]

El asedio de Cartago entre el 149 y el 146 apenas fue una guerra, al menos, en comparación con los polifacéticos teatros de operaciones de la primera (que duró veintitrés años) y la segunda guerra púnica (que duró diecisiete), y por diversas razones. A diferencia de las dos guerras anteriores, y aparte de escaramuzas e incursiones, no hubo grandes combates ni por mar ni por tierra; ni en el Mediterráneo, ni en Europa ni en Sicilia y alrededores. Cartago ya no tenía ninguna capacidad de proyectar poder más allá de su periferia. No tenía capacidad para organizar, entrenar y desplegar un ejército capaz de enfrentarse a los romanos cara a cara fuera de las murallas en una trascendental batalla para decidir el destino de la ciudad, al menos, a la manera del esfuerzo fallido en la cercana Zama, hacía medio siglo. Exceptuando los esfuerzos por aislar Cartago de su interior y sus puertos, así como algunos encuentros marítimos cerca de la costa, la guerra se limitó al asedio de la propia ciudad.

A diferencia de los dos conflictos anteriores, los bandos ya no estaban ni remotamente igualados en poder y riqueza. A semejanza de una Constantinopla bizantina del siglo xv muy mermada, durante medio siglo el otrora gran Imperio púnico había consistido en la propia Cartago y unas pocas ciudades, tanto númidas como púnicas, que solo apoyaban vagamente a la capital. Por el contrario, Roma se estaba convirtiendo en un verdadero imperio mediterráneo que se extendía desde Hispania hasta Macedonia y desde los Alpes hasta Sicilia.

No había grandes disputas territoriales como las que habían desencadenado las dos guerras anteriores. La primera guerra púnica se libró, sobre todo, alrededor de Sicilia. La segunda fue por las colonias cartaginesas en Hispania, de nuevo en Sicilia, en Cerdeña, y por el futuro de la propia Italia. Sin embargo, en el 149, Cartago no ambicionaba ningún territorio que Roma hubiera reclamado como propio o perteneciente a su esfera de influencia. De hecho, durante los años previos al asedio final, Roma dio libertad a su aliado númida, el astuto y oportunista anciano Masinisa, para arrebatar sistemáticamente territorios de los dominios interiores de Cartago, guiado por su —acertada— creencia de que sus patrocinadores romanos impedirían cualquier reacción púnica seria.[40]

Tampoco había una demanda popular cartaginesa de guerra contra Roma, ni nadie como Aníbal Barca jurando vengar una derrota desde niño. Dadas las dos desastrosas derrotas anteriores de Cartago, su pueblo se había reconciliado con una posición de inferioridad frente a Roma y estaba aterrorizado ante la idea de una nueva guerra con las legiones. Incluso durante los últimos días antes del asedio, los cartagineses habían aceptado todas las humillantes exigencias salvo una o dos, y estaban convencidos de que no había motivos para que Roma los atacara. Durante el medio siglo anterior a su aniquilación, no había habido llamamientos serios para instigar un tercer conflicto anulando el tratado que había puesto fin a la segunda guerra púnica. En resumen, la belicosidad fue cosa de Roma, y así lo reconocieron incluso prominentes estadistas romanos que no se disculparon por el uso irrestricto del terror para castigar a los conquistados y disuadir a otros, lo que el historiador Polibio apodó la «costumbre romana» (el *ethos)* de la guerra.[41]

Aunque la cultura y la religión púnico-semíticas eran bastante diferentes de las romanas, no había variaciones existenciales entre ambos Estados que hicieran inevitable la guerra. Aparte de la polémica cuestión del sacrificio de niños, que se consideraba un anatema primitivo y anterior a la civilización para la cultura clásica, Cartago y Roma se basaron en unos precedentes helénicos compartidos.

Un siglo después de la destrucción de Cartago, Virgilio pudo dedicar el cuarto libro de su monumental *Eneida* a la mítica y apasionada historia de amor entre los dos fundadores de Roma y la Cartago púnica, Eneas y Dido. En todo caso, Cartago y Roma estaban más relacionadas tras la segunda guerra púnica que antes de la primera. Había numerosos comerciantes italianos establecidos en la Cartago derrotada del siglo II, y eran frecuentes los viajes de cartagineses a Italia. Por ejemplo, el dramaturgo cómico romano Terencio *(ca.* 195-159 a. C.) pudo haber nacido en Cartago o cerca de ella, haber llegado a Roma como esclavo de un noble romano y haber sido liberado después. Esta tendencia asimilacionista se aceleraría bajo la República tardía y el imperio con destacados escritores norteafricanos como Fronto y Apuleyo.

Sin embargo, a diferencia de las dos guerras anteriores, desde el principio la estrategia romana se dirigió al resultado definitivo: la derrota de Cartago significaría el final de la civilización púnica en el norte de África. Durante los dos conflictos anteriores, tanto Roma como Cartago, casi igualadas, no tenían más objetivo que la victoria. Las condiciones de la paz serían flexibles y estarían supeditadas a los vaivenes de las guerras plurianuales.

Así que, de nuevo, ¿por qué decidió Roma en el 149 atacar Cartago en primer lugar? Los historiadores militares, tanto los antiguos como los modernos, a menudo han seguido las lecciones atemporales de Tucídides sobre los conflictos a partir de su análisis de los orígenes de la guerra del Peloponeso. En consecuencia, a menudo separaron la causa «real» *(aitia)* de la tercera guerra púnica de la supuesta causa o pretexto declarado *(prophasis)* para la guerra. Tal duplicidad parece especialmente común en el caso de los sistemas constitucionales y las democracias, como Apiano dio a entender de Roma. Tales gobiernos parecen más propensos a defender sus agresiones con justificaciones morales, las cuales, a su vez, derivan en pretensiones legales, consenso gubernamental y apoyo público. En el caso de la República, el pretexto solía definirse como la razón «justa» para declarar una guerra «necesaria» para la mayor gloria de Roma, que a su vez solía justificarse como una reacción preventiva ante la inminente «agresión» enemiga.[42]

Las causas reales de la tercera guerra púnica hay que buscarlas en cuestiones a corto y largo plazo. Los historiadores de la Antigüedad a menudo insistían en la fijación del octogenario Marco Porcio Catón («Catón el Viejo») sobre Cartago durante los últimos cinco años antes del estallido de la guerra. Se le atribuye un famoso cierre a sus discursos en el Senado: *«¡Cartago delenda est!»* ('¡Cartago debe ser destruida!').[43]

De vez en cuando, Catón también recordó con dramatismo la supuesta amenaza existencial que suponía Cartago: en una célebre ocasión, mostró a sus colegas del Senado higos aún frescos que llevaba en los pliegues de su toga, y afirmó que se habían recogido en Cartago apenas tres días antes. Catón advertía así al Senado —según se nos dice, con éxito— la peligrosa proximidad de la ciudad púnica a una Roma vulnerable (a unos seiscientos kilómetros de Roma por la mayoría de las rutas marítimas y terrestres combinadas).[44]

Para Catón y su generación, que aún conservaban recuerdos de la segunda guerra púnica —Aníbal había sido el primer enemigo extranjero que había asolado el campo de Italia del que se tenía memoria—, no dejaba de crecer la decepción por que no se hubiera destruido a Cartago tras su derrota ante Roma en el 202. Durante los escasos dos años transcurridos entre el 218 y el 216, los romanos habían perdido más de cien mil legionarios en una serie de cuatro penosas derrotas dentro de Italia (Tesino, Trebia, Trasimeno y Cannas, batalla esta última que por sí sola supuso casi la mitad de esas muertes). Durante el resto de la guerra, Roma sufrió otras doscientas mil muertes. Como resultado, apenas disponían de reservas humanas. Para los viejos supervivientes de aquellos desastres, Catón entre ellos, ningún italiano estaría a salvo hasta que Cartago fuera arrasada. Durante los siglos siguientes, *«¡Anibal ad portas!»* ('¡Aníbal a las puertas!') se había convertido en una familiar advertencia de los padres romanos para asustar a los niños y hacerlos obedecer.[45]

Generaciones de romanos estaban convencidos, con razón o sin ella, de que los recursos de su enemigo eran eternos e inagotables, por lo que nunca habría una Cartago suficientemente débil e inactiva. A pesar de toda la ostensible buena voluntad cartaginesa, Catón y la mayoría de su cohorte sospechaban que el odio púnico heredado hacia Roma hervía a fuego lento entre toda la población cartaginesa, y que estaba listo para encenderse en cuanto apareciera otro Aníbal. Esta paranoia también la compartía la generación de la posguerra: no sabían nada de Aníbal de primera mano —crecieron durante la recuperación y el ascenso de la República e ignoraban el poder que una Cartago ya tan mermada había poseído antaño, así como lo cerca que Roma había estado de la derrota—, pero, a pesar de tal ignorancia, heredaron un odio elemental hacia Cartago y un celo casi institucionalizado por la venganza. El bisabuelo adoptivo de Escipión Emiliano, Lucio Cornelio Escipión, había ocupado un importante mando en la primera guerra púnica. Asimismo, el famoso abuelo adoptivo de Escipión Emiliano, el conquistador Escipión el Africano, había luchado contra el invasor cartaginés en la segunda guerra púnica durante casi dos décadas. Además, el verdadero abuelo de Escipión Emiliano, Lucio Emilio Paulo, había muerto en la infame matanza de Cannas (216) ejerciendo como cónsul y general.

Esta centenaria historia de violencia y desconfianza alcanzó su punto álgido después de que en el 153, en vísperas de la tercera guerra púnica, Catón y otros enviados regresaran de un esfuerzo por negociar un armisticio entre Cartago y Numidia, aliada de Roma. Aunque el viaje fue un fracaso diplomático, Catón y sus compañeros senadores tuvieron la oportunidad de visitar el paisaje que rodeaba Cartago y la propia ciudad.

La exuberancia generalizada —dado que la mayoría de los suelos costeros del norte de África eran más fértiles que los de Italia—, no les pareció que reflejara el empobrecimiento esperable tras dos largas e infructuosas guerras contra Roma. Una vez dentro de las murallas, la delegación senatorial de Catón se exasperó aún más ante la prosperidad urbana, la riqueza y la confianza de un pueblo supuestamente derrotado. La ciudad les parecía tan próspera como Roma, y se preguntaban en qué se convertiría Cartago cuando se liberara de las restricciones de los tratados de posguerra del último medio siglo, mientras Roma seguía empantanada en sucias refriegas en España y Grecia. Paradójicamente, cuanto más se convencían los grandes romanos de la fabulosa opulencia de esa Cartago resucitada, más pensaban algunos senadores en los grandes beneficios que se derivarían de su aniquilación. Ninguno de los visitantes razonó que, tras la pérdida del Imperio púnico, los cartagineses se habían concentrado en el comercio marítimo durante los tiempos de paz, lo cual podría explicar el resurgir de una Cartago pacifista y despojada de todas sus ambiciones y cargas imperiales, costes navales y gastos coloniales en el extranjero.

Apiano capta este asombro y nerviosismo que surgió entre los embajadores romanos cuando visitaron el exuberante paisaje cartaginés:

> Inspeccionaron el campo con detenimiento, observando lo intensamente urbanizado que estaba y las enormes e impresionantes infraestructuras. Entraron y contemplaron la ciudad, sobre todo la magnificencia del aumento de su poder y su población desde la derrota ante Escipión [el Africano] no mucho antes. Cuando los embajadores regresaron a Roma anunciaron que Cartago les parecía más digna de temor que de envidia, dado que la ciudad les inspiraba malas intenciones, estaba tan cerca de ellos y se había ampliado con tanta rapidez. Catón declaró que ni siquiera la propia libertad de Roma podría estar asegurada hasta que Roma destruyera a Cartago.[46]

En cualquier caso, hubo razones aún más poderosas para que Roma desembarcara un enorme ejército en Útica en el 149. Es probable que los romanos apenas usaran el latiguillo *mare nostrum* ('nuestro mar'). Sin embargo, en 149, Roma libraba una guerra en el Mediterráneo occidental contra Cartago y otra en el Mediterráneo oriental contra Macedonia y la Liga Aquea griega. Roma había llegado a creer con naturalidad que todo el Mediterráneo era «nuestro mar», dado que tenía la voluntad y —cada vez más— la capacidad de eliminar a sus enemigos del mar y las costas.

Más importante aún: ni siquiera las pequeñas transgresiones, como la respuesta de Asdrúbal a los asaltos númidas, eran ya tolerables para un aspirante a potencia mundial. Al parecer, Roma había decidido que la mínima concesión en cualquier lugar de su creciente dominio no se consideraría un gesto de benevolencia al que debería corresponder el infractor, sino que se interpretaría como una vulnerabilidad que explotar aún más. La apariencia de fragilidad se convirtió en un anatema para la creciente hegemonía imperial de Roma, cuya divisa ante la mínima insinuación de desobediencia era la disuasión inequívoca y las represalias inmediatas y desproporcionadas. Como describió Voltaire, los británicos «de vez en cuando ahorcan a un almirante» *«pour encourager les autres»*, es decir, para disuadir a los oficiales navales de creer que el fracaso no tenía consecuencias capitales.[47]

Tras la Segunda Guerra Mundial, los aliados rechazaron la solución «cartaginesa» para neutralizar a la agresiva Alemania que proponía el secretario del Tesoro estadounidense Henry Morgenthau, que había presionado en vano para convertir a los alemanes en el pueblo fragmentado, rural y desindustrializado de siglos pasados. Los aliados victoriosos —soviéticos, franceses, británicos y estadounidenses— acabaron con la idea de una Alemania imperial de preguerra, tal y como se conocía desde 1871, cediendo algunos de los antiguos territorios alemanes a Polonia en el este y a Francia en el oeste. Por su parte, las potencias occidentales consolidaron sus tres zonas de ocupación e instauraron una democracia constitucional. Más de setenta y cinco años después del final de la Segunda Guerra Mundial, una Alemania reunificada —casi un cuarto más pequeña de lo que era en 1938— sigue siendo el motor económico que impulsa la prosperidad de la Unión Europea y, sin embargo, no es el matón militar que antaño invadía las fronteras de sus vecinos con tanta frecuencia.

Quizá la lección sea que las acusaciones de culpabilidad por iniciar una guerra y la imposición de unas duras reparaciones tras la derrota, seguidas de una débil aplicación de los tratados —como ocurrió al final de la Primera Guerra Mundial—, pueden conducir a otra guerra contra un enemigo humillado, pero resurgido de sus cenizas. Por el contrario, la magnanimidad, respaldada por una fuerza inflexible y segura de hacer cumplir un estricto acuerdo de posguerra —como ocurrió tras la Segunda Guerra Mundial—, puede garantizar una paz duradera. Roma había actuado con dureza tras su victoria en la primera guerra púnica, pero la severidad no siempre estuvo respaldada por la inflexible fuerza romana, como pronto descubrió un astuto y oportunista Aníbal. Como reacción a ese sangriento segundo capítulo posterior, Roma estaba decidida a mostrarse inflexible y punitiva. Para ejercer su política de disuasión, no absolvió a los cartagineses por emprender una lógica guerra de respuesta contra Numidia, la cual se interpretó como un conflicto que violaba los términos de su tratado con Roma. En retrospectiva, los romanos habían considerado sus anteriores acuerdos de paz del 241 y el 201 demasiado moderados, pero nadie reconoció que los romanos habían sido unos vencedores magnánimos. La beligerancia romana, que no estaba respaldada por una disuasión real, pudo haber favorecido el resurgimiento de Cartago. Sin embargo, tanto antes como después de la tercera guerra púnica, los romanos estaban decididos a no sufrir una cuarta bajo ningún concepto.[48]

No obstante, el éxito de la tercera guerra de Roma contra Cartago no tenía por qué terminar con la destrucción de la civilización púnica. Después de todo, al final de la primera guerra púnica, una Roma triunfante no arrasó Cartago ni la civilización púnica. Tampoco arrasó la ciudad tras su segunda victoria, incluso cuando podría decirse que los cartagineses habían provocado el conflicto. ¿Por qué los romanos concibieron su agresiva tercera guerra púnica, ya fuera al principio o durante los tres años de asedio, como un esfuerzo por aniquilar la capital y todo lo cartaginés?

«Aniquilar» es el verbo adecuado para describir la verdadera misión del desembarco de la fuerza expedicionaria romana en Útica. Las exigencias de que los cartagineses se desarmaran —es decir, que destruyeran sus máquinas de guerra, su flota y las armas individuales— y luego demolieran su propia ciudad y la alejaran dieciséis kilómetros del mar se entendían como el fin de la antigua Cartago, o bien como la creación de las condiciones por las que su pueblo se resistiría y, en consecuencia, podría ser destruido alegando motivos de defensa legítima. Según las antiguas descripciones de las secuelas de la guerra, Escipión Emiliano cumplió esas órdenes del Senado al pie de la letra; es más: el hecho de que hubiera incendiado y devastado gran parte de la ciudad mucho antes de recibir la orden del Senado posterior a su victoria sugiere que la destrucción de Cartago se contemplaba desde el comienzo del asedio.

Así que, de nuevo, ¿por qué arrasar Cartago? Es posible que Roma actuara según varias preocupaciones. Muchos romanos habían querido destruir Cartago tras la victoria en la segunda guerra púnica, pero Roma, exhausta, carecía de los recursos para hacerlo, del mismo modo que tampoco disponía de los medios para acabar con la gran ciudad tras la primera guerra púnica. Tras la segunda guerra, Roma temió que se avecinara una guerra importante contra el rey macedonio Filipo V, la cual estalló, en efecto, al año siguiente de la rendición de los cartagineses. En el 202, igual que en el 241, Roma no estaba en condiciones de emprender un asedio de varios años.

Al contrario que al final de estas dos agotadoras guerras, el ejército romano durante los últimos días del asedio en el 146 a. C. era más fuerte que en cualquier otro momento del siglo pasado. A pesar de los reveses anteriores, Escipión sentía que por fin tenía el dinero, los recursos humanos y la capacidad de liderazgo para aniquilar a Cartago en lugar de limitarse a derrotarla y ocuparla. Hizo lo que Roma podía, por fin, hacerle a Cartago.

Además, Roma se había cansado de la idea misma de Cartago, lo que algunos historiadores han llamado ocasionalmente «impaciencia histórica». Tras ciento diecisiete años de rivalidad incesante, consideró que las ciudades y el Imperio púnico —y sus objetivos— habían sido tan antitéticos con las tradiciones, costumbres y políticas romanas que estarían condenados a una guerra interminable. Podríamos llamar al odio existencial romano una causa «psicológica» de la guerra.

El *metus Punicus,* 'miedo al cartaginés', había arraigado durante mucho tiempo en el pueblo romano; suponía un aborrecimiento de la ciudad y, con el tiempo, una paranoia sobre lo que incluso una Cartago muy mermada podía hacer de nuevo. La destrucción y la muerte que Aníbal había causado en Italia durante casi quince años (218-203) nunca se olvidaron. Aparte de las cuatro victorias iniciales de Aníbal en Tesino, Trebia, Trasimeno y Cannas, los cartagineses habían destruido las fuerzas consulares en Silaro (212), Herdonia (212) y Petelia (208). Entre sus victorias, Aníbal sistematizó una estrategia de tierra quemada para despojar la campiña italiana de cultivos, infraestructuras y habitantes. No fue solo el Senado, sino también el pueblo romano el que deseó la venganza contra los cartagineses.[49]

En ocasiones, en el mundo antiguo oímos hablar de dos guerras entre rivales contumaces, pero rara vez de tres. Un armisticio inicial impide una solución del conflicto a largo plazo. A la larga, este intervalo provoca una segunda guerra total en la que uno de los bandos es claramente derrotado, humillado y queda fuera de juego. Por ejemplo, a la fracasada primera invasión persa de Grecia por Darío le siguió la completa derrota y humillación de su hijo Jerjes, y ya no hubo una tercera invasión. Hubo primera y segunda guerras del Peloponeso entre Esparta y Atenas, pero en el 403 a. C. una Atenas rendida no estaba en condiciones de librar una tercera contienda. Por lo general, la revancha, mucho más violenta, puso fin a la rivalidad y, por tanto, impidió un tercer conflicto. El mismo patrón se mantuvo para las dos Guerras Mundiales: la Segunda fue aún más desgarradora que la Primera, por lo que no estalló una Tercera.

Además, en la excepción que confirma la regla, entre el 149 y el 146 Roma también estaba librando una cuarta guerra macedónica (150-148), porque había fracasado en hacer de la tercera (171-168) la última. La nueva lección para el expansionismo romano parecía ser «asegurarse de que la guerra en curso sea la última». Además, este golpe final a Cartago se vio, medio siglo después de la segunda guerra púnica, como el correctivo adecuado para lo que parecía, cada vez más, un tratado demasiado indulgente (el del 201). Las indemnizaciones y restricciones de la segunda guerra se juzgaban ahora insuficientes para garantizar que Cartago no pudiera entrar en guerra contra Roma nunca más.

Existen, por supuesto, otras teorías sobre por qué Cartago fue aniquilada en lugar de solo derrotada. Algunos han argumentado que Roma temía un panafricanismo creciente que pudiera unir Numidia —el reino en expansión de Masinisa— con el norte de la África púnica, lo cual derivaría en un superestado con una población y un territorio mayores que la Italia romanizada. Sin embargo, una constante en la extensa subyugación romana de lo que hoy son Marruecos, Argelia y Libia fue su habilidad para enfrentar entre sí a las tribus locales durante tres siglos, asegurándose de que Numidia y Cartago no se unieran en una alianza pancontinental antirromana. Durante la tercera guerra púnica, esa estrategia de dividir tribus y Estados africanos fue un éxito diplomático romano.[50]

Otros, quizá menos persuasivos, han argumentado que Cartago se estaba democratizando cada vez más en el sentido radical de la palabra. En el mundo antiguo, «democracia» solía significar que la proverbial *vox populi* de la asamblea de las masas estaba ganando la partida al consejo superior y más reducido de oligarcas y aristócratas en su mayoría, así como a los generales y hombres fuertes militares. El aristocrático Senado romano, desde este punto de vista, quería cortar de raíz a los insurrectos extranjeros antes de que contaminaran las costas del Mediterráneo con sus radicales tesis democráticas e igualitarias.[51]

El beneficio económico, por supuesto, fue siempre un poderoso motivo durante la transición de la República al Imperio. Cartago era un almacén de riqueza. Los cartagineses habían podido pagar las indemnizaciones de guerra incluso en su débil posición, y aun así habían recuperado lo suficiente para restablecer su posición anterior como una de las ciudades comerciales más prósperas y ricas de la costa mediterránea. Apropiarse de toda la riqueza de la ciudad y esclavizar a decenas de miles de sus ciudadanos fue un incentivo más. Plutarco recoge una famosa anécdota sobre el supuestamente recto y parsimonioso Escipión, que puede ilustrar cómo la obtención de botín extranjero también incitó tanto al Senado como a las élites romanas a exigir una solución definitiva:

Tras ser nombrado censor, [Escipión] confiscó el caballo de un joven équite, cuando libraban la guerra contra Cartago. El joven había organizado una cena fastuosa y ordenó que para el evento se horneara un pastel de miel con la forma de la ciudad. La llamó «Cartago» y la sirvió a los invitados para que la «saquearan». Así, cuando el joven preguntó por qué le habían quitado el caballo, Escipión respondió: «¡Porque tú saqueaste Cartago antes que yo!».

Tales anécdotas presuponen un afán de lucro al imperialismo, para el que ganar dinero mediante la guerra se convirtió un objetivo normal y corriente. El dramaturgo cómico Plauto (254-184 a. C.), un áspero contemporáneo de la segunda guerra púnica, pone lo siguiente en boca de uno de sus personajes —con naturalidad, aunque con sarcasmo—: «Convocaré ahora una reunión de mi Senado mental para aconsejarme sobre cuestiones financieras, contra quién es mejor declarar la guerra y dónde robar algo de dinero».[52]

Un cuarto de siglo después de la destrucción de la ciudad, Cayo Graco (154 a. C.-121 a. C.), tribuno y reformador agrario radical, intentó —en vano— fundar una ciudad romana en el emplazamiento baldío de Cartago en el 122. El hecho de que Julio César lo consiguiera en el 46, un siglo después del aniquilamiento, ilustra que el corredor púnico norteafricano siempre se había considerado maduro para la colonización romana. El emplazamiento de Cartago era el punto de África más cercano a la Sicilia romana. Una nueva ciudad allí estaría mucho más cerca de Roma que los puertos del Pireo o Corinto, y daría a la creciente república un acceso más rápido a la riqueza del interior norteafricano y del Mediterráneo occidental hasta Gibraltar.

Los defensores de tales motivaciones económicas para la tercera guerra púnica apuntan de diversas maneras a la ilimitada ambición de la clase senatorial por adquirir riqueza, poder e influencia mediante conquistas; al deseo de la aristocracia terrateniente de adquirir esclavos; a la pretensión de la clase comercial romana de eliminar la competencia cartaginesa; al anhelo del pueblo romano de obtener su porción de pan y circo proveniente de la grande y rica ciudad derrotada, y a los objetivos a largo plazo de la República para colonizar el corredor norteafricano y redistribuir sus fértiles tierras de cultivo entre los ciudadanos y veteranos romanos. Sin embargo, siempre se trataba de razones genéricas para el imperialismo romano *per se*, que no derivaban necesariamente en declarar otras guerras particulares, y mucho menos en la aniquilación de civilizaciones extranjeras.[53]

Roma había permitido a los reinos clientes de toda Asia Menor, y durante un tiempo a los de Numidia, sobrevivir y dirigir sus propias políticas internas. Era un paradigma que en su día le había parecido más rentable en un sentido de coste-beneficio que la eliminación de un enemigo de la faz de la tierra. Sin embargo, es posible que al estallar la tercera guerra púnica en el 149 cambiara el sentir del Senado romano. A diferencia de los reinos interiores rivales como Asia o España, la civilización púnica estaba demasiado cerca del sur de Italia y demasiado lastrada por más de un siglo de enemistad con Roma como para convertirse en un satélite predecible, y mucho menos en un cliente fiable: tenía todas las cartas para convertirse de nuevo en una formidable potencia marítima.

La aniquilación de Cartago fue uno de los primeros pasos hacia la nueva provincia romana de África, que posteriormente abarcaría el actual noreste de Argelia, Túnez y el oeste de Libia a lo largo del golfo de Sirte. El norte de África romano en su conjunto, desde el mar Rojo hasta el Atlántico, incluidas las provincias de Egipto y Mauritania (oeste de Argelia y este de Marruecos), aseguraría el control romano sobre algunas de las tierras de cultivo más fértiles del mundo antiguo, así como una serie de puertos geoestratégicos.

Los cartagineses estaban dispuestos a desarmarse como se les exigía, incluso después de pagar sus indemnizaciones de guerra anteriores. Sin embargo, no estaban dispuestos a desmantelar su ciudad y trasladarse tierra adentro, por lo que no tuvieron más remedio que resistir un asedio. Esa decisión no surgió necesariamente de su confianza en las armas, dado que ya habían perdido dos guerras púnicas y hacía poco que habían perdido un ejército a manos de los númidas. ¿En qué estaban pensando entonces?

Al menos algunos de los líderes de Cartago debían estar al tanto de las verdaderas intenciones de Roma, pues habían vivido los desvaríos senatoriales del anciano Catón y sus partidarios durante los cuatro años anteriores. Sin duda eran conscientes de que se avecinaba un nuevo y temido Escipión, aunque al principio no tuviera mando consular, y de que era un buen aliado del beligerante Catón y su partido de guerra. Era probable que Escipión Emiliano deseara igualar el legado de su abuelo adoptivo completando lo que parecía que la familia había dejado inacabado en Cartago. Además, los cartagineses también conocían el terror legendario que el verdadero padre de Escipión, Emilio Paulo, había desatado sobre los epirotas en una campaña en la que el propio Escipión había luchado y, por tanto, de cuya destrucción había sido testigo.

La confianza de Cartago pudo surgir de la esperanza que depositaron en algunos aliados en Roma. Había una gran facción romana que no quería la guerra, y mucho menos la destrucción de la ciudad. La lideraba el renombrado Publio Cornelio Escipión Nasica Córculo, uno de los hombres más distinguidos de la República. Nacido también en el seno de la aristocrática familia de los Escipiones, héroe en la batalla de Pidna (168) y dos veces cónsul, Escipión Nasica era tan influyente como Catón, al tiempo que rival del viejo senador y también de su propio primo, Escipión Emiliano.

El peso de Nasica en el Senado y su estatus entre el público (era el yerno del famoso Escipión el Africano) quizá expliquen por qué los cartagineses podían confiar lo suficiente en la influencia de Nasica como para arriesgarse a emprender una guerra de represalia contra los númidas sin poner en peligro los términos del tratado del 201, que había garantizado la supervivencia de Cartago hasta entonces.

Por cada discurso belicista de Catón, Escipión Nasica respondía en el Senado con varios contraargumentos. En todas sus réplicas, Nasica se opuso a Catón no por motivos humanitarios, y ni siquiera por la vergüenza de que Roma iniciara una guerra unilateral, inmoral y, en su mayor parte, innecesaria. En su lugar, apeló al interés colectivo de Roma de una manera que puede extrañar a la mente contemporánea: la idea de que un enemigo primario como Cartago, incluso en una forma debilitada, era importante para el desarrollo de Italia. Su amenaza potencial constituía una advertencia para que los romanos permanecieran armados y, especialmente, para que la juventud romana se preparara en el servicio militar. Por el contrario, la desaparición de Cartago significaría la erosión de cualquier necesidad defensiva y su sustitución por el pusilánime disfrute de las riquezas de los vencidos.

La preocupación de Nasica por la deletérea calma de la paz no debe descartarse. No era una idea romana infrecuente. Esta noción de que la tranquilidad prolongada es fuente de debilidad recuerda la confesión del poeta Catulo (84-54 a. C.) de que «la ociosidad ha destruido antes tanto a reyes como a ciudades benditas» *(otium et reges prius et beatas perdidit urbes).* De hecho, la aprensión romana a la debilidad derivada de la falta de un enemigo existencial era un lugar común durante los largos periodos de paz, especialmente en los últimos tiempos del imperio. Como dijo el satírico Juvenal a finales del siglo I d. C.: «Ahora sufrimos los males de una larga paz; un lujo más cruel que las guerras se cierne sobre nosotros y se venga de un mundo conquistado» *(Nunc patimur longae pacis mala, saevior armis; luxuria incubuit victumque ulciscitur orbem).*[54]

De hecho, parece que Escipión Nasica terminaba sus discursos con su propia réplica al estribillo de Catón, empleando la misma construcción en gerundivo: *«Carthago servanda est!»* ('¡Cartago debe ser salvada!'). Unos ciento cuarenta y cinco años más tarde, el historiador tardorrepublicano Salustio, quizá inspirándose en el inveterado temor de Nasica, creía que la destrucción de Cartago marcaba el punto de inflexión de la República: para Salustio, el final de la tercera guerra púnica significó el comienzo de una rápida decadencia, debido a que Roma ya no tenía a su antiguo y existencial enemigo y, para colmo de males, se había apropiado de su botín:

En realidad, hasta la destrucción de Cartago, el Senado y el pueblo romanos condujeron los asuntos de la República con calma y moderación compartidas. No había rivalidades entre la ciudadanía ni por la gloria ni por el dominio. En su lugar, el temor al enemigo mantenía en buen orden al Estado. Sin embargo, cuando esa ansiedad se ausentó de sus consideraciones, la decadencia y la arrogancia —los dividendos naturales de la prosperidad— empezaron a dominar. En consecuencia, la misma calma que una vez habían buscado con tanto afán en tiempos difíciles, demostró, más tarde, cuando la habían obtenido, ser mucho más perjudicial y peligrosa que la propia adversidad.[55]

Por desgracia para Cartago, una serie de acontecimientos debilitó la influencia de Escipión Nasica y su política de no intervención. Al año siguiente de la visita del propio Catón a Cartago, en el 152, se envió a Nasica para resolver las crecientes tensiones entre cartagineses y númidas. Sin embargo, tras algunos breves éxitos, fue incapaz de impedir que sus interlocutores cartagineses se revolvieran contra Masinisa y violaran el tratado con Roma. Puede que ese revés erosionara la influencia senatorial de Nasica. Su aliado político, Marco Emilio Lépido, era otro de los aristócratas romanos más distinguidos y carismáticos de su época. Tanto en calidad de *pontifex maximus* ('sumo pontífice') como de *princeps senatus* ('líder del Senado'), Lépido era, en consecuencia, sumo sacerdote en Roma y máxima autoridad del Senado romano. Por desgracia para el bloque no intervencionista, Lépido murió en el año 152. Su marcha dejó a Escipión Nasica sin un poderoso aliado en el momento en que Cartago se preparaba —comprensible, pero imprudentemente— para la guerra que perdería contra sus vecinos númidas.

Peor aún: Escipión Nasica recibió un mando en Grecia en vísperas de la cuarta guerra macedónica (149-148) para acabar con el advenedizo Andrisco, el rebelde aspirante a rey macedonio. Esa misión lo alejó convenientemente del debate senatorial sobre Cartago. Sin duda, su despliegue en el extranjero fue impulsado por Catón y los cónsules para deshacerse de uno de los últimos grandes defensores senatoriales de la autonomía cartaginesa.

En resumen, en el 149 Cartago estaba en el punto de mira para recibir un trato riguroso y probablemente también para ser destruida, aunque la ciudad creyera lo contrario y por mucho que algunos romanos aún no estuvieran convencidos de aniquilar una metrópolis tan grande. Sin embargo, más tarde, una serie de catastróficas desdichas le dio muy pocas opciones de evitar su devastación. Cartago había roto *de iure* la paz al enviar un ejército para detener la continuada agresión de Masinisa, y había corrido ese riesgo solo para ver morir a treinta mil de sus soldados. El partido de la guerra controlaba con mano firme la política senatorial romana en África. Los dos defensores de Cartago, Lépido y Escipión Nasica, estaban ausentes: el primero había muerto y el segundo estaba lejos, en Grecia. Además, Escipión Emiliano era amigo del partido de la guerra y de Catón, y era muy probable que, en caso de conflicto, consiguiera un nombramiento acorde con su linaje y genio militar.

Suele ser temerario que un bando confíe, al comienzo de las hostilidades, en que su oponente suspenda la guerra por culpa de un partido «pacifista», ya sea porque simpatice con el enemigo o porque dude de que una guerra repercuta en el interés de su país. Una vez que la guerra estalla y se intensifica, es el pulso del campo de batalla el que suele decidir si existe y crece un partido pacifista, por delante de cualquier simpatía hacia el enemigo o de cualquier ideología antibelicista previa. Los primeros dieciocho meses de bravía resistencia cartaginesa irritaron al Senado romano. Sin embargo, su reacción no fue ofrecer concesiones, sino llamar a Escipión y concederle un cheque en blanco para terminar la guerra y librar a Roma de Cartago para siempre.

En la época de la segunda guerra púnica, los ejércitos romanos habían empezado a destruir las ciudades asediadas en lugar de limitarse a tomarlas. En el 212, por ejemplo, no se detuvieron tras el asalto a la ciudad más sagrada de Sicilia, Siracusa, sino que la demolieron. Las legiones masacraron a miles de defensores y esclavizaron a los supervivientes. Épiro fue despoblada por Emilio Paulo en 167.

La destrucción de Cartago y la devastación casi simultánea de Corinto por el cónsul Cayo Mumio cerca del final de la cuarta guerra macedónica en el 148 a. C. y de la Guerra Aquea en el 146 a. C. pueden marcar también, en retrospectiva, el final de la era helenística. Cartago, la Macedonia independiente y la Liga Aquea habían dejado de existir; en su lugar surgirían las provincias romanas de África, Macedonia y Acaya. La Siria seléucida y el Egipto ptolemaico estaban en decadencia, y Roma se preparaba para que cayeran en su regazo.

La derrota de Cleopatra y sus fuerzas egipcias ante las legiones romanas en la batalla de Accio en el año 31 a. C. suele mencionarse como el fin del mundo helenístico. De hecho, es plausible que la destrucción de Cartago marcara también el colapso de un mundo aún más antiguo, dominado por los griegos en el Mediterráneo oriental. La República de Roma, tras acabar con Cartago y con cualquier otro desafío a su dominio en el Mediterráneo occidental, ya podía lanzarse a por todo el antiguo mundo mediterráneo, tanto el oriental como el occidental. No solo se trataba de que los antiguos reinos helenísticos no pudieran responder al dinamismo de la constitución y la política de la República, a su forma de hacer la guerra, a sus prácticas económicas, a su cultura y a su nueva noción de guerra total, que a menudo desembocaba en la aniquilación más que en el sometimiento del enemigo. Roma, tras arrasar Cartago, había dejado de ser una potencia que juzgaba sus acciones como defensivas; más bien al contrario, se había convertido un monstruo imperial descaradamente agresivo y tiránico, empeñado en incorporar todo el Mediterráneo y Oriente bajo su dominio, de un modo atípico incluso para los autocráticos y feroces reinos helenísticos. Ese imperialismo sin paliativos del Senado romano se justificaba no solo por los ingresos y el poder que obtenía, sino también por los pretendidos beneficios de su civilización para el extranjero conquistado, supuestamente menos civilizado. Parte de esta nueva confianza en sí mismo era la creciente aceptación de que el terror ordenado por el Senado —la capacidad y la voluntad de aniquilar a cualquier Estado que ofreciera resistencia— era una forma admisible y eficaz de hacer crecer un imperio.

Hasta el final de la última de las guerras púnicas, no estaba claro si los grecoparlantes de Oriente mantendrían su influencia cultural y su poder militar para asumir que solo ellos definirían la civilización occidental, o si Cartago detendría o incluso destruiría a su advenedizo rival italiano. Después del 146, Roma nunca volvió a mirar atrás, y vio a sus rivales y enemigos, ya fueran reinos de Oriente o pueblos tribales del norte y el oeste de Europa, como meros obstáculos en su camino hacia la dominación global. La cruel aniquilación de Cartago convenció a Roma de que no solo tenía el poder y la fórmula para arrasar civilizaciones enteras, sino también el derecho moral de hacer lo que quisiera. Y así lo hizo a partir de entonces.

Una vez que Roma conseguía debilitar el estatus de un Estado, ya fuera mediante la fuerza militar o la diplomacia, la relación de fuerzas resultante se consideraba inalterable. No se toleraba la desobediencia. La opinión general en el mundo antiguo era que, si bien Roma había sido magnánima con los vencidos cuando luchaba por el poder en todo el Mediterráneo, se volvió despiadada cuando consiguió la superioridad sobre casi todos sus rivales. Mantener un imperio es a menudo más agotador y sangriento que conquistarlo.[56]

En la actual Escocia, más de dos siglos después del final de Cartago, el rebelde caledonio Calgaco —como se cita célebremente en el *Agrícola* de Tácito— hizo una extensa crítica de la violencia y el terror de Roma. Terminó su arenga contra la institución romana de aniquilar al perdedor con una sentencia que pasó a la Historia: «Hacen un desierto y lo llaman paz» *(Ubi solitudinem faciunt pacem appellant).*[57] El mismo año en que se arrasó Cartago, el cónsul Cayo Mumio puso fin a la guerra aquea y a la última resistencia de las ciudades-Estado griegas destruyendo la histórica ciudad de Corinto. Las legiones mataron a casi todos los defensores griegos, esclavizaron a las mujeres y los niños, destruyeron muchos de los mejores monumentos del mundo antiguo y saquearon el resto, y acabaron arrasando gran parte de la ciudad. Como Cartago, el emplazamiento de Corinto permanecería casi desierto durante más de un siglo, hasta que Julio César refundó la ciudad en el año 44 a. C., solo dos años después del establecimiento de la Cartago romana. Rara vez reconocemos al dictador César como un refundador de ciudades que sus predecesores republicanos habían arrasado.

Dada su situación estratégica, la nueva Corinto romana se convirtió rápidamente en una de las principales ciudades imperiales de Grecia. Sin embargo, a diferencia de la desaparecida Cartago púnica, el fin de la Corinto griega no implicó la ruina de la civilización helénica, aunque Roma hubiera conquistado Grecia. Corinto —tanto la antigua como la nueva, tanto la griega como la romana— se mantuvo como una de las numerosas y grandes ciudades de habla griega. Grecia seguiría siendo gobernada por Roma y luego por Constantinopla durante un milenio y medio, si bien la cultura griega siguiera influyendo decisivamente en los romanos. Nótese también que la cultura púnica no fue el detonante para la venganza romana, aunque los romanos expresaran ocasionalmente su turbación por los sacrificios de niños de los cartagineses. Roma arrasó del mismo modo las ciudades griegas, cuya cultura emulaba.[58]

Sin embargo, lo que distinguió el final de la tercera guerra púnica de casi todas las aniquilaciones anteriores de Roma fue que, en el 146, una civilización antaño grandiosa se había reducido a poco más que su magnífica capital y alrededores. En consecuencia, arrasar la ciudad podía conllevar el final de todo lo cartaginés. La cuestión del genocidio en tiempos de guerra obedece a la disparidad entre la víctima —que se encuentra en declive civilizacional— y su agresor —en pleno ascenso—.

También era habitual que los generales romanos lanzaran a las legiones al asesinato, saqueo y destrucción una vez traspasadas las murallas, así como que expresaran posteriormente su pesar por la carnicería y la aniquilación de una ciudad o civilización antaño majestuosa. Alejandro Magno también expresó ese tipo de pseudoremordimiento transitorio sobre la ruinosa Tebas, al igual que Mehmed tras saquear Constantinopla y Cortés tras arrasar Tenochtitlán. Las lágrimas de cocodrilo derramadas por el asesino Escipión Emiliano sobre lo que había forjado no fueron una excepción, y no enmascaraban su voluntad de exterminar pueblos enteros para poner fin a las guerras de Roma. Recordemos que, cuando Escipión todavía era un adolescente, había servido a las órdenes de su padre en las operaciones posteriores a la batalla de Pidna, cuando las legiones aniquilaron vastas franjas de la población de Épiro (167). En Hispania (151-150), Escipión había estado vinculado al corrupto y despiadado Lúculo, que en la llamada guerra numantina ejerció la destrucción como arma política, arrasó ciudades celtíberas y asesinó a sus habitantes. Tras la destrucción de Cartago, Escipión regresó para terminar la guerra numantina, que duró veinte años: mató de hambre a la ciudad de Numancia, provocó el suicidio de muchos de sus habitantes y esclavizó a todos los supervivientes (133). Así pues, debemos situar el legendario refinamiento y filohelenismo de Escipión en el contexto más amplio de su servicio, a menudo atroz, al avance del imperialismo romano. No obstante, Apiano, recurriendo de nuevo a la narración perdida de Polibio, ofrece una escena melodramática de lo que podríamos entender como arrepentimiento por parte de Escipión:

Escipión contemplaba esta ciudad que había florecido durante setecientos años desde su fundación, que había gobernado tantas tierras, tantas islas y mares, y tan ricamente dotada de armas y barcos, y elefantes y dinero, igual a los más grandes imperios antiguos, pero superándolos a todos en audacia y espíritu. En efecto, despojada de sus barcos y de todas sus armas, y en medio del hambre, había resistido en una guerra sin tregua durante tres años, y ahora había llegado a su fin en la destrucción. Se dice que Escipión, asimilando todo esto, lloró abiertamente y se afligió por el destino de sus enemigos. Y después de pensar para sí durante un largo tiempo y contemplar el auge y la caída de las ciudades, las naciones y los imperios, así como de las personas, y en todo lo que había sufrido Ilión [Troya], aquella ciudad antaño bendecida, y también en los sufrimientos de los asirios, de los medos y de los persas, el mayor imperio de todos, y luego, más recientemente, el glorioso Imperio macedonio, de buena gana o tal vez las propias palabras del poeta escaparon de su boca:

«Llegará un día en que la sagrada Ilión perecerá, y Príamo,
y el pueblo de Príamo de la fuerte lanza de fresno».

Y cuando Polibio le preguntó casualmente —y Polibio había sido su maestro— a qué aludía exactamente su divagación, Escipión respondió que no dudaba en nombrar explícitamente a su propio país, pues por él temía cada vez que contemplaba la mutabilidad de todas las cosas humanas.[59]

Escipión fue clarividente. Los vándalos al mando de Genserico saquearon, destruyeron y volvieron a ocupar la Cartago romana en el año 439 d. C., y luego construyeron una armada y saquearon la propia Roma en el 455 d. C., unos seiscientos años después del augurio de Escipión.

———————

Como es natural, Roma no aniquiló todos los vestigios cartagineses durante los últimos días de la tercera guerra púnica, en el año 146 a. C. Algunos textos clásicos mencionan a los supervivientes de los últimos días de Cartago. Al parecer, el filósofo de origen cartaginés y escolarca de la Academia de Atenas, Asdrúbal Clitómaco, escribió un libro posterior (ahora perdido) para consolar a sus antiguos compatriotas cartagineses recién capturados por los romanos, sugiriendo que la filosofía podría ofrecerles algún consuelo por la pérdida de su ciudad. No sabemos si Clitómaco, un griego étnico nacido en Cartago y que escribía muy lejos de la ciudad caída, ignoraba los detalles de la carnicería de Escipión, o si tenía alguna información sobre los cartagineses de habla griega cautivos. No obstante, el estadista y escritor romano Cicerón, que escribió aproximadamente un siglo después, también confirmó que la obra perdida de Clitómaco evidenciaba que había cierto número de cartagineses supervivientes: «He leído un libro de Clitómaco, que envió a sus conciudadanos prisioneros para consolarlos tras la destrucción de Cartago».[60]

Como en el caso de otras ciudades púnicas, las comunidades cartaginesas del norte de África periféricas, más allá de las ruinas de la capital, quedaron intactas. La mayoría acabó destruida más tarde o, más a menudo, sometidas a Roma. Muchas ciudades púnicas habían llegado a algún acuerdo con los romanos al prever que Cartago caería. Esas pocas ciudades permanecieron legalmente libres en la nueva provincia romana de África, y se romanizaron gradualmente durante el periodo imperial. En cualquier caso, el pueblo romano equiparó el fin de Cartago con el fin de su némesis norteafricana, independientemente de que hubiera ciudades púnicas semiautónomas y asentamientos aislados que no solían ser molestados en el oeste del norte de África.

De vuelta en Roma, Apiano describe la reacción popular romana ante el barco que Escipión había enviado para anunciar que por fin había derrotado y destruido Cartago, lo cual provocó un júbilo salvaje y caótico ante la noticia de la desaparición de su enemigo más temido desde hacía un siglo:

> Cuando el pueblo de Roma vio la nave y se enteró de la victoria a primera hora de la tarde, salió a las calles y pasó toda la noche con unos y otros, celebrando y abrazándose, como los que acababan de ser liberados de sus miedos, ya que ahora tenían asegurado su dominio mundial y estaban convencidos de que su ciudad estaba por fin segura y había obtenido una victoria sin igual. En el pasado se habían alegrado de los muchos y brillantes logros de su propia generación, e incluso de muchos más de sus antepasados, tanto en Macedonia e Iberia como recientemente contra Antíoco el Grande, y en la propia Italia. Sin embargo, nunca habían estado tan aterrorizados por ninguna otra guerra librada a sus propias puertas como en las guerras púnicas, debido al valor, la perspicacia y la osadía de su enemigo, así como a su peligrosa doblez.

Además, cuando las noticias de la destrucción de Cartago llegaron a una Roma todavía paranoica, el Senado, ejerciendo su habitual papel de supervisión, envió a diez auditores para garantizar que Escipión había demolido todas las ciudades que habían permanecido leales a Cartago. Insistía en vencer a un caballo muerto. Escipión también debía demostrar a los emisarios que el emplazamiento de la capital estaba arrasado y que permanecería inhabitable. Debía advertir a los lugareños de que cualquiera que ignorara los edictos senatoriales se exponía a los máximos castigos. En cuanto a los aliados leales a Roma, los emisarios debían asegurarse de que también recibieran el botín de guerra prometido:

A todos aquellos que habían ayudado a los romanos, los auditores les dieron parte de las tierras que habían conquistado. A los uticanos en primer lugar, les legaron el territorio de la propia Cartago, hasta Hipona. A todos los demás, no obstante, los romanos les impusieron un tributo, tanto un impuesto territorial como personal, tanto a sus hombres como a sus mujeres, y decretaron enviar a un general anualmente desde Roma para supervisarlos. Una vez establecidos estos arreglos, navegaron de vuelta a Roma. Mientras tanto, Escipión completó todos sus mandatos y celebró sacrificios y juegos honoríficos por la victoria. Cuando concluyeron todos estos asuntos, Escipión también zarpó a casa. Se le concedió el triunfo más espléndido de todos los conocidos: tachonado de oro y cargado con las estatuas y los exvotos que los cartagineses habían recogido desde tiempos inmemoriales de todas las partes del mundo y llevado a África como fruto de sus innumerables victorias.[61]

La cercana Útica, que se había pasado oportunamente al bando romano y había facilitado la invasión del 149 gracias a su puerto, sustituía ahora a la capital demolida como nexo del comercio mediterráneo. Tras la guerra, los esfuerzos romanos por instalar una colonia de legionarios retirados en el emplazamiento estratégico acabaron fracasando, sobre todo un intento del reformador radical Cayo Graco apenas veinticuatro años después.

Graco había imaginado ingenuamente una nueva Cartago romana *(Colonia Junonia)* como una segunda oportunidad para unos seis mil campesinos romanos empobrecidos y veteranos desplazados por el auge de los latifundios *(latifundia),* en los que trabajaban esclavos y que pronto convertirían Italia en el centro de un imperio de terratenientes. El Senado aristocrático, sin embargo, no quería que tal esquema agrario sustituyera a sus vencidos rivales. Si el Senado había temido en su día a una Cartago democrática y radical, no la sustituiría por una ciudad fundada por sus propios reformadores de afanes igualitarios, especialmente en un lugar de tan mal agüero. Así pues, el Senado retiró la mayor parte de los subsidios y el apoyo a la Colonia Junonia, que se marchitó al cabo de solo treinta años.[62]

Nunca hubo esfuerzos púnicos por reocupar el lugar, no solo porque estaba prohibido, sino también porque quedaban muy pocos cartagineses con vida como para fundar una ciudad importante. En su lugar, entre los años 49 y 44, unos cien años después del estallido de la tercera guerra púnica, Julio César invirtió dinero y mano de obra en el desolado lugar, como ya se ha mencionado. En un Imperio romano más rico y expansivo, el dictador puso en marcha una nueva Cartago que creció espectacularmente *ex nihilo*. Pronto se convertiría en la segunda ciudad romana más grande de Occidente, ya que aprovechó su proximidad a Italia y las perennes dádivas del clima, el suelo, el agua y las minas que antaño habían contribuido al milagro púnico. Con el tiempo, esta Cartago romana se convertiría quizá en la cuarta o quinta ciudad más importante de todo el imperio, junto con Roma, Alejandría, Éfeso y Antioquía. Hacia el año 100 d. C., la Cartago romana era al menos tan grande como su predecesora púnica. Ocasionalmente, las ciudades refundadas por los conquistadores —Kostantiniyye, más tarde Estambul, para Constantinopla, y Ciudad de México para Tenochtitlán— llegaron a ser más ricas y grandes que las originales vencidas.

La lengua púnica siguió hablándose en las zonas rurales de lo que hoy son Libia, Túnez y Argelia. Con el crecimiento de la presencia romana en el norte de África, se desarrolló un alfabeto púnico latinizado. De hecho, cientos de inscripciones púnicas datan de la destrucción de Cartago y se extienden hasta bien entrado el periodo romano tardío, lo que sugiere que cierta población mantuvo el púnico, y no el latín o el bereber, como su primera lengua durante un tiempo.

Sin embargo, las referencias al «púnico» en la literatura latina posterior a la tercera guerra púnica no equivalen necesariamente a un gran número de supervivientes del Imperio cartaginés desaparecido. «Púnico» se convirtió en una vaga generalización latina, a menudo peyorativa, para referirse a casi cualquier persona que residiera en el norte de África durante la época romana y careciera del pedigrí italiano. En el mundo antiguo, los habitantes de los alrededores de una ciudad vencida se identificaban a menudo con el prestigio de la desaparecida, sin que eso indicara ninguna herencia cultural.[63]

El bereber romanizado Agustín de Hipona (354-430 d. C.), uno de los primeros teólogos cristianos y padre de la Iglesia, se refirió a los hablantes locales que solo hablaban púnico y a los nombres propios púnicos, así como a la necesidad de traductores latinos para las lenguas locales no latinas. La supervivencia de estos hablantes púnicos dispersos durante siglos es análoga a la continuidad de la lengua náhuatl en reductos del México rural durante unos quinientos años tras la destrucción de Tenochtitlán: se trata de una lengua prácticamente huérfana de la cultura vencida, de donde nació.[64]

Aunque el dominio romano se acomodó más tarde a la lengua púnica y a sus instituciones políticas locales —como el cargo de *sufete*, 'magistrado'—, oficialmente no mostró ninguna tolerancia al sacrificio de niños cartagineses. Sin embargo, la práctica continuó clandestinamente en el norte de África durante generaciones. De hecho, los *tofets,* o santuarios de sacrificio de niños, están atestiguados arqueológicamente a lo largo de la historia púnica hasta bien entrada la época romana tardía. Así pues, la práctica tanto pública como privada de matar a niños pequeños para apaciguar a los dioses no cesó por completo en el campo con la destrucción de la ciudad en el 146, sino que, a pesar de las prohibiciones —tanto romanas como cristianas—, continuó durante siglos, si bien a una escala mucho menor.

En cuanto a los asentamientos consecutivos en la propia ciudad, durante un milenio se destruyó varias veces el lugar llamado «Cartago», cuya ruina significaría en cada ocasión el final de una civilización diferente en el norte de África: Cartago romana (destruida en el 439 d. C.), Cartago vándala (destruida en el 534 d. C.) y Cartago bizantina (destruida en el 695 d. C.). En todos estos casos, los invasores y ocupantes del reino norteafricano de Cartago nunca lograron asimilar por completo a la mayoría de los nativos númidas y bereberes.[65]

Tanto la *romanitas* ('romanidad') como el cristianismo, si bien no tan eficaces como el islam posterior, eran credos que podían atraer a pueblos muy distintos de los orígenes judíos de la religión en Oriente Próximo o del nacimiento de Roma en Italia. A mediados y finales del Imperio romano (100 a 400 d. C.), las actuales Libia, Túnez y Argelia eran algunos de los centros más dinámicos de la cultura occidentalizada del Imperio.

La orilla sur del Mediterráneo siguió creciendo en importancia religiosa, como ejemplifica Agustín, que nació en la ciudad bereber de Tagaste, en la actual Argelia, pero llegó a ser obispo de la antigua colonia romana de Hipona Regia, trescientos kilómetros al oeste de Cartago. Agustín murió a los setenta y cinco años, atrapado en el interior de Hipona por los ejércitos asediadores vándalos que habían barrido Europa hasta el norte de la África romana y que establecerían una capital en Cartago tras el asalto de la ciudad romana (439).

Sin embargo, el dominio tribal de los vándalos en África, que en un momento dado se extendió a Sicilia y al sur de Italia, apenas duró un siglo hasta que acabó destruido por el brillante general bizantino Belisario, que retomó Cartago en el 533. Casi acabó con la cultura vándala, desarrollada como una incursión norteuropea del siglo v d. C. que se había aprovechado de la descomposición de un Imperio Romano moribundo. Tras expulsar a los vándalos del norte de África, Belisario reforzó las antiguas fortalezas y guarniciones romanas a lo largo de la costa, y luego retomó Sicilia y el sur de Italia para Constantinopla. Sin embargo, a pesar del irredentismo del emperador bizantino Justiniano (482-565), su ambición de restaurar para siempre un norte de África romano solo duraría aproximadamente un siglo y medio.[66]

Finalmente, el ocupante extranjero islámico se demostró mucho más capaz y competente. No fue hasta la llegada de los conquistadores y colonos musulmanes durante los siglos VII y VIII cuando se logró, tanto por proselitismo como por coacción, el consenso religioso de la población tunecina. Poco a poco derivaría en una cultura homogénea, si bien en el mundo norteafricano contemporáneo, más amplio, los bereberes aún no están completamente asimilados étnica ni lingüísticamente.

En el año 695, un ejército islámico del Califato Omeya dirigido por Hassan ibn an-Nu'man asaltó Cartago e invadió lo que podría llamarse la restauración romano-bizantina del norte de África, con capital en Cartago. Los bizantinos, superados en número, retomaron momentáneamente la ciudad, pero en 698 su ocupación les había resultado demasiado costosa y pronto se retiraron definitivamente de la mayor parte del continente. En respuesta a su huida, Hassan arrasó la Cartago bizantina —la antigua Cartago romana— y derribó una vez más sus edificios y murallas. De la misma manera que Escipión había temido que una infraestructura arrebatada al enemigo favoreciera el renacimiento de la cultura púnica, Hassan ibn an-Nu'man tampoco se arriesgó a que una Cartago cristianizada pudiera anclar un imperio antislámico. Así pues, se aseguró de que el lugar elegido para erigir la antigua Cartago quedara de nuevo inhabitable y construyó su nueva ciudad de Túnez a unos quince kilómetros de distancia.

Las invasiones árabes posteriores y la islamización del norte de África acabaron con los asentamientos europeos durante más de un milenio, al menos hasta los breves e insostenibles esfuerzos colonizadores de Gran Bretaña, Francia e Italia durante los siglos XIX y XX, que extendieron un barniz occidental desde Egipto hasta Marruecos. La presencia colonial de Occidente terminó poco después de la Segunda Guerra Mundial, durante el periodo de descolonización europea y las guerras de independencia norteafricanas. Aun así, el romanticismo y el atractivo de una Cartago vencida y casi mítica mantienen su pujanza incluso en el mundo árabe contemporáneo. Del mismo modo que Líbano ha adoptado a menudo el «fenicionismo» —acentuando su antigua herencia fenicia más que la estrictamente árabe—, también el Magreb contemporáneo del norte de África ha adoptado un nostálgico «cartaginismo». El exdictador de Libia durante décadas, el general Muamar el Gadafi, bautizó a su quinto hijo con el nombre de Aníbal y botó un yate llamado Fenicia. Cuando el nacionalista árabe Habib Burguiba se convirtió en el primer presidente poscolonial de Túnez en 1957, se focalizó en reimaginar la sagrada herencia de los tunecinos, no principalmente como musulmanes o árabes, sino más bien como los indígenas herederos —bereberes y fenicios— de la Cartago púnica.

La capital de Burguiba, Túnez (el nombre deriva de una fuente bereber o púnica), se sublimó en los relatos oficiales del gobierno como la ciudad sucesora de la antigua Cartago (la cual es ahora, paradójicamente, un suburbio de Túnez). La nueva nación tunecina reivindicaba la majestuosa ascendencia de la civilización norteafricana para recordar al mundo que, una vez, los norteafricanos habían invadido y colonizado Europa, en lugar de ser perennemente colonizados por ella. El sucesor de Burguiba, Zine El Abidine Ben Ali, construyó un parque temático llamado Carthage Land y bautizó el primer canal de televisión comercial del país con el nombre de Hannibal TV.[67]

En el capítulo siguiente veremos cómo otra gran civilización en declive y su majestuosa ciudad amurallada también trataron de evitar la ira de una civilización en auge, rival y antitética. Durante sus últimas semanas, los bizantinos también intentaron resistir desde las vastas y supuestamente impenetrables murallas de Constantinopla, y también se vieron obligados a decidir entre la resistencia y el olvido, entre la sumisión o la posibilidad de supervivencia. Del mismo modo, Constantinopla esperaba la salvación gracias a sus aliados, a terceros que compartían su antipatía por el islam, a su propia y hábil diplomacia, a sus llamamientos a la compasión y la razón de sus atacantes y a su confianza en que ni ellos eran tan débiles ni sus enemigos tan fuertes como se creía. Así, como ocurrió con Cartago, la civilización de Constantinopla y la época que había construido dejarían de existir.

<h1 style="text-align:center">CAPÍTULO 3</h1>

<h1 style="text-align:center">DELIRIOS MORTALES</h1>

<h2 style="text-align:center">LA CAÍDA DE CONSTANTINOPLA Y EL FIN DE LOS BIZANTINOS (PRIMAVERA DE 1453)</h2>

> Todos vivimos del pasado, y a través
> del pasado somos destruidos.
> *(Wir alle leben von der Vergangenheit*
> *und werden durch die Vergangenheit zerstört).*
> **Goethe, *Máximas y reflexiones***

Ignorad las habladurías sobre el declive de la civilización. Olvidaos de la temida violencia de los jenízaros. No tengáis en cuenta los dominios imperiales devorados por el gigante otomano. Sin duda, un milenio de civilización bizantina no puede, no debe, desvanecerse en unos pocos días.

Observad la majestuosa Santa Sofía, una catedral de tamaño y belleza sin parangón en el mundo, o a las murallas de Teodosio, la fortificación urbana más impresionante jamás levantada. Contemplad la ciudad de Justiniano, la que salvó a la *romanitas* en Oriente, que ha resistido innumerables asaltos pasados, y que de algún modo debe sobrevivir al último… y definitivo. La cristiandad, tanto oriental como occidental, deben unirse para salvar su corazón.

En la primavera de 1453, el emperador, sus consejeros y el pueblo de Constantinopla eran conscientes de cuán real era el enorme ejército islámico concentrado bajo sus antiguas murallas y cuán miserable era la fuerza que se le oponía, pero los mitos sobre la ciudad eterna eran mucho más poderosos. Nadie, ni la ciudad ni en toda Europa, podía imaginar que la mística fortaleza pudiera caer. En Europa todo el mundo sabía que la suerte estaba echada, pero sus corazones insistían en lo inconcebible. Durante demasiado tiempo Constantinopla había mirado más a su glorioso pasado que al terrible presente que ahora llamaba a sus puertas.

El historiador Edward Gibbon escribió que incluso durante las últimas horas de Constantinopla, mientras los otomanos se abalanzaban sobre las murallas, miles de bizantinos acudían aterrorizados a Santa Sofía —la mayor iglesia de la cristiandad oriental— sin perder la esperanza en que su dios intervendría, como había hecho durante más de mil años, para salvar su majestuosa ciudad terrenal. En uno de los pasajes más conmovedores de su *Decadencia y caída del Imperio Romano*, Gibbon relató el intento de huida de los griegos, que eran el blanco de los otomanos. Tras atravesar las grandes murallas de la ciudad, los asaltantes corrían a la catedral en busca de botín, esclavos y cautivos ricos por los que pedir un rescate. Sin embargo, Dios no permitiría que su ciudad cayera en manos del islam:

De todas partes de la capital afluyeron a la iglesia de Santa Sofía: en el lapso de una hora, el santuario, el coro, la nave y las galerías superior e inferior se llenaron de sacerdotes, monjes y vírgenes servidoras de la religión; las puertas se atrancaron por dentro y buscaron la protección de la cúpula sagrada. [...] Su confianza se fundaba en la profecía de un entusiasta, o un impostor, según la cual un día los turcos entrarían en Constantinopla y perseguirían a los romanos hasta la columna de Constantino ante Santa Sofía; que este sería el fin de sus calamidades; que un ángel descendería del cielo empuñando una espada y entregaría el imperio, con esa arma celestial, a un pobre hombre sentado al pie de la columna. «Toma esta espada —le diría—, y venga al pueblo del Señor». Ante estas palabras de aliento, los turcos se desvanecerían en el acto, y los virtuosos romanos los expulsarían del oeste, y de Anatolia, hasta las fronteras de Persia. [...] Mientras esperaban el descenso del ángel que no llegaba, los turcos rompieron las puertas con hachas, y, como no encontraron resistencia, sus manos, sin derramar sangre, se emplearon en seleccionar y asegurar a sus prisioneros. La juventud, la belleza y la riqueza aparente guiaron su elección.[1]

El destino de Constantinopla siempre había dependido de la protección de unos pocos tramos, tan pequeños como vulnerables, de las murallas de Teodosio, las enormes defensas que custodiaban los accesos terrestres a la capital y que nunca habían sido penetradas. Las dos zonas más débiles se encontraban en un punto inferior del lecho del río Licos, en el centro de la muralla exterior —el llamado *mesoteikhion,* 'el centro de la muralla'— y en la sección de la muralla colindante con el palacio de Blanquerna, un punto débil similar a la Cadmea de la muralla de Tebas. Fue en estas secciones de la muralla donde el 29 de mayo, tal y como se esperaba, el sultán dirigió su ataque final contra los formidables continentes genoveses y contra el emperador Constantino junto a su guardia.

Dos oleadas sucesivas —la primera, de cristianos balcánicos reclutados a la fuerza; la segunda, de soldados turcos a pie— habían avanzado contra estos puntos débiles. Los defensores de las murallas, superados en número, liquidaron el primer asalto con facilidad. El segundo les costó un poco más. También consiguieron frenar a la tercera oleada de soldados otomanos, que pareció estancarse ante las imponentes murallas bajo la lluvia de proyectiles. En ese momento, a algunos de los defensores griegos e italianos les pareció que la ciudad resistiría, tras casi ocho semanas de lucha. También se rumoreaba que esa tercera oleada del sultán sería la última vez que su reserva de jenízaros intentaría tomar la muralla antes de volver a casa. Al parecer, Mehmed estaba cada vez más desmoralizado, sobre todo por la resistencia de los valientes italianos, que parecían estar en todas partes y a quienes él consideraba los salvadores de una ciudad que ya habría derrotado con seguridad.

Así pues, y tras tantas semanas, ¿había fracasado el asedio? Podríamos decir que «casi».

Sin embargo, de repente, el líder genovés Giovanni Giustiniani —el imprescindible héroe de la defensa durante los dos meses anteriores— resultó gravemente herido bajo una lluvia de flechas y disparos de cañones otomanos de pequeño calibre, por lo que se retiró de la muralla. Las fuentes de la época son contradictorias y sugieren que Giustiniani fue alcanzado por una bala de un arma de fuego primitiva *(sclopus)*, o tal vez por una flecha a través de una hendidura en su coraza.

Giustiniani, además, pudo haber sido herido en los pies o las piernas. Sin embargo, por alguna extraña razón, el *condottiero* ('capitán mercenario') italiano no se trató las heridas en las murallas. Todavía fue más misterioso que su contingente genovés, en su mayor parte intacto, cesara su triunfante resistencia a las pocas horas de vencer la última embestida del sultán. Lo peor sobrevino cuando casi todos los genoveses entraron en pánico al ver a su capitán gravemente herido, obedecieron sus órdenes de alejarlo de la refriega y abandonaron sus posiciones en el momento del último ataque otomano. Al parecer, los enajenados genoveses presagiaban que todo estaba perdido sin su célebre líder, por lo que acudieron a sus barcos en el puerto, de donde escaparían por mar hacia los Dardanelos. Cualquiera que fuera la causa de la huida en masa, la calamidad se agravó por el empuje final de los aguerridos jenízaros, que tomaron la sección ahora desocupada de las murallas. Por primera vez en semanas, los otomanos accedieron fácilmente con sus escalas.

El derrumbamiento de las defensas exteriores pareció tanto psicológico como físico, y se propagó por toda la ciudad. Los contemporáneos consideraron, con razón o sin ella, que la grave herida de un solo hombre provocó la retirada de cientos, lo cual acabó a su vez con la resistencia de miles y concluyó en la desaparición de más de un milenio de civilización bizantina en Oriente. En cualquier caso, las murallas interiores, más robustas y elevadas, todavía ofrecían una buena defensa; sin embargo, en su frenesí por abandonar las murallas exteriores, los aterrorizados defensores intentaron escapar a través de los espacios abiertos intermedios, atravesando las enormes puertas de las murallas interiores de la ciudad para llegar hasta sus familias. Por desgracia, los griegos no formaban una retaguardia ordenada y no pudieron organizar una retirada que les permitiera cerrar las puertas tras ellos y recomponer sus defensas. En su lugar, los combatientes se pisotearon unos a otros en medio del caos para alcanzar la supuesta protección de la muralla interior, si bien es más probable que huyeran hacia el otro lado de la ciudad con la esperanza de encontrar alguna galera atracada en el Cuerno de Oro.

Al parecer fue el comandante otomano Zağanos quien convenció a Mehmed de que no abandonara el asedio y quien dirigió este asalto final con éxito. Cientos de estandartes otomanos aparecieron sobre las murallas y las torres mientras corría la voz de que la ciudad ya estaba casi perdida. Cuando el sultán vio las banderas turcas, ordenó a todo su ejército que subiera en tropel por las escalas de los jenízaros y se adentrara en el vasto interior de la ciudad, ahora indefensa.

Más tarde corrió el rumor de que el emperador Constantino se había arrancado su insignia imperial antes de cargar contra la horda atacante y encontrar la muerte junto con lo que quedaba de su guardia. Le cortaron la cabeza y la llevaron al sultán como trofeo. Así terminaba la mítica ciudad y el imperio que había levantado.

Constantinopla cayó en manos de los atacantes otomanos al mando del sultán Mehmed II la tarde del martes 29 de mayo de 1453, mil ciento veintitrés años después de la fundación de la capital bizantina. La ciudad-fortaleza había nacido en el año 330, durante los años de crisis del Imperio romano. Su fundador, el emperador romano Constantino el Grande, la había poblado por completo en solo seis años.[2]

Los atribulados romanos orientales, que la historiografía occidental rebautizaría como «bizantinos» ya en el siglo XIX, se las habían arreglado para sobrevivir novecientos setenta y siete años a la caída de Roma y a la desaparición del imperio occidental. Cómo sobrevivió la mitad grecoparlante del imperio durante casi un milenio cuando su núcleo latino original en Occidente se había derrumbado es algo que ha suscitado interminables especulaciones.[3]

Uno de los factores más obvios fue la unidad oriental frente a la fragmentación occidental. Oriente, de mayoría grecoparlante, desarrolló gradualmente una cohesión identitaria nacional que se desintegraba en Occidente. Los griegos de Constantinopla y su imperio oriental compartían una identidad tripartita. En primer lugar, y ante todo, eran *romaioi,* los orgullosos sucesores del Imperio romano, los únicos y legítimos que habían quedado tras la desintegración de Occidente a finales del siglo v. En segundo lugar, eran gozosos hablantes de la lengua griega, así como herederos y valedores del helenismo, el esplendor y los logros de la Grecia clásica. En tercer lugar, se veían a sí mismos como los verdaderos cristianos incluso antes del Gran Cisma del 1054, cuando la ortodoxia griega rompió definitivamente con el catolicismo romano en el clímax de una división abierta desde el siglo v a

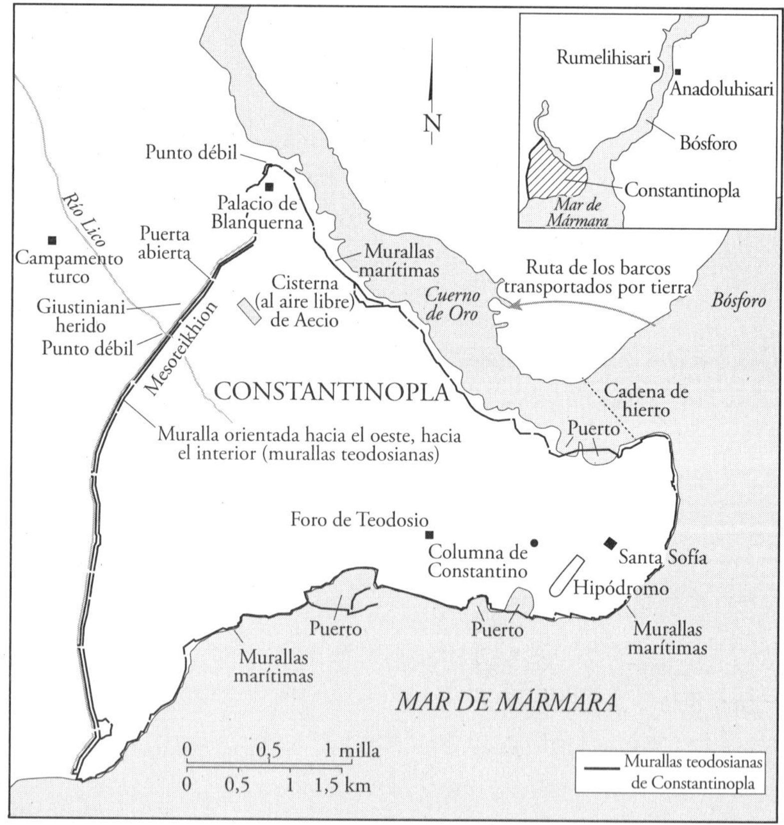

Constantinopla

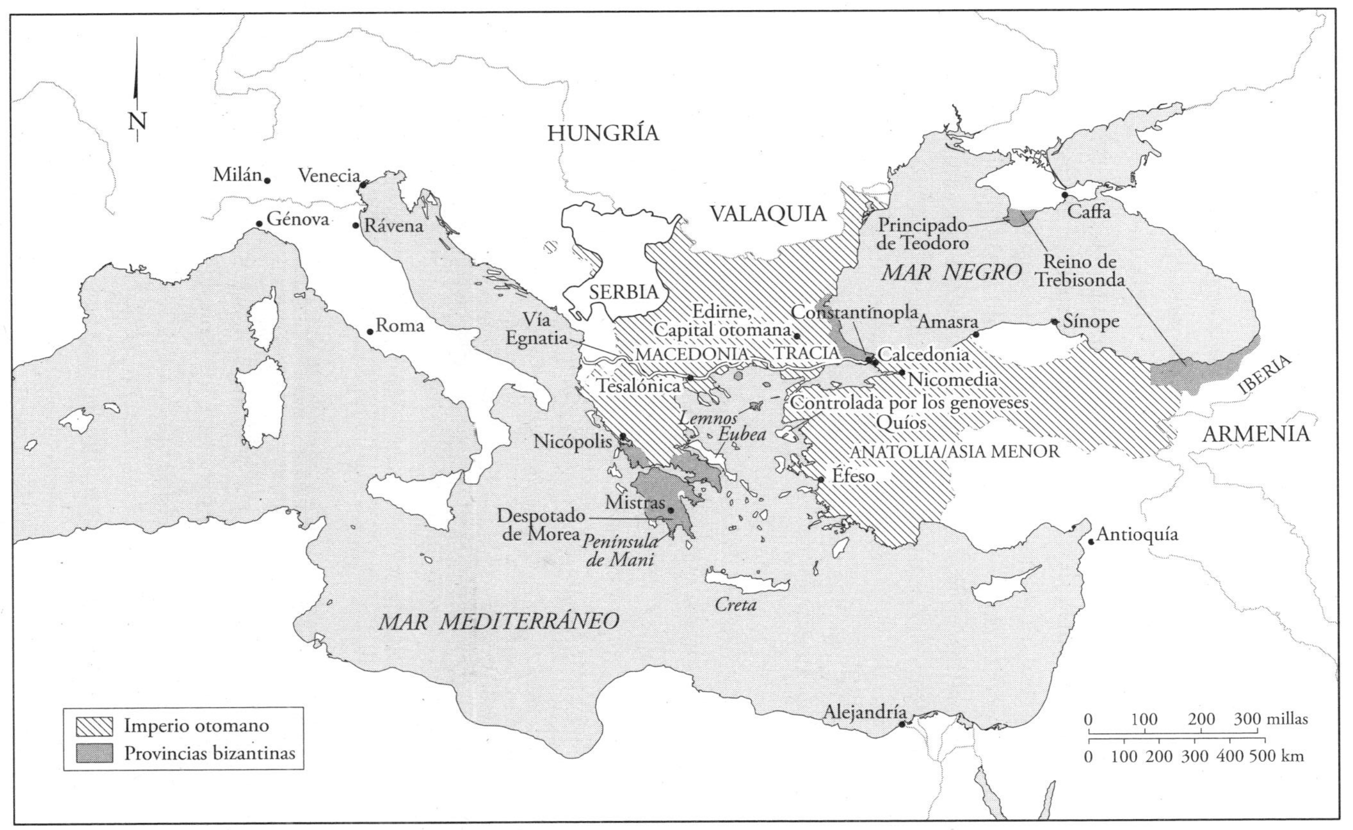

Los imperios bizantino y otomano en el siglo xv

causa de las discrepancias orientales sobre la teología agustiniana y la supremacía papal.[4]

Dado que el panorama en Asia era tan hostil como en la Europa occidental, ¿qué hizo el Imperio de Oriente que no pudo el de Occidente? ¿Qué había cambiado un milenio más tarde, en 1453? ¿Cómo el otrora irreductible Oriente acabó necesitando la salvación de un Occidente que resurgía tras siglos luchando por alzarse sobre las ruinas de su mitad imperial? Los historiadores, en su mayoría de Europa occidental y Estados Unidos, atribuyeron durante mucho tiempo la pervivencia de los bizantinos a la geografía y a las brillantes adaptaciones estructurales de Constantinopla a su entorno natural. Bryan Ward-Perkins, uno de los historiadores sobre la caída de Roma más dotados en la actualidad, se refirió a las causas geográficas de una forma un tanto reduccionista:

> El factor decisivo que pesó a favor de Oriente no fue el poder de sus ejércitos y su consiguiente éxito en la batalla, sino un único capricho de la geografía: una delgada franja de mar (el Bósforo, el mar de Mármara y los Dardanelos), de menos de setecientos metros de ancho en algunos lugares que separa Asia de Europa.[5]

La «delgada franja de mar» de Ward-Perkins no era tan estrecha en todas partes, dadas las vastas extensiones del mar Negro y el mar de Mármara. Lo que pretendía señalar era que tanto la entrada marítima septentrional hacia el mar Negro —el estrecho del Bósforo— como el pasillo meridional hacia el mar de Mármara —el paso del Helesponto o de los Dardanelos— eran cuellos de botella donde la flota de la ciudad podía bloquear a los asaltantes marítimos, los piratas y las flotas enemigas. Ambos estrechos —uno protegía a la ciudad desde el norte, el otro desde el sur— obstruían a los ejércitos invasores y podían defenderse desde tierra mucho más fácilmente que las capitales del Imperio occidental (Roma, luego Milán, después Rávena), que durante el siglo v no pudieron mantener alejados a sus enemigos del norte de Europa. En este sentido, el fracaso del masivo desembarco anfibio de los británicos en Galípoli en 1915-1916 (Primera Guerra Mundial) sigue recordándonos la práctica imposibilidad de desembarcar en los Dardanelos con la intención de marchar hacia Constantinopla.

En términos generales, Constantinopla estaba mejor ubicada para sobrevivir que la más antigua Roma. Por supuesto, la posición central de Roma en Italia, con un puerto en el mar Tirreno, le convino a la República, ocupada sobre todo en el Mediterráneo occidental, pero no le fue tan útil para dominar el vasto dominio imperial: unos tres millones de kilómetros cuadrados de extensión y setenta millones de habitantes, concentrados en gran medida en Oriente. Por el contrario, Constantinopla funcionó mucho mejor como pivote entre Oriente y Occidente, al menos al principio, cuando disponía de los medios para disuadir a los enemigos que pudieran atacar desde Anatolia y los Balcanes. Era raro que las invasiones contra la capital llegaran desde varias direcciones a la vez, debido bien a la diplomacia hábil y realista de Constantinopla, bien a su refinado ejército. Durante siglos, la ciudad estuvo preparada para enviar a sus ejércitos y armadas de este a oeste, y viceversa, para combatir las amenazas en un solo frente.

Además, las tribus que merodeaban por Europa central y oriental no eran pueblos navegantes. Les resultaba difícil atravesar el mar para cruzar al dominio asiático oriental. Del mismo modo, los invasores del este tendrían que lograr la supremacía marítima, incluso asaltar la propia Constantinopla, para acceder a la parte europea del imperio.

También era importante que la ciudad se ubicara en el nexo de las dos grandes calzadas que conectaban el oeste romano con sus provincias orientales. Constantinopla era la última parada de los más de mil cien kilómetros de Vía Egnatia proveniente de la costa adriática a través de Tesalónica. Asimismo, en Asia Menor, la ciudad también era el punto de partida de la ruta principal que unía Calcedonia y Nicomedia, dos importantes centros comerciales del imperio, a través de Anatolia.

En el 330 d. C., la economía del Imperio romano de Oriente se relacionaba mucho mejor con la riqueza natural de Asia y

Egipto de lo que nunca había logrado Roma; además, podía capitalizar el comercio entre Oriente y Occidente con más eficacia, tanto por tierra como por mar. A finales del periodo imperial, las provincias más ricas del antiguo imperio no eran Hispania ni la Galia, sino Asia Menor, Egipto y Siria; y Constantinopla estaba mucho mejor posicionada que Roma para poder comerciar o conquistar sus opulentas ciudades. Estaba unos ochocientos kilómetros más cerca que Roma de Alejandría o Éfeso, unos mil más cerca de Antioquía y algo menos de quinientos más cerca de Tesalónica. Aún más importante: hasta el comienzo de la navegación transatlántica, gran parte del comercio occidental procedente de lo que hoy es Rusia, Persia y lugares más al este, debía atravesar el mar Negro hasta Constantinopla. Los beneficios acumulados de estos nodos de riqueza comercial permitirían a la capital oriental no solo desplegar mejores ejércitos y construir fuertes y guarniciones, sino dividir a los enemigos potenciales sobornándolos con una generosidad casi ilimitada.[6]

Durante los siglos v y vi, historiadores y religiosos tanto orientales como occidentales debatieron sobre por qué Constantinopla había prosperado mientras que Roma, el centro del imperio, había sufrido ataques constantes hasta el colapso: en el 410 la saquearon los visigodos de Alarico; en el 455, el rey vándalo Genserico, y en el 472, por última vez, la coalición germánica de Ricimero.

Los historiadores eclesiásticos afirmaban que el paganismo y los cismas religiosos habían dividido y debilitado la cohesión y resolución militar romana de Occidente. Por el contrario, Oriente se consolidó con más rapidez alrededor de una religión estatal monolítica y un ejército unificado. El resultado fue un Oriente cristiano más optimista y sólido, convencido de que su piedad y ortodoxia habían conducido a éxitos terrenales y favorecido a sus fuerzas armadas. A su vez, esa confianza reforzó aún más su religiosidad.

Una de las diferencias más importantes entre la cristiandad oriental y la occidental fue la mayor identificación bizantina entre el Estado y la Iglesia, en contraste con Occidente. En Europa occidental, diversos reinos beligerantes competían por los favores de un papa cuasidivinizado. En una carta de 1393, Antonio, el patriarca de Constantinopla, dijo a Basilio I, gran príncipe de Moscú:

> Hijo mío, no es posible que los cristianos tengan una Iglesia y no tengan un imperio. Iglesia e imperio tienen una gran unidad y comunidad. No es posible que estén separados el uno del otro. Porque el santo emperador no es como otros soberanos ni como los gobernantes de otras regiones.[7]

Tales ventajas naturales, culturales y religiosas pueden explicar por qué la capital de Oriente permaneció en Constantinopla durante más de un milenio. Por el contrario, en el 286, los emperadores occidentales habían trasladado la capital de Roma a Mediolanum (Milán), a Constantinopla en el 330, y de nuevo a Rávena en el 402. A Occidente le resultó imposible mantener una capital efectiva cuando estos dos sustitutos en Italia dejaron de ser las ciudades preeminentes (económica o culturalmente) del imperio.

Para hacerse una idea de la relativa permanencia de Bizancio y su capital en Constantinopla, tengamos en cuenta que la ciudad y el imperio sobrevivieron casi cinco veces más que Estados Unidos hasta ahora. Tal longevidad también se debió a intangibles como la majestuosidad, belleza e incluso mística de la famosa ciudad de Constantinopla en el Bósforo, así como a la estabilidad fundacional de su Gobierno y su codificación legislativa. De hecho, todo lo que se relacionaba con la Constantinopla imperial exudaba un esplendor casi celestial durante sus primeros siglos; se ganó un milenio de envidia —y, a veces, odio— de sus pares occidentales, al tiempo que era el objeto de deseo, emulación y sueños de conquista de sus enemigos orientales.

A finales de la Antigüedad, el saber helénico anclado en Grecia, Egipto y Asia Menor había reafirmado su superioridad científica, matemática e ingeniera sobre su homólogo latino. A lo largo de la República y el Imperio romano tardío, los gigantes de la ciencia teórica y aplicada —como Galeno (Éfeso) y Posidonio (Apamea, Siria), o los alejandrinos Herón, Ptolomeo y Teón— provenían de fuera de Roma y escribieron en griego.[8]

Bizancio capitalizó este legado con pericia, y durante un milenio se estableció como el mejor centro de investigación científica del mundo mediterráneo. En cuanto a la tecnología militar, vital para la supervivencia del imperio, las tradiciones de la ingeniería y la ciencia helénicas produjeron armamento como el fuego griego, los lanzallamas presurizados, los trabuquetes de contrapeso y las granadas incendiarias de cerámica. Dicha tecnología fue esencial para garantizar la paridad militar de un imperio al que sus numerosos enemigos solían superar en número ampliamente.

Bajo el legendario emperador Justiniano el Grande (482-565), Constantinopla mantuvo su labor de codificación del derecho romano —que sentaría las bases de toda la jurisprudencia europea posterior— y fomentó un paraíso para la erudición, la investigación y la ciencia aplicada. Antemio de Trales e Isidoro de Mileto aplicaron su genio matemático para diseñar la gran catedral de Santa Sofía, que empequeñeció a todos los edificios religiosos de su época. Además, no toda la superioridad científica de Bizancio se debió al conocimiento y herencia helénicas. En el siglo VIII, la posición de la ciudad como puerta entre Oriente y Occidente la había convertido en una rica depositaria de algunas de las traducciones islámicas y judías más importantes de obras griegas perdidas, algo que no ocurrió ni con sus enemigos orientales ni con sus rivales occidentales.[9]

Durante el gobierno de Justiniano, de casi cuatro décadas (527-565), la ciudad había crecido hasta superar los quinientos mil habitantes. Era mayor que cualquier metrópoli del ya desaparecido Imperio Romano de Occidente. Ya en el siglo XII la ciudad podría haber superado los ochocientos mil habitantes. Constantinopla pronto se convirtió para el mundo antiguo en lo que fue Londres a principios del siglo XIX o Nueva York en el XX en términos de riqueza, población e influencia. La zona urbana cubría por sí sola unas trescientas hectáreas, aproximadamente el tamaño de la antigua Roma dentro de las murallas aurelianas. Santa Sofía, la enorme catedral de la Santa Sabiduría, terminada por Justiniano en 537, sería la iglesia más grande del mundo durante mil años —hasta la construcción de la catedral de Sevilla en el siglo XVI—, con la segunda cúpula de ladrillo más grande que existe. El foro de Teodosio era la plaza urbana más amplia del mundo antiguo.

El hipódromo también fue la mayor pista de carreras de su género, con capacidad para más de ochenta mil espectadores en su apogeo (treinta mil más que el Coliseo de Roma), y a menudo servía de escenario para concentraciones políticas. Las más de doscientas cisternas permitían almacenar una reserva de agua sin parangón en ninguna otra ciudad preindustrial. Una de las más grandes, la cisterna de Aecio, al aire libre (actualmente el emplazamiento de un campo de fútbol), contenía más de ciento cincuenta millones de litros de agua potable, la mayor parte transportada por una red de más de quinientos kilómetros de acueductos, que llegaban tan lejos como Tracia, a casi ciento cincuenta kilómetros.[10]

Constantinopla era todavía más célebre por sus magníficas fortificaciones, muy bien adaptadas a los límites naturales de la ciudad. El trazado de la capital, de forma triangular, protegía dos de sus lados gracias a formidables murallas marítimas, en algunos puntos casi incrustadas en los acantilados: al este, sobre el legendario estuario del Cuerno de Oro, y al sur, frente al mar de Mármara. Cualquier ataque por mar exigía una importante superioridad naval, lo que fue imposible para cualquier enemigo durante la mayor parte de la vida de la ciudad, al menos hasta el ataque de la Cuarta Cruzada, cuando los venecianos, que ya dominaban el mar, abrieron una brecha en una pequeña sección de la muralla marítima para entrar desde el Cuerno de Oro.[11]

El tercer lado, protegido por la muralla terrestre —de unos cinco kilómetros y medio, y orientada hacia el oeste—, se suponía el lugar más vulnerable al ataque y, por tanto, era el tramo mejor fortificado de todo el perímetro de veinte kilómetros. Hasta el último asalto otomano, ningún atacante había podido franquear las conocidas como murallas teodosianas. No había ningún otro ejemplo de fortificación antigua o moderna de un baluarte tripartito tan inexpugnable: foso y terraplén, terraza y muralla exterior, y una segunda terraza y la muralla interior.[12]

Tras la reconstrucción y ampliación del recinto constantiniano por el emperador Teodosio II (401-450), la mayoría de los invasores admitieron, durante casi un milenio, que atacar la ciudad por tierra era inútil, aunque la alternativa de asaltar los riscos de la ciudad y la única muralla marítima erigida sobre ellos también parecía imposible, al menos si las fortificaciones contaban con la dotación y el mantenimiento adecuados.

Las murallas terrestres teodosianas no solo eran invulnerables, sino que se habían concebido como trampas mortales para cualquier atacante lo bastante insensato como para asaltar la ciudad por tierra. Estaban pensadas como un intrincado sistema en el que murallas exteriores e interiores, terrazas, torres y foso actuaban en conjunto para atrapar, paralizar y destruir a los posibles sitiadores. En caso de que se atravesaran el foso y la muralla exterior, los defensores estaban entrenados para retirarse en orden desde la muralla exterior hasta las puertas de la muralla interior a través de la terraza intermedia, sin permitir la entrada del enemigo.[13]

La muralla interior estaba reforzada por noventa y seis torres; en algunas secciones estas torres se elevaban hasta veinte metros. Los muros, de bloques de piedra caliza y el interior relleno de ladrillo, podían alcanzar cuatro metros de grosor, y en muchos lugares se erigían hasta doce metros sobre el nivel de la ciudad.

La muralla exterior, aunque menos imponente, también sobrecogía: su anchura era de dos metros aproximadamente y podía alzarse hasta los nueve metros de altura en algunos lugares. Debajo había otra terraza exterior pavimentada con piedra, cuya extensión dejaba descubiertos a los atacantes, al tiempo que servía de línea de retirada o avance para las tropas que habían partido de una primera línea de defensa más allá de la muralla exterior. Por último, el foso exterior, de unos veinte metros de ancho y siete de profundidad en algunos puntos, estaba protegido por un amplio terraplén en la orilla más alejada, con un murete en su lado interior. No era de extrañar que ningún atacante hubiera logrado traspasar las murallas exteriores o interiores.[14]

Sin embargo, estas fortificaciones tan bien diseñadas adolecían de dos vulnerabilidades. En primer lugar y sobre todo a lo largo de las diversas puertas de la muralla terrestre, un complejo de estas dimensiones requería un mantenimiento constante; el problema era que en el Imperio tardío, ya asediado, a veces fue imposible afrontar la inversión necesaria. En segundo lugar, para que las murallas funcionaran tal y como se habían diseñado, se necesitaban defensores suficientes para guarnecer a la vez tanto la muralla interior —más alta— como la muralla exterior —más baja—. En 1453, los terremotos, los asaltos y el envejecimiento natural de las piedras milenarias habían abierto fisuras que requerían aún más defensores. La capital bizantina de Constantinopla en el siglo xv era como un terrateniente inglés de recursos limitados que hereda una mansión majestuosa, pero envejecida, y sin el capital ni los ingresos necesarios para mantener su magnificencia.

La escasez de efectivos obligó a los insuficientes defensores de la ciudad a elegir entre posicionar fuerzas limitadas en la muralla exterior, más pequeña, para detener a todos los atacantes, o ceder al enemigo el foso y la muralla exterior con la esperanza de concentrar a los defensores en la muralla interior, más alta y defendible, pero última fortificación entre el enemigo y la población.

Como veremos, es posible que Constantino xi y sus aliados genoveses y venecianos no desearan conceder ninguna entrada o cobertura a los otomanos, y que por ello guarecieran solo la muralla exterior en la mayoría de los lugares. Quizá prefirieron mantener la posibilidad de emprender salidas desde la muralla exterior hacia los campamentos turcos. En retrospectiva, tal vez habría sido más sensato reunir las pocas fuerzas disponibles en el muro interior, más alto y defendible. Un testigo del asedio, Leonardo de Quíos, estaba seguro de que había sido un error apostar a los defensores en la muralla exterior. Alegó que el error se debió a la dejadez de los emperadores, que no habían mantenido ni reparado la muralla interior, o a una confianza poco razonable en las defensas de la muralla exterior, gracias a las cuales los bizantinos habían repelido un asedio otomano en 1422. Esa eficaz resistencia pudo insinuar a los defensores de 1453 que la defensa podría tener éxito del mismo modo, a pesar de contar con menos recursos contra más atacantes.[15]

A medida que el Imperio occidental se derrumbaba, los romanos orientales se dieron cuenta de que, si su capital perduraba, también lo haría su imperio. La inmensidad de las murallas, al igual que los edificios icónicos de la ciudad, se diseñaron para mostrar a amigos y aliados que Constantinopla era un símbolo perdurable de la *romanitas,* tanto secular como religiosa, y que siempre valdría la pena defenderla. Dada la destrucción final de Constantinopla, a menudo es habitual referirse a «Bizancio» y «decadencia» como si fueran sinónimos. Sin embargo, ninguna civilización muestra síntomas de «decadencia» en sus inicios, y mucho menos «declina» durante más de un milenio. Tampoco la burocracia «bizantina» de Constantinopla era más complicada, corrupta o conspirativa que sus equivalentes en Occidente.

«Bizantino» como adjetivo peyorativo parece haber surgido en el uso moderno de la lengua inglesa en el siglo xx. Tal vez se inspiró en las caricaturas y estereotipos generales de los bizantinos en las historias de Edward Gibbon («un relato simple y tedioso de miseria y monotonía») y del reputado filósofo alemán Georg Hegel («una serie milenaria de crímenes ininterrumpidos, debilidades, bajezas y falta de carácter, un cuadro de lo más repulsivo y, en consecuencia, de lo más carente de interés»). Es posible que ambos se tomaran demasiado en serio la muy leída e influyente *Historia secreta* de Procopio, del siglo vi, una crónica escabrosa sobre las desviaciones sexuales y otros excesos en la corte de Justiniano. Sin embargo, es más probable que el comportamiento del imperio estereotipado como «bizantino» refleje la necesidad de intriga, espionaje, sigilo y conspiraciones como complementos del poder, dado que Constantinopla no disponía de los efectivos ni de la riqueza suficiente para derrotar de manera decisiva y permanente a tantos enemigos hostiles y poderosos. Así las cosas, prefirieron imaginar el Imperio romano de Oriente como un sistema de gobierno religioso, cuya cultura y civilización dinámicas contrarrestaron a menudo a la gran cantidad de enemigos existenciales a los que tuvo que enfrentarse.[16]

Constantinopla se enfrentó a tres vulnerabilidades constantes que luchó por superar: la desunión religiosa con el Occidente católico, los sucesivos conflictos con las potencias islámicas y las dificultades logísticas y sanitarias propias de una ciudad tan enorme.

Tras el Gran Cisma del 1054, y durante los cuatrocientos años siguientes, los cristianos bizantinos y occidentales nunca fueron capaces de reunirse de manera firme, al menos en el sentido formal de una unión de grandes gobernantes y élites religiosas. Ni siquiera pudieron ponerse de acuerdo de forma más o menos permanente contra el islam, un enemigo común cada vez más fuerte. Ese cisma religioso no pudo quedar al margen de las cuestiones políticas. Tal discordia ayuda a explicar tanto la catastrófica Cuarta Cruzada (1204) como el sucesivo y desastroso secuestro franco-veneciano de gran parte del Imperio bizantino.

En algunas regiones del reino perdido, la *francocracia* y la *venetocracia* subsiguientes abarcaron casi seis siglos de absorción de ricas provincias bizantinas por parte de Europa occidental, sobre todo por los francos y los venecianos. La división entre Oriente y Occidente siguió manifestándose en la relativa indiferencia ante las crecientes vulnerabilidades de Constantinopla para enfrentarse al gigante otomano durante el siglo xv. La tensión ilustra la falta de gratitud tanto por el papel de Bizancio como escudo contra Oriente como por su influencia seminal en el Renacimiento en ciernes, ya que cientos de eruditos griegos buscaron refugio en Italia, huyendo de la conquista otomana con sus miles de manuscritos a cuestas. Tal escisión contribuye a explicar por qué el sultán contaba con miles de europeos cristianos en 1453, ya fuera como súbditos coaccionados, como oportunistas que sacaban provecho de la división o como —también los hubo— enemigos de la ortodoxia. Solo durante los últimos meses antes del asedio hubo esfuerzos desesperados, pero infructuosos, por unir a las iglesias cristianas orientales y occidentales y organizar una defensa común con la ayuda de Occidente. En teoría existía un acuerdo de unificación, pero pocos lo acataron, y fueron todavía menos quienes enviaron ayuda a los asediados.[17]

Además, tras la traumática pérdida del Levante bizantino, el Magreb y Egipto a manos de diversas fuerzas musulmanas durante el siglo VII, los bizantinos se sumieron en un ciclo casi constante de guerra, estancamiento, tregua y renovada hostilidad con los dominios islámicos. Los incesantes combates ocurrieron ya ante los propios muros de Constantinopla, ya en lo más alejado de Anatolia, Armenia, los Balcanes y Oriente Próximo. Dado el éxito del proselitismo islámico y el consiguiente desarrollo popular de su fe, así como las debilidades demográficas de los bizantinos, Constantinopla, en el mejor de los casos, aprendió a dividir a sus enemigos islámicos para mitigar la amenaza oriental. Sin embargo, y pese a todos sus esfuerzos, nunca fue capaz de neutralizarla; al menos, no de la forma en que había tratado a los peligrosos y beligerantes enemigos persas y vándalos en el pasado.

Oriente siguió siendo peligroso para el Imperio bizantino durante un milenio, pero el islam se convirtió en una fuerza capaz de agravar sus vulnerabilidades intrínsecas después del siglo VII. Esta vigilancia perpetua contra una religión entusiasta y ecuménica, que podía unir a los enemigos más dispares, explica por qué gran parte de los recursos económicos y humanos bizantinos se invirtieron en el reclutamiento y despliegue de tropas, en tecnología militar, fortificaciones y en la contratación de mercenarios, y por qué durante los últimos doscientos años la ciudad había perdido tierras de cultivo productivas —que además pagaban tributos— y centros mercantiles en favor de los otomanos en Anatolia, el Egeo y Europa oriental. El desafío islámico empezó a ser mucho más peligroso entre los siglos X-XII, con la llegada a Anatolia de las tribus turcas selyúcidas; las anteriores invasiones islámicas no se habían instalado tan cerca de la capital, sino más lejos, en el Oriente Próximo árabe y el Magreb.[18]

Si los occidentales podían presumir de que el Renacimiento europeo surgió de la edad oscura y medieval posromana para superar el brillo de una Constantinopla milenaria que parecía fosilizada y monótona, los bizantinos podrían haber replicado que, después del siglo VII, su incansable labor para retrasar la expansión islámica garantizó a Europa cierta seguridad para su renacimiento tras la calamitosa caída de Roma.

Por último, en momentos críticos de la larga historia de Bizancio, el imperio se contrajo hasta ocupar no mucho más que la ciudad y sus suburbios, aunque solo fuera por un tiempo, cuando una incursión enemiga atravesaba las defensas fronterizas y se acercaba a las murallas teodosianas. En esos momentos, el número de residentes y refugiados dentro de las murallas podía ascender a casi un millón de personas. Incluso en tiempos de paz, el sustento de la enorme población de la ciudad dependía de las importaciones de grano de todo el imperio; mientras, sus funcionarios debían mantener la capacidad y seguridad de sus acueductos y cisternas, por vastos que fueran, para garantizar agua potable suficiente.

La oportuna ubicación de Constantinopla como nexo de los viajes por mar y tierra y del comercio entre Asia y Europa tenía, sin embargo, inconvenientes para la salud pública. La naturaleza cosmopolita de sus mercaderes, comerciantes y marineros, de multitud de etnias y procedencias, actuó como una especie de placa de Petri urbana, de modo que la ciudad era mucho más vulnerable que sus numerosos enemigos a brotes de enfermedades mortales, incluso a los más lejanos.

En su época se creyó que la gran peste bubónica de Justiniano (541-549) llegó en barcos cerealeros desde Egipto, y puede que también entrara simultáneamente en las naves mercantes de Asia Central a través del mar Negro. La enfermedad, transmitida por las pulgas, pudo matar al cuarenta por ciento de la población bizantina. El número de muertos aumentó trágicamente al tiempo que el emperador Justiniano —que estuvo a punto de morir de peste— se enfrascaba en la reconquista el Imperio de Occidente retomando el Magreb, Sicilia y gran parte de Italia, durante tres décadas de guerras emprendidas por sus soberbios generales Belisario y Narsés. La pandemia, que pudo matar a entre cinco y diez mil personas al día en Constantinopla, probablemente le costó al imperio, escaso de recursos humanos, más de un millón de vidas. La pandemia truncó abruptamente el sueño de recuperar las provincias occidentales del Imperio Romano en la Galia e Hispania: la enfermedad arrasó la ciudad, el campo y los ejércitos bizantinos en campaña.[19]

Aún más graves fueron los brotes que diezmaron la ciudad ochocientos años después, en 1347, durante una época catastrófica en Europa Occidental a causa de la peste negra. Una vez más, es posible que la peste matara en pocos años a más de la mitad de la población de Constantinopla, que ya nunca recuperaría su tamaño. Al menos diez oleadas de peste bubónica se extendieron por todo el imperio a lo largo de las décadas siguientes. Golpearon con especial dureza la Tesalónica bizantina y las islas de Lemnos, Eubea y Creta, así como Trebisonda y zonas del Peloponeso.[20]

Por supuesto, las pandemias también afectaron a los enemigos de Bizancio, pero los brotes fueron mucho más devastadores para los bizantinos que para los otomanos y otros pueblos. Bizancio tenía una base demográfica mucho más pequeña y vulnerable, dependía del comercio marítimo lejano —que facilitaba las constantes reinfecciones— y sus grandes ciudades, como Constantinopla y Salónica, se abigarraban en estrechas callejuelas. Por su parte, las ciudades de la Anatolia turca solían ser más pequeñas que las europeas, tenían más población rural y sus tierras eran menos concurridas por viajeros y mercaderes de todo el mundo.

Cuando los sitiadores del sultán Mehmed II llegaron a principios de abril de 1453, la antaño bulliciosa ciudad de medio millón de habitantes se había reducido a unos cincuenta mil. La mengua se debió a la peste del siglo anterior y al éxodo masivo de ciudadanos atemorizados, que se desplazaron bien hacia la pretendida seguridad del campo, bien hacia el oeste, a las islas mediterráneas y Europa. La mayoría de los griegos que permanecieron en esas tierras tomadas por los otomanos bien se habían convertido al islam a la fuerza, bien residían como ortodoxos de segunda clase en la Anatolia musulmana, bien se habían casado con la población turca y se habían asimilado completamente, al menos desde el punto de vista lingüístico y religioso.[21]

Durante gran parte de la existencia del Imperio bizantino, todos estos retos iban apareciendo de tiempo en tiempo, y los bizantinos podían manejarlos porque no solían coincidir varios o todos a la vez. Sin embargo, durante las últimas décadas de la ciudad, los peligros se concentraron de forma letal y se multiplicaron por una serie de guerras civiles dinásticas a principios del siglo XIV, que duraron décadas. Antes de 1453, gran parte de la historia reciente de Bizancio implicó disensiones religiosas y políticas, traiciones o ataques ocasionales por parte de Occidente, una erosión incesante del territorio imperial tanto europeo como asiático y una confrontación un tanto solitaria con un rival otomano maduro y fuerte.[22]

Ante tales peligros, y debido a sus limitados recursos, el milenio de supervivencia del imperio dependió de una estrategia pragmática, pero efectiva. Constantinopla sabía que los enemigos solían contar con muchos más recursos humanos y que estaban más empeñados en destruir a los bizantinos que estos en guerrear con sus enemigos. Al margen de su brillantez tecnológica y de la excelencia de sus comandantes, en última instancia la supervivencia del imperio dependía de su hábil diplomacia. Bizancio evitó cuidadosamente las largas campañas de desgaste. Mantuvo la disuasión mediante una constante vigilancia preventiva y evitando movilizaciones totales.[23]

La *realpolitik* bizantina se caracterizó por garantizar ante todo la seguridad de la capital manteniendo las murallas marítimas y la compleja muralla teodosiana, reparándolas y guarneciéndolas adecuadamente, sobre todo durante los siglos XIII y XIV, a medida que las fronteras del imperio retrocedían hasta casi los alrededores inmediatos de la ciudad. Siempre que fue posible, se evitaron las guerras permanentes mediante el dinamismo incesante de alianzas sin perder la disuasión. Se evitaban los compromisos militares con pocas posibilidades de un resultado decisivo. El ejército estaba persuadido de que era la herramienta de Dios y de la Iglesia, de que estaba rodeado de enemigos de diferentes credos y ascendencias diferentes a las griegas y de que su principal misión era defenderse de infieles empeñados en acabar con un poderoso imperio cristiano en Asia Menor y Siria.[24]

Además, los bizantinos concertaron hábiles matrimonios dinásticos con monarquías anatolias y balcánicas, ya fueran hostiles o aliadas. Por ejemplo, el dos veces viudo Constantino XI buscó con ahínco una tercera unión dinástica conveniente durante los años previos al asedio. Por lo demás, contaban con los sobornos y los tributos para disuadir a sus enemigos más poderosos. A pesar del papel de Bizancio como adelantada cultural y religiosa de la *romanitas* y el cristianismo, no tenía amigos ni enemigos permanentes; solo había intereses circunstanciales para el imperio. Para evitar las guerras desfavorables, Constantinopla siempre estaba dispuesta a negociar y aliarse temporalmente con árabes, búlgaros, genoveses, otomanos, persas, rusos, serbios y venecianos, de tal manera que los viejos amigos se convertían repentinamente en nuevos enemigos y viceversa.

Al margen de las habilidades diplomáticas de Bizancio, desde Julio César ningún ejército antiguo había desplegado fuerzas tan diversas, bien entrenadas y especializadas. Se conservan varios manuales militares bizantinos que detallan el armamento, la teoría estratégica, el reclutamiento y la logística. La imagen que se desprende de estos tratados y de los relatos de los historiadores de la época es una fuerza de respuesta rápida muy bien entrenada y compuesta por contingentes especializados. El *Strategikon* del emperador Mauricio (491-518), su adaptación y expansión en la *Tactica* del emperador León VI (895-908) y otras docenas de manuales —a menudo basados en estrategas militares griegos de la época imperial romana, como Eliano el Táctico, Flavio Arriano y Onasandro— revelan un enfoque científico de la guerra que hacía hincapié en el armamento de última generación, la disciplina estricta y la logística para compensar las desventajas crónicas derivadas de la falta de recursos humanos y las campañas distantes de la capital.[25]

En sus mejores tiempos, el corazón del ejército bizantino había sido su infantería pesada, herencia tanto de la tradición hoplita helénica como de la legión romana. Los soldados a pie iban equipados con lanzas de unos tres metros o más, espadas como armamento secundario, pesadas armaduras de malla y escudos de madera en forma ovalada o de cometa. A menudo se disponían en formación cerrada y avanzaban como lo habría hecho una falange, tal y como se refleja en los manuales bizantinos derivados de los tácticos helenísticos y romanos que escriben sobre los desafíos de los antiguos falangitas macedonios. Solían tener los flancos cubiertos por escaramuzadores con armas ligeras —lanzadores de jabalina o arqueros— y contingentes de caballería, tanto ligera como pesada.

La caballería pesada se desarrolló hasta la forma de catafracto bizantino, que a menudo infundía terror entre los enemigos del imperio. Estos lanceros acorazados montaban grandes caballos de guerra protegidos con gruesas armaduras de tela. Como tropas de choque, su misión era explotar fisuras en la línea enemiga o flanquear una línea de batalla rival. A menudo, los catafractos cargaban de frente contra adversarios menos protegidos y, si estaban protegidos en los flancos, eran imparables cuando abatían a los enemigos en retirada. En cambio, la caballería ligera se utilizaba como escaramuzadores y para perseguir a los derrotados. Solían vestir cotas de malla más ligeras y estaban armados con jabalinas, espadas, hachas o arcos. En Anatolia, los bizantinos alistaron *akritoi,* normalmente griegos que vivían a lo largo de la frontera del imperio y que se unían al ejército regular en campañas regionales. Como milicia ligera, hacían de escaramuzadores armados con arcos y jabalinas.[26]

Las vanguardias enemigas que acabaron por derrotar a los bizantinos aparecieron hacia el siglo XI, con llegada de las tribus turcas a las fronteras de Anatolia. El primero de estos grupos turcos fueron los selyúcidas, que infligieron una derrota tan significativa como devastadora a los bizantinos en la batalla de Manzikert (1071), al este de la actual Turquía. La catástrofe supuso la captura del emperador Romano IV, el colapso general de todo un ejército bizantino, una guerra civil posterior y la pérdida definitiva de gran parte de Anatolia.

Originalmente, los selyúcidas habían sido una de las muchas tribus nómadas islámicas de Asia Central que a partir de ese siglo arrasaron Anatolia, expulsaron a las dinastías controladas por los árabes y poco después de Manzikert comenzaron a tomar gran parte del antiguo bizantino en Asia Menor y Oriente Próximo, al menos hasta su absorción por los aún más formidables —y afines— turcos otomanos del siglo XIII y su evolución hacia ellos.

Los otomanos supusieron un desafío al poder bizantino como no se había visto en siglos anteriores: unieron a distintos enemigos de Constantinopla bajo su creciente soberanía islámica y, al mismo tiempo, recurrían a las armas y la tecnología europeas como no lo habían hecho los anteriores enemigos orientales. Los sultanes otomanos, quizá incluso más pragmáticos que los emperadores bizantinos posteriores, adoptaron políticas ecuménicas como permitir a los cristianos y judíos subyugados vivir con relativa seguridad bajo las leyes islámicas mientras aceptaran un estatus social inferior, mayores impuestos y la sujeción a las levas del *devşirme* (reclutamiento forzoso de jóvenes cristianos) y el harén. La desgracia de Bizancio fue sufrir el saqueo de la Cuarta Cruzada, la peste y las guerras civiles dinásticas justo cuando el desafío de los otomanos y su esfuerzo por conquistar la mayor parte de lo que quedaba de su territorio imperial en Anatolia se hacía mucho más peligroso.[27]

No obstante, la relación de los otomanos con su supuesto archienemigo era un tanto ambigua, ya que no vacilaban en tomar prestados los diseños navales bizantinos y, a través de Constantinopla, la metalurgia, la balística y la ingeniería. Incluso se les concedieron enclaves mercantiles dentro de Constantinopla a los turcos para aprovechar los vínculos de la ciudad con los comerciantes italianos.

Durante los dos últimos siglos antes de la conquista de la ciudad, la dicotomía Oriente-Occidente y musulmanes-cristianos se complicó aún más. Muchas comunidades cristianas conquistadas en el Levante y Anatolia afirmaron que bajo el sultán gozaban de un Gobierno y unos impuestos más ligeros que con los emperadores anteriores. Es posible que algunos judíos se sintieran menos perseguidos en las comunidades otomanas que en las controladas por los cristianos. De hecho, muchos refugiados judíos provenientes de la España inquisitorial huirían más tarde a la Constantinopla islámica. Genoveses y venecianos disfrutaban de concesiones tanto en la propia ciudad como en sus suburbios al otro lado del Cuerno de Oro, otorgadas tanto por los otomanos como por los bizantinos, y casi parecían favorecer a los primeros sobre los segundos.

Al igual que los árabes mucho antes, los otomanos de los siglos XIV y XV seguían obsesionados con Constantinopla, o lo que ellos denominaban la «manzana roja», el objetivo final de las conquistas asiáticas. Creían que estaban predestinados a heredar la gloriosa ciudad, cuyo nombre griego transliterado conservarían hasta 1923. La belleza y la historia de la capital hipnotizaron a los otomanos incluso mientras se enfurecían por el hecho de que un pueblo tan supuestamente débil como el de los últimos bizantinos siguiera disfrutando de semejante emporio.

El padre de Mehmed el Conquistador, Murad II, había renunciado en 1422 a asaltar Constantinopla tras un costoso asedio, cuando sus rivales dinásticos amenazaron con destronarlo. Además, aunque seguía siendo más o menos inexpugnable, Murad consideró que Constantinopla cada vez dependía más de los otomanos y, en lugar de organizar otro asedio, adoptó una estrategia de estrangulamiento a largo plazo. Tras un análisis de costes y beneficios, Murad apostó a que esta ventana comprometida hacia Occidente aportaba beneficios al Imperio otomano, era un preciado conducto de conocimientos y ya no suponía un serio obstáculo para la expansión del Imperio islámico hacia el oeste. La toma de la ciudad en una fecha conveniente para los otomanos parecía asegurada por su declive continuado.

A lo largo del siglo xv, una cuestión habitual en el seno del cristianismo fue el creciente temor al turco, que superaba a todos los demás enemigos de Europa y Asia. Parte de la aprensión puede explicarse con facilidad por el rápido avance de los otomanos y su aparente intención de conquistar y convertir toda Europa oriental antes de proseguir hacia gran parte de la actual Europa central y occidental. Sin embargo, lo más importante es que los otomanos tenían fama de ser muy crueles tanto en la batalla como, sobre todo, después de la victoria, aunque muchos historiadores señalan que en 1453 no eran más salvajes que los victoriosos cristianos —francos y venecianos— que habían saqueado Constantinopla en 1204 durante la desgraciada Cuarta Cruzada.

No obstante, la horrible derrota de los cruzados occidentales en Nicópolis (1396) y las humillantes pérdidas en Varna (1444) y en la segunda batalla de Kosovo (1448) costaron a los europeos entre cuarenta y cinco mil y sesenta mil muertos. Estos descalabros consecutivos acabaron con las suposiciones de que los políglotas cruzados europeos aún poseían la unidad religiosa, la cohesión étnica, la tecnología superior y los recursos humanos suficientes para oponerse al avance otomano. Tras el infame desastre de Nicópolis, casi todos los europeos capturados fueron decapitados o mutilados sistemáticamente, o murieron durante las marchas forzadas de regreso a territorio otomano. Estas tres humillantes derrotas, las horribles pérdidas sufridas y el salvaje trato dado a los prisioneros y a los rezagados traumatizaron a los europeos y, en general, acabaron con la idea secular de emprender nuevas cruzadas... justo en vísperas del asedio de Constantinopla.[28]

Sin embargo, no fue solo la crueldad y la ferocidad de los otomanos lo que los convirtió en objeto de odio y espanto en las mentes de sus enemigos cristianos. Al menos una parte del miedo se debía a diversas instituciones otomanas que parecían ajenas a los europeos, cuando no irreales, y que pretendían tanto infundir horror como amplificar la destreza militar. De hecho, el turco causó en los cruzados el mismo espanto que el sacrificio religioso y el desmembramiento ceremonial aztecas despertarían más tarde en los, por lo demás, inquebrantables conquistadores españoles.

Tomemos como ejemplo el *devşirme,* el reclutamiento forzoso para el servicio diplomático y militar otomano de los hijos pequeños (de seis a catorce años) de los cristianos conquistados, en su mayoría de los Balcanes y Grecia. Desde la perspectiva turca, había varias razones —ya sombrías, ya pragmáticas— para esta extraña práctica. El Gobierno turco carecía de los recursos humanos necesarios para abrirse paso hacia Europa occidental. El reclutamiento forzoso de los súbditos conquistados a una edad temprana ayudó a resolver ese problema, aunque de una forma temible. Las comunidades cristianas conquistadas odiaban profundamente el *devşirme,* a pesar de que los otomanos tuvieron cuidado de no secuestrar a más de un niño por familia. Además, recordaban a sus parientes que, gracias a la inmersión en la doctrina islámica y a su formación militar y burocrática, sus hijos podrían figurar entre los más altos cargos del ejército y del Gobierno, cuyas élites comprendían una parte de conversos forzados europeos. Tampoco está del todo claro que los niños olvidaran su filiación cristiana para siempre. Los que eran reclutados a la fuerza durante su adolescencia tardía como jenízaros y burócratas a veces trataban de ayudar a sus antiguos pueblos y familias cristianas.

———————

Muchos de los grandes visires que dirigían los asuntos cotidianos del imperio habían nacido en Europa. La mayoría de los principales lugartenientes de Mehmed II durante el asedio eran de ascendencia europea. El almirante de la armada otomana durante el ataque, el beg Süleyman Baltoğlu, había sido reclutado como prisionero de guerra búlgaro. El incendiario Zağanos Pachá, el más firme en aconsejar al sultán que no abandonara el asedio, era un albanés a quien habían esclavizado mediante el *devşirme*. El secretario y diplomático personal del sultán, Demetrios Apokaukos («Kyritzes»), era griego. El propio Mehmed II era de linaje cristiano medio europeo a través de su madre Hüma Hatun, la concubina del harén de su padre, el sultán Murad II. Se decía de ella que era de origen italiano, judío, serbio o griego.[29]

Los sultanes otomanos encontraron varias ventajas en el ascenso de los niños europeos cristianos a las más altas esferas del Estado otomano. Estos conversos podían frenar el poder de los clanes de nobles turcos y su amenaza al monopolio de la violencia del sultán. Adoctrinados desde la infancia tanto en la fe islámica como en la fidelidad al sultán, a menudo los huérfanos de la *devşirme* demostraron ser los súbditos más leales y fanáticos de los otomanos, sobre todo porque constituían la gran mayoría del temido cuerpo de jenízaros. De hecho, entre los súbditos turcos del sultanato de Mehmed crecía la ira y los celos por los puestos y cargos de élite reservados a los conversos europeos. También molestaba a muchos militares el estatus de los jenízaros, en su mayoría nacidos en el extranjero, superior al de los contingentes turcos nativos.

La presencia de tantos antiguos cristianos en los niveles más altos de la burocracia y el ejército también tuvo un efecto perturbador sobre sus enemigos, para quienes, además, supuso un posible aliciente para que reconsideraran sus lealtades, dadas las evidentes manifestaciones de la meritocracia otomana. Dado que los visires, embajadores, consejeros, generales y almirantes de origen cristiano no tenían padrinos ni familiares otomanos poderosos, a menudo sus ascensos se debían al talento y al hecho de que no albergaban lealtades hacia clanes turcos concretos, sino que reconocían que sus existencias solo dependían de su continua labor con el sultán.[30]

Los súbditos cristianos que se rebelaban contra la dominación otomana solían sentirse intimidados por la aparición de los formidables jenízaros, de aspecto europeo y cristiano, pero entre los más feroces asesinos al servicio del sultán. Puede que formalmente fueran esclavos, pero era habitual que gozaran de privilegios muy superiores a los de la mayoría de los súbditos turcos, y tanto su acuartelamiento como su forma de vida estaban al margen del resto. En teoría, los jenízaros eran similares a la guardia pretoriana romana que había protegido al emperador, o quizá a la propia guardia varega de los bizantinos, una fuerza mercenaria de élite «bárbara» reclutada en el norte de Europa y Escandinavia, que blandía hachas y que en el momento del asedio de 1453 ya había desaparecido.[31]

Los jenízaros, ataviados con turbantes rojos, contribuían al mito de su aterradora reputación cargando en batalla entonando una cacofónica melodía de castañuelas, trompetas, tambores y panderos. Fueron las primeras tropas otomanas equipadas con armas de fuego y tenían fama de no dejar a ninguno de sus muertos en el campo de batalla. Los jenízaros constituyeron la tercera y última oleada de asaltantes turcos el 29 de mayo de 1453, y fueron los primeros en irrumpir en la ciudad, a pesar de sufrir una terrible lluvia de piedras y flechas desde las murallas.[32]

Otros niños cristianos cautivos fueron castrados y enviados al harén como eunucos, junto con las niñas. Dentro del harén se daba la misma combinación, tan extraña, de salvajismo y seducción, dado que el Gobierno otomano ecuménico pretendía tratar de forma similar a los musulmanes de todas las etnias. Siempre era posible que un varón cristiano —cautivo y converso— llegara a destacar en el harén, ya fuera como consorte de la aristocracia o vinculado al propio sultán. Las concubinas nacidas cristianas más afortunadas podían convertirse en madres de futuros sultanes. De hecho, los propios sultanes solían concebirse en el harén. No era raro que el aspirante a sucesor del sultán asegurara su ascenso al poder liquidando a decenas de sus hermanastros junto con sus madres, pero honrando y enalteciendo a su propia madre, que muchas veces era europea.

Por lo general, la madre del sultán se convertía en la jefa del harén: tenía poder para concertar matrimonios dinásticos, influir en las emancipaciones y acabar con las conspiraciones. Curiosamente, durante gran parte del periodo expansivo de la historia otomana, unos tres sultanes de cada cuatro tenían madres de ascendencia europea. Hay pruebas de que esa influencia matrilineal redujo parcialmente las guerras de los sultanes contra los Estados cristianos europeos. En cualquier caso, la extraña idea de que los otomanos estaban librando una guerra santa contra la cristiandad, encabezada en el campo de batalla por niños nacidos cristianos junto con griegos otomanos asimilados, comandados a menudo por un gran visir nacido en Europa y dirigidos por un sultán de madre europea, aterraba tanto a sus enemigos europeos como a la destreza militar turca.[33]

En la década de 1400, Constantinopla ya no era un imperio, sino una comercial cuya destrucción parecía tan poco rentable como innecesaria incluso a sus enemigos. Además, ningún ejército islámico había descubierto aún cómo asaltar las vastas murallas teodosianas, y mucho menos cómo abordar un ataque anfibio a las murallas marítimas sobre el Bósforo y el Cuerno de Oro. De esta forma, la Constantinopla de los últimos años fue análoga a la Cartago de la tercera guerra púnica. También era un imperio antaño inmenso apenas reducido a su capital; un objetivo condenado durante décadas, abandonado a sí mismo porque el coste de un penoso asedio no merecía la pena, ya que las enormes murallas imposibilitaban un asalto casi por completo.

El nuevo emperador bizantino, acertadamente llamado Constantino XI, había nacido en Constantinopla. A los diecisiete años fue testigo del asedio fallido del padre de Mehmed, Murad II, en 1422. Como antiguo déspota de Morea —provincia bizantina del Peloponeso—, Constantino había liberado la mayor parte de la provincia de las incursiones otomanas durante dos décadas de lucha constante. En el momento de su muerte, a los cuarenta y ocho años, había participado en casi todas las grandes batallas cristianas de las tres últimas décadas, asumiendo un gran coste y esfuerzo personal. Había enviudado dos veces, no tenía hijos y, durante su breve mandato como emperador previo al asedio, buscaba un enlace dinástico cuya alianza familiar pudiera respaldar las defensas de la ciudad. Tras conocer las victorias bizantinas en los Balcanes y el fracaso del asedio anterior, Constantino estaba convencido de que los otomanos no podrían vencer, y quizá ni siquiera intentarían otro asalto. Su principal reto era persuadir a la complaciente élite bizantina —y a sí mismo— de que la ascensión del joven Mehmed II marcaba un nuevo capítulo en la belicosidad otomana y una garantía casi segura de que el sultán adolescente inauguraría su mandato con un ataque a Constantinopla.[34]

Los anteriores emperadores de Constantinopla habían actuado con una desafortunada ingenuidad durante todo el siglo anterior a la caída. Se habían convencido a sí mismos de que los sultanes aún creían que una Constantinopla cristiana y nominalmente libre —junto con los fragmentos de su imperio que quedaban en Grecia, Tracia, Macedonia y a lo largo del mar Negro y los Dardanelos— no era una seria amenaza para la expansión del imperio otomano. Era una idea arriesgada. Dado que las poblaciones anatolias del antaño vasto y ahora perdido Imperio bizantino seguían siendo mayoritariamente de etnia griega a pesar del dominio turco, muchos en Constantinopla tenían buenas razones para temer que esa creciente familiaridad con el rival otomano lo convirtiera en un enemigo aún más peligroso.

El sultán Mehmed II llegó al poder con dieciocho años en 1451, a la muerte de su padre Murad II, tras un breve mandato previo concluido cuando solo tenía doce años. Por desgracia, el ascenso del adolescente suscitó falsas esperanzas entre los preocupados bizantinos. Siempre habían observado las sucesiones otomanas con atención, en busca de cualquier pista sobre el temperamento del nuevo sultán, pues de ello podía depender su supervivencia. En 1451, la *nomenklatura* bizantina fue muy ingenua al pensar que el joven gobernante otomano creía, al igual que su difunto padre, que seguía siendo más prudente comerciar con Constantinopla, casi vasalla, y beneficiarse de ella, que intentar asaltarla y apoderarse de la inexpugnable fortaleza.

Mehmed pronto demostró que era un sultán diferente en cuanto a aspectos que iban mucho más allá de la brutalidad con la que se deshizo de sus hermanos y otros pretendientes al trono. Interpretó la magnanimidad bizantina como una debilidad de la que aprovecharse, más que como mercedes a las que corresponder. Provocó en los bizantinos un caos psicológico, quienes se balancearon entre la furia justiciera y la timidez atolondrada. Cuando Constantino recibió la noticia de que el sultán rompía la paz con cierta frecuencia y había masacrado a campesinos griegos en sus campos cercanos a la ciudad, reunió a todos los turcos de Constantinopla y los encarceló en represalia, pero luego los liberó por miedo a las consecuencias.[35]

Incluso en los meses previos al asedio de 1453, cuando no cabía duda de la intención de Mehmed de asaltar la capital, el emperador Constantino le envió numerosas cartas y embajadores para quejarse de la construcción de la fortaleza otomana de Rumelihisari en la orilla norteuropea del Bósforo. Peor aún: para influir en el sultán insinuó que los bizantinos podían causar problemas entre los pretendientes al trono otomano, urdir una gran alianza cristiana o, al menos, provocar una guerra civil entre los otomanos. En todos estos desaforados intercambios entre el receloso emperador y el impulsivo sultán adolescente, encontramos una nota de patetismo en la suposición de Constantino de que su otrora gran imperio, ahora casi reducido a una ciudad-Estado despoblada, pudiera negociar de igual a igual con el joven Mehmed sobre la agresiva agenda imperial de los otomanos.

El sultán Mehmed respondió bruscamente a los enviados bizantinos en uno de sus últimos intercambios antes de asediar la ciudad. Así le recordó a Constantino lo relativo que era el desequilibrio en el poder:

> Todo el país está en mi poder. Poseo las fortalezas del lado anatolio del estrecho, y los turcos las habitan, y la tierra no ocupada del lado occidental es mía, ya que los griegos se sienten demasiado inseguros para vivir allí [...] ¿No puedo hacer lo que quiera en mis propios dominios? Idos, y decid a vuestro emperador que este gobernante no es como sus predecesores.

Lo que ellos fueron incapaces de conseguir está a su alcance y es fácil de lograr para él, y está dispuesto y ansioso por hacer lo que ellos nunca intentarían.[36]

Incluso con la clara advertencia del sultán sobre sus planes para Constantinopla, los usos de la diplomacia bizantina —las intrigas dinásticas, los sobornos, los tributos y las concesiones— seguían dando a los griegos una falsa sensación de confianza: creían que, en el último momento, el emperador podría convencer al nuevo sultán para que dejara en paz a un imperio ya menguante de por sí. En ocasiones, los emperadores bizantinos habían dado cobijo a rivales pretendientes al trono otomano para fomentar la guerra civil entre sus enemigos. La más famosa fue la orquestada por el emperador bizantino Juan VIII Paleólogo. Juan había inducido al hermano menor y rival del sultán Murad II, Mustafá, a liderar revueltas detrás de la fuerza sitiadora de 1422. Las mismas estrategias bizantinas de agitar la oposición interna y externa contra un sultán sitiador también habían funcionado de forma intermitente entre 1394 y 1402. Entonces, los barcos otomanos y el ejército habían abandonado el asedio para centrar su atención en las amenazas de los invasores europeos y de las fuerzas iraníes suníes de la dinastía timúrida.

A pesar de su determinación y experiencia, Constantino había subestimado desde el principio al nuevo sultán de dieciocho años, sobre todo cuando le pidió el doble del subsidio otomano anual que recibía Constantinopla para el mantenimiento de Orhan, un rehén enviado anteriormente a los bizantinos. De hecho, Orhan era primo segundo del sultán, rival al trono y un conspirador incesante que había gozado, por así decirlo, de un suntuoso arresto domiciliario, o detención preventiva, entre los bizantinos. La exigencia de más dinero tuvo el efecto contrario: enfureció al sultán y avergonzó al probizantino Halil Paşa —formalmente conocido como Çandarli Halil Paşa el Joven—, gran visir y líder «moderado» que había aconsejado al sultán que no atacara la ciudad. Así se dirigió el exasperado Halil a los ingenuos enviados del emperador:

¡Griegos ignorantes y necios! Hace tiempo que estoy al corriente de vuestras canalladas. Debéis cambiar vuestras costumbres. El sultán anterior tenía un carácter amable, era verdaderamente amistoso con todos y muy concienzudo en sus tratos. Pero nuestro actual sultán Mehmed no es la clase de hombre que creéis que es, y si Constantinopla se le escapa de las manos —y conozco la audacia y el ímpetu salvajes de que es capaz su naturaleza— entonces sabré de verdad que Dios sigue pasando por alto vuestras conspiraciones y malvados juegos.[37]

En realidad, Halil reprochaba a los bizantinos el haber dado razones para asaltar Constantinopla a los visires más belicistas y a los generales más impacientes, desperdiciado así su posición en la corte del sultán y, además, poniendo en peligro su vida. De hecho, el segundo y el tercer visir —el de origen griego Zağanos Pachá y el eunuco de origen georgiano Şehabeddin Paşa— pronto eclipsarían a Halil gracias a sus clarividentes consejos al sultán de que, con suficientes fuerzas, Constantinopla podría caer. De hecho, Halil no tardaría en ser ejecutado —fue el primer gran visir en sufrir la pena capital— tras la caída de Constantinopla, ostensiblemente por sus consejos sombríos y erróneos, y acusado de soborno, traición y vínculos con el enemigo.

Halil Paşa había sido un realista. Como ministro de Asuntos Exteriores durante unos treinta años bajo el mandato de Murad y de Mehmed, había aconsejado a padre e hijo que esperaran mientras Constantinopla se sumía en una decadencia irreversible hasta caer en su regazo. Argumentó que sería más rentable dominar al eclipsado Imperio bizantino mediante acuerdos unilaterales, tributos y alianzas. Sin embargo, también parece que al sultán le habían llegado rumores de que Halil había aceptado cuantiosos sobornos de los bizantinos durante mucho tiempo para que aconsejara no atacar Constantinopla.[38]

Casi inmediatamente después de llegar al poder en 1451, Mehmed II empezó a prepararse para tomar Constantinopla y acabar de una vez con el Imperio bizantino. Mientras tanto, insistía ante el emperador y sus consejeros en que no tenía ningún deseo de atacar la ciudad ni de entrar en guerra, ya fuera en su capital o en las provincias que quedaban en el mar Negro, el Egeo o el Peloponeso.

Al mismo tiempo, el ladino sultán engañó a los emisarios europeos occidentales que acudieron a su corte en Edirne, la antigua ciudad romana de Adrianópolis, tomada y rebautizada por los otomanos en 1369, y a solo doscientos cuarenta kilómetros al oeste de Constantinopla. Mehmed aseguró a los embajadores que no ambicionaba extender el dominio otomano mucho más allá de Europa oriental. Tampoco debían preocuparse de que pretendiera acabar con la cristiandad en Oriente.

Sin embargo, en privado, el sultán juzgaba que su imperio merecía una capital más majestuosa que Edirne. Poco después de asumir el poder, Mehmed afirmó:

> La *ghaza* [guerra santa] es nuestro deber básico, como lo fue para nuestros padres. Constantinopla, situada en medio de nuestros dominios, protege a nuestros enemigos y los incita contra nosotros. La conquista de esta ciudad es, por tanto, esencial para el futuro y la seguridad del Estado otomano.[39]

Cuando Mehmed accedió al sultanato, movilizó diligentemente sus fuerzas para el mayor asedio contra Constantinopla en los once siglos de historia de la ciudad. Reunió entre cien mil y doscientos mil hombres entre marineros, auxiliares, carreteros, jornaleros, esclavos, sirvientes, prostitutas y una fuerza de asedio de unos ochenta mil soldados. En el pasado se había intentado asaltar la ciudad varias veces: el ataque fallido de ávaros y persas de 626, los dos asedios árabes de 674-678 y 717-718, la invasión búlgara de 813, el asedio de los rus de 860, un breve y tibio intento de algunos caballeros de la Primera Cruzada en 1097 y el fracaso en 1422 de Murad II, el padre de Mehmed. Todos estos asedios contaron con ventaja numérica pero, aun así, habían fracasado por varias razones (excepto el desvío de la Cuarta Cruzada, que había abierto una brecha en la muralla marítima y capturado la ciudad en 1204).[40]

La armada bizantina solía controlar los accesos marítimos a la ciudad, tanto hacia el sur —desde el mar Negro a través del estrecho del Bósforo— como hacia el norte —a través de los

Dardanelos hasta el mar de Mármara—. Esta supremacía naval impedía que los atacantes recibieran suministros esenciales y obstruía los intentos de bloquear la ciudad por mar. De hecho, a lo largo del asedio de 1453, las galeras venecianas, genovesas y griegas, ampliamente superadas en número, derrotaron a menudo a las turcas, frenaron los ambiciosos ataques contra las murallas marítimas y pudieron salir por los Dardanelos antes, durante y después del asedio.[41]

Los bizantinos también pudieron alentar los ataques extranjeros contra sus enemigos o fomentar las divisiones internas en torno a la sucesión. Como ya se ha mencionado, el sultán Murad II se vio obligado a interrumpir el asedio en 1422 para hacer frente a la rebelión de su hermano menor Mustafá y a la fragmentación de sus fuerzas en retaguardia. Casualmente, en 1453, el molesto primo rival de Mehmed II, Orhan (conocido como Durgano), estaría en las murallas luchando junto a los bizantinos contra los otomanos.

In extremis, la ciudad también solía reclutar o contratar alguna ayuda de Europa —a pesar del cisma histórico entre la cristiandad oriental y occidental— o proveniente de los confines del Imperio bizantino. Además, como la mayoría de los sitiadores adolecían de una logística y una planificación deficientes, no eran capaces de conquistar la ciudad antes de que ellos mismos empezaran a sufrir enfermedades, a llenar sus campamentos de inmundicia y a padecer escasez de alimentos y agua potable, y todo esto a medida que los campamentos de primavera se adentraban en los tórridos veranos.

Por último, la ciencia y la investigación bizantinas a menudo se traducían en un armamento superior, al menos hasta el asedio final. En la época anterior al uso generalizado de la pólvora, los bizantinos, si bien superados en número, solían disfrutar de ventajas tecnológicas derivadas de su monopolio del fuego griego y de los lanzallamas a presión, así como de la superioridad de las catapultas, los trabuquetes, la caballería pesada, el equipo de infantería y las tácticas avanzadas.[42]

A mediados del siglo xv, los otomanos conocían la mayoría de estos obstáculos, que habían explicado por qué la ciudad había sobrevivido hasta entonces mientras que gran parte de su imperio había ido cayendo. Por ello, las enormes fuerzas de Mehmed, reunidas ante las murallas de la ciudad despúes del 2 de abril de 1453, estaban preparadas para superar todas esas dificultades. Los sitiadores habían trabajado cuidadosamente durante dos años para asegurarse de contar con una superioridad naval abrumadora mediante un gran número de galeras turcas. El sultán no debía preocuparse por posibles revueltas en la retaguardia, y se había cerciorado de que llegaría poca ayuda a tiempo desde Occidente o desde Grecia o el mar Negro.

El ejército otomano estaba abastecido por hábiles logistas, que durante el año anterior habían conseguido suficientes partidas de suministro de alimentos y agua potable para un asedio prolongado. Mehmed había comprado cañones de diseño europeo, más grandes y mucho más numerosos que los que guarnecían la muralla y las torres, y también almacenó mucha más pólvora de la que podía haber en el interior de la ciudad.

Uno de los primeros pasos de Mehmed antes de reunir a su enorme tropel había sido fortificar y ocupar ambos lados del Bósforo con guarniciones otomanas permanentes. Planeaba complementar la anterior fortaleza otomana de Anadoluhisari ('fortaleza de Anatolia', construida por su bisabuelo Bayezid I en el lado asiático del estrecho) con una gemela aún más impresionante en la orilla europea: Rumelihisari.

La construcción de la ciudadela comenzó un año antes del asedio y se terminó pocos meses antes de que comenzara el ataque. La baterías de artillería de ambos fuertes dificultaban la entrada o salida de cualquier galera hacia o desde el mar Negro. En consecuencia, fue casi imposible que las ciudades controladas por los genoveses al norte del Bósforo, como Caffa, Sinope y Amasra, o el reino de Trebisonda, vinculado con Bizancio, enviaran ayuda o recibieran refugiados.

Más tarde, tras la caída, los cristianos supervivientes culparon a la periferia del imperio por no enviar socorro. Sin embargo, la verdadera causa de la reticencia de esos pequeños Estados del mar Negro fue el miedo a mandar sus barcos más allá de las fortalezas otomanas en el Bósforo y el gran tamaño de la flota otomana en el mar de Mármara. A pesar de algunos éxitos ocasionales de los venecianos al eludir los fuertes con destreza, pocos capitanes de barco poseían la pericia necesaria para llegar a Constantinopla desde el mar Negro. Como resultado, pronto se conocería a Rumelihisari como el «cortador de gargantas», en la medida en que el sultán podía, figuradamente, rebanar el cuello a todo el tráfico del Bósforo.[43]

También fue muy importante que, durante el otoño anterior al asedio, Mehmed hubiera enviado un importante ejército al mando del veterano general Turahan Beg para asaltar el Peloponeso y aislar la Morea bizantina por el norte. Ese exitoso esfuerzo impidió que Mistrá, la pequeña, pero influyente capital cultural y política de la Morea, pudiera enviar ayuda. Tomás y Demetrios, los dos hermanos del emperador Constantino —los cuales no mantenían buenas relaciones entre sí—, no pudieron hacer nada. Esta incapacidad de la Grecia bizantina para ofrecer ayuda a la capital, ya fuera por miedo a las represalias otomanas, ya por su incapacidad para romper el cerco, sería motivo de vergüenza durante siglos.

El historiador Esfrantzes también señaló con amargura que los cristianos húngaros estaban demasiado aterrorizados por Mehmed como para enviar tropas. Sin embargo, tras la caída de Constantinopla, reservó su mayor desdén para los cristianos de las regiones del mar Negro y a lo largo del Danubio:

> ¿Cuál de los cristianos, el emperador trebisondiano [en el mar Negro], los señores de Valaquia [en el bajo Danubio] o el rey íbero [en la Georgia cristiana del Cáucaso] contribuyó con una sola moneda o un solo soldado a nuestra defensa, abierta o secretamente?[44]

Durante los dos años anteriores, Mehmed había amasado una flota de trescientas veinte galeras de guerra y barcos de transporte. Aunque no siempre eran comparables en calidad a las galeras bizantinas o italianas, en teoría su gran número garantizaba el dominio naval de los sitiadores, sobre todo gracias a un despliegue de diferentes flotas que patrullaban simultáneamente el Cuerno de Oro, el Bósforo, el mar de Mármara y los Dardanelos. En el caso del estuario del Cuerno de Oro, los otomanos transportaron sus barcos por tierra a mitad del asedio, dando en un histórico rodeo para sortear la famosa cadena de hierro bizantina que bloqueaba la entrada a la ensenada desde el Bósforo.[45]

En definitiva, los planes de ataque otomanos fueron sencillos, pero adecuados. La armada de Mehmed bloquearía la ciudad, comprobaría la seguridad de la muralla marítima, fingiría desembarcos y obligaría a Constantino a utilizar a sus escasos defensores —entre seis mil quinientos y ocho mil soldados en activo, de una población urbana reducida a unos cincuenta mil habitantes— para defender las murallas sobre el Cuerno de Oro y el mar de Mármara. La presencia de una flota enemiga tan numerosa aseguraría que la muralla terrestre, donde se centraría el principal esfuerzo del asedio, no dispusiera de los defensores suficientes.[46]

Mientras tanto, las fuerzas terrestres otomanas acamparían fuera de las murallas teodosianas y descargarían su artillería contra el famoso baluarte. El plan consistía en debilitar a los defensores bizantinos de la muralla exterior y abrir brechas en las fortificaciones. Los incesantes disparos de artillería acabarían por agotar los hercúleos esfuerzos de los defensores por tapar los huecos, o abrirían brechas lo suficientemente amplias como para que los otomanos pudieran irrumpir en la ciudad.

Mehmed hizo traer varios cañones de asedio enormes. Entre ellos se encontraba la temida bombarda gigante (apodada «basilisco») diseñada por el tristemente célebre Orban (conocido también como Urbano), el ingeniero transilvano o húngaro que propuso al sultán construir el monstruo tras haber ofrecido sus servicios a los empobrecidos bizantinos, que no habían podido permitirse su precio.

Conocida por los bizantinos precisamente como «monstruo» (*teras*), la bombarda medía unos veinticuatro pies de largo y dos pies y medio de diámetro. Estaba forjada en costoso bronce. La bombarda requirió doscientos hombres, treinta carretas uncidas a sesenta bueyes y casi tres meses para cubrir los doscientos cuarenta kilómetros hasta Constantinopla. Según se dice, cuando estaba bien cargado y funcionaba correctamente, el cañón podía disparar una bola de piedra de media tonelada a más de un kilómetro de distancia.

A pesar de toda su notoriedad, el cañón seguía siendo problemático, ya que solo podía dispararse cuatro o cinco veces al día. El arma requería una cuidadosa atención para mantener la superficie lo suficientemente templada como para evitar que se agrietara y deformara. Durante los casi dos meses que duró el asedio, y a pesar de la destrucción que provocó en las murallas, el cañón fue incapaz de mantener la cadencia de fuego necesaria para anular los esfuerzos de los hábiles equipos de trabajo bizantinos, que remendaban los daños cada noche.

Mehmed, además, reunió todo un arsenal de varios cañones más pequeños. Sin embargo, sus andanadas tampoco llegaron a derribar las enormes murallas, eran de tiro lento, imprecisos, mal desplegados y a menudo carecían de la velocidad necesaria para abatir las murallas teodosianas sin un fuego sostenido y concentrado.

Los informes de la época sugieren que algunos de los cañones, incluida la monstruosa bombarda, pudieron resquebrajarse o estallar durante el asedio. Más que la destrucción de las murallas, quizá el principal valor de la artillería otomana fue obligar a miles de trabajadores a amontonar piedras y ladrillos en las nuevas brechas cada noche, por lo que no podían luchar desde las murallas ni apoyar plenamente a los defensores.[47]

Que la envejecida y debilitada fortaleza y sus defensores —ampliamente superados en número— sobrevivieran a otro asedio dependía de Occidente; de que el papa Nicolás V pudiera organizar una cruzada para remontar los Dardanelos y liberar a la ciudad del bloqueo; de que un monarca independiente alemán o francés enviara un ejército; de que los húngaros y otros europeos orientales se unieran a Constantinopla, y de que suficientes mercenarios, comerciantes y voluntarios venecianos, genoveses, cretenses o españoles pudieran llegar a Constantinopla a tiempo ante la noticia de un asedio inminente.

Al final, y desgraciadamente para Constantinopla, apenas dos mil europeos occidentales de Italia, la Creta veneciana y España acudirían a las llamadas desesperadas del emperador durante los dos años anteriores para salvar la ciudad y, con ella, el imperio cristiano en Oriente. Sin embargo, entre los que llegaron, especialmente los genoveses, se encontraban algunos de los soldados y marineros más experimentados y profesionales de Europa, veteranos en dirigir y resistir asedios. Las crónicas de la época señalaron que, a pesar de su escaso número, los voluntarios italianos estaban muy bien equipados y desplegados constantemente en las murallas o protegiendo el puerto, y quizá eran soldados más eficaces que los defensores griegos. Se destacó especialmente la calidad de sus armaduras, que hacían a los genoveses, por ejemplo, casi inmunes a las flechas y las estocadas de espada. A diferencia de sus homólogos bizantinos, la mayoría de los occidentales no tenían familia dentro de la ciudad y, por tanto, no necesitaban abandonar sus puestos periódicamente para comprobar la seguridad de sus esposas e hijos.[48]

El más notable de todos fue el afamado genovés Giovanni Giustiniani, uno de los soldados italianos más renombrados de su época. Por suerte para los defensores, Giustiniani, «el guardián de todas nuestras venturas», llegó tres meses antes del asedio con dos barcos llenos de suministros y armas, cuatrocientos veteranos de Génova y otros trescientos *condottieri* de Quíos. Los genoveses también contaron con la ayuda de unos ochocientos venecianos que habían llegado en dos grandes barcos. A pesar de un llamamiento papal a todos los cristianos para que ayudaran a Constantinopla, al final acudieron pocos occidentales; se alegaron los motivos de pobreza, problemas internos e imposibilidad de llegar a tiempo, pero sobre todo les aterrorizaba luchar contra los otomanos en su propio territorio. De hecho, más o menos cuando llegó Giustiniani, unos setecientos cretenses e italianos al mando de Pietro Davanzo habían abandonado la ciudad con seis valiosos barcos. Esa pérdida, de aproximadamente un cuarto de los contingentes extranjeros que se esperaban destinar a las murallas, pudo haber resultado desastrosa.[49]

Trágicamente para los bizantinos, habría más cristianos —contratados, voluntarios, coaccionados o esclavizados— del lado del sultán que defendiendo las murallas. Con el sultán estaban los jinetes húngaros, los zapadores alemanes y serbios y varios soldados de infantería balcánica. En el otro bando, los griegos tenían un contingente de unos seiscientos soldados turcos leales a Orhan, conocido como Durgano, primo de Mehmed y aspirante al trono turco durante toda su vida. El aspirante a sultán había pasado la mayor parte de su existencia en Constantinopla como parte de un conveniente trato bizantino con Mehmed, que pagaba al emperador para mantener al conspirador recluido en una opulencia subvencionada, desde donde no podía intrigar por el trono. Orhan no tuvo más remedio que unirse a sus «captores», ya que sabía que su primo lo ejecutaría en cuanto cayera la ciudad.

En definitiva, los cristianos occidentales estaban demasiado desunidos y enfrentados como para salvar Bizancio. Las diferencias religiosas también influyeron. Además, la guerra de los Cien Años aún se prolongaba en Europa occidental a pesar de haber agotado a los dos reinos más poderosos de Europa, Francia e Inglaterra. Además, la mayoría de los europeos, como apuntábamos antes, tenían un miedo legítimo a los ejércitos islámicos, especialmente a los otomanos, y no deseaban luchar contra ellos en las lejanas fronteras de Europa.

Demasiados occidentales llegaron a la conclusión de que, probablemente, la ciudad caería de todos modos y que, además, ya no era necesaria como baluarte. De hecho, los incondicionales europeos del Este, sobre todo los húngaros, ya se veían como Estados de primera línea mucho más importantes contra los turcos. La ironía fue que, en retrospectiva, los heroicos esfuerzos de Giustiniani y su minúsculo contingente de setecientos *condottieri*, reclutados en su mayoría en Génova y en la Quíos controlada por los genoveses, demostraron que no habrían hecho falta muchos más europeos occidentales para salvar la ciudad.[50]

Durante los últimos meses antes de la llegada de los otomanos, los esfuerzos de Constantino por halagar al sultán y ofrecerle un tributo mayor fracasaron. Los enviados griegos a Edirne fueron ejecutados. Es posible que Constantino salvaguardara al primo rival del sultán, Orhan, como una muestra de su lealtad a Mehmed, pero, como ya se ha señalado, su reciente petición de una mayor ayuda financiera para apoyar el confinamiento de los insurrectos otomanos no hizo sino provocar aún más a Mehmed.

Al menos, Constantino tomó la inusitada, pero sensata decisión de colocar al extranjero Giustiniani como *protostrator* (supervisor militar superior) de las defensas terrestres. Permitió que, durante las semanas previas a la llegada de los otomanos, Giustiniani y su séquito genovés asignaran tropas a los sectores críticos de las murallas teodosianas, con especial atención a los dos puntos débiles más importantes: una zona baja en el lecho del río Licos y la conexión con las murallas marítimas a lo largo del Cuerno de Oro.

Los bizantinos también tuvieron la suerte de que Constantino había demostrado ser un emperador especialmente competente y popular, que estaba decidido a salvar la antigua ciudad o morir en el intento. Había reclutado a más de la mitad de la menguante población urbana, tal vez hasta treinta y cinco mil civiles más o menos armados. La mayoría trabajaba por la noche reparando las fortificaciones dañadas y, al menos antes de los bombardeos más intensos, durante el día servían como auxiliares en las murallas. Los entre seis mil quinientos y ocho mil defensores de las murallas exteriores estaban bien protegidos, con corazas que rechazaban las flechas y las estocadas de espada. La mayoría iban equipados con picas y espadas. Los apoyaban algunos cañones, ballesteros y arqueros. En conjunto, la reunión de tan modesto número de defensores era asombrosa, dada la percepción popular de que la ciudad estaba acabada y la pobreza del emperador para contratar a muchos más mercenarios.

A pesar de la escasez de pólvora y artillería, las fuerzas bizantinas disponían de abundantes piedras, lanzadores de fuego griego a presión, azufre y aceite, todo lo cual, durante las casi ocho semanas que duró el asedio, cobró un espantoso tributo a los turcos, que quedaron atrapados repetidamente entre el muro del foso y la muralla exterior. Si bien es cierto que Constantinopla era una sombra de su antigua gloria, y que la maleza crecía en los suburbios vacíos entre una población muy reducida, la fortaleza urbana más formidable del mundo seguía reuniendo a más de treinta mil soldados y civiles para ayudar en la defensa de una manera que pocas ciudades europeas podían igualar.[51]

Si tal vez tres cuartas partes de los ocho mil defensores activos de la ciudad estaban desplegados a lo largo de la muralla exterior teodosiana de casi seis kilómetros, que suponía el centro del asedio, entonces era probable que cada tres pies hubiera un soldado apostado en la muralla. El emperador y Giustiniani también habían improvisado dos contingentes de reservas estratégicas. El *megadux* ('gran duque'), Loukas Notaras, una figura controvertida en Constantinopla, añadió un refuerzo móvil de cien jinetes.[52]

Aún persisten dos narrativas sobre el asedio y el destino de la ciudad: la dominante es fatalista; la otra sugiere algunas esperanzas legítimas de éxito. La versión pesimista puede resumirse así: «De todos modos si no se hubiera tomado en 1453, la ciudad habría caído inevitablemente pocos años después», dada la pérdida de la mayoría de sus provincias, las continuas disputas e intrigas en la corte en Constantinopla, las rivalidades religiosas y el oportunismo de los europeos aliados con el sultán. Sobre el abrupto, pero predestinado final de Constantinopla, Steven Runciman concluyó: «Es fácil sostener que el año 1453 significa muy poco en el amplio panorama de la historia. El Imperio bizantino ya estaba condenado. Debilitado, despoblado y paupérrimo, estaba destinado a perecer cuando los turcos decidieran entrar a matar».[53]

Por otra parte, un punto de vista más optimista sostiene que la ciudad, incluso en su punto más bajo, estuvo a pocos días de sobrevivir al mayor asedio de sus once siglos de historia. Hasta el 29 de mayo, cuando las fuerzas turcas abrieron una brecha en las murallas exterior e interior —debido al descubrimiento de una o varias puertas abiertas en la muralla interior y a la retirada de Giustiniani y sus genoveses—, muchos de los consejeros del sultán llegaron a la conclusión de que el curso de la batalla se había vuelto en contra de los otomanos, tal vez de la misma manera que Murad II había fracasado en 1422. La estación era cada vez más calurosa, lo que avivaba el espectro de las enfermedades y la necesidad de agua potable. Las provisiones otomanas empezaban a agotarse. Más de veinte mil soldados turcos habían muerto o estaban heridos. Los grandes cañones, tan cruciales, junto con el resto de la artillería del sultán, aún no habían derribado las fortificaciones.

Además, crecía el temor de que llegara la ayuda de Italia y una flota atravesara los Dardanelos. Apenas un millar más de tropas podría haber sido decisivo, a la vista de cómo los setecientos defensores de Giustiniani habían salvaguardado la ciudad hasta entonces.

También comenzaba a pesar la larga nómina de defensores cristianos que habían resistido con éxito a numerosos sitiadores otomanos en otros lugares. En el célebre asedio de Malta de 1565, apenas quinientos o seiscientos Caballeros Hospitalarios, junto con una fuerza de cinco mil voluntarios europeos, mercenarios, civiles y esclavos, rechazaron durante más de cuatro meses a una enorme fuerza anfibia de cuarenta mil atacantes otomanos, y mantuvieron la isla en manos de las fuerzas cristianas. Unos doscientos treinta años después de la caída de Constantinopla, durante el asedio de Viena en 1683, los defensores europeos se enfrentarían a una fuerza sitiadora mayor y mejor armada. Sin embargo, una defensa austriaca de apenas once mil soldados y menos de cinco mil voluntarios, ampliamente superada en número, logró rechazar con éxito los continuos ataques otomanos. Sostuvieron la defensa durante más de dos meses hasta la llegada de las fuerzas de socorro. Nunca fue inevitable que los defensores bizantinos de 1453, inferiores en número, pero dotados de las mayores fortificaciones de la época, estuvieran condenados a la derrota.

Más importante aún: la enorme flota turca, a pesar de ingeniárselas para sortear la contención de la gran cadena del Cuerno de Oro, había tenido un pobre desempeño. Nunca pudo plantear una amenaza seria a las dos grandes murallas marítimas de la ciudad, y ni siquiera de bloquear Constantinopla completamente antes y durante el asedio. Del mismo modo que la ciudad había estado a salvo durante una generación tras el fallido asedio de 1422, puede que otro revés otomano aún mayor en 1453 le hubiera dado un respiro más prolongado.[54]

Así pues, a pesar de la valoración histórica convencional de que la ciudad estaba acabada, es igual de probable que si el asalto del sultán, que llevaba dos años planeándose, hubiera fracasado, Constantinopla se hubiera visto fortalecida y hubiera mantenido sus acertados esfuerzos diplomáticos para reunir aliados y sembrar la disensión entre sus enemigos. Tal vez una resistencia exitosa le habría valido a la ciudad un estatus autónomo como el de Singapur o Hong Kong en el siglo xx. Hubo sultanes antes de Mehmed II que no creyeron que asaltar la ciudad mereciera la pena, y también los habría habido después de él si hubiera fracasado en 1453.

Por el contrario, la victoria de Mehmed II, que a partir de entonces sería llamado «el Conquistador», cambió radicalmente el ascenso de los otomanos hacia su posición de dominio, y prueba *a posteriori* que Constantinopla había inhibido, tanto material como psicológicamente, el expansionismo otomano. Enemigos y neutrales empezaron a cambiar de política y se aliaron con quien ahora parecía un sultán decididamente pujante.

Cuando las enormes fuerzas de Mehmed llegaron ante las murallas teodosianas y su flota bloqueó el Bósforo y el Cuerno de Oro, la desesperación se extendió mucho más allá de los propios defensores. La armada otomana también se había hecho con el control de los Dardanelos y pronto empezaría a absorber islas griegas clave en la desembocadura del canal en el Egeo. Cualquier ayuda procedente del Mediterráneo tendría que abrirse paso luchando o deslizarse de noche. Los griegos habían visto todo el poder del Imperio otomano reunido ante sus murallas. Había más de ochenta mil soldados ante ellos, a pocos metros del foso exterior, ataviados con estandartes, tiendas y cuernos, y quizá un número igual de auxiliares, sirvientes y seguidores en el campamento.

Las estrategias del sultán para tomar la ciudad fueron dinámicas y variadas, y evolucionaron conforme cada intento fracasaba y era sustituido por otro método. Así fue hasta el decisivo y exitoso ataque del 29 de mayo. Durante las primeras semanas, los otomanos creyeron que sus grandes bombardas y numerosos cañones podían hacer lo que los arietes, catapultas y trabuquetes nunca habían logrado: derribar el enorme y complejo sistema teodosiano de murallas y puertas. Sin embargo, la artillería nunca abrió brechas suficientes para explotarlas con la infantería.

A principios de mayo, el cuerpo de artillería de los otomanos empezó a concentrar su fuego con más acierto. Dispusieron varios cañones para que incidieran en el mismo punto y dispararan a la vez sobre los tramos vulnerables de las murallas. Sin embargo, este esfuerzo mejorado también fracasó en su mayor parte: tampoco abrió brechas útiles, si bien los impactos siguieron obligando a los defensores a reparar los daños.

Por último, el sultán recurrió a otros métodos ya probados: se sirvió de torres móviles, minó los cimientos de las murallas y envió oleadas de atacantes equipados con escalas. Aunque estos asaltos no lograron su objetivo principal, sí desgastaron al limitado número de defensores en las murallas y a los equipos de reparación. También desmoralizaron a la población civil, ya agotada por el constante estruendo de los bombardeos otomanos. Los bizantinos buscaron, en vano, flotas de socorro provenientes de Occidente para poner fin a lo que parecía una violencia despiadada y una condena inexorable.[55]

El 5 de abril el propio sultán había llegado de Edirne con su contingente final. Sus tropas pasaron el día siguiente posicionando su artillería y estudiando los puntos de ataque contra las murallas teodosianas para los asaltos formales, que comenzaron entre el 6 y el 7 de abril. El campamento turco distaba entre tres y cinco kilómetros de la muralla y se disponía paralelamente a toda su longitud. La escasa dotación de defensores estaba sobre la muralla externa inferior y no había cedido ningún espacio a los atacantes, sin duda por directrices de Giustiniani, que determinó que la única esperanza para la ciudad era detener el asalto en el momento en que los atacantes despejaran el foso. Tal vez pretendía atraer el fuego de los cañones otomanos a la muralla exterior, manteniendo la muralla interior —más grande, aunque quizá también más deteriorada— como reducto. En cualquier caso, durante los primeros días, los confiados genoveses realizaron varias incursiones más allá de la muralla exterior, hasta que aprendieron que ni siquiera las escaramuzas exitosas valían el coste de tan escasos efectivos.[56]

Contingentes de genoveses, algunos venecianos y las mejores tropas de Constantino se desplegaron sucesivamente a lo largo de las murallas teodosianas. Las galeras venecianas mantuvieron a los turcos alejados de las murallas marítimas. A pesar de disponer de pocos cañones comparables a las baterías del enemigo, las fuerzas bizantinas desencadenaron constantes andanadas de arcos, ballestas, cañones pequeños, fuego griego y proyectiles de mano para repeler todo tipo de asalto frontal durante las ocho semanas siguientes. Los bizantinos explotaron la ventaja natural de los sitiados disparando sobre los otomanos que se agolpaban a los pies de la muralla exterior, apuntando abajo desde lo alto, mientras que, por el contrario, los turcos debían disparar flechas hacia arriba contra individuos dispersos y bien protegidos por las murallas de piedra y ladrillo.[57]

Los turcos no podían rebasar las murallas con escalas, ni derribar las puertas con arietes, ni adelantarse lo suficiente con torres de ruedas y carros protegidos. Durante el tiempo que mediaba entre cada uno de los asaltos masivos a las murallas teodosianas, los robustos cañones turcos impactaban contra la fortificación terrestre, la flota otomana intentaba acercarse a las murallas marítimas y alejar las tropas bizantinas y los mineros trabajaban en varios túneles bajo tierra. Así fue durante cada uno de los cincuenta y cinco días que duró el asedio.

A pesar de los cinco mil disparos y las veinticinco toneladas de pólvora, los sitiadores nunca abrieron brechas permanentes lo suficientemente grandes como para que los jenízaros las atravesaran. Los constantes esfuerzos de los turcos por socavar los cimientos de las murallas también se saldaron con continuos fracasos y pérdidas, dada la sofisticada contramina bizantina.[58]

En el mar, los cristianos, ampliamente superados en número, pudieron rechazar a la flota turca gracias a su mayor destreza marinera, mejores comandantes y barcos más adecuados para la batalla. Por lo general, las galeras genovesas y venecianas, más grandes y de cubierta más elevada, y equipadas con catapultas y cañones voluminosos, tenían pocos problemas para alcanzar a los barcos otomanos, más pequeños, pero muy próximos entre sí. Los bizantinos seguían desplegando una importante flota de unas veintiséis galeras, la mayoría pertenecientes a sus aliados occidentales. Durante un tiempo pudieron rechazar casi todos los ataques desde el mar de Mármara y el Cuerno de Oro contra las murallas marítimas.[59]

El 21 de mayo, después de que hubieran muerto miles de otomanos, el exasperado sultán envió emisarios al emperador con una oferta: entregar la ciudad a cambio de tres concesiones: primero, todos los griegos podrían abandonar Constantinopla con sus propiedades; segundo, el emperador podría marcharse para gobernar el Peloponeso sin sufrir daños, y tercero, se respetaría a cualquier bizantino que deseara permanecer en la ciudad bajo el nuevo dominio otomano, siempre que prestara juramento de fidelidad y aceptara el impuesto que pagaban todos los infieles. Constantino, con el apoyo del pueblo, rechazó todas las condiciones y juró luchar hasta la muerte. Tras la caída de la fortaleza, el sultán reveló que tenía muy pocas intenciones de permitir que el Peloponeso siguiera siendo autónomo; de hecho, lo conquistó al cabo de siete años. Era poco probable que hubiera cumplido ninguna de las condiciones tras la rendición de Constantinopla.[60]

El rechazo bizantino de la oferta otomana tras semanas de ataques era inevitable. Como declaró el cronista cercano en el tiempo Miguel Ducas con cierto efectismo:

> Era del todo imposible tomar la ciudad que pertenecía a los griegos y dársela a los turcos. En caso de hacerlo, ¿adónde podrían ir? ¿En qué lugar podrían habitar los griegos, en qué ciudad cristiana donde no se los escupiera, odiara y despreciara?

Se podría comparar la oferta otomana con la igualmente inverosímil y viciada que Roma hizo a los cartagineses cuando les propuso que abandonaran su ciudad y se trasladaran a otro lugar, lejos del mar.[61]

Frustrados después de semanas de fracasos y la obstinación del emperador, el 28 de mayo los consejeros del sultán instaron a un asalto final y completo para tomar las murallas terrestres, dado que la única alternativa era suspender el asedio. A pesar de los casi dos meses de frustraciones y de la exitosa resistencia de los bizantinos en las murallas, la mayoría de los comandantes otomanos aún deseaban un último embate.

Los jenízaros presionaron a favor del ataque, dada la promesa de que quienes entraran en la ciudad podrían gozar de tres días para saquear, asesinar y violar. Además, quizá Mehmed temiera que el estancamiento provocara disensiones en sus propios territorios. Poco antes de su asalto final volvió a ofrecer seguridad si Constantinopla se rendía inmediatamente. Constantino se mostró firme una vez más: «La ciudad no es mía para entregárosla, ni nadie que viva en ella tiene derecho a hacerlo. Todos estamos decididos a elegir la muerte antes que la rendición, y no dudaremos en dar nuestras vidas por esta causa».[62]

El gran visir a favor de la paz, Halil, instó una vez más a la cautela, estimando con pesimismo las posibilidades de victoria de un Mehmed cada vez más preocupado:

> Ya ves lo fuertemente defendida que está la ciudad y lo imposible que es asaltarla; de hecho, cuantos más hombres envías a atacarla, más hombres quedan tendidos ante la muralla, y los que consiguen escalarla son rechazados y muertos. Vuestros antepasados nunca llegaron tan lejos, ni siquiera lo esperaban. Es para vuestra gran gloria y honor que hayáis hecho tanto, y esto debería satisfaceros antes de que prefiráis destruir todas vuestras fuerzas en el camino.[63]

Una vez más, Mehmed ignoró los sermones de su viejo consejero. En su lugar, se dejó aconsejar por su comandante más agresivo, el converso Zağanos Pachá, que le rogó un último día de esfuerzo colectivo: «Dadnos la oportunidad de emprender un enérgico y breve asalto masivo; si fracasa, haremos lo que mejor os parezca». Entonces el sultán prometió a sus entusiasmados soldados que su gobernante y su Estado solo querían la ciudad, las murallas y sus edificios. Durante tres días, todo lo demás en Constantinopla —dinero, personas, propiedades— era suyo para hacer lo que quisieran.

La incertidumbre en ambos bandos no se resolvió de inmediato, ni siquiera el último día del asedio. Niccolò Barbaro, médico veneciano que presenció el rechazo de las dos primeras oleadas de atacantes bajo la muralla exterior el último día, atestiguó: «Nuestras ballestas y cañones siguieron disparando y mataron a un número increíble de turcos». Otro relato contemporáneo señalaba que, cuando los turcos empezaron a rellenar el foso y a amontonarse bajo la muralla exterior, fueron blanco fácil y se los masacró:

> Entonces, con objeto de rellenar el foso para facilitar la entrada a través de las brechas ya abiertas, al amparo de bombardeos y escaramuzas, arrojaron tierra y ramas y otros materiales al foso; algunos incluso arrojaron sus propias tiendas. El espectáculo era terrible: muchos cayeron porque eran demasiados moviéndose en un espacio tan restringido, y los que les seguían arrojando la tierra y las ramas enterraron vivos a los que habían caído y los condenaron a una muerte lamentable. Otros, los más fuertes, impelidos por el ansia de velocidad, se apoderaron de los más débiles y los arrojaron al foso sin piedad. Sin embargo, pagaron el precio de sus horribles acciones y muchos murieron ante los cañones y las flechas de las ballestas y las pesadas piedras lanzadas por las catapultas, y muchos otros resultaron heridos, mientras que nosotros también sufrimos algunas bajas.[64]

Sin embargo, el objetivo inicial de estos ataques, a cargo de cristianos prescindibles y campesinos turcos de escaso valor militar, había sido desgastar a los defensores y quizá facilitar a la artillería turca una última oportunidad para abrir brechas que pudieran aprovechar la fuerza principal de jenízaros y el resto de los contingentes de élite del sultán. Unos diez mil de los mejores hombres del ejército turco, encabezados por los jenízaros, siguieron a las dos primeras oleadas en un tercer y último asalto a muerte, con la esperanza de escalar las murallas en las zonas ahora desguarnecidas, o de encontrar brechas críticas.

Como ya se ha mencionado, una vez que Giustiniani fue gravemente herido por una bala o una flecha y sus tropas lo retiraron de la muralla, todo el contingente genovés entró en pánico:

> En ese momento, tal era la desgracia de la ciudad, que Giovanni Giustiniani fue alcanzado por una flecha en la axila. Como si fuera un muchacho poco acostumbrado a la guerra, tembló al ver su propia sangre y temió por su vida. Para no desanimar

a sus soldados, que aún no sabían que estaba herido, abandonó las filas con la intención de buscar a un médico. Si hubiera designado a un sustituto para ocupar su lugar, la ciudad no se habría perdido. La batalla aún se libraba furiosamente cuando el emperador se dio cuenta de que Giustiniani había desaparecido, y fue muy angustiado a ver adónde había ido. Cuando nuestros soldados vieron que se habían quedado sin líder, comenzaron a retirarse de sus posiciones. En ese momento aumentó la furia del ataque turco mientras nuestras propias tropas se llenaban de pavor.[65]

Los defensores huían tan despavoridos que ni siquiera aseguraron el cierre de todas las puertas de la muralla interior cuando las atravesaron, dada la confusión del cuerpo a cuerpo y los furibundos jenízaros que se entremezclaban entre ellos matando cristianos. La ironía final fue que la partida del herido Giustiniani y de sus hombres no solo dejó desprotegida esa sección de la muralla. Su ausencia como *protostrator* resultó aún más catastrófica: tras el fracaso de las defensas de la muralla exterior, solo Giustiniani podría haber diseñado una retirada coherente y resguardada hacia las murallas interiores y reconstituir una resistencia exitosa desde su mayor altura.

Más tarde surgieron agrias controversias sobre el desastre final. Los relatos griegos acusaron a Giustiniani de ser un cobarde y haber perdido los nervios, sobre todo teniendo en cuenta que los genoveses sí consiguieron alcanzar sus barcos y salir del Cuerno de Oro hasta alcanzar la seguridad del Egeo a través de los Dardanelos. En cambio, las fuentes italianas destacan las heridas de Giustiniani y su muerte poco después de llegar a Quíos. No hay consenso sobre cómo o dónde fue herido exactamente, sobre si todos los genoveses partieron en masa o sobre si Giustiniani ordenó una retirada general o sus hombres perdieron el ánimo ante su caída y optaron por salvarse. En las fuentes podemos encontrar algunas sugerencias descabelladas de que Giustiniani pudo haber sido alcanzado en la espalda por quintacolumnistas, dado que había soportado cincuenta y cinco días de duros combates sin ser herido y fue alcanzado por primera vez solo unos minutos antes de que se derrumbaran las defensas. Además, Giustiniani había disputado antes una violenta discusión sobre estrategia con varios bizantinos celosos de su posición, entre los que destacaba el *megadux* Notaras.[66]

Las defensas mantenidas durante casi dos meses se derrumbaron inesperadamente en cuestión de minutos. De repente, todos los defensores que quedaban luchando en la muralla exterior fueron sorprendidos retirándose por la terraza entre las murallas interiores —aún quedaban algunos núcleos resueltos de bizantinos en las murallas terrestres, y catalanes y cretenses a lo largo de las marítimas— y fueron rodeados por cientos de jenízaros.

Un testigo de la batalla, Leonardo de Quíos, confirma melodramáticamente que, tras el fracaso de los dos primeros asaltos, el último empuje de los cuerpos de élite turcos también estaba fracasando y, con él, el propio asedio. Leonardo cita al emperador: «¡Ah! [...] Mis valientes soldados, el ataque del enemigo es cada vez más débil, y la corona de la victoria está segura a nuestro alcance. Dios está de nuestro lado, ¡seguid luchando!». A continuación se produjo la herida de Giustiniani, la retirada de los genoveses, el colapso de la defensa de la ciudad y el fin de los bizantinos.[67]

La caída de la ciudad y del resto del imperio atravesó tres salvajes etapas. Primero fue el destino inmediato de los bizantinos que aún luchaban en las murallas: se vieron superados cuando las defensas se convirtieron en un campo de exterminio, luego en un centro de internamiento y finalmente en un patio de ejecuciones. En segundo lugar, tras la caída de la ciudad, y durante una década, seguiría una limpieza sistemática de todas las posesiones bizantinas en Grecia, el Egeo y el mar Negro. En tercer lugar, se emitieron una serie de edictos y leyes que convirtieron a todos los hablantes de griego, supervivientes del antiguo imperio, en ciudadanos de segunda clase dentro de unos guetos vestigiales de helenismo.

A corto plazo, sin embargo, sobrevino el caos en cuanto la resistencia se derrumbó. Los saqueos, matanzas y vandalismo turcos permitieron un breve periodo de desorganización que algunos de los defensores armados y sus familias aprovecharon para escapar. Se abrieron paso a través de la ciudad hasta el Cuerno de Oro y las galeras venecianas, genovesas y bizantinas del puerto, se adentraron en el mar de Mármara y atravesaron los Dardanelos para escapar al Egeo. Durante estas primeras horas de alboroto, la mayoría de los vencedores estaban demasiado ocupados asaltando las casas de los más ricos, saqueando iglesias, raptando esclavos para la venta —sobre todo niños— y llevándose el botín como para molestarse en impedir la huida de soldados y mercenarios. Tales saqueos y la constatación de que los rehenes vivos pagaban más que los cadáveres explican por qué el número de muertos bizantinos el día de la caída fue de entre cuatro y cinco mil civiles y soldados, mientras que se esclavizó a casi cincuenta mil de los supervivientes.

Como afirmó Gibbon, el asalto de los jenízaros al santuario interior de Santa Sofía fue un acontecimiento histórico que simbolizó el fin de la ortodoxia y de la *romanitas* en Asia. Poco después de romper las murallas, los turcos se dirigieron a la catedral, donde sabían que algunos de los clérigos y nobles más prominentes y ricos esperaban la aparición de un arcángel salvador.

Los turcos derribaron las antiguas puertas de bronce e irrumpieron, ejecutaron a los ancianos y enfermos, saquearon el gran templo y se llevaron a los supervivientes como esclavos. Se peleaban entre ellos por los niños y las jóvenes más atractivas, a menudo atándolos para disfrutarlos más tarde, esclavizarlos o pedir un rescate, y luego se peleaban por otros cautivos. En pocas horas saquearon la iglesia completamente y destrozaron hasta los suelos y las paredes para buscar tesoros ocultos. El propio Mehmed no tardó en entrar en la iglesia, reprendió a los que destruían partes valiosas de la que sería su mezquita nacional e hizo que sus hombres se ocuparan de quienes estaban saqueando lo que ya era propiedad del Estado otomano.[68]

¿Cuál fue el destino del emperador en la matanza generalizada? Miguel Ducas, historiador próximo a esa época, cotejó las narraciones de los cronistas anteriores y determinó que un soldado había informado al sultán de que su contingente se había abalanzado sobre Constantino y lo había matado:

«Mi señor, yo lo maté; y luego me arrastró la carrera de hombres en busca de botín, y lo dejé yaciendo muerto». Otro hombre afirmó que había sido él quien había asestado el primer golpe. El sultán mandó a ambos que le trajeran la cabeza. Corrieron a buscar el cadáver, le cortaron la cabeza y se la llevaron. Mehmed dijo al *megadux:* «Dime la verdad. ¿Es esta la cabeza de vuestro emperador?». Notaras la inspeccionó y respondió: «Mi señor, lo es». Otros también vieron la cabeza y la identificaron. Entonces la clavaron en la columna del augusteum, donde permaneció hasta la noche. Después le quitaron la piel y la rellenaron con salvado, y lo enviaron como símbolo de la victoria a los gobernadores de Persia y Arabia, y a otros lugares del Imperio turco.[69]

Los testigos de la época y los relatos posteriores describieron la forma, a menudo caprichosa, en que se ejecutaba a los supervivientes italianos y griegos. Otras veces se los esclavizaba o se pedía un rescate por ellos, según la información concreta de la que dispusiera el voluble Mehmed, de su estado de ánimo y de su sobriedad en ese momento. El testigo Niccolò Barbaro describió las primeras oleadas de soldados y marineros turcos que irrumpieron en la ciudad en cuanto vieron ondear las banderas otomanas en las murallas:

Todos corrían furiosos como perros hacia la ciudad en busca de oro, joyas y otros tesoros, y para capturar a los mercaderes. Buscaron los monasterios, todas las monjas fueron conducidas a la flota, violadas y luego vendidas por lo que dieran, aunque algunas prefirieron arrojarse a los pozos y ahogarse antes que caer en manos de los turcos, como hicieron también varias mujeres casadas.[70]

Una historia espeluznante que recorrió Occidente se refería al eminente Lucas Notaras y al destino de su influyente familia. Al principio, Mehmed aseguró al *megadux* que no solo lo protegería a él y al menos a dos de sus hijos, y quizá también a un yerno, sino que los necesitaba como vasallos para ayudar a dirigir la ciudad. Sin embargo, después de otorgar estas garantías, durante su banquete se lo pensó mejor: impulsado por la bebida y la lujuria pedófila (o quizá siguiendo un plan de decapitar a la familia Notaras), ordenó al *megadux* que «enviara a su hijo menor al banquete». Después de que el *megadux* se negara, el sultán se enfureció y le exigió que tanto él como los demás supervivientes varones de su familia comparecieran inmediatamente para su ejecución:

> El verdugo agarró sus cabezas, regresó y se las mostró a su jefe, aquella bestia salvaje, mientras se divertía. Tras despojarlos de sus ropas, los cuerpos quedaron insepultos. Mehmed también envió al verdugo a dar muerte a todos los nobles y altos funcionarios del palacio a los que había comprado para su captura, mientras que de sus esposas e hijos se seleccionó a las mujeres más bellas y a los jóvenes más apuestos, que se entregaron a la custodia del jefe de los eunucos.[71]

Según algunos relatos, tantas ejecuciones fomentaron la animadversión entre los conquistados. Puede que la barbarie fuera una de las razones por las que tantos occidentales supervivientes huyeron de la ciudad, algo que un Mehmed arrepentido intentó rectificar más tarde ofreciendo nuevas concesiones para atraer a griegos e italianos de vuelta.[72]

Al final de la semana, la islamización de la ciudad estaba en plena marcha. No solo se trataba de la conversión de iglesias en mezquitas, sino también de la emisión de órdenes y protocolos por los que cualquier griego libre superviviente —muchos de los cuales conocían el funcionamiento de las infraestructuras urbanas de agua, alcantarillado y almacenamiento— podría seguir viviendo en Constantinopla. En pocos días, la catedral de Santa Sofía se había convertido en la mezquita más grande del mundo. Se encalaron sus famosos frescos. En pocas décadas se le adosarían minaretes, borrando para las generaciones posteriores de otomanos cualquier vestigio de sus novecientos dieciséis años como la iglesia más venerada de la cristiandad.

Las noticias de la caída llegaron a Europa occidental semanas después, seguidas de informes periódicos sobre la progresiva desaparición de lo que quedaba del Imperio bizantino en Asia Menor. Hacía tiempo que se temía el desastre, dada la radical disminución en tamaño y riqueza de un imperio que antaño se extendía por el Mediterráneo, pero el abrupto final sacudió a toda la cristiandad. Si bien el papel protector de Constantinopla no se apreció lo suficiente en Europa occidental durante su existencia romana, la pérdida del eterno baluarte contra Oriente se lamentó tras su caída. No es de extrañar que algunos contemporáneos juzgaran hipócritas estas lamentaciones occidentales. La Iglesia occidental y los disputados feudos europeos no se habían esforzado demasiado para ayudar a un Imperio bizantino ortodoxo asediado, ni siquiera cuando la caída de la capital era todavía evitable. Parecía que los europeos occidentales habían asumido que incluso la anquilosada ciudad fortaleza del siglo xv permanecía espiritualmente protegida por Dios y era materialmente inexpugnable.[73]

En Occidente la caída suscitó dos reacciones. En primer lugar, creció la indignación de los cristianos occidentales por la pérdida de la ciudad y la destrucción de la población griega libre, con votos para lanzar una flota a través de los Dardanelos. Los relatos apocalípticos iban acompañados de historias truculentas sobre las violaciones y asesinatos de los ciudadanos atrapados, especialmente el destino del *megadux* Lucas Notaras, la decapitación de Constantino y la taxidermia de su cabeza. Sin embargo, si bien el papa y las ciudades-Estado italianas hablaron durante meses de liberar la ciudad, no tardaron en pensárselo mejor. Su preocupación más inmediata no era tanto la pérdida de Constantinopla por parte de los griegos, sino un sultán otomano aún más agresivo y descontrolado; también les asustaba el destino de los enclaves italianos que dependían del comercio en Constantinopla y sus alrededores y, en última instancia, de las fortalezas venecianas clave en el Egeo, Grecia y el Mediterráneo oriental.

La segunda respuesta europea a la caída de la ciudad fue más sosegada y menos heroica, pero igualmente previsible. Hacia el otoño de 1453, «Mehmed el Conquistador» se vio asediado por multitud de emisarios occidentales que suplicaban el rescate de sus parientes capturados en la ciudad y en enclaves comerciales al otro lado del Cuerno de Oro. Las embajadas oficiales italianas se esforzaron por negociar la paz y quizá incluso el mantenimiento de las concesiones otomanas para reemplazar los puestos comerciales perdidos. En cualquier caso, intentaron evitar de algún modo las conquistas inminentes.

En cuanto al futuro avance otomano, hacía tiempo que los europeos occidentales habían impulsado la industria de la pólvora con el enemigo desde finales de los siglos XIII y XIV. Los venecianos habían vendido cañones completos a los otomanos, así como conocimientos estratégicos de metalurgia y fundición. Gracias a sus mayores recursos económicos, los otomanos pronto pudieron comprar recursos extranjeros para crear sus propias fundiciones. En algunos encuentros entre Oriente y Occidente en los Balcanes durante los dos siglos siguientes, los ejércitos de los sultanes dispusieron de más artillería, aunque no siempre era de calidad superior. Tal vez lo que provocó el estancamiento tecnológico otomano a finales de los siglos XVI y XVII fue la lejanía entre el Imperio otomano y el Atlántico y, por tanto, su distanciamiento de los continuos avances europeos en la navegación transoceánica, la construcción naval y el armamento.[74]

Tras el derramamiento de sangre, el saqueo y la esclavización iniciales, el sultán Mehmed acometió el dominio de una metrópolis majestuosa pero casi desierta. Se habían saqueado sus casas y almacenes y la mayoría de su población había muerto, había sido esclavizada o sobrevivía en clandestinidad. Muchos miembros de la élite bizantina necesarios para el funcionamiento de la ciudad estaban muertos, eran rehenes o huían a Occidente. El esfuerzo por repoblar la ciudad, cuyo sustento había sido el comercio, pronto obligó al sultán a detener las ejecuciones de rehenes y a elaborar planes para atraer a sus propios súbditos y a los comerciantes griegos y de Europa occidental, especialmente a los genoveses y venecianos. Paradójicamente, los otomanos permitieron a los comerciantes italianos volver a emprender sus negocios en Constantinopla y sus alrededores cuando comenzaron a avanzar sobre las posesiones venecianas y genovesas en el Egeo.[75]

En realidad, la mayoría de los aniquiladores de la historia no fueron unos completos nihilistas. Por lo general, refundaron o reconstruyeron lo que habían destruido, ya fuera porque sus conquistas ocupaban lugares trascendentales en el tiempo y el espacio —independientemente de las civilizaciones a las que pertenecieran—, ya porque el conquistador propiciaba su gloria si su cultura fagocitaba y superaba a la vencida capital imperial de sus enemigos. En el caso de Mehmed, el sultán quería el caparazón intacto de Constantinopla para heredarla y reinventarla como la ciudad islámica más grande, mejor fortificada y más bulliciosa del mundo.[76]

En cuanto a los bizantinos, la mayoría de los cuarenta o cincuenta mil griegos supervivientes que aún permanecían dentro de las murallas murieron, fueron esclavizados o se les permitió vivir en las condiciones prescritas por la *sharía*. Se retuvo a los de noble cuna durante meses para pedir rescate, sobre todo a los venecianos y genoveses, de los que obtendrían los mayores pagos. Las ciudades griegas libres a lo largo de los Dardanelos fueron invadidas durante los meses siguientes a la caída de la capital.[77]

En una década, la mayoría de las tierras bizantinas de habla griega fueron conquistadas o se rindieron, incluido el Despotado de Morea, en el Peloponeso, que cayó en 1460. Su majestuosa pero pequeña capital de Mistrá —controlada por los dos hermanos del emperador fallecido, Tomás Paleólogo y Demetrio Paleólogo— fue capturada siete años después de la caída de Constantinopla. Unos pocos enclaves en la península de Mani, en el Peloponeso, aguantaron unos meses más antes de ser evacuados u ocupados.

En agosto de 1461, como parte de su limpieza sistemática de los restos del Imperio bizantino, Mehmed atacó y asaltó el imperio autónomo y grecoparlante de Trebisonda, en el mar Negro, que se había independizado del control directo de Constantinopla después del desastre de la Cuarta Cruzada. El aún más remoto Principado de Teodoro en Crimea —un principado ortodoxo de habla griega peligrosamente enquistado entre las ciudades comerciales controladas por los venecianos y el kanato turco de Crimea— sobrevivió hasta diciembre de 1475, unos veintidós años después del fin de la Constantinopla cristiana. El señor del principado, Alejandro, fue decapitado; sus hijos, convertidos al islam, y sus hijas, enviadas al harén. Sobre las capitulaciones de estos últimos pequeños Estados bizantinos en Europa, Asia y el Egeo, Steven Runciman concluyó en una ocasión: «Fue el fin del mundo griego libre».[78]

Tras la caída, la huérfana monarquía bizantina pasó a ser meramente nominal. Al igual que los Romanov de Rusia casi quinientos años después, que durante años viajaron por toda Europa, las diversas ramas supervivientes de la dinastía Paleólogo, apátridas e itinerantes, fueron cortejadas en Occidente por los monarcas, y hasta el papa les concedió audiencias como los verdaderos gobernantes de un imperio perdido. A cambio, estos los engatusaban y les prometían liderar una gran cruzada para recuperar Constantinopla. Por ejemplo, Andrés Paleólogo, el sobrino mayor del último emperador fallecido, Constantino XI, se labró una breve pero remunerada carrera en Roma como el legítimo «emperador de Constantinopla». Los Estados papales agasajaron a Andrés antes de que vendiera el título y los derechos de sucesión de un imperio inexistente a Carlos VIII de Francia. Posteriormente reclamaría dichos títulos y privilegios y los cedería a otros monarcas europeos.[*]

En cualquier caso, los italianos del Renacimiento acabaron cansándose de las visitas de la realeza bizantina apátrida en busca de ejércitos y armas para recuperar sus tierras perdidas, así como de los eruditos griegos itinerantes que buscaban mecenas y vendían viejos manuscritos. En palabras de un historiador moderno:

> a medida que estas visitas estatales se hacían más frecuentes y se multiplicaban las peticiones de ayuda que las acompañaban, los griegos mendicantes se veían cada vez más como una plaga, y no como dignos emisarios de una cultura antigua que intentaban preservar desesperadamente.

Más o menos como los aristócratas rusos refugiados en París durante la década de 1920.[79]

---

* También lo cedió a los Reyes Católicos, que al parecer no llegaron a utilizar oficialmente el título. *(N. del T.)*

La propia Constantinopla había contribuido al Renacimiento en ciernes gracias a la traducción e introducción en Europa de nuevos textos griegos, muchos de ellos desaparecidos o incluso ignorados en los centros de conocimiento occidentales. El erudito italiano Eneas Silvio Piccolomini, que se convertiría en el papa Pío II (1458-1464) tras la caída de Constantinopla, lamentó la pérdida de un papel tan crucial como el que había desempeñado la ciudad en la formación de los humanistas renacentistas en griego antiguo, así como en la introducción de autores y textos clásicos hasta entonces desconocidos: «Ningún latino podía considerarse culto si no había estudiado en Constantinopla. El famoso nombre del que gozaba Atenas cuando floreció Roma lo ostentaba Constantinopla en nuestra época».

El futuro papa no tardaría en sentir las consecuencias de la pérdida del centro griego del saber a manos de los otomanos en 1453:

> ¿Qué voy a decir de los innumerables libros que había allí, todavía desconocidos para los latinos? Ay, ¿perecerá ahora el nombre de tan grandes hombres? Esta es la segunda muerte de Homero, el segundo fallecimiento de Platón. ¿Dónde buscaremos al genio filosófico y poético? La fuente de las musas se ha secado.[80]

Entre los muchos mitos que rodearon la caída de la ciudad, el más famoso se refería al emperador muerto y decapitado, Constantino XI. Se propagó la leyenda de que no había muerto ni caído mientras se enfrentaba a un maremágnum de enemigos; que no decapitaron su cadáver el último día, ni exhibieron ni conservaron su cabeza. En su lugar, un arcángel lo había mantenido en letargo y convertido en mármol; posteriormente, depositó al «Emperador de Mármol» bajo la Puerta Dorada —la monumental puerta de la ciudad en las murallas teodosianas, dedicada al fundador de la ciudad, Constantino el Grande— para que resurgiera cuando llegara el momento de que los griegos reconquistaran Constantinopla para el helenismo.[81]

En cuanto al pujante Imperio otomano, no solo se ampliaría por su anexión de tierras bizantinas. Tanto psicológica como materialmente se cernía sobre Europa central, pronto desgarrada por las nuevas guerras entre protestantes y católicos. Una vez eliminados los últimos obstáculos bizantinos, y tras la conquista de la mayor parte de los Balcanes, Europa oriental correría el mayor peligro jamás conocido por parte de un sultán durante las décadas siguientes.

En cuanto a la ciudad, Mehmed trasladó su capital de Edirne a Constantinopla en 1457. En treinta años consiguió aumentar la población de la ciudad a casi setenta mil habitantes. Sus sucesores, durante un tiempo y en su propio interés, respetaron la mayor parte de las concesiones comerciales europeas y permitieron que los pocos griegos que quedaban pagaran tasas como infieles y rindieran culto cristiano como ciudadanos de segunda clase sin molestarlos demasiado. Los otomanos siguieron incentivando la inmigración turca a la ciudad, que a su vez experimentó un renacimiento arquitectónico que duró siglos. En 1600, Constantinopla ya había crecido hasta superar el medio millón de habitantes, con miles de casas nuevas, mezquitas y edificios municipales.

Las virtudes naturales del lugar trascendieron la cultura de sus ocupantes y explican en parte las ventajas geoestratégicas y comerciales de la Turquía contemporánea. El emplazamiento de Estambul lo convierte en el único guardián de la entrada y salida del mar Negro, para disgusto de la Federación Rusa. Hoy en día es la ciudad más grande de Europa, con casi dieciséis millones de habitantes, incluso cuando las políticas del presidente turco Recep Erdoğan reflejan la paradoja secular entre el acercamiento y la desconfianza hacia una Europa históricamente cristiana. Turquía sigue siendo miembro de la OTAN, aunque Erdoğan, de vez en cuando y según le conviene, intimide o se desmarque de sus aliados europeos. El presidente revindica la Turquía moderna y cada vez más islamista como la sucesora natural del Imperio Otomano, en lugar de la Turquía secular y occidentalizada de Kemal Atatürk.[82]

La población griega de Estambul se ha reducido a apenas dos mil habitantes, y puede que otros dos mil que se identifican como griegos vivan dispersos por toda Turquía. La mayoría procura evitar la política, no habla en griego en público y vigila las tensiones entre Turquía y Grecia o la Armenia cristiana que puedan amenazar su propia seguridad, de una forma que recuerda más al siglo XIX que al XXI.[83]

Durante las décadas inmediatas que siguieron a la caída de Constantinopla y de su imperio, los cristianos ortodoxos no achacaron el desastre al fracaso de la unificación religiosa con Roma para hacer frente a los otomanos, sino más bien al desagrado de Dios ante la supuesta laxitud y decadencia que los había tornado tan vulnerables. Irónicamente, el fin de Constantinopla forjó una nueva identidad y seguridad entre los dispersos y huérfanos súbditos de Bizancio, cuya religiosidad se hizo todavía más combativa y celosa bajo los sultanes. La mayoría de los cristianos ortodoxos que quedó en Asia Menor sobrevivió en asentamientos dispersos, pero, pocas décadas después de la toma del poder por los musulmanes, algunos habían establecido barrios manifiestamente griegos incluso dentro de la propia Constantinopla.[84]

A lo largo de los siglos, los supervivientes griegos culparon de la caída al catolicismo occidental. Coincidieron en señalar el daño irreversible que había causado la Cuarta Cruzada. Subrayaron la obstinación de los papas en exigir concesiones poco razonables para lograr la unión —con todo, tardía— de la cristiandad oriental y occidental. Además, y con mayor frecuencia, culparon a Occidente por no enviar fuerzas capaces de salvar la ciudad durante su última defensa.

Antes del asedio, algunos bizantinos eran lo bastante ingenuos como para preferir una probable derrota contra los otomanos que sobrevivir en deuda perpetua con Roma. Se rumoreaba que durante las semanas previas al ataque Lucas Notaras, el *megadux* de la ciudad, había suspirado: «Mejor el turbante turco que la tiara papal», una ocurrencia de la que viviría para arrepentirse. Tan citado aforismo podía significar que prefería vivir bajo el dominio otomano a sobrevivir con la ortodoxia absorbida por el catolicismo, o que prefería una Constantinopla recta y desafiante hasta el final antes que humillada y servil a Roma. En cualquier caso, la figura del rico y bien relacionado Notaras fue controvertida durante los años posteriores a la caída de la ciudad y a su propia decapitación; los italianos que lucharon por la ciudad solían reprobarlo por su incompetencia o su cooperación con el enemigo.[85]

Con la destrucción de todas las instituciones formales de la civilización bizantina, tanto de la sociedad helénica como del Estado ortodoxo, y con la huida de cientos de miles de grecoparlantes de Asia a Europa, ¿cuál fue el destino de unos dos millones de bizantinos en el momento de la caída? De todos los pueblos ocupados en los Balcanes, los griegos propiamente dichos serían los más resistentes a la conversión islámica. Durante los trescientos sesenta años siguientes, los grecoparlantes de segunda clase de la Grecia ocupada conservaron una cultura helénica cohesionada, preservaron su lengua y cultivaron una ferviente ortodoxia, aunque a menudo tuvieran que retirarse a pueblos de montaña casi inaccesibles y ceder las principales ciudades y las ricas tierras de cultivo de las zonas bajas a los ocupantes otomanos.

Como se ha señalado, tras la conquista Mehmed solía afirmar que deseaba conservar o incluso ampliar la población grecoparlante de Constantinopla. Pocas semanas después de la caída, el sultán reasentó a la quinta parte de la población esclavizada que le había correspondido —tal vez hasta diez mil personas— en la ciudad. Aun así, durante los cuatro siglos siguientes, la población griega estaría sujeta a limitaciones impuestas a su observancia religiosa, política y estilo de vida y, bajo sultanes posteriores, lucharía por sobrevivir a pogromos y atrocidades eventuales.

De hecho más tarde se criticó al propio Mehmed por ser demasiado tolerante con los griegos conquistados al incentivar innecesariamente su retorno —mediante la devolución de propiedades y el ofrecimiento de casas vacías—, mientras castigaba a los consejeros de su círculo que lo habían persuadido para ejecutar a altos funcionarios de Constantinopla. Era paradójico que quizá se tratara mejor a unos pocos cristianos griegos tras las primeras semanas de la horrible toma de su ciudad que a sus descendientes, bajo sultanes otomanos posteriores mucho más duros.

Sin embargo, no es del todo exacto sugerir que Mehmed fue más tolerante que sus sucesores. Tras capturar la ciudad, no tuvo más remedio que retener al mayor número posible de griegos para evitar que la infraestructura de Constantinopla colapsara, dados sus grandes planes de convertir la urbe en la nueva capital de un Imperio otomano global.[86]

Tras la conquista de 1453, los sultanes posteriores empezaron a llamarse a sí mismos césares, como si ellos —y no los vestigios de los bizantinos— fueran los verdaderos herederos y sucesores del Imperio romano y de su majestuosa capital. Sin embargo, a medida que el recuerdo de una Constantinopla bizantina se desvanecía bajo los sultanes posteriores, también lo hacía el reconocimiento de que los romanos orientales habían mantenido la cultura de tres milenios de helenismo.

Durante los siglos posteriores a 1453 se olvidó progresivamente que los asentamientos más antiguos y ricos de la civilización griega arcaica y clásica habían surgido en Asia Menor. Las tierras alrededor del Bósforo, de parte de Anatolia y las costas del mar Negro, así como las islas del Egeo oriental, habían sido de habla griega desde al menos el siglo X a. C. o incluso antes. A pesar de las constantes amenazas y conquistas por parte de lidios y persas, Jonia —las costas de la actual Turquía que baña el Egeo— alumbró la tradición filosófica presocrática de los siglos VII a V a. C., ejemplificada por la escuela de Tales de Mileto, Anaximandro y Anaxímenes. Los más reconocidos de los primeros poetas líricos griegos —Alceo, Anacreonte, Arquíloco, Safo y Simónides— nacieron todos en las costas de Asia Menor o en las cercanas islas del Egeo, que cayeron en manos de los otomanos en el siglo XV. Homero, el bardo de la *Ilíada* y la *Odisea,* era jonio. Según la leyenda, nació en algún lugar del Egeo oriental o en la costa central de Jonia. Más tarde, muchos jonios desempeñaron papeles prominentes en las campañas y la administración de Alejandro Magno. Además, durante los seis siglos de dominación romana, la región vio cómo sus prósperos centros comerciales de Mileto y más tarde Éfeso se convertían en algunas de las ciudades más ricas del imperio.

En resumen, el «Asia» Menor occidental nunca había sido realmente asiática hasta la conquista otomana. La última de las instituciones políticas sagradas que había protegido y alimentado este antiguo legado del helenismo asiático durante siglos bajo diferentes regímenes —primero las ciudades-Estado helénicas, luego los monarcas helenísticos y más tarde el Imperio romano— se extinguió en 1453. A este respecto, hacia el final de la República, el poeta romano Horacio escribió unas célebres palabras sobre la influencia trascendental del helenismo sobre Roma: «Una Grecia conquistada tomó cautivo a su salvaje conquistador y llevó sus artes al rústico Lacio» *(Epístolas* 1, 156-7). Mil quinientos años más tarde, un helenismo subyugado ya no gozaba de un dominio cultural comparable sobre sus vencedores islámicos otomanos, a pesar de las fábulas de que Mehmed se asemejaba a los emperadores romanos y a Alejandro Magno, y de que veía su asalto a Constantinopla como una especie de venganza *a posteriori* por el saqueo griego de la Troya asiática. Se dice que, cuando Mehmed visitó el legendario emplazamiento de Troya, se le atribuyeron vínculos con los míticos enemigos de los griegos: «Después de tantos años, Dios me designó para vengar esta ciudad y a sus habitantes». Algunos humanistas italianos, opositores de Bizancio, acogieron esta imaginativa cuestión de la venganza de forma peculiar: siguiendo a Virgilio, habían relacionado la *romanitas* con la supervivencia y huida hacia el oeste del troyano derrotado Eneas. También sostenían que Mehmed había vengado el saqueo de Troya como correspondía, como si los musulmanes turcos fueran de algún modo más latinos que los bizantinos cristianos occidentalizados.[87]

En cuanto a la población tras la caída, tampoco sabemos cuántos bizantinos permanecieron en el territorio a lo largo de los Dardanelos y el Bósforo, o en enclaves en el mar Negro. La población de todo el Imperio bizantino a ambos lados del Egeo había descendido desde los veinte millones de habitantes en su apogeo en el siglo VI, a menos de dos millones en el momento del asedio de Constantinopla. Es probable que la gran mayoría de esa población superviviente huyera a las islas del Egeo y del Mediterráneo, al Peloponeso o a Italia, o bien se las arreglara para permanecer en Anatolia como ciudadanos de segunda clase en comunidades griegas muy cohesionadas. Muchos se convirtieron al islam. Otros se retiraron a las montañas de Anatolia, fuera del alcance diario de los recaudadores de impuestos otomanos y de los agentes del *devşirme*. Durante los siguientes quinientos años, una población residual de quizá un millón de descendientes de los bizantinos sobrevivió como grecoparlantes y cristianos ortodoxos dispersos por Asia Menor. Un patriarca aprobado por los otomanos en Constantinopla siguió siendo el jefe nominal de la Iglesia ortodoxa griega.[88]

Sin embargo, en un extraño giro demográfico, un reciente estudio sobre el ADN de la población turca contemporánea reveló que la mayoría parece tener una ascendencia predominantemente griega de Anatolia, en lugar de una herencia genética del resto de tribus turcas que acabaron uniéndose a los otomanos. El estudio ha provocado la indignación del Gobierno turco contemporáneo, dado su esfuerzo por explicar la actual antipatía turca hacia la Grecia actual según la noción otomana de que, tanto históricamente como en el presente, el helenismo carece de derechos legítimos en el Egeo oriental y en Anatolia. No obstante, si son exactos, los estudios de ADN sugieren que, mientras el Imperio bizantino retrocedía antes de ser absorbido por los turcos selyúcidas, millones de indígenas conquistados siguieron siendo étnicamente griegos y, con el tiempo, llegaron a ser culturalmente indistinguibles de los posteriores otomanos.

Lingüísticamente, tras la caída los turcos conservaron el nombre de la ciudad, aunque transliterado al turco como *Kostantini-yye*. Ese apelativo perduraría oficialmente hasta 1923, cuando el nuevo Gobierno turco rebautizó formalmente la ciudad como Estambul (una corrupción del griego «en la ciudad»/εἰϛτὴν Πόλιν/ *eistên polin).* La comunidad internacional aceptó el cambio poco a poco durante los años siguientes. Nótese que fue el Gobierno nacionalista más laico de Mustafa Kemal Atatürk, y no los otomanos musulmanes, el que insistió en el cambio de nombre y en el fin de cualquier referencia a la gran ciudad griega.[89]

Hay una última nota a pie de página reciente sobre el fin de los bizantinos. A mediados y finales del siglo XIX, durante las últimas décadas del debilitado Imperio otomano, la presencia griega resurgió en Anatolia. La oportuna migración griega hacia la costa central de Asia Menor, más desarrollada, se había visto alentada por el inicio de la sublevación griega contra el dominio otomano en 1821 y la posterior relajación de las leyes de inmigración del desvanecido Gobierno. El resultado fue que los inmigrantes griegos empezaron a engrosar la población de las comunidades minoritarias griegas ancestrales de la costa de Asia Menor. A principios del siglo xx, los griegos podrían haber vuelto a constituir una parte importante de la población de la ciudad históricamente griega de Esmirna, rebautizada como la actual Izmir en 1930.

Como resultado de estas vigorosas migraciones, la población grecoparlante del nuevo Estado turco repuntó hasta superar el millón de habitantes, sobre todo entre las ciudades jónicas de la costa central y a lo largo de la costa del mar Negro. Tras la derrota de las Potencias Centrales y de su aliada Turquía en la Primera Guerra Mundial, resurgió el viejo sueño de resucitar un Imperio bizantino grecoparlante, que ahora se conocería con el lema irredentista de la «Gran Idea», o *Idea Megali*. Impulsados por un nuevo celo por el imperio, lo que a los griegos les faltaba en recursos humanos frente a la nueva Turquía postimperial lo compensaban con creces por haber sido aliados de Gran Bretaña y Francia, vencedoras de la guerra. Era casi como si por fin el marmóreo emperador Constantino XI pudiera salir de su confinamiento amurallado y recibir a los nuevos bizantinos en su ciudad perdida.

El cenit del fervor bizantinista griego llegó en junio de 1921 con la visita a Anatolia occidental del rey griego Constantino —bautizado así intencionadamente—, al que ahora se denominaría «emperador designado de Constantinopla y comandante de las fuerzas anglo-griegas en el Oriente Próximo». Como señaló recientemente un historiador, «el rey Constantino fue el primer rey cristiano que desembarcó en suelo anatolio desde las Cruzadas».[90]

Sin embargo, el intento griego de realizar la «Gran Idea» incorporando toda la isla de Chipre, gran parte de la costa central egea de Anatolia y la ciudad de Constantinopla al nuevo Bizancio —para completar las anteriores incorporaciones a la nación griega en el norte, las islas del Egeo y en el mar Jónico— no hizo más que inflamar el ya creciente nacionalismo turco. Una vez iniciada la guerra, las grandes potencias aliadas de Grecia abandonaron la causa helénica por considerarla demasiado radical y peligrosa, y abandonaron a las fuerzas expedicionarias griegas a su suerte.

El trágico resultado fue una violenta reacción nacional turca que puso fin a la guerra greco-turca de 1919-1922 con la derrota y expulsión de los griegos de Asia Menor, que culminó con el horrible incendio y la limpieza étnica de la Esmirna griega. Como parte del acuerdo de la guerra greco-turca, Grecia cedió a la nueva nación turca todos los territorios de Anatolia recientemente adquiridos y sus reclamaciones históricas sobre Constantinopla. Fue el final de la vieja idea de que una renacida Constantinopla griega del siglo xx revertiría su destino de 1453.

Pronto se sucederían más intercambios de población y más de un millón de griegos huirían de Turquía a Grecia. Constantinopla sufrió una limpieza étnica casi absoluta de su histórica minoría griega, que había crecido y contaba con casi cien mil residentes. En 1930 no quedaba ninguna comunidad griega cohesionada en Asia.

Así terminó la *Idea Megali* y tres milenios de civilización griega en Asia Menor: la última nota a pie de página del fin de Bizancio.[91]

Al igual que la Tebas clásica resurgió como Tebas macedonia, la Cartago púnica reapareció como Cartago romana y la Tenochtitlán azteca renació como la Ciudad de México española, la Constantinopla cristiana se transformó en la capital del Imperio islámico de Mehmed. Además, al igual que en la nueva Tebas quedaban pocos tebanos originales —si es que había alguno—, no quedó cultura púnica de la que hablar en la Cartago romana y, como veremos, Ciudad de México no heredó ningún parecido con la civilización de Tenochtitlán, así también la Constantinopla de los siglos posteriores a la caída de Bizancio era una ciudad muy diferente. El antiguo baluarte defensivo contra el islam durante setecientos años se convirtió en el núcleo de su expansión.

Había una diferencia. Mientras que la Tebas clásica y la Cartago púnica fueron arrasadas y Tenochtitlán se reorganizó, no ocurrió lo mismo con la majestuosa Constantinopla. A pesar de las muertes, el saqueo, la destrucción de la civilización bizantina y la persecución de la población originaria, y a pesar de la islamización de los centros religiosos de la ciudad, su infraestructura era demasiado valiosa e icónica, por lo que los otomanos se apropiaron de ella y la mantuvieron intacta en su mayor parte.

En resumen, a pesar del horrible asedio final, Bizancio no concluyó con una deflagración, sino con un sollozo. El conquistador otomano mantuvo el cadáver fresco y lo reanimó con un espíritu completamente diferente. Esa tremenda conversión fue otra de las razones por las que los contemporáneos de la cristiandad occidental se sintieron tan horrorizados por el destino de la emblemática ciudad, la cual parecía casi la misma después de 1453, pero en realidad no lo era en absoluto, como si los propios edificios hubieran traicionado su esencia. En definitiva, el baluarte de la cristiandad en Asia se convirtió en el dominio de su destructor.

Aun así, a mediados del siglo xv, en el mismo momento de la caída de Constantinopla, ya había síntomas sutiles de que el futuro global no sería otomano. La futura riqueza comercial ya no dependería tanto de las rutas terrestres hacia el este, ya fuera a través de los puertos del Mediterráneo oriental, hacia el norte hasta los cruces con la antigua Vía Egnatia, o a través del Bósforo hacia el mar Negro. Las potencias navales mediterráneas de Venecia y Génova habían dominado esos itinerarios durante siglos…, pero se abrían nuevas perspectivas en el Atlántico.

Durante los últimos días del imperio, otros europeos —sobre todo portugueses y españoles— empezaron a vislumbrar alternativas al Mediterráneo oriental y a Constantinopla para sus rutas comerciales. Resultaba irónico que el ascenso de los otomanos, y sobre todo su captura de la ciudad, no lograran sino acelerar aún más el esfuerzo de esos europeos por encontrar pasos alternativos hacia un Oriente cada vez más hostil.

Mucho antes de Colón, los europeos de la costa atlántica ya empezaban a dominar la navegación oceánica fuera del Mediterráneo, sobre todo a lo largo de la costa septentrional y occidental de África y de las islas Canarias y Azores. A principios del siglo xv, las carabelas portuguesas ya habían trazado los rudimentos de lo que, tras la caída de Constantinopla, acabaría convirtiéndose en un lucrativo comercio marítimo con China y la India.[92]

El 29 de mayo de 1453 también marcó una gran fractura histórica: a partir de entonces, las ideas de «Asia» y «Europa» quedarían delineadas por la Estambul turca, bajo la premisa de que la ciudad occidental de Constantinopla siempre había estado en suelo asiático y, por tanto, había regresado adonde pertenecía cultural y políticamente. Se había extinguido cualquier posibilidad de que los europeos volvieran a reclamar el Oriente antaño romano como su hogar. Según el credo otomano, Asia debía ser para los asiáticos y, con el tiempo, también para Europa. También se acabó cualquier idea de que el helenismo suplantaría a la Europa occidental latina, como había ocurrido durante siglos tras el colapso de la Roma del siglo v. Se invirtió el equilibrio entre un Occidente latino «bárbaro» y un Oriente griego «civilizado».

Hoy en día, muchos de los territorios por los que lucharon otomanos y bizantinos siguen atrapados en el pasado. Gran parte de las tensiones del siglo xxi entre una Europa oriental que suele considerarse tradicionalista, conservadora, pobre y sufrida y una Europa occidental liberal, rica e irresponsable surgieron después de 1453. Al decaer el helenismo y desaparecer el freno bizantino a la expansión otomana, los europeos orientales se sintieron abandonados ante los turcos e incapaces de detenerlos por sí mismos, mientras que un Occidente más seguro y protegido era libre para enriquecerse.

A pesar de los ejércitos musulmanes que llegaron a las puertas de Viena en 1529 y 1683, se vislumbraba un Occidente renovado y confiado. Además de los avances culturales y científicos del Renacimiento, Europa no tardaría en dar un gran salto adelante en armamento y tecnología militar, y en medio siglo disfrutaría del práctico monopolio de la navegación transoceánica, que brindaría riquezas incalculables —procedentes de China, la India y el Nuevo Mundo— a las monarquías europeas atlánticas.

Apenas treinta años después del descubrimiento del Nuevo Mundo, el dinamismo militar y científico occidental llevaría a los emisarios de la España imperial al corazón de México. Allí se encontraron con un imperio asombroso, vigoroso y guerrero, absolutamente opuesto al imperialismo español católico en casi todos los aspectos imaginables. Sin embargo, la Tenochtitlán azteca, al igual que sus predecesoras condenadas al fracaso, creía que sus complejas defensas, su destreza marcial, sus esfuerzos por apaciguar, sobornar e intimidar a los intrusos, y su sentido del derecho divino y del poder manifiesto, garantizarían su existencia eterna. Del mismo modo que los tebanos, cartagineses y bizantinos no fueron plenamente conscientes ni de la fuerza de sus atacantes ni del genio destructor de los líderes enemigos, los aztecas tampoco pudieron imaginar a un hombre como Hernán Cortés, que estaba dispuesto a aniquilarlos y que en solo dos años encontraría el poder para hacerlo.

CAPÍTULO 4

HIBRIS IMPERIAL

LA ANIQUILACIÓN DEL IMPERIO AZTECA
(VERANO DE 1521)

Troyanos, no confiéis en el caballo.
Sea lo que sea, desconfío de los griegos
incluso cuando traen regalos.
(Equo ne credite, Teucri /quidquid id est,
timeo Danaos et dona ferentis).
Virgilio, *Eneida*

[Los aztecas] ni tenían ni hallaban flechas ni varas ni piedras con que ofendernos, y andaban con nosotros nuestros amigos a espada y rodela. Y era tanta la mortandad que en ellos se hizo por la mar y por la tierra que aquel día se mataron y prendieron más de cuarenta mil ánimas, y era tanta la grita y lloro de los niños y mujeres que no había persona a quien no quebrase el corazón.[1]

Así informó Hernán Cortés, el conquistador de Nueva España, de cómo había arrasado la capital azteca de Tenochtitlán. Si el extenso informe en su tercera carta de 1521 al rey Carlos V —una de las cinco que Cortés escribiría a su rey español entre 1519 y 1526, antes, durante y después de la conquista— era exacto en su mayor parte, entonces los detalles de la conquista que describe presentan un cuadro horroroso. Es posible que los españoles

—muy poderosos gracias a sus espadas de acero, ballestas, cañones y arcabuces— y sus aliados nativos mataran al doble de mexicas (como se conocía generalmente a los aztecas y otras tribus) durante un solo día de su asedio, tantos como perdió el ejército británico el primer día de la ofensiva del Somme de 1916.

Como escribió Cortés, cuando los españoles y sus aliados se acercaron por segunda vez a la ciudad del lago de Texcoco, todos asumieron que aquella era una guerra total. Los derrotados morirían en masa y desaparecerían de México. Los vencedores podrían hacer lo que les viniera en gana. Al igual que los espartanos y sus aliados en la batalla de las Termópilas, el pequeño grupo de Cortés era superado en número miles de veces. Sin embargo, a diferencia de los espartanos y otros aliados de Leónidas, Cortés venció como invasor, en lugar de perecer defendiendo su propio suelo, en una de las victorias más asombrosas y una de las aniquilaciones más absolutas de un oponente en la historia militar.

Cortés pudo haber confesado más tarde a su rey que su corazón había sangrado al oír la matanza de niños aztecas que cayeron en manos de sus aliados nativos. Sin embargo, las victorias del caudillo habrían sido imposibles sin reclutar a decenas de miles de feroces guerreros tlaxcaltecas. Como víctimas frecuentes de los sacrificios humanos aztecas, detestaban a los aztecas más de lo que temían a los españoles, un hecho esencial para la estrategia de Cortés. De hecho, esa alianza indígena, que comenzó con varias y sangrientas batallas que los tlaxcaltecas acabaron perdiendo frente a los españoles, resultó afortunada para estos. Los tlaxcaltecas eran reconocidos como los guerreros antagonistas de los aztecas del centro de México. Eran casi los únicos de los muchos enemigos de Tenochtitlán que habían encontrado la manera de preservar su autonomía mediante alianzas fluctuantes y una extraordinaria fiereza en el campo de batalla.

Tras su fallida resistencia inicial, los tlaxcaltecas se habían unido a los españoles con la promesa de vengarse y derrotar a sus verdugos aztecas. Durante los dos años siguientes, la ciudad de Tlaxcala siempre demostró ser la más fiable de entre todos los veleidosos aliados de Cortés, así como la más competente y la más mortífera para los aztecas. Tlaxcala fue fundamental para la improbable conquista del español y, en cierta medida, para el posterior control del centro de México mediante pequeñas fuerzas de alguaciles después de la guerra.[2]

Para hacerse una idea de la ferocidad de los tlaxcaltecas y de su lealtad al «Capitán» Cortés, veamos esta canción tlaxcalteca que narra la conquista:

¡Habéis llegado a Tenochtitlán! ¡Sed fuertes, tlaxcaltecas! ¡Huejotzincas! ¿Y qué escuchará Nelpiloni del Señor Xicohténcatl? ¡Sed fuertes! ¡Salve!

Vigilemos los barcos del capitán. Ah, su estandarte ya llega desde Tepepolco. El pueblo mexicano está arrasado bajo él. ¡Ay! ¡Sed fuertes! ¡Salve!

¡Ayudad a nuestros señores! Con armas de hierro están destrozando la ciudad, ¡están destrozando la nación mexicana! ¡Sed fuertes! ¡Salve!

¡Toca tu tambor y ríe fuerte, oh Ixtlilxochitl! ¡Baila en la Puerta del Águila! ¡Aquí! ¡En México! Tus escudos de penacho escarlata giran en la piedra redonda. ¡Sed fuertes! ¡Salve!

Mientras tanto, se lanzan y se ofrecen. ¡Oh, sobrinos! Oh valiente Anahuacatl, y tú, oh jefe otomí Tehuetzquiti, ¡ay! ¡Sed fuertes! ¡Salve![3]

El astuto invasor sabía que los tlaxcaltecas, después de un siglo sufriendo la obligación de ceder a sus jóvenes para los sacrificios humanos aztecas, probablemente no mostrarían piedad durante los últimos días de la odiada ciudad. Cortés asumió que, aunque quisiera, su pequeña fuerza no tenía ni el número ni los medios para detener la vengativa matanza de los tlaxcaltecas. En ese momento, y a pesar de las declaraciones posteriores, no tenía ningún deseo de contenerlos en las calles de la capital azteca. El resultado fue una matanza interminable, una carnicería que no solo culminó la derrota de los aztecas, sino que también extinguió su civilización.

Tan descarnado choque de culturas había comenzado en noviembre de 1519, poco después del desembarco español en la costa oriental mexicana. Siguiendo los rumores sobre una vasta y rica ciudad en el interior de la casi desconocida tierra firme, y tras una serie de batallas contra ciudades satélite gobernadas por súbditos aztecas, el contingente español —unos quinientos hombres al mando de Cortés— se abrió paso por el interior y entró en Tenochtitlán. Sin embargo, tras nueve meses de viajes constantes e incesantes combates, Cortés había llegado a la capital agotado, y sus mermadas fuerzas no parecían suponer ninguna amenaza para el vasto Imperio azteca. Sin embargo, lo que vieron les dejó tan atónitos como entusiasmados. Mientras inventariaban las riquezas de la metrópoli isleña y constataban la formidable asimetría entre su reducida fuerza y la enorme ciudad azteca, todavía confiaban en que su ventaja militar compensaría su inferioridad numérica.

Durante su azarosa marcha hacia el interior, los aguerridos hombres de Cortés no tardaron en comprobar que, ya fuera para el ataque o la defensa, lo que les faltaba en número les sobraba por su superioridad cultural, política y tecnológica. Apenas tres décadas después de los descubrimientos de Colón, Cortés ya sabía quiénes y qué eran los aztecas; en cambio, los mexicas, al menos al principio, no estaban tan seguros de la naturaleza de sus misteriosos huéspedes y no tenían ni idea de que los españoles desearan ni pudieran destruir su gran imperio en cuestión de meses.

Bernal Díaz del Castillo, veterano de la campaña y la fuente histórica de la época más completa sobre la conquista, atribuyó parte de la capacidad española para arrasar Tenochtitlán a lo que a veces se describe en la actualidad como «confusión cultural». Esta corriente tan popular achaca el éxito de Cortés a la creencia de los aztecas de que los españoles eran dioses. Así, al principio no solo se negaron a atacarlos, sino que acogieron a los conquistadores dentro de la propia Tenochtitlán.

Hay muchas pruebas de que tal perplejidad divina no era generalizada, o al menos no durante mucho tiempo. En realidad, Cortés nunca escribió que los mexicas o cualquier otro grupo pensaran que él era un dios. En cambio, el primer relato publicado de un testigo que menciona a los españoles como dioses puede haber sido el de Francisco de Aguilar, que con el tiempo renunció a sus propiedades en el México español, se hizo fraile dominico y, décadas más tarde, a sus ochenta años, escribió unas memorias sobre la violenta conquista. «Nos consideraban —escribió Aguilar más tarde— como hombres inmortales y nos llamaban *teules,* que significa 'dioses'».[4]

Bernal Díaz, por supuesto, coincidía con Aguilar. En su exhaustivo relato de los encuentros iniciales, describió las reacciones de los mayas locales en Vera Cruz:

> Y viendo cosas tan maravillosas y de tanto peso para ellos, dijeron que no osaron hacer aquello hombres humanos, sino teules, que así llamaban a sus ídolos que adoran. Y a esta causa, desde allí adelante nos llamaron teules, que es, como he dicho, o dioses o demonios.[5]

Andrés de Tapia, otro cronista conquistador, detalló el primer encuentro entre los españoles y los tlaxcaltecas, mostrando de nuevo que al menos algunos nahuas —generalmente los indígenas de México— pensaron inicialmente que los recién llegados podían ser divinos:

> Habían venido ciertos indios al real, y traído al marqués [Cortés] cinco indios, diciéndole: «Si eres dios de los que comen sangre y carne, cómete estos indios, y te traeremos más; y si eres dios bueno, he aquí incienso u plumas; y si eres hombre, he aquí gallinas e pan e cerezas».[6]

En cuanto a la jerarquía religiosa azteca, se supone que los sacerdotes —parte de la teocracia, inseparable de la monarquía— concluyeron que los animales y armas mágicas que Cortés trajo consigo a Tenochtitlán confirmaban antiguas profecías según las cuales el dios dual Quetzalcóatl, serpiente emplumada, aparecería en carne y hueso el mismo año de la llegada de los españoles, acompañado de un séquito antropomórfico de piel blanca y barba.

De hecho, el *Códice Florentino* —una formidable historia cultural ilustrada de los aztecas de dos mil cuatrocientas páginas, re-

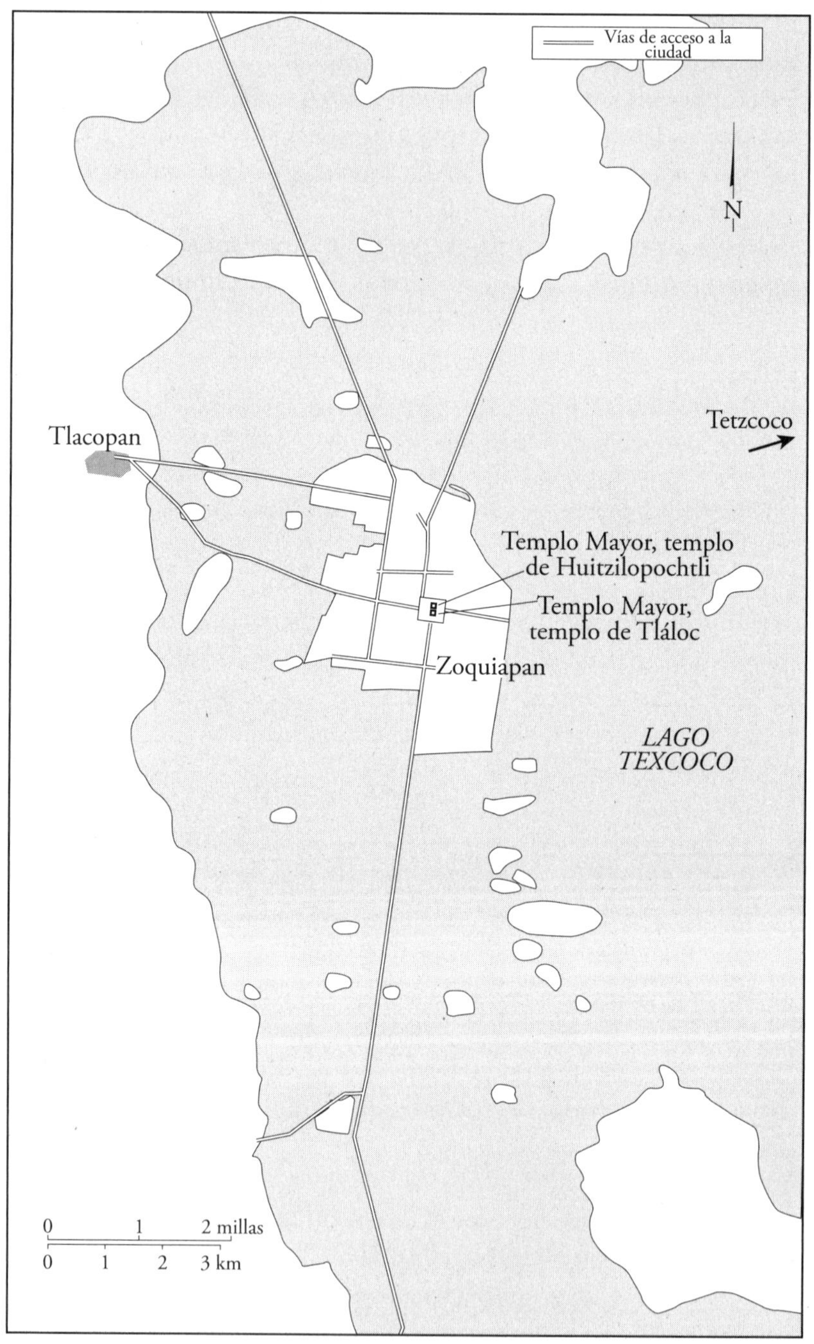

Tenochtitlán

copilada por el fraile franciscano Bernardino de Sahagún a partir de fuentes nahuas décadas después de la conquista— enumera un batiburrillo de fenómenos naturales que presagiaban una llegada divina. Esas confusas advertencias sobre la inminente llegada de los extraños de piel blanca iban desde relámpagos hasta cometas y apariciones sobrenaturales de bestias extrañas. Como resultado, los atribulados aztecas creían que quizá se acercaban fenómenos espantosos. Por lo demás, no tenían ni idea de quién o qué era

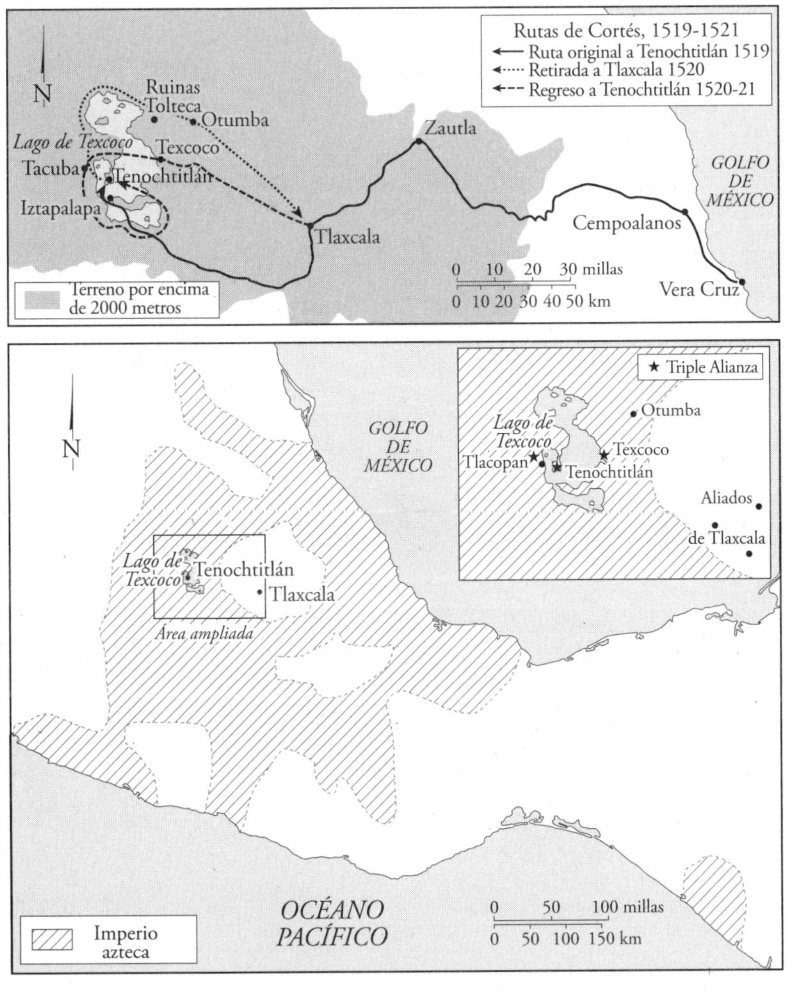

El Imperio azteca en el siglo XVI

Cortés, y mucho menos los peligros que les aguardaban, sobre todo teniendo en cuenta los protocolos tácticos y estratégicos de la guerra europea, tan diferentes: preferencia por la batalla decisiva, dependencia de una tecnología superior, disciplina militar estricta, optimización de la logística y una exhaustiva cadena de mando.[7]

Lo cierto es que Cortés jugó con el hecho de que, durante un tiempo, algunos líderes religiosos nahuas habían creído que sus hombres podían formar parte de un séquito piadoso del divino Quetzalcóatl; al menos, eso les habían relatado los mensajeros de las ciudades costeras a los espías y exploradores del emperador azteca Moctezuma II —el noveno emperador y bisnieto de Moctezuma I— poco después del desembarco español en la costa oriental.

Además, Cortés supuso que tales convicciones tenían una enorme importancia estratégica, al menos durante su primera visita a Tenochtitlán a finales de 1519 y principios de 1520. Puede que, más tarde, a los supervivientes aztecas les conviniera confesar a los españoles que una de las razones de su destrucción fueron las afirmaciones de sus sacerdotes, quienes habían creído que sus guerreros trataban con visitantes divinos inmortales y casi invencibles. Tanto si la jerarquía azteca llegó a creer que los españoles eran divinos como si no, poco importó después de que no consiguieran aniquilar a Cortés a la primera, cuando aún tenían una oportunidad.[8]

Desde su primer encuentro, Moctezuma II conjeturó que Cortés era humano. En su segunda carta de octubre de 1520 a Carlos V, donde repasa sus experiencias y esboza sus planes, Cortés cita las primeras declaraciones de Moctezuma a los españoles (presumiblemente traducidas por la Malinche, la amante de Cortés, del náhuatl al maya, y luego por Francisco Aguilar del maya al español):

«Sé que también os han dicho [sus aliados] que yo tenía las casas con las paredes de oro y que las esteras de mis estrados y otras cosas de mi servicio eran asimismo de oro y que yo era y me hacía Dios y otras muchas cosas. Las casas ya las veis que son de piedra y cal y tierra». Entonces alzó las vestiduras y me mostró el cuerpo diciendo: «A mí veisme aquí que soy de carne y hueso como vos y como cada uno, y que soy mortal y palpable».[9]

Mucho más tarde, tras la destrucción de la ciudad, la conquista fue mitificada. Tanto los españoles como los supervivientes de la caída de Tenochtitlán difundieron la idea de que los soldados de caballería españoles eran semidioses parecidos a centauros —en parte humanos, en parte extrañas bestias de cuatro patas y equipados con mortíferas y atronadoras armas de fuego y de filo cortante— que habían confundido a los aztecas hasta neutralizarlos. Al principio, puede que algunos de los mayas de la costa creyeran que los caballos de Cortés eran dragones. Afirmaban que lo que más les asustaba eran sus bocas dentadas y jadeantes.

Sin embargo, estudios más recientes demuestran que hay pocos relatos prehispánicos que mencionen el mítico regreso de Quetzalcóatl en 1519. Incluso si los grandes sacerdotes aztecas promulgaron tal profecía, el deslumbramiento místico entre culturas tan discordantes no tardó en desvanecerse.[10]

Durante los meses siguientes, los anfitriones aztecas vieron sangrar a Cortés y a sus hombres. Sus heridas confirmaron algunos rumores contradictorios sobre los españoles que les habían trasladado los exploradores y mensajeros de las tribus costeras. A los españoles también les entró hambre. Riñeron con mezquindad, a la manera humana. Regatearon. Codiciaban el oro. Exigían sexo a las mujeres indígenas. En el furor más impío, derribaron ídolos. Arengaron descaradamente a sus anfitriones contra el sacrificio humano y el canibalismo. En lugar de actuar como deidades, procuraron que los mexicas reconocieran a su propia deidad, Jesucristo, como salvador.

Más importante aún: a pesar de todas sus armas sobrenaturales —caballos, perros enormes, acero español, cañones, arcabuces y ballestas—, estos hombres de carne y hueso seguían siendo superados en número por unos seiscientos u ochocientos a uno. Relatos posteriores recopilados por Bernardino de Sahagún atestiguaron que, si bien demoraba su decisión con respecto a ellos, Moctezuma II se mantuvo firme en que sus invitados no eran deidades —y mucho menos bienintencionadas—, sino humanos salvajes y peligrosos con habilidades marciales muy superiores a las de sus súbditos aztecas:

> Moctezuma lloró, y [cómo] lloraron los mexicanos, cuando supieron que los españoles eran muy poderosos. Moctezuma expresó en voz alta su angustia. Sentía angustia, estaba aterrorizado, estaba asombrado; expresó su angustia por la ciudad. Todos estaban aterrorizados. Hubo terror, asombro, expresiones y sentimientos de angustia. Hubo consultas; se formaron grupos; asambleas. Hubo llanto, mucho llanto, llanto por los demás. Todo el mundo andaba cabizbajo, había abatimiento. Hubo saludos llorosos, hubo saludos llorosos dados a otros.[11]

Durante los ocho meses siguientes, en Tenochtitlán se sucedieron la confraternización y descubrimiento mutuos; las traiciones, revueltas y guerras civiles; combates igualados y, al final, la casi desaparición de la fuerza española inicial. Tras unos días en Tenochtitlán, ya existía una creciente confusión sobre si la diminuta banda de conquistadores españoles eran prisioneros de cientos de miles de aztecas, o si controlaban la ciudad al retener a su emperador Moctezuma II como rehén: solo seis días después de su llegada, el 6 de noviembre de 1519, los españoles habían ocupado y fortificado la residencia imperial de Moctezuma, con el propio emperador en su interior. Ambas realidades eran ciertas: los españoles que tomaron rehenes en el palacio imperial también eran rehenes en la ciudad imperial.

La mayoría de las élites aztecas no tardaron en confirmar los rumores provenientes de la costa: los españoles que habían llegado desde grandes distancias no eran benefactores, dioses o meros aventureros, sino humanos, muy humanos conquistadores obsesionados por el oro y muy humanos colonos decididos a quedarse en México. La creciente familiaridad de los aztecas con los españoles a lo largo de estos meses también estaba resultando casi desastrosa para los vanidosos conquistadores, que todavía parecían ignorar el peligro que corrían. El siempre astuto Cuitláhuac, hermano de Moctezuma II —y su breve sucesor durante ochenta días antes de sucumbir a la viruela— tenía cada vez menos dudas: los españoles eran criminales empeñados en el robo, la conquista y la ruina de los aztecas, por lo que abogó por exterminarlos lo antes posible, antes de que su número y su poder crecieran.[12]

Desde que los españoles llegaron por primera vez a Tenochtitlán y pidieron entrar en la ciudad, Cuitláhuac los había considerado amenazas existenciales. Por el contrario, el sobrino de Moctezuma, Cacama, había instado a que se les diera la bienvenida:

Cacama [dijo] que mostraría falta de valor negarles la entrada una vez que estuvieran a las puertas. Añadió que no era propio de un gran señor como su tío rechazar a los embajadores de otro gran príncipe. Si los visitantes hacían alguna demanda que desagradara a Moctezuma, podría castigar su insolencia enviando contra ellos a sus huestes de valientes guerreros [...] Entonces Cuitláhuac le advirtió: «Ruego a nuestros dioses que no dejes entrar a los forasteros en tu casa. Te echarán de ella y derrocarán tu gobierno, y cuando intentes recuperar lo que has perdido, será demasiado tarde».[13]

Desgraciadamente para Moctezuma y todo su imperio, no siguió el consejo de su hermano, sino el de su sobrino, y dejó que los españoles entraran en la ciudad.

En medio de estas tensiones, y tras los seis meses iniciales de negociaciones fallidas para determinar el estatus y los objetivos de los ocupantes españoles, a principios de noviembre de 1519 un acontecimiento inesperado obligó a Cortés a dividir su modesta fuerza en contingentes todavía más pequeños. Al recibir noticias de una nueva fuerza española que acababa de desembarcar cerca del nuevo puerto de Vera Cruz, a cuatrocientos kilómetros, abandonó la ciudad acompañado por solo doscientos cincuenta o trescientos hombres. Al llegar allí con tan escaso contingente, Cortés se enteró de que nueve barcos españoles procedentes de Cuba habían atracado con más de ochocientos soldados, veinte cañones, ochenta jinetes, ciento veinte ballesteros y ochenta arcabuceros, todos bajo el mando de su rival, el incompetente Pánfilo de Narváez.

Cortés sospechaba que estos recién llegados no eran refuerzos, sino sus perseguidores y captores, y pronto descubriría que los había enviado el gobernador de Cuba, Diego Velázquez de Cuéllar, quien, al parecer, se había replanteado la autorización a Cortés para emprender su aventura. Pretendía abortar la expedición de esos indómitos españoles que planeaban conquistar lo que Velázquez ya había reconocido como un enorme y rico imperio.

Lo que siguió fue una pesadilla y una bendición al mismo tiempo. Por desgracia, Cortés había dejado una tropa raquítica para retener a Moctezuma II en el interior del reducto español de la capital. Para empeorar las cosas, había puesto el contingente bajo el mando de Pedro de Alvarado, su brillante, pero temperamental y despiadado lugarteniente. Alvarado era el único líder con suficiente arrojo e inteligencia para disuadir a los aztecas en ausencia de Cortés, pero también era lo bastante imprudente como para incitar un levantamiento azteca. En efecto, eso fue lo que ocurrió poco después de la marcha de Cortés, cuando Alvarado afirmó haber descubierto una supuesta conspiración mexica para asaltar el pequeño enclave español y quiso adelantarse a ella.

También es posible que Alvarado se enfureciera y aterrorizara de tal modo ante los rituales aztecas, tan ceremoniales y extáticos, que matara a un numeroso grupo de aristócratas y sacerdotes aztecas sin pensarlo demasiado. O puede que viera los ricos despliegues de oro y joyas de los oficiantes y quisiera destruir y saquear a la élite gobernante, ya que durante la ausencia de Cortés no tuvo demasiadas restricciones. Cualesquiera que fuesen los motivos, los españoles no contaban con más de doscientos soldados, pero se enfrentaban a decenas de miles de aztecas furiosos y dispuestos a acabar con ellos.

Más tarde, durante el juicio a Alvarado, un soldado español testificaría que vio ollas, sartenes y hachas, y «oyó decir a los indios que todo eso era para matar españoles, cocinarlos y comérselos con ajo». Alvarado, que a estas alturas ya debía estar muy nervioso, también observó desconcertado una gran figura de Huitzilopochtli construida con semillas de amaranto mezcladas con sangre de cautivos que acababan de ser sacrificados. También parece probable que Alvarado obtuviera la mayor parte de su información sobre las intenciones aztecas de tlaxcaltecas con motivos interesados, o quizá de sus cautivos aztecas, torturados por los españoles hasta que dijeran lo que estos querían oír.[14]

Cualquiera que fuera la razón —temor por su vida, desconfianza de que expulsaran a los españoles de la ciudad, ansiedad por no fallar al ausente Cortés, furia porque los aztecas estaban profanando sus imágenes cristianas recién instaladas—, Alvarado cometió la estupidez de atacar a los participantes en el ritual. Siguió un abyecto baño de sangre. Su banda de lanceros españoles acorazados y sus irregulares tlaxcaltecas bloquearon todas las salidas del patio del templo. Entonces la reducida fuerza española, dirigida por unos pocos jinetes, cargó con todas sus fuerzas. De un modo similar al célebre episodio del emperador Justiniano, cuando mató a miles de opositores desarmados en el hipódromo de Bizancio durante la convulsión de los llamados disturbios de Nika (532 d.C.), Alvarado y docenas de sus hombres a caballo acribillaron a cientos de asistentes desarmados que se agolpaban para rendir culto a su dios de la guerra, Huitzilopochtli.[15]

> Atacaron a todos los oficiantes, apuñalándolos, alanceándolos por la espalda, y estos caían al suelo con las entrañas colgando. A otros los decapitaron: les cortaron la cabeza o la partieron en pedazos. A otros les golpearon en los hombros y les arrancaron los brazos del cuerpo. Hirieron a unos en el muslo y a otros en la pantorrilla. A otros los acuchillaron en el abdomen y sus entrañas se desparramaron por el suelo. Algunos intentaron huir, pero arrastraban sus intestinos mientras corrían; parecía que sus pies se enredaran con sus propias entrañas.[16]

Mientras tanto, un Cortés igualmente superado en número en Vera Cruz demostró ser mucho más sabio de lo que Alvarado lo había sido en Tenochtitlán. Lejos de perder el mando y permitir que Pánfilo de Narváez lo capturara por insubordinación, el melifluo Cortés enseguida trató de engatusar a los soldados de Narváez prometiéndoles riquezas en la cercana Tenochtitlán. Tales ofertas de oro fácil a los hombres de Narváez —que en su mayoría eran jóvenes e inexpertos en la guerra del Nuevo Mundo— sugieren que Cortés ya albergaba ciertos planes de conquistar la ciudad y repartirse el botín a su regreso.

Tras unas negociaciones prolongadas, pero fallidas, Cortés emprendió un ataque nocturno y, tras una breve escaramuza, apresó al desventurado Narváez. En realidad, la mayoría de los hombres de Narváez no sentían aprecio por su altanero e inepto comandante. Muchos conocían y respetaban a Cortés, y todavía les gustaban más sus promesas de riquezas en el interior de México. El resultado fue una batalla a medio gas: Cortés solo perdió dos hombres, y Narváez apenas quince. Dejaron al herido y tuerto Narváez atrás, en custodia, y Cortés se hizo con casi toda su fuerza, que incluía importantes suministros, así como médicos y notarios expertos. Con tan reforzado contingente emprendió el regreso a Tenochtitlán. Había abandonado la ciudad con una fuerza mísera y mal equipada, apenas engrosada durante el viaje a la costa hasta alcanzar quizá los cuatrocientos hombres. Tras despachar a Narváez y apropiarse de su contingente, ahora regresaba con un considerable ejército, y bien equipado, de entre mil doscientos y mil quinientos soldados. Pronto los necesitaría a todos.

En Tenochtitlán, la arriesgada táctica de Alvarado había salido terriblemente mal. Sus hombres estaban rodeados, medio muertos de hambre y atrapados en un recinto fortificado. Como era de esperar, los habitantes de la ciudad habían empuñado las armas y estaban dispuestos a matar a cualquier español que encontraran.

Cortés volvió a entrar en Tenochtitlán con los necesarios reabastecimientos de pólvora, armas y caballos. Sin embargo, si los españoles gozaban ahora de una mejor posición táctica, también eran mucho más vulnerables estratégicamente, dado el cambio de actitud de sus anfitriones durante la ausencia del comandante.

La situación era complicada… y no tardó en empeorar. En algún momento del 30 de junio de 1519, durante los combates intermitentes entre españoles y aztecas, Moctezuma II murió bajo custodia española, al parecer por una piedra o un proyectil. Rumores posteriores afirmaron que había muerto a manos de los conquistadores. No importa: su muerte marcó un giro radical para el afán español, ya malogrado, por hacerse con la ciudad sin una guerra abierta. Las circunstancias exactas de su fallecimiento siguen siendo objeto de disputa unos quinientos años después. Fuera quien fuera el verdadero culpable, es posible que tanto los españoles como los aztecas consideraran al rey como una figura cada vez más incoherente, ineficaz e irrelevante, e incluso como un lastre, y no les preocupara demasiado verlo muerto.

No obstante, se señaló a los españoles como los culpables de matar a un emperador azteca y no importaba si miles de mexicas lo habían abandonado porque lo juzgaban un obstáculo para acabar con los conquistadores. En este momento, acorralados por una hueste enfurecida, a los españoles no les quedaba otra opción que arriesgarse a salir a hurtadillas de la capital, con toda su fuerza recién engrosada y todo el oro que, como buenos necios y codiciosos, pretendían llevarse con ellos. Si la tropa original de Cortés se había acostumbrado al modo de guerra azteca tras marchar a la capital y ocuparla, los novatos de Narváez no tenían ni idea de lo peligrosos que eran los enjambres de guerreros mexicas.

Una lluvia torrencial había embarrado las calzadas y algunos tramos eran resbaladizos. Durante la noche de la huida, más allá de la oscuridad que ocultaba la marcha de los españoles, las sombras se sumaron a la atronadora tormenta y los confundieron mucho más que a sus perseguidores. Por la mañana temprano, un vigía azteca dio la alarma de que los españoles huían a toda prisa por las oscuras y resbaladizas calzadas del lago de Texcoco.

En cuestión de minutos, cientos de canoas aparecieron junto a las salidas de las calzadas, con sus tripulantes lanzando flechas y piedras a los fugitivos. Oleadas de guerreros salieron en tropel de la ciudad para empujar al agua a los soldados acorazados que se retiraban. Muchos de los soldados, sobre todo los codiciosos hombres de Narváez, habían cargado sacos de oro, por lo que fueron arrastrados al lago cuando resbalaron. La mayoría se ahogó, aunque muchos también fueron pescados para servir de alimento a Huitzilopochtli. «Así que los que murieron, murieron ricos, y su oro los mató», como recordó más tarde un cronista español.

Otros aztecas se adelantaron corriendo o remando para romper la calzada sobre el lago y cortar la retirada. Las columnas del centro y la retaguardia se enfrentaron con todo el peso del ataque azteca: la mayoría de los hombres murió, si bien los que iban en vanguardia fueron más afortunados. Los españoles inmortalizarían la debacle que siguió como la legendaria Noche Triste. Posteriormente, el Códice Florentino describió con sangrientos detalles la práctica destrucción de la columna española:[17]

> Cuando los españoles llegaron al canal de los toltecas, el Tlatecayohuacan, se lanzaron de cabeza al agua, como si saltaran de un acantilado. Todos —los tlaxcaltecas, los aliados de Tliliuhquitepec, los soldados de infantería y los jinetes españoles, con las pocas mujeres que acompañaban al ejército— se acercaron al borde y se lanzaron. El canal pronto quedó atascado con los cadáveres de hombres y caballos; llenaron el hueco de la calzada con sus cuerpos ahogados. Los que iban detrás cruzaron al otro lado sobre los cadáveres.[18]

Entre cuatrocientos y setecientos españoles murieron en el acto. Los rezagados y capturados con vida fueron paseados por las escaleras de la Gran Pirámide de Tenochtitlán y sacrificados durante los días siguientes. Cortés y su mermada fuerza de menos de ochocientos supervivientes exhaustos y heridos apenas llegaron a la cercana llanura de la ciudad de Otumba, donde se enfrentaron al enorme ejército azteca —unos veinte mil guerreros— que los perseguía. Milagrosamente, una pequeña banda de lanceros a caballo había conseguido sobrevivir y huir por la calzada y las sostenidas cargas de estos jinetes acorazados se focalizaron, acertadamente, en las élites aztecas que los seguían. En Otumba alancearon a los suficientes como para que el 8 de julio, poco más de una semana después de la Noche Triste, el enorme ejército azteca se retirara, lo que a la postre sería un error fatal. No está del todo claro por qué los aztecas decidieron atacar a los españoles cuando se marchaban de la ciudad, pero los sucesos recientes —el abyecto robo y asesinato de los asistentes al festival, la muerte de Moctezuma bajo custodia y el temor a que regresaran con mayores fuerzas— habían sido bastante graves como para que los aztecas hubieran acabado con ellos mientras podían.[19]

Otumba marcó para los invasores el punto más bajo de la conquista, excepto quizá para Cortés. Le perseguían hordas de aztecas y grupos afines, y la mayoría de sus aliados lo habían abandonado al asumir que los españoles estaban condenados. El campo mexicano pasaba del apoyo a la hostilidad por miedo a las represalias aztecas, mientras en las filas españolas crecía la discordia. La mitad de su otrora orgulloso, bien equipado y renovado ejército había muerto. Cualquier otro líder habría ordenado una retirada inmediata a la seguridad del puerto de Vera Cruz. Sin embargo, las cosas todavía debían empeorar un poco más.

Cortés tuvo que frustrar un intento de asesinato; le llegaron rumores de un probable motín perpetrado por los soldados contrariados que solo querían volver a la costa, navegar a casa y dejar atrás la pesadilla de lo que habían visto en el Templo Mayor, la Gran Pirámide con sus templos gemelos en lo alto. Sus hombres gritaban:

> ¿Por qué quiere retenernos aquí para que suframos la peor de las muertes? ¿Qué tiene contra nosotros para no dejarnos marchar? Nuestras cabezas están rotas, nuestros cuerpos descompuestos y cubiertos de heridas y llagas, sin sangre, débiles y desnudos [...] Él [Cortés] no tiene en cuenta que está sin hombres, cañones, armas y caballos (que soportan el peso de la guerra), y no tiene provisiones, que es la peor carencia de todas.[20]

Ni los veteranos de Cortés querían regresar nunca más a Tenochtitlán. Casi nadie sabía dónde encontrar comida, armas y municiones. La mayoría estaban heridos. No todos temían la muerte en batalla, pero después de las capturas masivas en el lago y en las calzadas, les aterrorizaba que los ataran y arrastraran hasta la pirámide, donde los sacerdotes les arrancarían el corazón y arrojarían sus cadáveres a los animales y a las masas hambrientas para que los devoraran.

Sin embargo, Cortés mantuvo la calma. Apenas trece meses después de este desastre, con menos de mil soldados —quizá quinientos menos que el ejército que huyó en la Noche Triste—, destruiría el Imperio azteca junto con sus aliados tlaxcaltecas. Su nuevo ejército acabaría matando a más de cien mil guerreros y a muchos más habitantes de Tenochtitlán, al tiempo que arrasaría los grandes edificios y las casas de adobe. Los historiadores han discutido durante quinientos años sobre cómo una fuerza de invasión española tan pequeña —que nunca llegó a contar con más de mil quinientos soldados— venció, estuvo a punto de capitular, reconstruyó una extensa alianza nativa y regresó a Tenochtitlán para arrasar un imperio de cuatro millones de súbditos, gobernado desde una capital bien defendida por cientos de miles de residentes. Y todo en menos de dos años.

Puede que los tebanos que se rebelaron contra Alejandro Magno no albergaran muchas esperanzas contra las expertas tropas macedonias. La Tebas clásica y su campiña circundante contaban con poco más de cien mil habitantes, y su antaño invicto ejército quizá no superaba los diez mil hombres. Alejandro llegó con más de treinta mil soldados veteranos y recurrió a miles de beocios antitebanos que colaboraron en el asedio. Los tebanos, que pronto se verían rodeados, conocían la reputación de los sitiadores del norte, las crecientes probabilidades en su contra, la salvaje forma de hacer la guerra de los macedonios bajo el difunto padre de Alejandro, Filipo II, y la probabilidad de que una derrota los condenara al sometimiento, aunque no a su destrucción absoluta. No obstante, en parte lucharon porque el número real de sitiadores de Alejandro apenas duplicaba al del ejército tebano, junto a otros defensores civiles y esclavos en la muralla.

Por el contrario, cuando Moctezuma II, gran gobernante del Imperio azteca, recibió por primera vez a Hernán Cortés en su capital, Tenochtitlán, controlaba de tres a cuatro millones de súbditos imperiales de diverso estatus. Dominaba unos trescientos veinticinco mil kilómetros cuadrados en el centro y sur de México, aproximadamente dos tercios de la España actual. La mera extensión del dominio de Moctezuma II tornaba improbable que unos pocos cientos de soldados españoles pudieran conquistarlo, y mucho menos ocupar su territorio y someter a su población. Pocas veces en la historia de los grandes asedios una fuerza tan reducida como la española y sus aliados tlaxcaltecas habían tomado una capital imperial tan enorme.[21]

Tenochtitlán era una ciudad bastante joven. En 1519, durante su apogeo, no tenía más de dos siglos. Tampoco era una Tebas de estar por casa. La asombrosa metrópolis de ocho kilómetros cuadrados surgió de una isla ligeramente elevada en el centro del lago de Texcoco, poco profundo. La ciudad flotante —de entre doscientos mil y cuatrocientos mil residentes permanentes— se entrelazaba sobre las marismas con un complejo sistema de calzadas que conectaban la isla con tierra firme en tres de los lados, como los radios de una rueda de bicicleta. Las calzadas formaban un laberinto de canales, esclusas y acueductos que gobernaban el nivel de agua del lago y el acceso a la ciudad. La capacidad de abrir y cerrar estos accesos hacía que la ciudad pareciera casi inexpugnable. Mediante la modulación de los niveles de agua, la ciudad podía convertirse en una isla fortificada rodeada de canales de una manera mucho más ingeniosa que un castillo europeo medieval con foso.

Tras la Noche Triste, los aztecas llegaron a la conclusión de que la amenaza española ya casi había concluido. Nadie dudaba que los españoles, derrotados y perseguidos, caerían en las emboscadas de los oportunistas súbditos del imperio, que ahora deseaban congraciarse con el nuevo y mucho más belicoso emperador Cuitláhuac. Incluso cuando llegó la noticia del contraataque español, los aztecas aún tenían buenas razones para estar confiados. No les preocupó que los españoles hubieran construido barcos para navegar en el lago ni la renovada alianza antiazteca, encabezada por los indomables tlaxcaltecas. Les tranquilizaba saber que los españoles seguían siendo una fuerza diminuta a la que ya habían derrotado.

Los aztecas también concluyeron que los invasores nunca dispondrían de tantos soldados ni recursos europeos como en la Noche Triste. No se equivocaban al suponer que Cortés nunca podría dirigir a tantos conquistadores bien abastecidos contra Tenochtitlán. Cuando pasaron a la ofensiva, su estrategia inmediata fue perseguir a Cortés hasta la costa, o al menos coaccionar a las ciudades sometidas para que se volvieran contra él y le tendieran una emboscada. Sin embargo, tras la retirada española en Otumba la jerarquía azteca se relajó, como si la ciudad ya estuviera a salvo y el humillado y derrotado Cortés no fuera a regresar jamás.

De un modo un tanto extraño, las actitudes de vencedores y vencidos se asemejaban a las de los años anteriores a la Segunda Guerra Mundial, cuando los derrotados alemanes deseaban tanto una nueva guerra como los victoriosos franceses y británicos deseaban evitarla, al tiempo que confiaban en sus fuerzas para repeler cualquier ataque. Tampoco se amedrentó Cortés tras su humillante derrota y mantuvo su deseo de revancha, mientras que Cuauhtémoc, el sucesor de Cuitláhuac, confiaba aún más en sí mismo que en los recursos y las defensas naturales de la ciudad para rechazar al invasor. Puede que la arrogancia de los aztecas contribuyera a su destrucción, pero tuvieron buenas razones para creer que su número, sus aliados y su riqueza prevalecerían. No tenían ni idea de dónde procedían los españoles, y sabían mucho menos sobre la población y los recursos de la España imperial.

Aunque los españoles quedaron asombrados por las defensas de la ciudad y escarmentados por su derrota del 1 de julio de 1520, les repugnó mucho más la institucionalización de los sacrificios humanos por parte de los aztecas, especialmente el sangriento asesinato en masa de las víctimas, y que la gente devorara a los muertos. Hasta cierto punto, la mayoría de los pueblos indígenas entre Vera Cruz y Tenochtitlán —amigos o enemigos de los aztecas— practicaban el sacrificio humano y el canibalismo, pero no a una escala comparable con la capital, una industria de la muerte que infundió miedo y odio en todo el centro de México.

La sed de venganza y la aversión creciente hacia el canibalismo sustituyeron al asombro de los españoles por la ciudad. En todo caso, Cortés estaba aún más decidido a destruir a los aztecas porque su sofisticación y riqueza estaban al servicio del asesinato a una escala que no solo lo repugnaba, sino que posiblemente consideraban satánica.

Los historiadores actuales no se ponen de acuerdo sobre el número de víctimas sacrificadas cada año antes de la conquista española. Algunos sugieren que solo los aztecas ya masacraban entre veinte mil y, menos probable, doscientas cincuenta mil personas al año, además de las víctimas en las ciudades y pueblos periféricos de un imperio de cuatro millones de personas. De hecho, la enorme magnitud de los sacrificios humanos —tal como se presenta, por ejemplo, en una lápida conmemorativa de la implicación real en la última reconstrucción del Templo Mayor, en 1487— es casi incomprensible. Los cálculos de la época estiman veinte mil sacrificados en múltiples altares durante una ceremonia de cuatro días. La pura mecánica necesaria para matar tanto en tan poco tiempo ha llevado a algunos investigadores a argumentar que las cifras deben ser exageradas.[22]

Además del enorme número de víctimas humanas, también surge la controversia sobre la institucionalización del canibalismo tras los sacrificios. A veces se argumenta que la ausencia de grandes herbívoros en México provocó la escasez de proteína animal disponible. Así, el ritual y la religión no hicieron sino formalizar la realidad material de que otros seres humanos eran para los aztecas meros sustitutos del gato, el cerdo, la cabra o la oveja. Otros historiadores han considerado que los sacrificios humanos y el canibalismo podían evitar la superpoblación en un ecosistema frágil, o que el terror derivado de esos espectáculos públicos de violencia eran necesarios para el control político en un sistema tan complejo y jerarquizado.

En cualquier caso, acabar con los sacrificios humanos y el canibalismo se convirtió en la posterior justificación española para la destrucción del Imperio azteca, como si la adquisición de oro, mano de obra y tierras fueran motivos secundarios. Durante el asedio final de la ciudad, y antes de la victoria sobre los aztecas, hubo combates en los que algunos españoles fueron capturados, atados y enviados a las mesas de sacrificio en lo alto de la gran pirámide; eso sucedía mientras los conquistadores, enfurecidos ya avanzaban, por la ciudad:

Uno a uno se los obligó a subir a la plataforma del templo, donde fueron sacrificados por los sacerdotes. Primero los españoles, luego sus aliados, todos fueron ejecutados. En cuanto terminaron los sacrificios, los aztecas dispusieron las cabezas de los españoles en hileras verticales sobre picas. También alinearon las cabezas de sus caballos. Colocaron las cabezas de los caballos abajo y las de los españoles arriba, y las dispusieron todas mirando hacia el sol.[23]

Veintidós meses después de que Cortés y sus conquistadores españoles y aliados nativos entraran por primera vez en Tenochtitlán, aparentemente en son de paz, el 8 de noviembre de 1519, regresaron para la guerra en la primavera y el verano de 1521. Esta vez estaban decididos a conquistar y colonizar —o destruir— a los aztecas. Con mucha más experiencia que durante su primera y sobrecogedora visita a la ciudad, Cortés comprendió los peligros de enfrentarse a las decenas de miles de mortíferos guerreros aztecas, que casi habían aniquilado a su pequeño ejército durante la Noche Triste y, más tarde, en Otumba.

Durante los meses transcurridos entre el desastre y su regreso para vengarse, Cortés había concluido que, para asaltar esta Venecia interior en el lago de Texcoco, tendría que luchar tanto por tierra como por mar. Uno de los problemas era emprender una batalla naval en toda regla en un lago interior, a unos trescientos sesenta kilómetros del puerto de Vera Cruz. Cortés afrontó el reto haciendo que sus hombres diseñaran, y luego enseñaran a construir a sus aliados nativos, trece bergantines —pequeñas balandras—, supervisados por el maestro astillero Martín López.

Para evitar otro desastre como el de la Noche Triste, la pequeña armada lacustre planeó utilizar su superioridad armamentística para rechazar los furiosos ataques de cientos de canoas aztecas que cruzaban las aguas pantanosas. Entonces, protegidos de los asaltos por el flanco marítimo, los lanceros y la infantería montada y acorazada de Cortés podrían abrirse paso a través de las formaciones de guerreros aztecas ligeramente protegidos hacia las numerosas calzadas que conducían directamente a la ciudad. En otras palabras: todo lo que había salido mal durante la Noche Triste se corregiría para asegurar la victoria en el asalto final.

Sin embargo, para conseguir tan importante flota los españoles debían construir sus bergantines de cubierta alta con madera autóctona. Luego, esos barcos debían ser desmontados y transportados a través de un territorio a menudo hostil unos ciento treinta kilómetros, desde su lugar de construcción en Tlaxcala hasta el lago Texcoco. Una vez allí, los barcos debían volver a ensamblarse en la orilla y luego botarse, atravesando los pantanos por un canal especialmente construido para salir al lago e impulsados por velas y remos. Solo así podrían los conquistadores y sus aliados bloquear Tenochtitlán y asegurar los accesos sobre el lago para abrirse paso hasta la ciudad y tomarla.[24]

La hazaña de bloquear una ciudad del interior construyendo y transportando toda una pequeña armada por tierra no tenía precedentes, y fue una muestra del genio militar de Cortés. Un relato contemporáneo del lado azteca muestra el impacto mortal que tuvo esta flota cuando se lanzó, a mediados de abril de 1521:

> Los españoles decidieron ahora atacar Tenochtitlán y destruir a su pueblo. Se montaron los cañones en los barcos, se izaron las velas y la flota se dirigió hacia el lago. El buque insignia encabezaba la marcha, enarbolando un gran estandarte de lino con el escudo de armas de Cortés. Los soldados batían sus tambores y hacían sonar sus trompetas; tocaban sus flautas y chirimías [oboes] y silbatos. Cuando los barcos se acercaron al barrio de Zoquiapan, la visión aterrorizó a la gente común. Reunieron a sus hijos en las canoas y huyeron a toda prisa por el lago, gimiendo de miedo y remando tan rápido como podían. Dejaron atrás todas sus posesiones y abandonaron sus pequeñas granjas sin mirar atrás.[25]

A finales de mayo, los españoles habían conseguido rodear y bloquear la ciudad. Ahora se enfrentaban a los horrores de tres meses de combates bloque a bloque, dado que no había ninguna posibilidad de una rendición general. Por supuesto, Cortés siempre había manifestado que no deseaba destruir la ciudad. Durante dos años, Tenochtitlán lo había hipnotizado como una joya del Nuevo Mundo. En tamaño, los españoles la comparaban con Córdoba o Sevilla, y veían en ella un nutrido ingreso de tributos para su imperio. Tras casi dos años de guerra intermitente, negociaciones arteras, intrigas con y contra los aztecas y sus aliados y luchas intestinas con sus propios soldados, Cortés había cambiado radicalmente sus objetivos, estrategias y tácticas para adaptarse al extraño e imprevisible campo de batalla. Puede que, antes de la Noche Triste, Cortés se hubiera aferrado a la ilusión de que podía evitar la aniquilación si decapitaba la cabeza de la serpiente azteca y dejaba así inerte el poder imperial cientos de kilómetros más allá de Tenochtitlán.

Sin embargo, en los más de dos años transcurridos desde que había desembarcado en la costa oriental mexicana en marzo de 1519, todas sus esperanzas de incorporar el enorme imperio en el dominio español colaborando o liquidando a los dirigentes aztecas y asumiendo el control de la capital se habían convertido poco a poco en una pesadilla. El regreso de Cortés a Tenochtitlán en 1521 impediría cualquier solución a la otomana, es decir, la de cambiar la cultura de la ciudad conservando su infraestructura, matando o convirtiendo a su élite e imponiendo la religión y la política de los vencedores a la población.

Durante las últimas semanas de lucha incesante tras la Noche Triste, Cortés había visto desde su campamento a demasiados de sus hidalgos —la baja nobleza de España— capturados y sacrificados a los dioses aztecas en la más alta pirámide de la ciudad; sus corazones palpitantes, arrancados; sus cadáveres, pintados y devorados por una élite azteca hambrienta, y las sobras, arrojadas a los perros y demás alimañas carnívoras del zoológico real. Un redactor de las cartas de Cortés a Carlos V describió en una ocasión el rito sacerdotal con un detalle gráfico que en parte podría explicar el posterior y despiadado ataque final a la ciudad:

> Pronunciando las palabras del ritual, hundía un afilado cuchillo de pedernal en el pecho de la víctima y, metiendo rápidamente la mano en la abertura, arrancaba el corazón palpitante, que primero elevaba y luego depositaba a los pies de la imagen del dios. A veces, el corazón se colocaba en un jarrón y se dejaba sobre el altar, o se enterraba, o se conservaba para diversas ceremonias, como una reliquia, o era comido por los sacerdotes; la sangre fresca se untaba en los labios de los ídolos. Si la víctima era un prisionero tomado en batalla, su cabeza se entregaba a los sacerdotes para que la conservaran como trofeo, las entrañas se daban de comer a los perros y las demás partes del cuerpo se cocinaban con maíz y se ofrecían en pequeños trozos a los invitados a participar por el dador del festín sacrificial.[26]

El cronista jefe de Cortés, Bernal Díaz, lamentó las espantosas muertes de sus compañeros capturados durante el asedio final de la ciudad. El propio Díaz estaba aterrorizado de que los españoles sufrieran otra Noche Triste y de que esta vez todos los conquistadores tuvieran una cita con los puñales de obsidiana de los sacerdotes de Huitzilopochtli, el dios azteca de la guerra:

> Debo decir que cuando veía a mis camaradas arrastrados cada día hasta el altar, y sus pechos abiertos a golpes y sus corazones palpitantes extraídos, y cuando veía los brazos y las piernas de estos sesenta y dos hombres cortados y comidos, temía que un día u otro me hicieran lo mismo. Ya dos veces me habían puesto las manos encima para arrastrarme, pero a Dios le plugo que escapara de sus garras. Cuando recordé sus horribles muertes, y el proverbio de que el cántaro pequeño va muchas veces a la fuente, etc., llegué a temer a la muerte más que nunca.[27]

Se ha escrito mucho sobre los horrores del sacrificio humano, pero poco sobre su efecto para aterrar, luego enfurecer y finalmente impulsar a los conquistadores para destruir la teocracia azteca. También conviene recordar que este tipo de sacrificio era casi universal en toda Mesoamérica. Los aliados tlaxcaltecas de los españoles no fueron una excepción. El propio Cortés escribió a Carlos V sobre los tlaxcaltecas después de una batalla: «Aquella noche nuestros aliados cenaron bien, porque trocearon a todos los que habían muerto y capturado». Sin duda, la ubicuidad de esta práctica contribuyó a avivar el posterior deseo de los españoles de destruir el Imperio azteca y de acabar prácticamente con la civilización mesoamericana.[28]

Cuando Cortés regresó finalmente al lago de Texcoco para lo que resultaría ser el asedio final a la capital (que se prolongaría cuatro meses, de abril a agosto de 1521), la batalla por Tenochtitlán se convirtió en una guerra de desgaste y exterminio a medida que Cortés eliminaba a los acérrimos defensores de la ciudad. El ataque español no se parecía a los habituales asedios europeos, ya que alrededor de la ciudad no había enormes murallas provistas de una guarnición de defensores, como en Cartago o Constantinopla. En su lugar, los aztecas utilizaron con brillantez su complejo sistema de levas, calzadas y esclusas a la manera de la Venecia medieval, que tampoco había necesitado muros por la protección de la laguna circundante y su conocimiento de las mareas y corrientes, así como sus acequias, canales y muelles artificiales.

Conforme la resistencia se intensificó durante el verano de 1521, Cortés acabaría decidiendo destruir Tenochtitlán ladrillo a ladrillo y aniquilar a la mayoría de sus élites aristocráticas, políticas y religiosas. En cuanto a las decenas de miles de habitantes, estaba dispuesto a matar de hambre, quemar y exterminar a gran parte de la población desesperada, enferma y hambrienta. Se imaginaba de ese pequeño holocausto surgiría, cual ave fénix, la civilización de la «Nueva España» señorial al frente de los sumisos pueblos indígenas. El desgaste constante de la élite azteca no solo significaba una conquista segura, sino también una ocupación y colonización del centro de México más viables.

Los furiosos españoles, gracias a sus aliados nativos, estrechaban cada día más el cerco en torno a la capital atrapada. El rey azteca, Cuauhtémoc (yerno y sobrino del difunto Moctezuma II), que asumió el Gobierno tras el breve reinado del incendiario Cuitláhuac (hermano del difunto Moctezuma II), comprendió demasiado bien que su ingenuidad ante la amenaza española había sido fatal. La única opción de su pueblo era someterse y unirse a los españoles, como los tlaxcaltecas, o resistir a los conquistadores hasta el final y matarlos a todos.

A finales de julio de 1521, tras semanas de un asedio prácticamente estancado, Cortés y sus sitiadores dominaban la mayor parte del lago poco profundo de Texcoco. Eso les permitió bloquear la mayor parte del abastecimiento de agua, alimentos, suministros y, en general, el transporte hacia y desde la ciudad sitiada en la isla. Como era de esperar, el ejército de la coalición de Cortés revivió al recibir la noticia de su sorprendente éxito. A medida que estrechaba el cerco, miles de los sufridos súbditos aztecas regresaron a las filas españolas con el aroma de la victoria, el botín y la venganza. Además, y más importante, tres nuevos acontecimientos habían asegurado que los últimos días del asedio no acabaran para los españoles como la malhadada Noche Triste.

En primer lugar, Cortés había logrado reabastecerse. Tras la retirada de la Noche Triste, Cortés había prometido a sus desalentadas tropas que les conseguiría nuevas provisiones y armas. Esto era esencial, pues sus fuerzas, ampliamente superadas en número, dependían de la abundancia de virotes para las ballestas y de pólvora para los arcabuces, y ambas cosas solo podían importarse de la costa caribeña y de las colonias. Su secretario, Francisco Gómara, lo citó tranquilizando a las tropas:

> «Pronto tendremos caballos de las islas y traeremos cañones y armas de Vera Cruz, donde hay en abundancia. No temáis ni os preocupéis por las provisiones [de nuestros aliados], pues os daré una gran abundancia, sobre todo porque siguen a quien domina el país como nosotros lo haremos con nuestros caballos». Con este discurso y respuesta de Cortés, sus hombres desistieron de abandonar Tlaxcala y retirarse a Vera Cruz.[29]

Entonces, antes de la llegada a Tenochtitlán, entre finales de 1519 y principios de 1521, los barcos de abastecimiento llegaron a la costa oriental de México. El conquistador Bernal Díaz escribió:

> Recibimos noticias de que había llegado un gran barco procedente de España y de las islas Canarias, cargado con una gran variedad de mercancías, arcabuces, pólvora, ballestas y cuerdas de ballesta, y tres caballos, y otras armas. Cortés envió emisarios de inmediato para comprar todas las armas y la pólvora y todo lo demás que llevaba.[30]

Llegaron informes tanto a las autoridades españolas en el Caribe como a los agentes aztecas locales de que se había reagrupado un nuevo ejército expedicionario bajo el mando de Cortés. Sus conquistadores volvían por fin a la ofensiva, ahora más preparados para conseguir oro que para que les arrancaran el corazón en el Templo Mayor. Como resultado, algunos barcos y sus cargamentos, que en origen estaban destinados a otros colonos españoles, se redirigieron a Cortés. Así se reabastecería adecuadamente, si no tan bien como en la víspera de la Noche Triste, al menos lo suficiente para animar a sus hombres y demostrar a sus aliados que probablemente capturaría Tenochtitlán.

Durante el asedio final, miles de aliados indígenas entraron o salieron, estimando qué opción era más peligrosa para sus pueblos cercanos: un emperador azteca vengativo o un Cortés exhausto. Cortés mantuvo una hábil estrategia basada en el más elemental conductismo: castigó severamente a cualquier aliado que enviara ayuda a Tenochtitlán y prometió a los nuevos aliados amnistía e independencia duradera tanto de los aztecas como de los probables conquistadores españoles. Solo Cortés poseía la habilidad diplomática y la astucia necesarias para asegurarse la victoria manteniendo en el redil a las fuerzas indígenas suficientes.

Cortés también había conseguido reunir a casi mil soldados españoles. La mayoría de los soldados inexpertos —casi todos procedentes del contingente de Narváez— se habían perdido trágicamente durante la Noche Triste. Los que quedaban eran los veteranos curtidos en batalla y supervivientes de los dos últimos años de combates mantenidos. Todos habían adquirido una inestimable experiencia de la espeluznante forma de hacer la guerra de los aztecas; sobre todo, de su énfasis en capturar a los enemigos en lugar de matarlos y de la vulnerabilidad de sus guerreros sin armadura a las afiladas espadas de acero toledano.

Además, gracias a los refuerzos, Cortés disponía de un gran número de hombres con habilidades esenciales. Más de un tercio de las fuerzas de Cortés estaban compuestas por lanceros a caballo poderosamente armados, marineros experimentados y arcabuceros veteranos, así como soldados de a pie equipados con mosquetes primitivos, que en la época de la invasión de México ya habían experimentado en Europa mejoras radicales tanto en su uso práctico como en su letalidad.

Muchos ballesteros estaban recién equipados con arbalestas de tiro rápido. Se trataba de ballestas de alcance y velocidad mejoradas gracias a la incorporación de arcos de acero.

Gómara describe con orgullo la fuerza española:

En cuanto se botaron los bergantines, Cortés pasó revista. Contó novecientos españoles: ochenta y seis montados, ciento dieciocho armados con ballestas y arcabuces, y el resto con picas, escudos y alabardas [un asta larga terminada en una hoja en forma de hacha], además de las espadas y dagas que todos llevaban. También llevaban varios coseletes [armadura para el pecho y la espalda de la parte superior del cuerpo] y muchas corazas [armadura para el torso] y chaquetas de cuero. Contó, además, tres cañones pesados de hierro fundido y quince piezas pequeñas de bronce, diez quintales de pólvora [unos cuatrocientos sesenta kilogramos] y abundante munición. Tales eran el ejército, las armas y las municiones de España con las que Cortés emprendió el asedio de México, la ciudad más grande y fuerte de las Indias y del Nuevo Mundo.[31]

En segundo lugar, a finales del otoño de 1519 y en el invierno de 1520, una epidemia de viruela había devastado la congestionada ciudad, sobre todo para una población que nunca había estado expuesta al patógeno y no disponía de la inmunidad adquirida de los españoles, que tan a menudo mitigaba lo que de otro modo solía ser una enfermedad mortal. Aunque las estimaciones de que entre la mitad y las tres cuartas partes de la población azteca fue aniquilada por la viruela son posiblemente exageradas, la epidemia agravó las consecuencias de la guerra y el hambre.[32]

Incluso durante los últimos meses de la epidemia, la población de la ciudad siguió disminuyendo, mientras que los miles de supervivientes solían estar enfermos o debilitados y apenas podían ofrecer resistencia. La peste también se había extendido a las tierras del interior, reduciendo la mano de obra del imperio y contribuyendo a la escasez de alimentos en la ciudad. El hecho de que los aztecas equipararan —con razón— la enfermedad con la llegada de los españoles no hizo sino confirmar la mística sobre su mortífera invencibilidad, como si la viruela fuera un arma divina para acabar con una cantidad relevante de la población azteca. Años más tarde, Bernardino de Sahagún describiría la pandemia en detalle:

[La enfermedad] trajo una gran desolación; muchísimos murieron a causa de ella. Ya no podían caminar, y yacían en sus moradas y lugares de dormir, sin poder moverse ni agitarse. Eran incapaces de cambiar de posición, de echarse de lado o boca abajo, o de levantar la cabeza. Y cuando hacían algún movimiento, gritaban con fuerza. Las pústulas que les cubrían causaban gran desolación; mucha gente moría de ellas, y muchos morían de desnutrición; reinaba el hambre, y ya nadie cuidaba de los demás. [...] Después de sesenta días amainó y terminó. [...] Los guerreros mexicas estaban muy debilitados. Y así las cosas, llegaron los españoles.[33]

Como es natural, la viruela devastó a los aliados indígenas de Cortés tanto como a los aztecas. Sin embargo, la diferencia clave fue que la mayoría de los dirigentes españoles sobrevivieron al brote, mientras que muchos de los jerarcas de Tenochtitlán no lo hicieron. La complejidad política y religiosa del Gobierno jerárquico de los aztecas favoreció que la pérdida de su élite fuera mucho más desastrosa, dadas las decenas de miles de vidas que se regían desde el palacio.[34]

En tercer lugar, la dinámica de la guerra se había transformado: de las batallas en las llanuras se pasó al asedio de la propia Tenochtitlán, ya que el otrora gran Imperio azteca se estaba derrumbando debido a las deserciones y a las nuevas alianzas españolas. Además del valor que les infundía a sus aliados indígenas ver que los españoles estaban a la ofensiva, Cortés recurrió a una larga tradición española —y, de hecho, europea— de asedio, recientemente perfeccionada a finales de la «Reconquista» cristiana de España a los musulmanes y las guerras contra los otomanos.

Por el contrario, los aztecas nunca se habían enfrentado a una hueste con la fuerza necesaria para asaltar su ciudad, y mucho menos con tecnología armamentística superior y con la intención de destruir su civilización en lugar de limitarse a derrotarla o tomar cautivos. Un fragmento de un cántico azteca refleja la arrogancia generalizada de Tenochtitlán, que se consideraba invulnerable: «Aquí nadie teme morir en la guerra. / Esta es nuestra gloria [...] / ¿Quién podría conquistar Tenochtitlán? / ¿Quién podría sacudir los cimientos del cielo?».[35]

Independientemente del modesto tamaño de sus fuerzas, Cortés había apostado a que un sitiador hábil —con un pequeño ejército bien equipado y abastecido, una armada, artillería y tropas de proyectiles, y reforzado por aliados nativos— podría convertir la formidable isla en una prisión, más que en una fortaleza. Así fue: los españoles empezaron a aislar la ciudad del resto de su imperio por tierra y agua, e interrumpieron todas las vías de apoyo a Tenochtitlán, incluso cuando los atacantes hacían pausas para reagruparse y dejar que la población atrapada se cociera a fuego lento en la hambruna y las enfermedades persistentes.

Cortés tenía la intención de emprender un asedio marítimo convencional a la europea, algo así como la feroz captura de la isla fortaleza de Tiro (332 a. C.) por parte de Alejandro: una ciudad supuestamente inexpugnable fue tomada tanto por un bloqueo naval como por la construcción de un malecón hacia la isla. Una vez que lanzaron los bergantines al lago para impedir que miles de canoas aztecas atacaran a sus tropas terrestres, Cortés informó a sus hombres de los nuevos recursos con que contaban:

> Hermanos y camaradas, ahora veis estos bergantines preparados y listos para la acción, y sabéis cuánto trabajo nos han costado, y cuánto sudor han costado a nuestros amigos. Una gran parte de la esperanza que tengo de tomar México reside en ellos, porque o bien incendiaremos todas las canoas de la ciudad, o bien las encerraremos en los canales. En esto haremos al enemigo tanto daño como en tierra podamos hacer, porque el enemigo no puede vivir más sin canoas que sin comer.[36]

Basándose en la experiencia europea, Cortés podía confiar en el éxito de una acción de armas combinadas. Sin embargo, aún no tenía ni idea de cuánto duraría el asedio, dado el delirio sobrehumano de los aztecas, ni tampoco de cómo navegarían los bergantines por el lago y ante los vientos desconocidos.

Las últimas batallas —alrededor y contra la ciudad— duraron casi cuatro meses, desde finales de abril hasta mediados de agosto de 1521. Durante estos combates los españoles siguieron perdiendo hombres a manos de las bandas aztecas, que recorrían el campo de batalla buscando desarmar, apresar y llevarse a los rezagados y a los heridos. Durante las pausas en los combates, los hombres de Cortés podían contemplar el santuario de la muerte en lo alto de la lejana pirámide del Templo Mayor y contemplar los horripilantes sacrificios de sus camaradas capturados, seguidos de festines caníbales. Mientras los aztecas —incluso durante las últimas fases de los combates— fueran capaces de emboscar y capturar a los exhaustos conquistadores para ofrecerlos como alimento a su panteón, los mexicas asumían que sus dioses seguían de su lado. En consecuencia, no pensaron en la rendición. Sin embargo, cuanto menor era el número de españoles y aliados que caían en manos de los guerreros aztecas y, por tanto, más famélicas se volvían sus sangrientas deidades, tanto más parecía que los dioses habían abandonado Tenochtitlán a su suerte.

———

En 1519, la primera impresión de los monumentos de la ciudad había dejado atónitos a los marinos veteranos de Cortés. Algunos la compararon con la república de Venecia, entonces también en su cenit de poder y riqueza. De hecho, solo Venecia, junto con París y Nápoles, podría haber rivalizado en tamaño con la ciudad imperial de Moctezuma II. Para algunos de los asombrados y curtidos españoles, Tenochtitlán era incluso más impresionante que la más rica de las ciudades italianas y españolas que hubieran visto nunca, sobre todo por su singular uso y adaptación del lago.

El centro era un modelo de construcción muy sofisticado en el destacaba el llamado Templo Mayor, santuario dedicado a los oficios religiosos y ceremoniales del imperio. Dos santuarios adosados coronaban una monumental pirámide, rematada con un rellano al que se subía por amplias escalinatas y que se elevaba treinta metros por encima de la ciudad y de los otros templos piramidales menores. En los dos santuarios principales se encontraban, respectivamente, las imágenes de Tláloc, la deidad de la lluvia, y del temible Huitzilopochtli, el dios de la guerra. Ambos eran carnívoros y se los debía apaciguar mediante ofrendas frecuentes de carne y sangre humanas.

Los españoles habían visto de primera mano el sacrificio a seres humanos antes de su llegada a Tenochtitlán. El espectáculo les había desconcertado primero y repugnado después, tal y como informaría el propio Cortés más tarde a Carlos V en su primera carta de 1519:

> Y tienen otra cosa horrible y abominable y digna de ser punida, lo que hasta hoy no se ha visto en ninguna parte, y es que todas las veces que alguna cosa quieren pedir a sus ídolos, para que más aceptasen su petición toman muchas niñas y niños y aun hombres y mujeres de mayor edad, y en presencia de aquellos ídolos los abren vivos por los pechos y les sacan el corazón y las entrañas y queman las dichas entrañas y corazones delante de los ídolos ofreciéndoles en sacrificio aquel humo. Esto hemos visto algunos de nosotros, y los que lo han visto dicen que es la más cruda y más espantosa cosa de ver que jamás han visto.[37]

Sin embargo, los españoles estaban asombrados de que esa práctica, que ya habían visto de manera ocasional en los pueblos entre la costa y Tenochtitlán, aquí se hubiera convertido en una sistematización masiva de la muerte. No tardarían en horrorizarse cuando se sacrificó a cientos de sus propios compatriotas capturados después de la Noche Triste, mientras merodeaban por el interior de México, y durante el asedio de 1521.

Además de los sacrificios humanos, hubo más contrastes que pueden ayudarnos a comprender por qué los españoles acabaron destruyendo los mismos cimientos de Tenochtitlán. A diferencia de Moctezuma —o, para el caso, Alejandro Magno—, que era jefe del Gobierno, del ejército y de la religión de su país, Cortés era un funcionario colonial español de treinta y cinco años y sin apenas experiencia militar. Por lo tanto, estaba sujeto a una serie de auditorías y restricciones en cuanto volviera a entrar en cualquier jurisdicción española en el Nuevo Mundo. Puede que se le considerara todopoderoso en el salvaje interior de México, pero en realidad era un auténtico don nadie entre las legiones de oficiales y soldados de la inmensa burocracia, flota y ejército imperiales de España.

Cortés había pasado los últimos quince años como aspirante a terrateniente, intrigante y magistrado menor cubano, pero sin demasiado éxito. En teoría, medio siglo después del descubrimiento del Nuevo Mundo, en España había miles de aspirantes a Cortés, todos deseosos de enriquecerse al otro lado del Atlántico. En otras palabras: sus correligionarios no habían encontrado nada excepcional durante los años anteriores a su desembarco en la costa oriental de México.

Como aventurero advenedizo, la legitimidad de Cortés se sostenía en una ambigua cédula concedida por las autoridades españolas en Cuba para explorar el interior de México. Su concesión era incierta, porque el gobernador Velázquez, en el momento de la partida de Cortés, se había replanteado la asignación de una extensión tan potencialmente lucrativa a un aventurero independiente dotado de tanta ambición como irrelevancia social.

El 8 de noviembre de 1519, cuando el reducido ejército de Cortés entró por primera vez en la capital azteca seguido por unos mil tlaxcaltecas —despreciados súbditos tributarios de los aztecas—, el heterogéneo contingente no parecía suponer ninguna amenaza para Moctezuma II, y mucho menos para su considerable imperio. Cortés no era como Alejandro, Escipión o Moctezuma II, que sabían exactamente qué hacer cuando se acercaban a su objetivo. Es probable que ni siquiera imaginara que, en el plazo de dos años, el resultado de ese fatal primer encuentro sería la destrucción de la ciudad y el colapso de su gran imperio.

Sin embargo, a pesar de la incertidumbre de la misión española en México y del mediocre currículum de su líder, Hernán Cortés pronto demostraría una de las mentes militares más capaces e indómitas de la historia. Aunque al principio los aztecas no supieran si era una deidad, sus habilidades sí eran divinas en comparación con otros aventureros españoles de su generación. Más gráficamente: Cortés, como Alejandro Magno, demostró ser un asesino muy hábil *in extremis*.[38]

Contamos con al menos media docena de explicaciones de por qué la conquista del Imperio azteca fue tan rápida, y todas son discutibles. Muchas son parte de controversias ideológicas y políticas de la época. La superioridad tecnológica española sobre los aztecas no fue determinante por sí misma en el conflicto, pero las armas, mejores, sí multiplicaron el impacto de una serie de ventajas completamente extrañas para los aztecas en campos tan variados como los animales, las actitudes, la cultura, la táctica, la estrategia y el mando.[39]

Como se ha mencionado, hasta hace poco era popular la idea del desconcierto cultural de los aztecas. En primer lugar, se supone que, en algún momento, muchos miembros de la élite azteca confundieron la llegada de los españoles con cierta profecía de la inminente visita del dios Quetzalcóatl a su capital, por lo que no desplegaron inmediatamente su abrumadora potencia numérica ni sus ventajas locales. Según esta narrativa, al principio los aztecas no pudieron afrontar esta amenaza a su propia supervivencia porque nunca supieron si matar a los españoles supondría algún sacrilegio que provocara el castigo divino. Puede que la llegada de los españoles formara parte de algún plan de los dioses. Sin embargo, incluso si los relatos sobre la perplejidad religiosa fueran ciertos, es posible que tal conmoción se hubiera desvanecido a los pocos días de la llegada, tan pronto como los aztecas se hubieran familiarizado con los codiciosos y lujuriosos españoles

Ya vimos la inverosimilitud de que los aztecas creyeran durante mucho tiempo que los españoles eran dioses que regresaban. Por supuesto, esta noción podría explicar, al menos en parte y en primer lugar, por qué la jerarquía azteca cometió la imprudencia de permitir a Cortés y a sus hombres entrar en su ciudad, e incluso concederles una audiencia con el emperador. Sin embargo, las fuentes que describen el debate entre Moctezuma y su hermano Cuitláhuac sobre esta misma cuestión sugieren lo contrario, y no está claro que los dirigentes aztecas llegaran a creer que los españoles fueran dioses. Anteriormente citamos los comentarios de Moctezuma a Cortés señalando su mortalidad. La presunción de la divinidad española no explica la furiosa resistencia que los aztecas no tardaron en oponer.[40]

En segundo lugar, había una escisión cultural permanente entre las tácticas de las dos fuerzas militares. Es cierto que las llamadas «guerras floridas» o guerras rituales de los aztecas —libradas con el propósito de capturar víctimas para el sacrificio—, junto con los conflictos de conquista más tradicionales contra las ciudades vecinas, sin protocolos ni reglas, solían ser brutales. Unas dos décadas antes de la llegada de Cortés, el Imperio azteca libró una multitudinaria guerra florida contra los ejércitos combinados de los estados de Huejotzingo, Tlaxcala, Cholula y Tliliuhquitepec en las llanuras de la cercana Atlixco, bajo el emblemático volcán Popocatépetl. A pesar de sus formalidades y protocolos ritualizados, las fuentes de la época sugieren que es posible que murieran cuarenta mil personas de ambos bandos, o bien que fueran capturadas y sacrificadas posteriormente.[41]

Durante el siglo anterior a la llegada de Cortés, las batallas en Mesoamérica se destinaban en gran medida a capturar prisioneros para su sacrificio posterior. No se mataba inmediatamente, aunque a veces los protocolos se rompían y la lógica de asesinar se imponía a los esfuerzos por tomar prisioneros. En cualquier caso, la existencia de esta costumbre resultó en una desventaja a la hora de enfrentarse a los españoles. Al igual que el propio Cortés, los soldados españoles eran, ante todo, asesinos muy hábiles, que sabían que la victoria solía decantarse del lado que mataba, hería o expulsaba a más enemigos del campo de batalla hasta imposibilitar el combate del enemigo, y no estaban interesados en tomar cautivos a menos que hubiera alguna ventaja inmediata en esclavizarlos o utilizarlos como informantes.

Es cierto que muchas guerras aztecas anteriores se habían librado para conquistar a los pueblos vecinos, explotar a las poblaciones vencidas y magnificar el poder y la riqueza del imperio formalmente conocido como la «Triple Alianza» dominada por los aztecas. Esta era, en realidad, una especie de liga de estados más pequeños, débiles y subyugados, dirigida por las tres ciudades-Estado náhuatl de Texcoco, Tlacopan y Tenochtitlán. Sin embargo, durante la época de la llegada de los españoles, eran más comunes las guerras para capturar víctimas sacrificiales que para conquistar. En las guerras floridas, las reglas generales privilegiaban la destreza de los guerreros que conseguían cautivos, dada la imperiosa e insaciable necesidad de víctimas humanas. En otras palabras: lo que los aztecas consideraban guerra, los españoles podrían haberlo calificado de torneos mortales, aunque oficiales; unas maniobras con fuego real.

Aunque a veces los historiadores han sugerido que la toma de rehenes era complementaria a matar al enemigo, los españoles descubrieron lo contrario en muchos conflictos de la Triple Alianza: los aztecas, al menos al principio, daban más importancia a la captura de los españoles que a matarlos en combate. Los hombres de Cortés encontraron horrorosa la práctica azteca de peinar el campo de batalla en busca de cautivos para el sacrificio. Los aztecas parecían «querer empalarse en las puntas de las espadas de los castellanos para poner sus manos sobre sus dueños», escribió Bernal Díaz.[42]

Los españoles pronto descubrieron que, a pesar del horror de los sacrificios, la táctica azteca de capturar a las víctimas —en lugar de matarlas— les resultaba muy ventajosa, sobre todo teniendo en cuenta que siempre les superaban ampliamente en número. Para los españoles era mucho más fácil matar a sus enemigos directamente que para los aztecas —tan escasamente protegidos— aturdir, capturar, atar y pasar a la retaguardia a hombres acorazados como futuro alimento para sus dioses. Seguramente esta fue una de las tareas más duras para un soldado azteca en una batalla cuerpo a cuerpo contra un espadachín español decidido a matarlo.

No obstante, numerosos relatos de la conquista ofrecen descripciones gráficas de conquistadores superados en número y bien armados que eran acosados, derribados y capturados por hordas de atacantes, para ser retirados de la batalla y esperar su turno en lo alto del Templo Mayor. Todo el esfuerzo para acumular cautivos requería que decenas de guerreros aztecas los trasladaran y, por tanto, se retiraran del campo de batalla. Por el contrario, y como ya hemos dicho, un soldado español no tenía otro interés que matar o inutilizar al combatiente azteca que tenía delante. De tales métodos tácticos más amplios se servían los grupos para lograr la estrategia de Cortés de avanzar casa por casa hacia el centro de la ciudad. En resumen, unos cientos de asesinos tenían ventaja sobre decenas de miles de traficantes de cuerpos.

En la decisiva batalla de Otumba, por ejemplo, que siguió a la retirada española durante la Noche Triste, unos ochocientos soldados mantuvieron a raya a una fuerza azteca mucho mayor que pudo haber contado con unos veinte mil guerreros; sufrieron muy pocas bajas porque, en efecto, los aztecas insistieron en derribar y capturar a españoles en lugar de matarlos.

El propio Cortés participó en el fragor de los combates, pero apenas sufrió una leve herida en la mano cuando el enemigo trató de capturarlo. Él y su reducida guardia, sin embargo, pudieron divisar al líder azteca Matlatzincatl en el cuerpo a cuerpo y cargaron directamente contra él a través de la multitud. Con Cortés dirigiendo el asalto, su secuaz Juan de Salamanca pudo haber matado realmente a Matlatzincatl y haber rematado a los estandartes aztecas. El resultado fue el pánico del enemigo, que perdía tanto el sentido de mando general como el punto de reunión adonde llevar a los cautivos. El veterano de la contienda Francisco de Aguilar describió más tarde la reñida batalla:

> Mientras Cortés se abría paso entre los indios, haciendo maravillas al señalar y matar a sus capitanes, que se distinguían por sus escudos de oro, y haciendo caso omiso de los guerreros comunes, pudo alcanzar a su capitán general y matarlo de una estocada de lanza. Mientras esto ocurría, los soldados de a pie al mando de Diego de Ordaz estábamos completamente rodeados de indios, que casi nos echaban el guante, pero cuando el capitán Hernán Cortés mató a su capitán general empezaron a retroceder y a cedernos el paso, de modo que pocos de ellos nos persiguieron.[43]

Había otras diferencias tácticas entre los españoles y los aztecas. Casi todos los combatientes aztecas eran guerreros individuales, más bien como Aquiles y otros héroes de primer orden retratados en la *Ilíada,* mientras que los españoles, por el contrario, eran soldados acostumbrados a luchar juntos y en cooperación, tanto de caballería como de piqueros. Por supuesto, los guerreros aztecas podían ser hábiles asesinos y sin duda eran valientes, pero, en definitiva, no eran soldados profesionales que coordinaran sus ataques.

Los líderes aztecas no siempre consideraban que sus objetivos estratégicos se lograran matando al mayor número posible de rivales para vencer a la resistencia u ocupar el terreno del enemigo. En cambio, como combatientes individuales, las mayores recompensas por su valentía provenían de reunir decenas de cautivos para recibir halagos y premios individuales. Al final de una batalla, los aztecas sabían a qué guerreros debían reconocer por las capturas destinadas al sacrificio humano. En Tenochtitlán, durante el asesinato ritual de los prisioneros, sus captores podían vestirse con las pieles de los sacrificados. Por el contrario, es probable que ningún conquistador supiera a cuántos aztecas había matado personalmente, y mucho menos tuviera el deseo de vestir la piel de sus enemigos, pero sin duda podía calcular el avance o la retirada de sus camaradas.[44]

Así pues, el guerrero azteca, que deseaba el mérito exclusivo de haber matado o capturado a un español, trabajaba más a menudo en solitario, a la manera homérica, que en coordinación con sus compañeros. Si retroceder o avanzar suponía una ventaja táctica para el pequeño ejército español, entonces los hombres de Cortés seguían las órdenes de retroceder o avanzar al unísono, al margen de los deseos de cada uno de los soldados. Esa idea de mantener la adherencia y la formación grupal era probablemente ajena al *ethos* del combatiente azteca, que incluso habría considerado una retirada táctica colectiva como una prueba de su cobardía individual.[45]

En tercer lugar, un ejemplo mucho más plausible de «escisión cultural» fue la absoluta ignorancia de los aztecas con respecto a las armas españolas: caballería, perros de guerra, pólvora, espadas y armaduras de acero, picas, ballestas y grandes barcos con cañones. Lo más importante es que estas armas no solo eran desconocidas, sino que además eran muy superiores a las suyas. Bernardino de Sahagún relató más tarde cómo el ruido de los cañones y las características del acero español aterrorizaron a la élite azteca:

[Moctezuma] se desmayó al oír cómo los cañones se disparaban a la orden [de los españoles], sonando como un trueno […] llovía y escupía fuego […] tenía un hedor muy fétido […] convertía un árbol en polvo; parecía hacerlo desaparecer, como si alguien lo hubiera conjurado. Su equipo de guerra era todo de hierro. Ellos vestían sus cuerpos de hierro, se ponían hierro en la cabeza, sus espadas eran de hierro, sus arcos eran de hierro, y sus escudos y lanzas eran de hierro. Y sus ciervos [caballos] que los transportaban eran tan altos como el techo […] Y sus perros eran criaturas enormes […] Cuando Moctezuma lo oyó, tuvo mucho miedo.[46]

Muchas fuentes relatan que al principio los aztecas estaban desconcertados por los caballos. Además, nunca habían escuchado nada parecido al sonido de la pólvora. Les aterrorizaban las hojas de acero que destrozaban sus armaduras de tela tanta facilidad. Descubrieron que los arcabuces y las ballestas hacían que sus propias flechas parecieran juguetes, y la única explicación que hallaron al principio era que debía ser una obra sobrehumana. Nunca llegaron a comprender del todo ese mortífero arsenal de armas y animales en el campo de batalla.

En una sociedad que carecía de grandes bestias domesticadas, tanto los caballos como los hombres acorazados que los montaban resultaban incomprensibles y aterradores. Los historiadores militares muestran que la caballería europea podía compensar la enorme superioridad numérica de los aztecas:

El daño que una docena de jinetes podía infligir a una vasta horda de indios era extraordinario y, de hecho, parece como si los jinetes no hubieran hecho el daño directamente, sino que la repentina aparición de estos «centauros» (para usar la palabra de Díaz del Castillo) causara tanta desmoralización que los indios, vacilantes, permitieran a los soldados de infantería españoles abalanzarse sobre ellos con fuerza renovada. […] Los indios no tenían ni idea de cómo enfrentarse a esta bestia sobrenatural, mitad animal y mitad hombre, y se quedaban paralizados mientras los cascos los golpeaban y las espadas centelleantes los acuchillaban.[47]

Se podría comparar el desconcierto azteca ante los caballos con la primera reacción romana ante los elefantes en la batalla de Heraclea, contra el general epirota Pirro (289 a. C.). Sin embargo, los romanos se recuperaron bastante rápido de su terror ante tan extrañas bestias —conocidas inicialmente como «bueyes lucanos»—, pero los aztecas nunca lo consiguieron. A diferencia de los romanos, no tenían experiencia con guerreros montados a lomos de grandes animales, ni con cascos, corazas, grebas, faldones metálicos, gorjas que protegían el cuello, protectores para hombros y codos y guanteletes que cubrían la parte inferior de los brazos, las muñecas y las manos.[48]

Los animales y las armas de los españoles no solo eran terroríficos y novedosos, sino también muy eficaces contra los guerreros aztecas. Protegidos casi de la cabeza a los pies, los hombres de Cortés eran prácticamente invulnerables cuando se enfrentaban a las armas con punta de obsidiana, siempre que pudieran mantenerse en pie durante horas y horas de tajos y cuchilladas. Cuando un español caía ocasionalmente, solía ser por los martillazos, zancadillas y el mero peso de sus atacantes. El agotamiento también condenó a algunos, sobre todo por los golpes constantes de las armas de obsidiana, el esfuerzo incesante de blandir una espada de un metro y el calor y la humedad de la primavera y el verano, que intensificaban el peso de la armadura de acero. Una vez más, Bernardino de Sahagún señala cómo en medio de la carnicería solo los españoles podían sobrevivir gracias a su equipo:

Los rodearon por todos lados, los españoles comenzaron a golpearlos, matándolos como moscas. Apenas mataban a unos, eran reemplazados por otros. Los españoles eran como un islote en el mar, golpeados por las olas. Este terrible combate duró más de cuatro horas. Durante él murieron muchos mexicanos, casi todos los aliados de los españoles, y algunos de ellos. Cuando llegó el mediodía, con el intolerable esfuerzo de la batalla, los españoles empezaron a flaquear.[49]

Los arqueros y lanzadores de jabalina eran los más eficaces de los soldados aztecas, dado su número y el hecho de que los bordes de sus puntas de flecha y jabalina, que eran de obsidiana y de un solo uso, conservaban su filo cuando golpeaban sus objetivos. Sin embargo, estos proyectiles rara vez podían penetrar los cascos, las corazas o los escudos de madera y cuero. Los pequeños cañones, los arcabuces y las ballestas no eran tan eficaces como pudiera parecer. La recarga era lenta, y estaban diseñados para penetrar las armaduras de acero de los soldados de infantería europeos rivales, no para detener a las masas de guerreros aztecas escasamente protegidos. La rapidez, más que la potencia de fuego, habría sido más ventajosa. No obstante, mientras las defendía la infantería, las tropas de artillería podían lanzar descargas contra la masa de atacantes con resultados devastadores: uno de los más efectivos era el terror que sembraban unas armas tan ruidosas, penetrantes y desconocidas.[50]

Lo más importante que destacan las fuentes de la época son las ventajas de los lanceros a caballo de Cortés, algunos de los soldados más letales de la Europa del siglo XVI. Montados sobre robustos caballos de raza árabe y equipados con amplias armaduras, los jinetes eran casi invencibles mientras cargaban una y otra vez contra las masas aztecas, ensartando con lanzas de madera de tres metros con punta de acero, acuchillando con sus espadas toledanas y, a menudo, pisoteando a soldados aztecas aislados. A los guerreros aztecas les resultó casi imposible derribar a los lanceros españoles de sus monturas, ya que estos soldados de caballería estaban curtidos en la lucha contra multitud de enemigos europeos e islámicos mucho mejor armados.[51]

Entre los jinetes y los soldados a pie, también se unieron a la refriega los perros de guerra: grandes mastines u otras razas similares a los loberos y lebreles de la época. Los mastines podían alcanzar los noventa kilogramos, a menudo iban protegidos con placas ligeras de acero y cuero y podían desgarrar miembros desprotegidos. Tanto los caballos arrolladores como los perros mordedores eran armas que infundían terror, pues los pueblos nativos nunca se habían enfrentado a ninguno de los dos. Al igual que inicialmente los aztecas no estaban seguros de que los hombres y sus monturas no fueran una sola bestia híbrida, también imaginaban que los mastines y los lebreles eran más parecidos a los jaguares que a sus propios perros, pequeños y normalmente sin pelo. Bernal Díaz consideraba que esos enormes perros habían desempeñado un papel importante en la lucha contra los aztecas:

Durante su estancia en Zautla, un mastín que pertenecía a Francisco de Lugo ladró la mayor parte de la noche. La gente de Zautla pidió a algunos de los cempoalanos [aliados de los españoles] que acompañaban a los castellanos si se trataba de un [jaguar] o solo de un animal para matar indios. Los cempoalanos explicaron que los castellanos llevaban perros con ellos para matar a cualquiera que les molestara.[52]

Como sucedía desde la Antigüedad, los caballeros europeos acorazados y los soldados a pie eran tan invulnerables en masa como casi indefensos en solitario y en campo abierto. En consecuencia, los españoles trataron de multiplicar su enorme superioridad tecnológica luchando en formaciones cerradas, a modo de falange, con tropas de caballería y de proyectiles protegiendo sus vulnerables flancos.

En respuesta al mortífero poder de las pequeñas pero muy organizadas formaciones de Cortés, los aztecas prefirieron atacar mientras se desplazaban o en las llanuras abiertas, donde el escaso número de los españoles y las marchas en una sola columna invitaban a menudo a las emboscadas y las trampas. Sin embargo, durante el asedio a la ciudad, ambos bandos comprendieron que la caballería en tierra y los bergantines en el agua habían asegurado que las filas españolas no fueran flanqueadas ni detenidas con facilidad. La mejor oportunidad para los guerreros aztecas era amontonarse alrededor de los soldados españoles, con la esperanza de que su esfuerzo por reducirlos acabara agotando a las parcas docenas de sus rivales y permitiera a los refuerzos aztecas batir y derribar a los cansados objetivos.[53]

Tal vez fuera el desafortunado destino de los aztecas no haberse encontrado con ingleses como los que desembarcaron un siglo más tarde en Plymouth Rock, cuatro mil quinientos kilómetros al norte; peregrinos que huían de Gran Bretaña a Norteamérica como refugiados religiosos y aspirantes a colonos agrarios y comerciantes con esposas e hijos. En cambio, los guerreros de Cortés, muchos de los cuales eran ya colonos del Caribe, llegaron al Nuevo Mundo con pocas mujeres y todavía menos niños. Las pocas mujeres que acompañaron a los españoles a México no eran maternales, sino marciales; es el caso de la legendaria conquistadora María de Estrada, que al parecer cargó ansiosa contra las filas aztecas al grito de «¡Santiago!».[54]

Cortés y sus aventureros no habían llegado como familias de granjeros ni como refugiados religiosos. No eran peregrinos, sino guerreros al servicio de la corona imperial española. Como una especie de cruzados del Nuevo Mundo, se consideraba que sus victorias incorporarían a nuevos conversos a la lucha global por salvar al catolicismo tanto de los pujantes apóstatas protestantes como de los yihadistas islámicos, además de asegurar la edad de oro del dominio político español en la Europa del siglo XVI bajo Carlos V. Al mismo tiempo, también buscaban enriquecerse con oro y tierras de cultivo y, con el tiempo, con grandes haciendas y cientos de esclavos indígenas.

El propio Cortés combinó estos objetivos —difundir el catolicismo y promover los intereses de la corona al tiempo que se enriquecía— en su discurso a las tropas antes de marchar sobre Tenochtitlán, con su ejército ya reabastecido y sus bergantines terminados:

La razón principal de nuestra venida a estas tierras es glorificar y predicar la fe de Jesucristo, aunque también nos traiga honores y ganancias, que infrecuentemente vienen juntas. [...] Vayamos, pues, a servir a Dios, a honrar a nuestra nación, a magnificar a nuestro rey y a enriquecernos, ¡pues la conquista de México es todas estas cosas![55]

Más importante aún: el conquistador luchó con la experiencia acumulada tras casi ochocientos años de violentas luchas durante la Reconquista contra el islam. Cuando María de Estrada gritó «¡Santiago!», repetía el grito de guerra de la Reconquista en la batalla contra el islam: una petición de ayuda divina a Santiago, el patrón de España. Además, junto al largo y denodado esfuerzo por liberar a España de los musulmanes, se produjeron constantes incursiones y guerras expedicionarias a lo largo de la costa del norte de África. Los aztecas, por supuesto, tenían poca idea de las radicales mejoras que se habían desarrollado en las tácticas españolas justo durante las tres décadas anteriores al desembarco de Cortés en México. En las últimas batallas en Granada, los españoles habían perfeccionado sus doctrinas tácticas y estratégicas desplegando en masa formaciones de piqueros especializados, que blandían sus armas emulando a los suizos. Los acompañaban rodeleros con espada, más ligeros de equipamiento, además de arcabuceros y ballesteros. Todos ellos fueron los precursores inmediatos de los Tercios, las temidas formaciones tácticas de diez compañías de trescientos soldados cada una —lo que resultaba en unidades muy cualificadas y cohesionadas de tres mil soldados: dos mil cuatrocientos piqueros y seiscientos arcabuceros— que pronto causarían estragos en el campo de batalla europeo. Los tercios eran uno de los mejores ejemplos de la revolución militar que se desarrollaba en Europa a medida que los ejércitos pasaban del armamento de contacto al uso cada vez más frecuente de armas de fuego manuales y artillería de campaña.[56]

Por último, la logística, a menudo olvidada, favoreció a los españoles. En el siglo XVI ya dominaban la navegación transoceánica, y recorrían con valentía —y normalmente con éxito— los diez mil kilómetros a través del tempestuoso Atlántico, desde España hasta el Caribe, y la costa mexicana. Esa cadena de suministros, en su mayor parte asegurada, significaba que Cortés llegó a disfrutar de más acceso a los recursos imperiales españoles que la Tenochtitlán asediada a su Imperio azteca.

El hecho de que los españoles hubieran venido de lejos como invasores, mientras que los aztecas se mantuvieran a la defensiva, también fue una gran ventaja psicológica para los atacantes. El escenario opuesto, el de Moctezuma II dirigiendo una flota azteca desde Vera Cruz hasta Málaga, era absurdo. Los aztecas no sabían nada sobre el origen o la patria de los invasores. Dedujeron que los españoles procedían de un lugar llamado Castilla, pero apenas tenían una vaga idea de dónde estaba. Para ellos, el rasgo más significativo de los recién llegados era la colección de animales extraños que traían consigo, como caballos, perros de guerra y otros animales vivos y de corral: gallinas, vacas, cabras, ovejas y cerdos. A oídos nahuas, la terminación de la palabra «castellano» sonaba como el sufijo «-tlan» de muchas localidades nahuas (por ejemplo, Tenochtitlán). Además, la nueva palabra prestada del náhuatl para «gallina» era *caxtil,* 'Castilla'. Así pues, quizá pensaran que los españoles venían de un lugar lejano conocido como «la tierra de las gallinas».[57]

En resumen, puede que el conquistador de la España del siglo xv fuera la manifestación contemporánea más audaz y dinámica de una larga tradición europea de letalidad militar. Su mundo acribillado por las rivalidades religiosas y políticas se concebía como una incesante *bellum omnium contra omnes* ('guerra de todos contra todos'). Mientras que los aztecas precolombinos luchaban contra enemigos que les eran familiares y en campos de batalla cercanos, los españoles del siglo xvi eran guerreros que luchaban contra todo el mundo: la armada británica en alta mar, los jenízaros otomanos y la infantería musulmana en el Mediterráneo y los *condottieri* a caballo en Italia.[58]

De hecho, cuando Cortés llegó a Tenochtitlán, aún no habían pasado ni treinta años de la conquista de Granada, y la Inquisición trabajaba a pleno rendimiento. Tomás de Torquemada había muerto dos décadas antes. Las guerras de religión europeas entre protestantes y católicos acababan de empezar mientras Cortés vivaqueaba en Tenochtitlán. La histórica victoria de Juan de Austria —hijo ilegítimo de Carlos V y hermanastro del rey Felipe II de España— sobre la armada otomana en Lepanto estaba a solo medio siglo de distancia.

Generaciones enteras de jóvenes españoles crecieron a la espera de una guerra interminable. Hacía poco que habían accedido a libros impresos —más baratos que los manuscritos— gracias a la invención de los tipos móviles de Gutenberg medio siglo antes. En consecuencia, la información sobre las maravillas, riquezas y oportunidades del Nuevo Mundo cautivó a los lectores de principios del siglo XVI. Además, las novelas de caballerías que cruzaban el Nuevo y el Viejo Mundo —*Las sergas de Esplandián* de Garci Rodríguez de Montalvo es un buen ejemplo— eran muy populares entre los rangos inferiores de la aristocracia, que consideraban las expediciones militares como una vía rápida de ascenso social y acceso a la riqueza.[59]

Los hombres de Cortés eran veteranos de estos interminables conflictos, o bien se habían instruido desde jóvenes en las artes que habían brindado a Castilla, territorio con pocos recursos naturales, un imperio frente a todos sus formidables enemigos.

Los éxitos de los conquistadores, amén de los de España, aseguraban en nombre de su dios la conversión de todos los pueblos nativos a un catolicismo amenazado, cuyo futuro preocupaba a los españoles debido a un protestantismo en expansión en toda Europa. Los sacerdotes aztecas, alzando sus cuchillos por sobre las pirámides, no eran los únicos fanáticos religiosos. La misma pasión religiosa estimulaba a los españoles, que veían a los aztecas no solo como enemigos de su corona, sino también como idólatras del diablo, contrarios a su dios cristiano.

Cuando Cortés se encontró con Moctezuma II y la exótica Tenochtitlán, no sufrió más desconcierto cultural que el que sufrieron sus compatriotas cuando lucharon contra europeos del norte y del sur, turcos o árabes, con su impresionante diversidad de armas, tácticas y estrategias. Hoy en día, parte de la angloesfera tiende a creer que las legiones del imperio de Carlos V no fueron sino reliquias medievales, salidas de novelas al estilo de don Quijote y a la caza de la Fuente de la Eterna Juventud o de ciudades de oro macizo, atadas por la superstición y, a fin de cuentas, en el lado equivocado de un futuro transatlántico floreciente.

De hecho, el Tercio español, el galeón y el virreinato imperial se contaban entre las instituciones militares y diplomáticas más eficaces y dinámicas de la era preindustrial. Ayudan a explicar por qué una península Ibérica pobre en recursos gobernó el mundo europeo del siglo XVI. Los belicosos, pero desventurados aztecas lucharon por sus vidas y su civilización contra unos pocos cientos de conquistadores españoles y sus letales tradiciones.

Los españoles, como muchos europeos de su época, también dominaban la complejidad de las rivalidades continentales, las dinastías, las alianzas y las incesantes guerras de sucesión. La clave era una herencia imperial romana común: *divide et impera* ('divide y vencerás'), inmortalizada en los populares *Commentarii de Bello Gallico (Comentarios sobre la guerra de las Galias)* de Julio César. Esa antigua tradición diplomática pronto predispuso a los españoles a buscar e incorporar como estados clientes tanto a los viejos enemigos de Tenochtitlán como a sus aliados más insatisfechos. Cortés estaba lo suficientemente instruido en el gran juego de la guerra constante como para que no le molestara la veleidosa lealtad de los texcocanos y los tlaxcaltecas. En cambio, consideraba que todos los aliados de Tenochtitlán podrían desertar siempre que se les ofrecieran los incentivos correctos, los cuales solían definirse por la expectativa de la derrota azteca y la victoria española. Los enemigos de los aztecas hoy podían ser sus aliados de ayer.[60]

Es probable que Cortés pretendiera cumplir sus promesas de que, tras la conquista, las alianzas brindarían a los pueblos indígenas la autonomía plena y la amistad perpetua de los españoles. Aunque los tlaxcaltecas no alcanzaron del todo la independencia prometida, sí disfrutaron de un trato especial por parte de los españoles. Durante décadas, se les concedieron títulos aristocráticos, se les permitió cierta capacidad de autogobierno y, lo que es más importante, se les permitió poseer armas de fuego españolas. Al final, su nonagenario rey Xicohténcatl el Viejo reconoció que, si bien el futuro de los tlaxcaltecas era problemático bajo Cortés y el poderoso virreinato español, bajo la dominación imperial azteca y su culto a la muerte carecían de esperanza. Así lo expresó Cortés, de forma interesada, en una carta a Carlos V:

> Y como por mí tuvieron noticia de Vuestra Alteza y de su muy gran y real poder, dijeron que querían ser vasallos de Vuestra Majestad y mis amigos, y que me rogaban que los defendiese de aquel gran señor [azteca] que los tenía por fuerza y tiranía y que

les tomaba sus hijos para matarlos y sacrificarlos a sus ídolos, y me dijeron otras muchas quejas de él.[61]

¿Habrían podido los españoles conquistar a los aztecas sin el genio de Hernán Cortés? Después de todo, el funcionario menor, de treinta y cuatro años, casi no tenía experiencia de combate cuando desembarcó en México en marzo de 1519, y contaba con escaso apoyo —que pronto se tornaría hostilidad— de las autoridades españolas en Cuba. Además, estaba rodeado por varios capitanes españoles brillantes, algunos con más experiencia tanto en el Nuevo como en el Viejo Mundo y con mejores conexiones e influencias aristocráticas. Pedro de Alvarado, por ejemplo, tenía la misma edad que Cortés, pero contaba con más apoyos entre la élite española del Nuevo Mundo y más experiencia militar antes de desembarcar en Vera Cruz. El más joven Gonzalo de Sandoval ayudó en infinidad de ocasiones a salvar la situación cuando parecía desesperada. Cristóbal de Olid y Alonso de Ávila demostraron ser unos lugartenientes inestimables.

Aun así, es difícil imaginar a cualquiera de los capaces subordinados de Cortés reagrupándose tras la Noche Triste. ¿Quién habría podido dirigir a esos hombres heridos y exhaustos para luchar y derrotar a los aztecas en Otumba? ¿Quién, organizar la creación de una armada, o fundar coaliciones de ciudades nativas aliadas a los españoles con tanto éxito? ¿Quién más combinó la serenidad para forjar alianzas con la furia para conducir a sus hombres a las multitudes de aztecas que los multiplicaban en número?

Consideremos la siguiente hipótesis: si Cortés se hubiera quedado en Tenochtitlán en mayo de 1520, y Pedro de Alvarado hubiera marchado a Vera Cruz para enfrentarse a Narváez, es probable que no se hubiera producido ni la Noche Triste, ni la tan necesaria absorción de las tropas y suministros de Narváez. Puede que Cortés no hubiera masacrado a la aristocracia azteca y que Alvarado hubiera carecido de la diplomacia necesaria para ganarse a los hombres de Narváez. Ningún líder de la conquista española mostró ser tan implacable ni tan hábil para recuperarse tras un revés y una derrota, ni tanto talento para engatusar, inspirar y coaccionar a los hombres para que emprendieran acciones insensatas.[62]

Sumemos, pues, el militarismo español singularmente letal, las ventajas tecnológicas y la tradición militar occidentales, el genio mortífero de Cortés, la oportuna alianza con los tlaxcaltecas y los rígidos rituales militares y políticos de los aztecas. ¿Verdad que ya no parece tan descabellada la idea, antaño improbable, de mil quinientos españoles destruyendo en dos años un imperio de millones de habitantes?

La destrucción de Tenochtitlán y de todo el «Imperio» azteca —en realidad se trataba de una laxa y coaccionada lealtad de cientos de pueblos más pequeños— plantea una paradoja. Como se ha comentado, Cortés expresó su asombro ante el impresionante tamaño y complejidad de la ciudad desde su primera visita. Manifestó el deseo de controlar la maravillosa metrópoli del lago para su proyectado virreinato español. O, como lo expresó en su segunda carta a Carlos V, lo cierto es que, tras solo seis días en Tenochtitlán, Cortés había decidido apresar a Moctezuma para usarlo como herramienta con la que apoderarse de la ciudad para la corona española:

Me pareció, y aun por lo que de la tierra había visto que convenía al real servicio de Vuestra Majestad y a nuestra seguridad, que aquel señor estuviese en mi poder y no en toda su libertad porque no mudase el propósito y voluntad que mostraba en servir a Vuestra Alteza.[63]

Cortés reiteró más tarde su intención de dominar y pacificar a los aztecas, asumir la soberanía sobre su imperio y preservar su capital y sus dominios como provincia tributaria de la corona. En otras palabras: en un principio no deseaba arrasar Tenochtitlán, sino sustituir a sus dirigentes. Esa idea habría seguido una pauta análoga a la reciente incorporación otomana de Constantinoplá, más que a la antigua devastación romana de Cartago.

El comandante español también supuso que, dada la radical asimetría demográfica entre la población azteca y la minúscula presencia española en el Nuevo Mundo a principios del siglo XVI, Moctezuma II, o sus sucesores y sustitutos, podrían servir como reyes clientes. Además, sus súbditos garantizarían una mano de obra muy necesaria para los planes de agricultura, ganadería y urbanismo.

Sin embargo, a las pocas semanas de la primera estancia española de ocho meses, Cortés comprendió que cualquier tipo de acuerdo con la jerarquía azteca era imposible. La incompatibilidad de los mexicas con los principios del catolicismo y los usos imperiales españoles era demasiado grande para cualquier compromiso. Ni siquiera un Imperio azteca subordinado, pero intacto, tenía cabida en Nueva España.

Los españoles no tenía ninguna objeción a la esclavitud que los aztecas imponían a sus enemigos derrotados. Como imperialistas, los invasores admiraban, en cierto modo, la capacidad de la ciudad para conquistar el centro de México y forjar un imperio explotador. Como pueblo guerrero, los españoles también veían lógico que la élite de la sociedad azteca fuera la aristocracia militar y el clero religioso. Los soldados de Cortés pronto admiraron —y temieron— la ferocidad de los aztecas en la batalla, y también temían lo que pudiera venir después. Cuando el último emperador, Cuauhtémoc, se vio obligado a rendirse entre las ruinas de la ciudad, ofreció su cuello a Cortés para que pusiera fin a su miseria. Cortés, en cambio, alabó su feroz liderazgo y el valor de sus hombres, y le perdonó la vida; al menos, durante unos meses. El conquistador demostró que el *ethos* guerrero español reconocía el valor de los vencidos.

Dicho esto, toda la cultura de los aztecas se convirtió para la mente española en un símbolo de casi todo lo que su iglesia y su rey definían como incivilizado y anticristiano: los horripilantes sacrificios humanos, el canibalismo, el culto politeísta a ídolos de piedra, la poligamia y la homosexualidad manifiesta eran solo algunos de los muchos elementos que aborrecían de la cultura azteca, y que consideraban un impedimento permanente para el dominio español en el Nuevo Mundo. En su segunda carta de octubre de 1520, durante los oscuros días que siguieron a la Noche Triste, Cortés describió la espeluznante construcción de los ídolos aztecas:

> Son hechos de masa de todas las semillas de legumbres que ellos comen molidas y mezcladas unas con otras, y amásanlas con sangre de corazones de cuerpos humanos, los cuales abren por los pechos vivos y les sacan el corazón y de aquella sangre que sale de él amasan aquella harina, y así hacen tanta cantidad cuanta basta para hacer aquellas estatuas grandes. Y también, después de hechas, les ofrecían más corazones que asimismo les sacrifican y les untan las caras con la sangre.[64]

Para los españoles, tales pecados no eran fortuitos, sino institucionalizados a gran escala e impresos en el modo de vida azteca. De hecho, la religión impregnaba de tal modo todos los aspectos de la sociedad que era imposible concebir su continuidad sin sus deidades sanguinarias. Al menos, eso concluyeron los españoles.

Como resultado, Cortés concibió Tenochtitlán, la ciudad material y nexo de la riqueza mexicana, como entidad separada de la odiosa cultura azteca que la había construido. Puede que, a los pocos días de su llegada, Cortés soñara con una tercera alternativa —de nuevo, algo parecido a los planes del sultán Mehmed II para una Constantinopla conquistada— preferible a destruir la ciudad, como tolerar a una Tenochtitlán azteca como cliente y pagadora de tributos. En su lugar, intentaría preservar intacta la capital azteca, pero sin su élite gobernante, cuyo ejército y cultura deberían ser destruidos junto con gran parte de la población. Cortés, en su tercera carta de 1522 tras la conquista, afirmaba que durante su regreso a Tenochtitlán, e incluso después de la Noche Triste, los españoles seguían creyendo que podrían incorporar a una nueva colonia la ciudad conquistada e intacta:

> Yo buscaba siempre, muy poderoso Señor, todas las maneras y formas que podía para traer a nuestra amistad a estos de Temixtitán [Tenochtitlán], lo uno porque no diesen causa a que fuesen destruidos, y lo otro por descansar de los trabajos de

todas las guerras pasadas, y principalmente porque de ello sabía que redundaba servicio a Vuestra Majestad.[65]

Sin embargo, al final, durante los amargos últimos días del asedio, Cortés entendió que la destrucción de la ciudad era inseparable del fin de su cultura, pues los defensores habían convertido sus hogares y santuarios en un auténtico Stalingrado del siglo XVI:

> Viendo que estos de la ciudad estaban rebeldes y mostraban tanta determinación de morir o defenderse, colegí de ello dos cosas: la una, que habíamos de haber poca o ninguna de la riqueza que nos habían tomado; y la otra, que daban ocasión y nos forzaban a que totalmente los destruyésemos. Y de esta postrera tenía más sentimiento y me pesaba en el alma, y pensaba qué forma tenía para atemorizarlos de manera que viniesen en conocimiento de su yerro y del daño que podían recibir de nosotros. Y no hacía sino quemarles y derrocarles las torres de sus ídolos y sus casas.[66]

Además, el hecho de que se considerara a los aztecas como la más belicosa de las tribus de habla náhuatl significaba que su aniquilación desalentaría la resistencia de los otros pueblos. La idea de promover tal disuasión también influyó en la decisión de Cortés.

No podemos saber cuándo se percató Cortés, en su campaña de dos años, de que su alianza indígena podía conducirlo a destruir la ciudad, y de que se vería presionado a hacerlo por sus agraviados aliados. Tampoco está claro en qué momento su interés por las ventajas racionales de salvar y reinventar Tenochtitlán se vio abrumado por el afán de venganza desatado por la feroz resistencia azteca y su perseverancia en el sacrificio humano. En cualquier caso, aunque ignoramos cuándo decidió arrasar la ciudad y el balance exacto de razones, sí comprendemos las ventajas que los españoles vieron en su destrucción, las cuales guardan similitudes, aunque también diferencias, con las de los líderes analizados en capítulos anteriores.

Alejandro Magno improvisó la destrucción a causa de la ira que le provocaba el desafío de la ciudad y el peligro que su revuelta podía suponer para su proyecto de unificar las ciudades-Estado griegas en una gran coalición que apoyara y abasteciera su inminente invasión del Imperio persa. En cuanto llegó a Beocia, ambas partes supieron que eran inevitables un asedio y una represalia macedonios. Sin embargo, una vez que Alejandro comprendió el alcance del odio tebano, llegó a la conclusión de que aplastar la resistencia y destruir la ciudad —en lugar de limitarse a capturarla— era lo único que acabaría con cualquier vestigio griego de oposición a Macedonia. Y así lo hizo durante su vida. Lo que condenó a Tebas fue la devoción feroz e intransigente de la propia ciudad por su independencia política. Su desafío supuso un peligro inadmisible para el frente interno de Alejandro mientras marchaba hacia el este.

Los romanos arrasaron Cartago porque estaban enfurecidos, agotados y hartos después de ciento dieciocho años de conflicto. Consideraban a Cartago como un enemigo recalcitrante que, después de cada una de las dos derrotas anteriores, parecía resurgir como un ave fénix para rivalizar contra sus planes imperiales, cada vez más ambiciosos, de un Mediterráneo romano. Estos temores contribuyeron a que los romanos rozaran el delirio. Aun la mera existencia de la muy mermada ciudad del siglo II a. C. parecía suponer una amenaza existencial tan grave para la pujante Roma como lo había sido el otrora majestuoso Imperio cartaginés para sus atribulados abuelos.

Por supuesto, existían diferencias insalvables entre la cultura púnica y la romana, especialmente entre sus religiones, pero en gran medida los siglos de rivalidad surgieron, más bien, de disputas económicas y comerciales. A fin de cuentas, la Cartago fundada por los fenicios había incorporado medio milenio de cultura helénica y, durante la época de la primera guerra púnica, también Roma se nutría de la rica y compartida herencia helénica, desde la sofisticada agronomía hasta la práctica militar y la literatura.

Así pues, el asedio de Cartago no se consideró por ninguna de las partes como una guerra púnica más —en este caso, la tercera— a la que seguiría una serie interminable de conflictos. Nada de eso. Desde el principio se acordó discretamente que el asedio sería la última guerra romano-cartaginesa. Cartago asumió el papel de Alemania en 1939-1945, cuando los Aliados determinaron que, tras 1870-1871 y 1914-1918, un tercer «problema» alemán se resolvería definitivamente con la división de posguerra, la ocupación y la destrucción tanto del militarismo prusiano como del nacionalsocialismo.

En cuanto a Mehmed II, tomó Constantinopla porque en 1453 las desguarnecidas defensas de la muralla le insinuaban que podía hacerlo. La infraestructura, la riqueza, la ubicación y las fortificaciones de la ciudad la convertirían en la capital ideal de un Imperio otomano en crecimiento y preparado para una expansión mayor hacia el oeste. Expropiar Santa Sofía a los infieles para convertirla en mezquita era lo natural para los musulmanes otomanos: veían al cristianismo como un enconado rival y como una religión desgastada, cuyas ciudades y monumentos debían sublimarse y ponerse al servicio del islam. Por el contrario, a Cortés le habría resultado imposible salvar los sangrientos santuarios del Templo Mayor y convertir sus pirámides en monumentos católicos.

Cortés solo tenía dos años de experiencia con los mexicas. A diferencia de nuestros casos anteriores, el asedio final no se enmarcó en un conflicto de décadas —y mucho menos de siglos— de amargas contiendas hispano-aztecas por el poder. Otro factor especialmente importante para su decisión fue el odio de sus necesarios aliados hacia los aztecas. Muchos de los vecinos de Tenochtitlán despreciaban al imperio más que a los recién llegados, y no existía nada parecido a un deseo indígena de liderar una cruzada por la libertad panmexicana y una autonomía duradera frente al poder imperial español.

Según consta en el Códice Florentino, la mayoría de los súbditos aztecas sentían lo mismo que el pueblo náhuatl de Teocalhueyacan, que supuestamente

> dijeron a Cortés que los mexicas eran inhumanos y opresivos [...] También se quejaron al capitán del mal trato que Moctezuma y los mexicas les habían dado, cargándoles con muchos tributos y

grandes aflicciones, y les dijeron que, si les dejaban, les iban maltratar todavía más, porque los mexicas eran crueles e inhumanos.

Los aliados indígenas de los españoles no tardaron en darse cuenta de que, si bien ningún súbdito había albergado jamás la menor esperanza de asaltar Tenochtitlán, Hernán Cortés sí la tenía. Así pues, su extraña aparición ofrecía una oportunidad única que podría no volver a presentarse.[67]

Cortés no recibió instrucciones del gobernador de Cuba ni de la corona española sobre el destino de Tenochtitlán. Estableció su política en respuesta a los deseos y demandas de sus propios hombres y aliados nativos. De hecho, más tarde sus directivas proporcionaron argumentos a sus enemigos y rivales, que lo acusaron de insubordinación y traición a la corona. Incluso cuando entregó gran parte de México al rey, sus críticos le acosaron por su crueldad con los indígenas, su engrandecimiento personal y la destrucción supuestamente innecesaria de Tenochtitlán, un potencial activo.

Cortés no solo pretendía destruir Tenochtitlán para corresponder a los estados sometidos a los aztecas por su ayuda, aunque, como es natural, tal espectáculo no carecía de ventajas para consolidar el control español de México. Tal vez después de la Noche Triste, Cortés supuso que no encontraría medios pacíficos para exigir al Imperio azteca lo que en un principio pensó que era una gran riqueza. Los montones de oro que los españoles perdieron en el lago durante la Noche Triste nunca volverían.

En términos estratégicos, los españoles nunca podrían colonizar y explotar México por completo mientras existiera un sistema imperial competidor y poderoso con base en Tenochtitlán. El perspicaz Cuauhtémoc, el segundo sucesor de Moctezuma II, lo comprendió enseguida, y avivó la resistencia azteca de una forma que sus predecesores no pudieron conseguir. Cuando los asediados aztecas cambiaron su estrategia defensiva por las escaramuzas calle por calle y las emboscadas casa por casa, se confirmaron las sospechas de Cortés, como escribió más tarde a su rey, de que no había forma de erradicar el sistema imperial sin derribar la infraestructura azteca.

Este tipo de cambios en las decisiones son habituales a lo largo de la historia militar. Cerca del final de la Segunda Guerra Mundial, el general de la Fuerza Aérea del Ejército estadounidense Curtis LeMay y el mando de bombardeo estadounidense al cargo de sus B-29 decidieron que la única forma de destruir la dispersa industria manufacturera japonesa, profundamente arraigada en los pequeños barrios de Tokio, era incendiar la ciudad junto a decenas de miles de personas que trabajaban en ella. El mandato original de LeMay, que consistía en utilizar bombardeos de precisión para atacar objetivos estrictamente industriales con explosivos de gran potencia, enseguida se consideró demasiado costoso e ineficaz.

Cuando Cortés reconstruyó Ciudad de México como capital del México español, la concibió para que se alzara sobre las ruinas aztecas como su antítesis: puso los cimientos de las iglesias sobre las pirámides arrasadas, y los sacerdotes católicos sustituyeron a los paganos y asesinos. En cierto sentido, hizo en Tenochtitlán lo que varios califas islámicos habían hecho en Jerusalén cuando construyeron, ampliaron y reconstruyeron la mezquita de Al-Aqsa sobre el complejo del Monte del Templo, el emplazamiento del Segundo Templo judío de Herodes el Grande.

¿Deliraban los aztecas sobre su probable destino? ¿Podrían haber evitado su aniquilación convirtiéndose en algo análogo a Tlaxcala como vasallos de la Nueva España, al igual que Tebas podría haber sobrevivido bajo Alejandro como hicieron Atenas o Corinto, o al igual que Cartago podría haberse mantenido de someterse como cliente de Roma, tal y como sucedió con la Éfeso heredada sin apenas daños e incorporada de sus gobernantes atálidas helenísticos?

Los aztecas no creían estar condenados, como tampoco lo pensaban los tebanos, los cartagineses o los bizantinos. Es cierto que su tradición religiosa contemplaba visiones apocalípticas, avivadas desde hacía un par de décadas durante las cuales, ocasionalmente, habían recibido extrañas noticias de guerreros blancos y barbudos a lo largo de la costa de México. Esta idea del fin de Tenochtitlán no era puramente abstracta, ya que los aztecas veían en su entorno más amplio las ruinas de civilizaciones anteriores, como las reliquias monumentales de los toltecas que salpican las llanuras del centro de México.

Cada una de las dos potencias adversarias estaba en su edad de oro y había alcanzado un cenit de riqueza e influencia aparentemente sin parangón, y no se vislumbraba ningún atisbo de declive inminente. Los aztecas optaron por luchar a muerte contra Cortés porque, después de la pérdida de Moctezuma II, conjeturaron rápida y acertadamente que la coexistencia pacífica sería imposible tras cualquier acuerdo. Con la derrota perderían su religión, riqueza y poder, así como sus costumbres y tradiciones.

Sin embargo, no debemos concluir que la voluntad de luchar hasta el final significaba un deseo de muerte. Los aztecas sobrevaloraban sus opciones de vencer a los invasores, sobre todo después de la derrota y matanza de los españoles durante la Noche Triste. Según juzgaban la situación, ellos aún tenían ventajas considerables en número, conocimiento del territorio, armas probadas, guerreros feroces, muchos aliados y un mandato religioso que servía a los apetitos de sus hambrientos dioses. Aunque los aztecas pudieran suponer que había decenas de miles de conquistadores más en el lejano y oscuro lugar del que procedía Cortés, todos con capacidad para llegar a su imperio, decidieron que su mejor opción para sobrevivir era exterminar al pequeño ejército de avanzada antes de que sus sucesores llegaran en número y fuerza mucho mayores. Esto también serviría de advertencia para que los futuros conquistadores se mantuvieran alejados. Por supuesto, es probable que hubiera algunos oficiales aztecas —como los hubo en Tebas, Cartago y Constantinopla— que previeran que la resistencia de la ciudad conduciría a su aniquilación, y que intentaran persuadir a sus líderes para que aceptaran las condiciones, por humillantes y serviles que parecieran. Los registros españoles señalan tanteos de paz ocasionales e informales procedentes de fuentes aztecas ambiguas. Sin embargo, no tenemos constancia de que ninguno de esos líderes ofreciera una rendición seria para salvar Tenochtitlán; al menos, no hasta que la ciudad estuviera prácticamente rodeada y medio devastada, a pesar de las deserciones de grupos de aztecas enfermos, hambrientos o sin hogar que intentaron huir antes de su destrucción definitiva.

El error de cálculo y la ingenuidad no fueron la única causa de la aniquilación de los aztecas. Su caída también se debió a su decisión de resistir. Tenían esperanzas reales de victoria: la estrategia de defensa se basaba en anillos concéntricos de resistencia aliada. Las ciudades tributarias espolearían el avance de Cortés hacia la capital, asegurando que sus fuerzas sufrieran mermas continuadas para cuando llegaran a Tenochtitlán. Sin embargo, el plan dejó de funcionar cuando los españoles consiguieron llevar su flota al lago de Texcoco y Cortés empezó a ganarse a la mayoría de los aliados de los aztecas. Al cortar el abastecimiento de agua y alimentos a la ciudad, dejó que la viruela hiciera su trabajo y empezó a destruir Tenochtitlán sistemáticamente, casa por casa. Sin embargo, hasta las últimas semanas de su existencia, los aztecas nunca habían creído posible la desaparición de su ciudad, por lo que nunca contemplaron ningún medio diplomático formal —sinónimo de esclavitud— para evitarla.

Como el ejército de Cortés era abrumadoramente indígena, y dado que el Imperio azteca surgió del sometimiento de los nahuas del sur, los aztecas tenían buenas razones para creer que el reducido número de españoles, a pesar de sus caballos y ventajas tecnológicas, no lograría un resultado diferente al de sus enemigos derrotados anteriormente.

Todas esas suposiciones fueron desastrosamente erróneas por varias razones. Si parte del poder azteca se había basado en el temor de sus rivales nahuas a la institucionalización del sacrificio sistemático y masivo, los aztecas calcularon muy mal los efectos de sus sangrientas prácticas sobre los españoles. Aunque los españoles de la época sufrieron las horribles imágenes de sus compañeros sacrificados, tan probable era que el espeluznante efecto incitara a la ira como al terror, o más bien a una furia desesperada alimentada por el deseo de venganza. Cada vez que se sacrificaba a un grupo de españoles en público, sus hombres recordaban a Cortés que debían aniquilar semejante máquina de la muerte antes que transigir con ella.

Los aztecas tampoco tuvieron la oportunidad de alcanzar el nivel tecnológico de sus rivales. Aunque después de la Noche Triste obtuvieron éxitos ocasionales utilizando lanzas con puntas de espadas toledanas capturadas, nunca dispusieron de suficientes espadas, ballestas o lanzas españolas para equilibrar los combates. Tampoco capturaron armas españolas ni dominaron las pocas que llegaron a sus manos, como sí hicieron los incas posteriormente. Estos, en el transcurso de una resistencia mucho más larga que se extendió durante cuarenta años, puntualmente aprendieron a montar a caballo y se equiparon con acero toledano capturado. El sitio de Tenochtitlán, si podemos denominarlo propiamente de este modo, es uno de los mejores ejemplos de la historia en el que la disparidad tecnológica entre atacante y atacado definió toda la batalla.[68]

Por último, mientras se mantuvieron en pie las casas de la muerte en el Templo Mayor, los guerreros aztecas siguieron intentando apalear y aturdir, en lugar de centrarse en matar a los conquistadores. De hecho, en una de las batallas finales cerca del lago de Xochimilco, los mexicas descabalgaron y arrollaron al propio Cortés. Si hubieran cesado en sus esfuerzos por capturarlo y atarlo y se hubieran limitado a matarlo, Cortés habría perecido y los sitiadores españoles se habrían quedado sin líder. En lugar de eso, los mexicas siguieron creyendo que, si sus dioses bebían sangre española, harían lo que sus armas de obsidiana no podían.

La gran escala de la muerte y destrucción durante el sitio de Tenochtitlán invita a muchas comparaciones. Una es la batalla de Verdún (21 de febrero de 1916-18 de diciembre de 1916), en la que murieron unos trescientos mil hombres durante unos diez meses. Es una cifra comparable a las bajas aztecas, tlaxcaltecas, españolas y de otros nativos durante los últimos trece meses de guerra casi constante. Sin embargo, a diferencia de los muertos de la Primera Guerra Mundial, que en su mayor parte perecieron por la artillería, las ametralladoras y las enfermedades, la mayoría de los muertos nativos y españoles, aparte por la viruela y otras epidemias, cayeron por armas de mano o arrojadizas, lo que sugiere una violencia muscular sin parangón en los tiempos modernos.

No existen cifras exactas de cuántos nativos murieron durante la destrucción española de Tenochtitlán, al menos para el periodo comprendido entre el desembarco español en la costa mexicana (finales de marzo de 1519) y el final de la ciudad, cuando el último emperador azteca Cuauhtémoc y las fuerzas supervivientes rindieron lo que ya apenas eran escombros (13 de agosto de 1521). Entre doscientos mil y cuatrocientos mil habitantes de la ciudad se habían quedado sin hogar o estaban muertos. Una buena estimación es que al menos doscientos mil guerreros aztecas, civiles y aliados perecieron durante los dos años de guerra.

Muchos, por supuesto, fueron sacrificados y devorados por los tlaxcaltecas y los otros aliados indígenas de España. Francisco Gómara señaló más tarde que «Cortés rogó a sus señores indios que no mataran a estos pobres desgraciados, pues se estaban entregando; pero la tentación era demasiado grande, y unos quince mil fueron muertos y sacrificados».[69]

La esencia azteca se desvaneció con la ciudad, ya que los supervivientes perdieron su cultura, su religión y, con el tiempo, hasta la práctica totalidad de su lengua. La mayoría se mezcló con la población indígena y mestiza. Ochenta años después de la caída de Tenochtitlán, a muchas de las antiguas familias reales y aristocráticas aztecas supervivientes hacía tiempo que se les habían asignado nombres españoles, así como títulos honoríficos y burocráticos para controlar a la población indígena. Sin embargo, la mayoría ignoraba en gran medida el mundo de sus abuelos, muertos hacía mucho tiempo, si bien conservaban una vaga sensación de que su ascendencia había sido majestuosa e imperial alguna vez.[70]

Debido al esplendor material y a la complejidad de la civilización desaparecida, es habitual que la población mexicana actual y su diáspora reivindiquen una ascendencia directa de los antepasados aztecas. Sin embargo, es mucho más probable que la población indígena de habla náhuatl que sí sobrevivió a lo que podría llamarse razonablemente genocidio azteca fueran los sitiadores de Tenochtitlán, no los residentes en ella. Del mismo modo, es más probable que las poblaciones mexicanas actuales estén emparentadas con los aliados de los españoles —y como mestizos— que con cualquier superviviente de los aztecas, a quienes aquellos ayudaron a destruir.[71]

Si los aztecas fueron aniquilados, el pueblo nahua, más numeroso, sobrevivió. De hecho, los nahuas continúan hasta nuestros días en el centro de México, aunque casi todos sus descendientes hablan español y descienden parcialmente de españoles. James Lockhart, principal historiador de los nahuas tras a la conquista, resumió los quinientos años posteriores como un proceso de tres etapas de asimilación entre la clase dominante española, más reducida, y los nahuas, mucho más numerosos:

> (1) una generación (1519 a ca. 1545-50) durante la cual, a pesar de grandes revoluciones, reorientaciones y catástrofes, los conceptos, técnicas o modos de organización nahuas cambiaron poco; (2) unos cien años (ca. 1545-50 a ca. 1640-50) durante los cuales los elementos españoles llegaron a impregnar todos los aspectos de la vida nahua, pero con limitaciones, a menudo como incorporaciones discretas dentro de un marco indígena relativamente inalterado; y (3) el tiempo posterior, que se extiende hasta la independencia de México y en muchos aspectos hasta nuestros días, en el que los nahuas adoptaron una nueva oleada de elementos españoles, que ahora afectaban a menudo y con más fuerza al marco de la organización y la técnica, conduciendo en algunos casos a una verdadera amalgama de las dos tradiciones.[72]

Durante los quinientos años siguientes, persistieron pequeños islotes de pueblos de habla exclusivamente náhuatl y en 2005 eran aproximadamente un millón y medio entre los ciento treinta millones de habitantes del México contemporáneo. Muchos, aunque nominalmente católicos, siguen rindiendo culto a algunos dioses prehispánicos, conservan costumbres y tradiciones anteriores a la conquista y tienen poca o ninguna ascendencia española. Siguen recordándonos que todo, y, sin embargo, nada, acaba llegando a su fin.[73]

Algo más de dos mil conquistadores españoles murieron durante la guerra. La gran mayoría perecieron por enfermedad, cayeron en combate, se ahogaron en el lago durante la Noche Triste o fueron capturados en batalla y sacrificados por los aztecas. Las fuentes sugieren que más de veinte mil tlaxcaltecas —casi todos varones— murieron en combate. Tal vez una cantidad similar de otros aliados indígenas murieron también. Se desconoce el número de víctimas de la viruela —probablemente introducida por primera vez en México por el contingente de Narváez— o de enfermedades entéricas y otros nuevos patógenos, pero sus efectos durante los años de la conquista propiamente dicha pueden haberse exagerado a menudo. Nadie sabe cuántos indígenas murieron finalmente de todas las enfermedades importadas durante las décadas posteriores a la caída de Tenochtitlán, pero la cifra puede ser de varios millones.[74]

Aunque Cortés y sus sucesores acabaron incumpliendo muchos de los acuerdos de autonomía que firmaron con sus aliados nativos antes de la conquista, los españoles no los exterminaron como habían hecho con la mayoría de los aztecas. En su lugar, la población indígena se consideró como mano de obra abundante y forzada a menudo, crucial para una nueva nación hispano-mexicana de súbditos católicos y muy lucrativa para la corona.

El propio Cortés no abandonó el lago tras la destrucción de la ciudad. Puso tanto celo en sustituir Tenochtitlán (actual Ciudad de México) por lo que pronto sería la capital de Nueva España y sede de un virreinato español como el que había puesto meses antes en destruirla. Tenía varias razones para construir sobre las ruinas. Cortés razonaba que los aztecas, con buen criterio, habían utilizado el lago como nexo para el comercio y por la protección que ofrecía, así como por las ricas tierras de cultivo que se extendían en su derredor. Hubo una época en que el lugar también había estado rodeado por más de un millón de residentes de pueblos satélites, que ofrecían un abundante suministro de mano de obra. Más importante: para bien o para mal, aún más millones de mexicanos mantenían la idea de que la mayor ciudad del Nuevo Mundo se encontraba en el emplazamiento de Tenochtitlán. He aquí cómo resumió Cortés las razones de su decisión en su tercera carta posterior a la conquista:

Habiendo platicado en qué parte haríamos otra población alrededor de las lagunas —porque de esta había más necesidad para la seguridad y sosiego de todas estas partes— y asimismo viendo que la ciudad de Temixtitán [Tenochtitlán] que era cosa tan nombrada y de que tanto caso y memoria siempre se ha hecho, nos pareció que en ella era bien poblar, porque estaba toda destruida. [...] al presente estamos de cuatro o cinco meses acá que la dicha ciudad de Temixtitán [Tenochtitlán] se va reparando. Está muy hermosa, y crea Vuestra Majestad que cada día se irá ennobleciendo en tal manera que como antes fue principal y señora de estas provincias todas, que lo será también de aquí adelante.[75]

Cortés trató de recordar la superioridad española a los nativos: tras destruir Tenochtitlán, erigió un nuevo centro urbano en su emplazamiento, para lo cual reutilizó muchas piedras de la antigua ciudad. En cierto sentido, comprendió cómo funcionaban las sociedades piramidales de los aztecas y sus vecinos del Nuevo Mundo. Trató de suplantar las jerarquías vencidas con las suyas propias, partiendo de la premisa de que esos pueblos conquistados serían susceptibles de recibir órdenes superiores nuevas, pero también similares, desde el mismo emplazamiento de sus amos anteriores.

La nueva ciudad pronto superó las expectativas incluso de los victoriosos españoles. Sobre las antiguas manzanas irregulares de Tenochtitlán se superpuso una retícula, al tiempo que el antiguo centro azteca se convertía en la plaza principal de la naciente Ciudad de México. Sobre las ruinas del Templo Mayor se levantó la catedral de San Francisco, cimentada con las destrozadas estatuas de piedra de los antiguos dioses aztecas. Los españoles construyeron la mayoría de sus casas con piedras reutilizadas, y acogieron a unos treinta mil nativos para que vivieran en su nueva ciudad. No estaba muy claro qué tribus componían la nueva población indígena de Ciudad de México. Sin embargo, después de la carnicería de la conquista, estaba claro que la mayoría no eran aztecas.

La rápida construcción de la nueva capital atrajo la ira de los clérigos españoles de la Contrarreforma, que criticaron a Cortés por la matanza de inocentes y denunciaron la explotación de miles de jornaleros nativos que se emplearon para limpiar el lugar y darle un nuevo uso. Era una peculiaridad de la legalista burocracia imperial española que una conquista feroz como aquella tuviera que ser autorizada por cédulas gubernativas y fiscalizada *a posteriori* por un ejército de secretarios e inspectores.

En resumen, el fin de los aztecas tuvo causas recurrentes, pero también singulares, que explican por qué una ciudad tan grande, compleja y próspera cayó en manos de tan pocos en tan breve tiempo. Sin embargo, la conquista española fue también una guerra completamente asimétrica, diferente a todas las anteriores. No solo aconteció un choque de tecnologías, religiones, Gobiernos, protocolos militares, poblaciones, culturas y civilizaciones diferentes que redundaron en beneficio de los españoles, ampliamente superados en número. También chocaron dos mentalidades antitéticas. Los españoles y los aztecas no solo sostenían valores diferentes sobre la condición humana, sino que tenían mentalidades inconmensurables la una para la otra y, en definitiva, totalmente incompatibles.

Sin embargo, también vemos en este capítulo un rasgo humano recurrente y universal a través del tiempo y el espacio: cuando su civilización está al borde de la aniquilación, los condenados suelen sostener una actitud que en parte nace de la arrogancia y en parte de la ingenuidad, y que se resume muy bien con la frase que afirma: «A nosotros no nos puede pasar».

EPÍLOGO

CÓMO LO INIMAGINABLE SE CONVIERTE EN INEVITABLE

Hay un campo de grano donde una vez estuvo Troya y la
tierra —cortada por la guadaña y rica en sangre frigia—
es más fértil. El arado golpea los huesos
semienterrados de los héroes, y la maleza
oculta las casas en ruinas.
*(Iam seges est, ubi Troia fuit resecandaque falce, luxuriat
Phrygio sanguine pinguis humus; semisepulta virum curvis
feriuntur aratris ossa, ruinosas occulit herba domos).*
Ovidio, *Heroidas*

La aniquilación de la cultura y la civilización define acertadamente el destino que sufrieron las cuatro ciudades y sus periferias que
hemos analizado. Antes de Alejandro, la antigua Tebas había sido
una ciudad-Estado con una identidad única que se remontaba mil
años atrás, pero apenas alcanzaba una décima parte del tamaño de
Cartago o Tenochtitlán en su última etapa. Si la Tebas clásica era
casi tan grande en población como la decrépita Constantinopla
durante los últimos años de su existencia, apenas era una fracción
de las catorce mil hectáreas de la gran ciudad bizantina. Su pequeño tamaño explica gran parte de su sencilla destrucción.

Hasta el 335 a. C., los tebanos habían vivido en su ciudad durante diez siglos, seguramente desde la época micénica. Sin embargo, todo acabaría para ellos tras la destrucción de Alejandro.
Los macedonios mataron o esclavizaron a la población. La mayor

parte de la ciudad quedó arrasada. La Tebas que había proporcionado la raíz mitológica para la tragedias de Edipo, Antíoco y Penteo —de Esquilo, Sófocles y Eurípides— había desaparecido para siempre.

Es posible que quienes ocuparan el lugar fueran en su mayoría beocios griegos, de dialecto y etnia similares. Sin embargo, no eran conocidos, ni por ellos mismos ni por los demás, como los tebanos originales que habían destacado durante un milenio como un pueblo griego diferenciado en un lugar concreto. La nueva Tebas trajo un nuevo pueblo griego desvinculado del pasado. Ya no habría una federación beocia sujeta a la Tebas clásica.

La destrucción de Tebas fue algo más que el fin de una ciudad-Estado: también marcó el fin más amplio de las polis clásicas independientes y la conclusión de la Edad de Oro de Grecia. Realmente, cuando Alejandro entró por las puertas de Tebas, la aniquiló y la presentó como modelo de lo que le ocurriría a cualquier ciudad-Estado griega que soñara con su antigua independencia, terminó toda una forma de vida basada en el auto-gobierno.[1]

Del mismo modo, los vestigios de la lengua púnica pervivieron más de seiscientos años en muchas regiones del norte de África tras la destrucción de Cartago, sobre todo en las zonas rurales. Sin embargo, la noción de una civilización púnica mediterránea más allá del norte de África, o incluso de zonas urbanas cartaginesas en ella —con una religión cohesionada, un carácter y un pasado compartido— se acabó, incluso cuando un siglo después la Cartago romana creció hasta convertirse en la segunda ciudad más grande del Imperio romano en Occidente.

Algunos griegos que sobrevivieron a la matanza y la esclavitud de Constantinopla siguieron viviendo como súbditos cristianos inferiores o conversos islámicos, o como esclavos en la nueva Kostantiniyye. Esa renovada ciudad transformó los majestuosos monumentos religiosos y gubernamentales junto con su lengua, leyes y costumbres, y las puso al servicio del islam, la cultura turca y el Imperio otomano. Quedaron poblaciones dispersas de ortodoxos de habla griega en Asia Menor, al menos hasta la destrucción de Esmirna en 1922, la matanza o expulsión de casi toda la población griega remanente y los intercambios finales de población griega y turca de 1923. En cualquier caso, la idea de una civilización bizantina cohesionada, que había establecido una cultura helénica y romanizada fuera de Grecia y sus islas, había dejado de existir en Asia Menor en 1453 y en la Grecia continental en 1460.

Hoy en día, algunos ciudadanos mexicanos, en el centro y sur de México y en ciertos lugares de Centroamérica, hablan variedades de la lengua náhuatl mejor que el español. Hay millones de indígenas que, como cristianos y ciudadanos de México, mantienen vivas las costumbres de sus antepasados de Tenochtitlán o de sus alrededores, pero desde 1521 no hay civilización azteca, al menos tal y como existió. Sus emperadores, su religión formal, sus templos y sus costumbres relacionadas con el canibalismo, los sacrificios humanos y la poligamia se han extinguido. Una nueva cultura mestiza subsumió el atuendo, el armamento e incluso la dieta aztecas. La identidad azteca desapareció, aunque, como se señala en el capítulo 4, la idea de un pasado azteca sigue definiendo una parte muy romántica de la identidad mexicana contemporánea.

En resumen, si un griego del año 200 a. C. dijera: «Vivo en la antigua Tebas», o un residente anunciara en el año 100 a. C.: «Soy ciudadano de la Cartago púnica», o un hablante de griego del año 1500 afirmara: «Soy residente de la Constantinopla griega», o alguien del 1600 sostuviera: «Habito en la Ciudad de México de los aztecas», se lo consideraría un desquiciado o se contextualizaría adecuadamente; pues seguramente querría decir que era un súbdito beocio de un rey helenístico, o un ciudadano romano en el norte de África, o un extranjero residente de segunda clase, o un esclavo en una ciudad islámica de turcos, o un residente indígena o mestizo de la Ciudad de México española.

Incluso siglos después de la aniquilación de estas civilizaciones, sus destinos quedaron inmortalizados en la cultura popular. Las alusiones al fin de los tiempos en la música y la poesía lamentaban la pérdida de estos Estados caídos, antaño poderosos. De vez en cuando, los lugares comunes advertían que ni siquiera los poderosos podían escapar al caprichoso destino. A veces, el mensaje era de venganza y castigo divino por la arrogancia humana. Sin embargo, más a menudo, las canciones y los poemas lamentaban la pérdida de civilizaciones vencidas, que no merecían la destrucción infligida por sus inferiores morales.

El tema de la «paz cartaginesa» —la aniquilación innecesaria de un enemigo púnico ya derrotado, con insinuaciones del destino posterior del vencedor— era común en la poesía y la prosa occidentales desde Virgilio hasta T. S. Eliot y W. H. Auden. Con respecto al fin de Bizancio, los cantos fúnebres de los rituales griegos lamentaron la pérdida para la civilización helénica y cristiana. El poema «Capturados» de Konstantínos Kaváfis (1921) termina con «Que se lea, que se llore, que se rompa el corazón. / Ay de nosotros, ay de nosotros, Roma ha sido capturada». El igualmente famoso poema de W. B. Yeats «Navegando hacia Bizancio» describe la inmortalidad espiritual dentro de un cuerpo envejecido, al comparar esa paradójica condición humana con la mística inmortal de Bizancio, que persistió independientemente de la condición contemporánea de Constantinopla:

> Un hombre envejecido no es más que algo insignificante,
> un abrigo andrajoso sobre un palo, a menos que
> el alma aplauda y brame, y más fuerte cante
> por cada jirón de su vestido mortal,
> [...]
> y por eso he surcado los mares y he venido
> a la santa ciudad de Bizancio.

Allí, en Bizancio, permanece el recuerdo inmortal de la otrora gran guarida:

> O puesto sobre una rama dorada para cantar
> a los señores y damas de Bizancio
> de lo pasado, lo pasajero o lo venidero.

Las lamentaciones rituales aztecas de la época inauguraron un largo género de conmiseración por el fin de Tenochtitlán. Un poema mexica concluye: «Llueven lágrimas, llueven lágrimas allá en Tlatelolco. Las mujeres mexicas se han ido a la laguna. Esta es la verdad. Así se van todos. ¿Y adónde, camaradas? Así es la verdad. Se dirigen a la ciudad de México. El humo se eleva, la bruma se extiende».

Hoy, el destino de los aztecas sigue siendo un tema popular en la poesía, y en ninguno más que en la obra de William Carlos Williams. En su colección *In the American Grain*, Williams lamentó el fin de Mesoamérica: «¡La tierra! ¿No lo sientes? ¿No deseas salir y levantar con ternura de sus tumbas a los indios muertos para robarles —como si debieran aferrarse incluso a sus cadáveres— algo de autenticidad?». Y en un largo poema en prosa, «La destrucción de Tenochtitlán», Williams idealizó el final de Moctezuma: «Había hecho todo lo que podía y estaba vencido. Colocando su mano sobre la empuñadura de la daga de Cortés, pidió al español que la desenvainara y se la clavara en el corazón. Cortés se negó. Más tarde el Conquistador intentó reconstruir la ciudad. *Viva quien vence!»*.[2]*

Aunque la elección de estos cuatro ejemplos de destrucción se ha debido en parte a su importancia histórica, por lo demás es bastante difícil encontrar un ejemplo más reciente de una aniquilación política y cultural significativa tras el final de los aztecas y los incas. Ya no existe la Rusia soviética, por ejemplo, pero el pueblo, la lengua y la cultura rusos continúan bajo la autocrática Federación Rusa.

Incluso pueblos indígenas como los apaches o los zulúes, que fueron derrotados estrepitosamente y menoscabados de forma considerable y deliberada, sobrevivieron, aunque su lengua, su cultura y su población quedaron sometidas al control de una potencia conquistadora. No obstante, hoy en día existen tanto una comunidad zulú políticamente reconocida como entidades políticas tribales de nativos americanos, la primera en Sudáfrica y la segunda en Estados Unidos.

* En castellano en el original. *(N. del T.)*

Ni siquiera el más reciente paralelismo de la desaparición de «Prusia» y el «prusianismo» durante la primera mitad del siglo XX se equipara del todo con los destinos de los condenados en estos capítulos. Prusia, tanto antes como después de la creación de la nación alemana, fue la fuerza dominante en Europa desde aproximadamente 1850 hasta 1918. Antaño un pequeño Estado periférico del siglo XV, creado y gobernado por los Caballeros Teutónicos, Prusia luchó por su independencia contra las poderosas Polonia, Suecia y Lituania. Una serie de gobernantes competentes no tardó en llevar a Prusia a controlar casi todo el territorio desde Bélgica hasta Vilna.

Un estadista prusiano de genio maquiavélico, Otto von Bismarck (1815-1898), elaboró los cimientos del Imperio alemán. En cierto sentido, su creación fue la Gran Prusia, aunque con otro nombre y dominada por aristócratas del antiguo —y ahora extinto— territorio de la Vieja Prusia, junto con su característico *ethos* militarista extremo. La derrota de Alemania en la Primera Guerra Mundial le costó Prusia occidental, y el desastre de la Segunda Guerra Mundial supuso el fin de Prusia oriental (el Estado original), junto con su capital histórica en Königsberg.

La mayor parte del territorio de la antigua Prusia fue purgado de alemanes. La ciudad de Königsberg fue prácticamente destruida y los restos de su castillo histórico se dinamitaron en 1968 por orden de Leonid Brezhnev, secretario general del Partido Comunista de la Unión Soviética. Los rusos, como los aliados occidentales, consideraron los acontecimientos de la victoria prusiana de 1871 ante Francia, la invasión alemana de Francia y Rusia en 1914 y el ataque nazi a Polonia en 1939 como un persistente «problema prusiano». Los aliados occidentales pretendían expiar la culpa de Prusia desvaneciendo su cultura, nomenclatura e infraestructuras en una nueva Alemania que sería moderna, democrática y liberal; es decir, no prusiana, o incluso antiprusiana. Sin embargo, los prusianos, a diferencia de los ciudadanos de Tebas, Cartago, Constantinopla y Tenochtitlán, fueron absorbidos por una entidad étnica y política afín.

La Alemania nazi trató de utilizar la tecnología y las prácticas industriales del siglo XX para acabar con el pueblo, la religión, la cultura y la identidad judías, y mediante el Holocausto logró exterminar a dos tercios de todos los judíos de Europa. Sin embargo, como no estaban confinados en una nación, sino dispersos desde el Atlántico hasta Rusia —y por toda Norteamérica, Gran Bretaña, su imperio y Oriente Próximo—, y como Alemania no podía ganar una guerra contra el poder combinado del Imperio Británico, la Unión Soviética y Estados Unidos, la Solución Final de Hitler fracasó.

Un Imperio otomano que se desmoronaba entre 1915 y 1917 intentó eliminar a la población armenia de más de dos millones de personas que vivía en Anatolia. Puede que consiguiera aniquilar a la mitad de la población bajo su control, y solo el colapso de las Potencias centrales abortó los planes de solución final del desmoronado sultanato. Una de las crueles paradojas de estos holocaustos fue que no cesaron tras la indignación mundial por tales genocidios gubernamentales, sino porque la Alemania nazi y los otomanos se encontraron en el bando perdedor de una guerra mundial y, por tanto, dejarían de existir como Gobiernos antes de que sus macabros planes pudieran realizarse por completo.

Otra razón por la que la destrucción total de una civilización es poco frecuente en la guerra es que hay muchas posibilidades de que un conflicto inminente conduzca a la derrota, y la derrota, a la aniquilación. Como resultado, la mayoría de las ciudades o Estados optan por capitular, incluso en términos humillantes, antes que arriesgarse a que desaparezca hasta su último ciudadano. Por el contrario, la aniquilación de nuestras cuatro ciudades ofrece una lección histórica sobre lo que podríamos llamar el «dilema de los melios», la terrible elección entre la supervivencia racional y la muerte valerosa. Dicho de otro modo, hay un eterno dilema para los condenados: seguir luchando a pesar de la probable aniquilación o sobrevivir gracias a una sumisión humillante.

Además, el fin de la civilización puede ser tanto gradual como abrupto: parafraseando la famosa observación del novelista Ernest Hemingway en *Fiesta* sobre la bancarrota que progresa «gradualmente, luego de repente», el final de estas civilizaciones fue el clímax abrupto de lo que había sido un proceso paulatino. El declive no aseguraba la extinción, pero limitaba las opciones de sobrevivir a una invasión. Puede definirse mejor como el deterioro gradual de la viabilidad de un Estado, hasta que apenas sobrevive la capital y su periferia inmediata.

También se repite cierta fórmula: la Macedonia de Alejandro estaba en ascenso; la Tebas ocupada estaba en descenso. Cartago fue despojada de la mayor parte de su imperio en 149; Roma estaba a punto de convertirse en una superpotencia mediterránea. Dentro de las murallas de Constantinopla crecía la maleza; los otomanos deseaban marchar a Viena. España se dirigía hacia su Edad de Oro de Carlos V y Felipe II; el relativamente joven Imperio azteca ya empezaba a anquilosarse y a dividirse en facciones.

El control tebano de las ciudades-Estado beocias ya había menguado mucho antes del asedio macedonio de Alejandro, sobre todo tras la catastrófica derrota de las fuerzas tebanas y atenienses en la batalla de Queronea en el 338 a. C., tres años antes. Aquella debacle envalentonó a los beocios desafectos a conspirar contra Tebas con sus señores macedonios. A la llegada de Alejandro, Tebas ya no era el árbitro de la gran Confederación Beocia, sino una ciudad aislada.

A medida que escalaba la crisis, tanto tebanos como macedonios supusieron que Tebas no invadiría Macedonia preventivamente; al menos, no al estilo de la gran invasión de Laconia por parte de Epaminondas en el 370 a. C., que había extinguido las incursiones espartanas sobre Beocia. En consecuencia, los aliados tebanos y los neutrales calcularon sensatamente que era más probable la presencia de Alejandro a las puertas de Tebas que el sitio de los hoplitas tebanos al palacio macedonio de Pella.

Cuando Roma invadió el norte de África en el 149 a. C., el otrora vasto Imperio cartaginés había quedado reducido a poco más que la propia Cartago tras un siglo de hostilidades romano-cartaginesas. Destruida la ciudad, no quedaban poblaciones importantes en España para continuar la civilización púnica, solo unas pocas en el norte de África (Útica, por ejemplo). Durante algo más de un siglo de conflicto y tensiones con Roma, se había despojado a Cartago de sus considerables Estados tapón a lo largo de la costa norteafricana y España, así como de su significativa presencia en Sicilia. Si bien sus colonias europeas en España habían amenazado una vez a Italia mientras ofrecían firme resistencia, el único baluarte del imperio al estallar la tercera guerra púnica eran las propias murallas de Cartago.

En 1453, el milenario Imperio bizantino de Constantinopla ya no gobernaba sobre esos dominios casi continentales que antaño se extendían desde el sur de Hispania hasta Persia, y desde el valle del Nilo hasta los Alpes. «Bizancio», antes del asalto final a la ciudad, se había reducido a un puñado de enclaves alrededor de Constantinopla y el Mar Negro, con algunas franjas de la Grecia continental, y había ido perdiendo posesiones a medida que venecianos, genoveses, turcos, francos y árabes se disputaban y devoraban un dominio bizantino antaño formidable.

En cualquier caso, la mayoría de las provincias que sobrevivieron unos años tras la caída de Constantinopla, como el Despotado de Morea, con capital en el Peloponeso, en Mistrá, habían sido semiautónomas durante mucho tiempo. Estos remanentes serían aniquilados durante la década siguiente a la pérdida de Constantinopla. Lo cierto es que hacía ya mucho tiempo que no había generales como Belisario o Narses, quienes en el siglo VI habían llevado la guerra a las puertas de los enemigos de Bizancio, a miles de kilómetros de Constantinopla.

El genio despiadado de Hernán Cortés no estuvo solo durante la sistemática destrucción de la enorme ciudad de Tenochtitlán. Tras la Noche Triste, se dedicó a despojar a los aztecas de sus aliados más importantes. Tales deserciones hicieron casi imposible que Tenochtitlán pudiera contar con refuerzos de hombres y material, y mucho menos enviar ejércitos para imponer la obediencia imperial y la resistencia a la llegada española. En abril de 1521, conquistar Tenochtitlán significaba destruir el Imperio azteca.

¿Todas estas ciudades estaban condenadas? ¿Su suerte estaba echada ante el poder asimétrico del invasor y el invadido?

No necesariamente. Las derrotas de Cartago en las dos primeras guerras púnicas no habían acabado en la destrucción completa del imperio, y mucho menos de la propia Cartago. Como comentó el anciano —y a menudo paranoico— Catón tras una visita a la ciudad en vísperas de la tercera guerra, parecía más próspera que nunca. Además, algunos de los asedios más despiadados, asimétricos y famosos de la historia, como los de la antigua Siracusa (415-13), Malta (1565), Viena (1683), Gibraltar (1779-83) y Leningrado (1941-44), fracasaron.

Más de dos siglos antes de su caída, Constantinopla y su imperio habían sido saqueados, ocupados y expropiados por los caballeros francos de la abortada Cuarta Cruzada dirigida por Dandolo, el nonagenario y ciego dux de Venecia. Sin embargo, si a principios del siglo XIII los dominios imperiales de Constantinopla se habían repartido en gran parte entre diversos señores francos y venecianos bajo la llamada Francocracia, a finales de siglo los bizantinos habían recuperado su capital y partes importantes de Grecia, y se aferrarían a este imperio durante otro siglo y medio.

En otras palabras: contaban con recursos suficientes para llevar a cabo una defensa más férrea, al margen de cualquier socorro multitudinario previsto de la cristiandad occidental. Es verosímil una historia alternativa en la que el brillante genovés Giovanni Giustiniani Longo no hubiera resultado herido en las murallas o no hubiera ordenado que lo llevaran herido a sus barcos; entonces, Constantinopla quizá habría durado los pocos días necesarios para desalentar a los sitiadores del sultán. Estos, para el 29 de mayo de 1453, desesperaban ante la imposibilidad de franquear las enormes murallas de la ciudad y deseaban retirarse.

Tenochtitlán era más grande que la mayoría de las grandes ciudades europeas de la época. A pesar del genio de Cortés, de su gran alianza mexicana y de sus abrumadoras ventajas tecnológicas, el conquistador nunca consiguió organizar un ataque contra la enorme ciudad con más de mil quinientos soldados españoles.

Como ejemplo de supervivencia frente a grandes adversidades, las fuerzas que triunfaron en 1565 bajo el mando de los Caballeros Hospitalarios de Malta nunca llegaron a contar con mucho más de seis mil efectivos. La enorme fuerza asediadora otomana, de cuarenta mil hombres, debería haber aniquilado fácilmente la fortaleza y, con ella, a toda la orden de Malta, si no hubiera sido por su brillante liderazgo, su resistencia fanática y por la incompetencia otomana.

Volvamos al «Diálogo de los melios» de Tucídides, que aborda la despiadada invasión ateniense de un Estado insular neutral en el 416 a. C. Aquí encontramos una trágica ironía cuando los enviados de los atacantes sermonean sobre la causa perdida de los defensores de Melos y, por tanto, sobre la inutilidad de su resistencia. Tal consejo de los pragmáticos atenienses es contrario a su propia resistencia, heroica y exitosa, contra los más abrumadores pronósticos en Salamina durante las guerras persas, unos sesenta y cuatro años antes.

En resumen, hay escenarios paralelos en los que cada una de las cuatro ciudades podría haber sobrevivido, ya mediante la rendición y la humillación abyectas, ya mediante una diplomacia hábil. Para Tebas, la reversión al servilismo de otras ciudades-Estado griegas significaba entregar a los macedonios a unos cuantos patriotas e insurrectos griegos que probablemente serían ejecutados por Alejandro Magno. Eso mismo habían hecho 144 años antes para salvar a su ciudad de otros atacantes griegos, después de que ellos y sus aliados persas fueran humillados en la batalla de Platea (479 a. C.).

Tras aceptar la entrega de todas sus armas y quemar su flota, la condición de la sumisión de los cartagineses se extendió al abandono de su magnífica ciudad y a su traslado lejos de la costa. La vida habría seguido para quinientos mil residentes, pero sin plena autonomía, sin su prosperidad y sin perspectivas de seguridad futura.

Para Constantinopla, la capitulación ante el sultán al comienzo del asedio implicaría ya un éxodo de los arruinados habitantes, ya la continuación de su vida en una ciudad musulmana como ciudadanos de tercera clase.

Para los aztecas, la rendición implicaba mantener una ciudad y una población indemnes —a excepción de las pirámides y los templos—, pero como metrópolis controlada por los españoles y despojada de sus antiguos dioses y costumbres de sacrificios humanos, canibalismo y poligamia. Es discutible que los vencedores hubieran respetado sus condiciones de rendición, e improbable que los asediados hubieran podido asegurar su independencia, poder e influencia ante tales fuerzas frente a su muralla.

Entonces, ¿por qué resistieron? ¿Cuáles fueron los errores estratégicos generales y los errores de cálculo político que compartieron? ¿Qué podemos aprender de sus catástrofes, dado que la destrucción de una capital y la extinción de una civilización no suele ser el resultado de la mayoría de las guerras?

En primer lugar, los Estados que prefieren morir de pie a vivir de rodillas o dudan de que los agresivos atacantes cumplan sus condiciones tras la rendición buscan ayuda exterior. Sin embargo, como podemos atestiguar por los genocidios judío y armenio del siglo XX, la ayuda rara vez llega.

Al igual que los condenados melios, que se aferraron a una vana esperanza («consuelo del peligro») de socorro espartano, los asediados se convencen a sí mismos de que ya se ve a los aliados en el horizonte o que, al menos, les prestarán ayuda en el último momento. Sin embargo, ayudar a quienes serán derrotados —tirar el dinero a la basura, por así decirlo, en la cruel lógica de la ventaja— es una proposición veleidosa incluso en el caso de súbditos imperiales, Estados clientes o aliados jurados.

Es posible que Tebas supiera que sus históricos y cercanos rivales beocios —los tespios, los platenses y los orcomenos— se unirían a Alejandro. Sin embargo, también es posible que los tebanos se animaran a rebelarse ante la expectativa de que sus jactanciosos compañeros insurgentes, los atenienses, los acompañaran con un ejército. No lo hicieron. Por otra parte, los tebanos también creyeron que las ciudades-Estado simpatizantes del Peloponeso llegarían a tiempo. No obstante, estos salvadores o bien no se reunieron, o bien sus ejércitos dieron marcha atrás en cuanto sus generales se enteraron del tamaño y la naturaleza del ejército macedonio.

Las opciones melianas que le quedaban a Cartago eran, sin duda, limitadas: la aniquilación o una existencia humillante y desarraigada, además de tener que rendir un servilismo permanente e indigno ante Roma. Sin embargo, parte de su esperanza de una resistencia exitosa se basaba en que al menos algunos aliados, especialmente la cercana e importante ciudad costera de Útica, se mantuvieran junto a su socio histórico y negaran a las fuerzas expedicionarias romanas la entrada a sus puertos.

Los cartagineses admitieron que sus enemigos númidas, liderados por su anciano rey Masinisa, intentarían iniciar la guerra y poner a los romanos de su lado en África. Sin embargo, en cierto modo les sorprendió que fueran tan pocos los aliados del norte de África, antaño subordinados, que estuvieran dispuestos a unirse a su causa; al menos, una vez que calcularon el tamaño y las intenciones del ejército expedicionario romano.

Durante un tiempo, una Cartago desesperada llegó a creer que hasta el pretendiente al trono macedonio, Andrisco, podría acaparar los recursos romanos iniciando y ganando una cuarta guerra macedonia contra Roma, sobre todo después de que su ejército hubiera aniquilado a toda una legión y asesinado a su general Publio Juvencio Talna. Sin embargo, Macedonia estaba muy al este de Roma. Ni siquiera en la victoria podía prestar ayuda directa e inmediata. El éxito de Andrisco fue un breve lapso en una serie de cuatro derrotas macedonias, cuatro guerras fallidas que acabarían en la completa conquista romana de Macedonia.

Quizá lo más trágico fueron los infructuosos llamamientos bizantinos a toda la cristiandad para salvar su histórica ventana a Oriente. Hasta que se lo impidieron los sitiadores otomanos, el emperador Constantino XI Paleólogo se aferró a la esperanza de que el Occidente latino se uniera por un momento al Oriente griego en una coalición cristiana verdadera, no solo profesada, y enviara una flota al Bósforo.

Sin embargo, las frenéticas súplicas de Constantinopla tanto a Francia como a Inglaterra, agotadas por la guerra de los Cien Años, así como a los oportunistas venecianos, fueron prácticamente ignoradas. Al final, toda la cristiandad occidental envió menos de veinte barcos y menos de mil quinientos soldados. De hecho, es probable que hubiera muchos más cristianos atacando las murallas al servicio otomano que defendiéndolas. El Imperio bizantino era una sombra de lo que fue, pero aún quedaban considerables puestos helénicos en la Grecia continental y a lo largo del Mar Negro. Sin embargo, todos alegaban vulnerabilidades que hacían imposible ayudar a esa ciudad emblemática y corazón de su cultura.

Del mismo modo, a principios del verano de 1521, Tenochtitlán empezaba a intuir que cientos de miles de personas preferían su desaparición antes que defenderla de los españoles, como consecuencia de su cosecha anual de miles de cautivos provenientes de los pueblos en los valles circundantes de México. Hablamos de una victoria española, pero en realidad la mayoría del victorioso ejército de Cortés eran nativos nahuas. Los nahuas antiaztecas veían a Cortés como una herramienta, aunque bastante extraña y peligrosa, para llevar a cabo sus ansiados objetivos. El hecho de que Tenochtitlán pareciera creer que su resistencia a los españoles impulsaría a sus súbditos imperiales contra un extranjero religiosa, étnica y culturalmente antitético revelaba hasta qué punto ignoraban lo odiados que habían llegado a ser.

Por regla general, los asediados contaban en vano con una ayuda que rara vez aparecía, sobre todo si quien podía prestarla consideraba que podía perder.

En segundo lugar, los asediados no solo eran ingenuos en sus expectativas de ayuda exterior. Los Estados asediados también confiaban demasiado en sus fortificaciones y sus limitados medios. Aunque reconocían el poder de sus enemigos, seguían aferrándose a la creencia de que las murallas de sus ciudades o sus defensas eran infranqueables. La Tebas de las Siete Puertas era una fortaleza legendaria y sus murallas se habían reforzado tras la rendición ante los asediadores panhelénicos después de la batalla de Platea (479 a. C.).

Las murallas de Cartago también eran célebres, con más de nueve metros de grosor y doce de altura —mucho más altas en los puntos clave— y más de treinta kilómetros de perímetro. Las murallas construidas, ampliadas y reparadas a lo largo de casi un milenio alrededor de Constantinopla eran todavía más impresionantes: en conjunto eran incluso más altas, gruesas y extensas que las enormes fortificaciones de Cartago. Por su parte, la ciudad-isla de Tenochtitlán en el lago Texcoco se consideraba casi impenetrable debido a su complejo sistema de calzadas y puentes levadizos.

Nadie en ninguna de estas ciudades recordaba haber presenciado jamás la caída de sus fortificaciones. Era lógico que los defensores restaran importancia a las vastas y mortíferas fuerzas que se agolpaban ante sus puertas y confiaran en sus murallas, incluso si los anteriores asedios enemigos fallidos habían contado con más defensores y menos atacantes que durante el ataque al que se enfrentaban en ese momento.

En lugar de evaluar de forma realista el peligro concreto y presente bajo las murallas, los asediados confiaban en sus bastiones y en su pasado inexpugnable.

En tercer lugar, todas estas civilizaciones vencidas sufrieron la aparición de facciones disidentes y la disgregación, antes y durante las batallas finales. Tebas optó por rebelarse contra Macedonia solo después de que los exiliados volvieran a entrar en la ciudad y convencieran a su asamblea de que rechazara mostrarse servil una vez más. Fue un paso radical que quizá no contó con el pleno apoyo de la ciudadanía.

Asdrúbal el Beotarca, el líder de Cartago, había sido encarcelado por su incendiaria oposición a Roma. Cuando fue liberado y canonizado como el defensor que la ciudad, no tardó en demostrar por qué había sido tan impopular. Durante el asedio, en ocasiones se preocupó tan poco por sus propios ciudadanos como por los romanos. Al final, fue capaz de ejecutar a ambos.

Constantinopla cayó en parte porque había casi tantas luchas dentro como fuera de las murallas. Algunos cristianos occidentales se alegraron de su caída. Los venecianos y genoveses de las murallas no lucharon con la ayuda de sus Gobiernos, desconfiaban unos de otros y lo único que tenían en común eran sus suspicacias hacia sus anfitriones griegos.

Es posible que los aztecas mataran a su propio emperador —o permitieran su muerte— al comienzo de la guerra. Para cuando terminó, habían dirigido la defensa tres emperadores diferentes —Moctezuma II, Cuitláhuac y Cuauhtémoc—. La ferocidad de los asediadores nativos que se unieron a los españoles podía explicarse por tantos de sus propios ciudadanos que habían sido maniatados y a los que los aztecas habían arrancado el corazón desde hacía mucho tiempo.

La discordia previa solía explicar la vulnerabilidad de los sitiados y su propia contribución a la derrota.

En cuarto lugar, los defensores no disponían de información precisa sobre la habilidad en el arte del asedio o la capacidad de mando de los generales enemigos, ni de una valoración objetiva de su propia falta de pericia. El Alejandro Magno de veintiún años aún no había demostrado al mundo griego todo su genio en el asalto de ciudades hasta Tiro, solo tres años después de la destrucción de Tebas. Su exitosa toma de la antigua y —supuestamente— inexpugnable fortaleza hizo gala de las más sofisticadas artes de asedio conocidas hasta entonces en el mundo antiguo. Por el contrario, Fénix y Prostytes, los líderes de la insurrección tebana, han sido casi olvidados, pero nada sugiere que tuvieran en mente alguna estrategia para salir victoriosos. Al parecer, ellos y otros exiliados que regresaron confiaban en un levantamiento panhelénico que se marchitó cuando Alejandro apareció ante las puertas de Tebas.

Los cartagineses, después de aniquilar a tres generales romanos —Manio Manilio, Lucio Marcio Censorino y Lucio Calpurnio Pisón— supusieron que Escipión Emiliano sería otro inepto más. No tenían ni idea de que el joven cónsul era un curtido veterano de las largas guerras en España y Macedonia, y una de las mejores mentes militares que había producido Roma. De nuevo, poco se sabe del comandante cartaginés Asdrúbal el Beotarca. Parece que en ocasiones fue tácticamente competente, ya que durante tres años dirigió con éxito la defensa de la ciudad contra varios ejércitos consulares. Sin embargo, el hecho de que su capitulación en el último momento le valiera una jubilación tranquila en una finca agrícola italiana sugiere que su dirección estratégica se vio empañada por sus propios planes y limitaciones personales.

Mehmed II solo tenía veintiún años en 1453, pero su padre le había dado instrucciones militares y diplomáticas durante casi una década. Además, el sultán había reunido unos setenta cañones de asedio y contaba con un sistema logístico como nunca se había visto en Constantinopla. Constantino XI se consideraba un emperador célebre y experimentado, era valiente y el mejor de la aristocracia bizantina en las murallas. Puede que juzgara absurdas las garantías turcas de permitirle a él y a su pueblo una salida segura hacia el Peloponeso, dada la destrucción otomana de la civilización bizantina en Grecia pocos años después de la caída de Constantinopla. Sin embargo, el hecho de que solo pudiera reunir una fuerza defensora veinte veces menor que la atacante es un testimonio de su fracaso como estratega y diplomático.

Por desgracia para los aztecas, Hernán Cortés no solo era un consumado conquistador con la habitual ambición de hacerse rico y famoso, sino que también era uno de los comandantes militares más brillantes de la historia de España. Sin él, los conquistadores habrían tardado décadas en tomar la ciudad. Por el contrario, Moctezuma II era indeciso, débil y, a veces, delirante. Se sintió desconcertado por los españoles y desaprovechó docenas de ocasiones para destruir las pequeñas fuerzas de Cortés durante su primera visita en 1519. El hecho de que la ciudad ofreciera una furiosa resistencia en 1521 se debió en gran medida a la desaparición de Moctezuma y a su sustitución por Cuitláhuac primero y Cuauhtémoc después. Si cualquiera de los dos hubiera estado al mando en 1519, podrían haber liquidado a Cortés y a su pequeña banda cuando era mucho más fácil.

Los defensores rara vez identifican el peligro existencial que corren con el genio militar enemigo que los ha puesto en dificultades. Tampoco pueden evaluar con precisión la mediocridad de su liderazgo.

En quinto lugar, era habitual que, antes de su aniquilación, los defensores hubieran llegado a algún tipo de acuerdo con sus futuros destructores, en cuyo mantenimiento confiaban. En el caso moderno de los judíos de Europa, parecía incomprensible que un pueblo que había luchado heroicamente en la Primera Guerra Mundial para varios ejércitos europeos y se había convertido en una élite profesional en la mayoría de las grandes capitales pudiera ser objeto de tal persecución. La misma incredulidad sintieron los armenios: es cierto que, como los judíos, habían sido blanco de pogromos en el pasado; sin embargo, también como los judíos, se habían convertido en una minoría próspera con recursos e influencia considerables, sobre todo en la capital, Kostantiniyye.

Tebas no perdió su libertad en el 335 a. C., sino en la batalla de Queronea, tres años antes. Tebas, como hicieron algo más de mil polis griegas, había llegado a aceptar que el poder y el dominio macedonios sobre Grecia eran inevitables. Esa aquiescencia previa hacía mucho más difícil una insurrección repentina.

Como ya se ha señalado, Cartago se vio atrapada en una situación imposible, de la que no podía salir: a la escalada de ataques de Numidia se sumaba la negativa romana a permitir cualquier contraataque. Sin embargo, hasta entonces, y durante más de un siglo, los romanos habían aceptado a Cartago como un Estado cliente subordinado, y los cartagineses confiaban en que ese estatus continuaría.

Los emperadores bizantinos subestimaron la amenaza de Mehmed, en parte porque durante el siglo anterior se habían acostumbrado a mantener su existencia cediendo territorio y pagando tributo. Al parecer, creían que esas concesiones les servirían para siempre.

Moctezuma y muchos de los importantes e ilusos aztecas que lo rodeaban habían creído, al menos en un principio, que Cortés podía ser una especie de plenipotenciario que exigiría tributos, pero dejaría intactas la infraestructura y las costumbres de una nación azteca sometida.

A menudo, los defensores no comprendían, o se negaban a reconocer, que su derrota implicaría su desaparición, si bien era una deducción lógica desde el inicio de las hostilidades. Los tebanos conocían bien la barbarie macedonia en el norte y el destino que había sufrido la ciudad-Estado de Olinto, pero asumieron que, gracias a su condición de polis griega emblemática —análoga a Atenas, Corinto y Esparta—, Alejandro se conformaría con volver a derrotarlos sin llegar a destruirlos.

Puede que Cartago creyera que otro Escipión implacable podría conquistar la ciudad, pero no demolerla —como había advertido—, tal y como había ocurrido tras las derrotas sufridas en las dos guerras púnicas anteriores. Por su parte, Constantinopla había llegado a todo tipo de acuerdos pragmáticos con el sultanato, desde concesiones comerciales hasta la custodia subvencionada de los pretendientes turcos al trono otomano, y su *modus vivendi* con sultanes anteriores pudo favorecer que los bizantinos no se tomaran en serio las amenazas del joven Mehmed II. Por otro lado, en el sistema de las guerras floridas de los aztecas, la derrota implicaba la humillación, sacrificio masivo de guerreros vencidos, tributo, esclavitud y pérdida de autonomía, pero no la aniquilación.

Las víctimas nunca comprendieron del todo que las negociaciones y la diplomacia anteriores a la guerra, que les habían permitido un último y breve respiro, ya no eran aplicables, bien porque la política enemiga había cambiado, bien porque sus capacidades tecnológicas y organizativas habían evolucionado.

En sexto lugar, la ferocidad de los condenados crecía conforme las probabilidades se ensombrecían, pero, paradójicamente, una resistencia tan fanática solo garantizaba la ocupación de los vencedores. Una de las muchas razones por las que Alejandro optó por arrasar Tebas fue su rabiosa defensa en vísperas de su expedición a Persia, que le costó quinientos de sus mejores soldados.

Asdrúbal no solo comandó una furiosa defensa de Cartago que le costó a Roma miles de legionarios durante tres años. Para intimidar a los atacantes y recordar a los defensores que la derrota implicaría su aniquilación, el general cartaginés ejecutó y mutiló a prisioneros romanos en las murallas de la ciudad a la vista de los sitiadores. Tras esa barbarie, Roma no podría mostrar piedad en la victoria.

A pesar de las abrumadoras fuerzas de los otomanos y de su arsenal de artillería, es posible que, durante los cincuenta y tres días que duró el asedio de Constantinopla, los defensores bizantinos mataran a más de veinte mil atacantes, una cuarta parte del contingente total. En cierto momento del asedio, Constantino XI tomó represalias por ejecuciones otomanas anteriores y decapitó a prisioneros turcos en las murallas de la ciudad. En la mente del sultán, sus pérdidas habrían sido innecesarias si los bizantinos hubieran aceptado lo inevitable. Se lo devolvería todo en especie cuando cayera la ciudad.

Todos los relatos españoles de la época atestiguan el temor y la ira que provocó el desfile ritual de los conquistadores capturados por las escaleras de la Gran Pirámide, en el centro del santuario del Templo Mayor. De los mil ochocientos españoles que murieron en batalla —por enfermedades y heridas, así como durante el cautiverio de los aztecas—, unos quinientos o más fueron sacrificados, lo que en última instancia impulsó a los españoles a arrasar Tenochtitlán.

También hay una diferencia entre un asedio o guerra urbana y una batalla campal, algo que despierta los instintos asesinos. Si el enemigo está confinado se lo puede ver con facilidad y no es difícil atacarle, por lo que no hay lugar para el sigilo y las emboscadas. Además, la densidad de población es mucho mayor, lo cual garantiza que la violencia sea mucho más concentrada, letal y eficiente.

Cuanto más dura el asedio, más se intensifica la violencia y más salvajes se vuelven los combatientes, que ya ni siquiera distinguen a los civiles. La riqueza y el botín se concentran en un espacio reducido y suponen otro estímulo para asaltar la ciudad. Los defensores también se consideran el último obstáculo de una guerra mayor, en cuyo clímax la violencia desaforada no solo asegura el fin del riesgo y el peligro, sino también la recompensa y los beneficios —incluyendo la esclavitud, la tortura, la violación y el asesinato de civiles—.

En otras palabras: los defensores luchan con mayor fervor cuando se dan cuenta de que la derrota inminente implicará su aniquilación, y, al mismo tiempo, los atacantes se entusiasman con la perspectiva de que su enemigo está atrapado y estancado, es visible y se lo puede eliminar.

El esfuerzo por destruir —en lugar de limitarse a derrotar a un enemigo atrapado— garantiza un salvajismo inusitado. Además, el celo necesario para resistir unas abrumadoras probabilidades en contra acaba por garantizar un grado de violencia por parte del atacante que sentencia el destino de los vencidos.

En séptimo lugar, lo que mejor explica las cifras de muertos entre los defensores no es la intención de los líderes atacantes, sino el tamaño y los recursos de sus objetivos. En otras palabras: las poblaciones relativas de Tebas, Cartago, Constantinopla y Tenochtitlán fueron las variables que mejor explican el eventual número de muertos y esclavizados, no la capacidad, los recursos o la violencia de los atacantes. Si asesinos como Alejandro hubieran estado en Tenochtitlán, o Escipión en Constantinopla, probablemente el recuento de cadáveres habría sido similar.

No es raro que aparezca un cierto remordimiento en este sentido. Al cabo de un tiempo después de haber desencadenado una masacre, los responsables casi siempre expresaban su conmoción por su propia brutalidad o —más probablemente— intentaban excusarla, sobre todo cuando albergaban la intención de volver a ocupar o a utilizar el lugar que una vez fue objeto de su destrucción. En otras palabras: daba igual la intención original del general atacante, pues o bien perdía el control de sus tropas —que habían cruzado la línea que separa la guerra del asesinato— en el momento de la victoria, o bien se excusaba afirmando que, de hecho, es lo que había sucedido. Tales arrepentimientos adquirieron resonancia porque, con bastante frecuencia, los destructores de la civilización se autoproclamaban hombres de letras.

Alejandro, tutelado por Aristóteles, se veía a sí mismo como el Aquiles de Homero y un emisario del helenismo, y, como tal, incluía a filósofos, poetas e historiadores en su séquito. Escipión Emiliano creó más tarde el «Círculo de Escipión», un grupo de sabios que incluía al dramaturgo cómico Terencio y al filósofo Panecio. Mehmed II se consideraba un hombre de letras: reunió una biblioteca de textos griegos, latinos y persas, y atrajo a su corte a filósofos, historiadores y hombres de ciencia. Cortés recurrió al pensamiento clásico y se hizo acompañar de numerosos escritores, entre ellos el gran memorialista y cronista de la conquista Bernal Díaz del Castillo. ¡Cuidado con los asesinos con pretensiones ilustradas!

Qué inevitable que Alejandro autorizara a sus vengadores para destruir Tebas, solo para lamentar más tarde la carnicería que había desatado. Qué típico que Escipión Emiliano permitiera a sus legionarios asesinar a los vencidos, solo para clamar más tarde la advertencia de Homero: así como los victoriosos griegos compartirían el destino de una Troya derrotada, así también podría ser el futuro de Roma. ¿Acaso un Escipión convertido en filósofo ocasional fingió remordimiento por lo que había provocado? Qué predecible que, después de garantizar a sus otomanos una orgía de violaciones, botín y matanzas, un Mehmed II con los ojos llorosos no tardara en arrepentirse por haber cumplido su promesa: «Qué ciudad hemos entregado al saqueo y la destrucción». Qué banal que Hernán Cortés destruyera sistemáticamente Tenochtitlán casa por casa, alegara impotencia cuando sus aliados tlaxcaltecas asesinaron a miles de civiles desarmados, y luego insistiera en que solo había deseado conservar y mejorar la «Venecia» de Nueva España para la posteridad.

Una vez que los vencedores se desatan —y siempre lo hacen—, al cabo de un tiempo sus comandantes expresan su pesar por su crueldad desaforada, aunque sin la sensación de que no volverían a hacerlo. La educación y las pretensiones de alta cultura potenciaron, más que limitaron, la saña de los conquistadores.[3]

En nuestro imprevisible y globalizado mundo contemporáneo, siempre debemos tener en cuenta todos aquellos aspectos que pueden provocar que lo impensable se haga realidad. Desde el estallido de la guerra de Ucrania se ha hablado del peligro de que se usaran armas de destrucción masiva: no habíamos vivido esta amenaza desde la crisis de los misiles en Cuba de octubre de 1962. En el verano de 2022, Vladimir Putin sugirió varias veces que la Rusia agresora se reservaba el derecho a utilizar armas nucleares si su integridad se veía amenazada. Cuando el avance se estancó tras los meses que siguieron a su invasión, algunos jerarcas rusos imaginaron una guerra termonuclear para evitar la derrota en el exterior. En múltiples ocasiones, una Rusia nuclear trató de enfrentarse a los drones y aviones de las naciones de la OTAN protegidas por armas nucleares, mientras que una China también nuclear observaba la reacción de la América nuclear cuando evaluaba los pros y los contras de invadir Taiwán.

La manera en la que las naciones occidentales —que han proporcionado a Ucrania miles de millones de dólares en armas sofisticadas— han desdeñado el ruido de los sables nucleares como las bravatas vacías de un líder enfermo, un ejército frustrado y perdedor o una nación rusa en declive —aunque armada con sesenta mil cabezas nucleares— no ha dejado ser extraña. Tal vez Occidente desestimó la seriedad de tales amenazas nucleares porque el atacante, Rusia, estaba rasgando los cielos de Kiev con misiles y bombas de manera indiscriminada y, por tanto, seguramente creía que el invadido tenía derecho a responder con la misma moneda. O quizá los estadounidenses se limitaron a asumir que la doctrina de la «destrucción mutua asegurada» disuadiría incluso a un loco de contemplar el uso de un arma nuclear táctica.

Sin embargo, como muestran estos capítulos, lo que es moral o lógico no guarda relación con la aniquilación que puede seguir en la realidad. Entre un atacante más fuerte y un atacado más débil, prevalecen las antiguas leyes melianas: «el fuerte hace lo que puede y el débil sufre lo que debe». De este modo desaparecen la reciprocidad, la proporcionalidad, la simetría y las «leyes de la guerra».[4]

Como una desesperada Tebas, Cartago, Constantinopla o Tenochtitlán, Ucrania ha confiado casi por completo en sus aliados para que la salven de Rusia. Quizá Kiev debería reflexionar sobre su destino, sobre todo desde que, hasta el verano de 2023, una Ucrania bien armada y valiente seguía perdiendo aproximadamente un soldado por cada dos rusos muertos por sus fuerzas. El plan aparente de Rusia era utilizar su ventaja de cien millones de personas, su economía diez veces más poderosa y su territorio treinta veces más extenso que el de Ucrania para convertir el país enemigo en un escenario de muerte como el de Verdún.

Corea del Norte es otro punto caliente desde que en 2006 se hiciera con un arsenal de armas nucleares. Aunque su anquilosada economía desciende periódicamente a la hambruna, Pyongyang no deja de amenazar a Corea del Sur, Japón y la costa oeste de Estados Unidos con un ataque nuclear. El día de Año Nuevo de 2018, el dictador norcoreano Kim Jong Un advirtió que podría atacar cualquier ciudad estadounidense con armas nucleares y que tenía el botón de lanzamiento sobre su escritorio. En respuesta a tales amenazas, un tuit del entonces presidente Donald Trump recordó casi inmediatamente a Kim: «¿Podría alguien de su agotado y hambriento régimen informarle de que yo también tengo un botón nuclear, pero mucho más grande y potente que el suyo, y que además mi botón funciona?».[5]

Por supuesto, las amenazas nucleares norcoreanas no tardaron en reanudarse tras la administración Trump. En noviembre de 2022, ante las nuevas críticas de la administración Biden por sus temerarias pruebas de misiles de largo alcance, Kim advirtió tanto a Corea del Sur como a Estados Unidos de que «pagarían el precio más horrendo de la historia». Cualquier invasión norcoreana del Sur que creyera que Seúl carece de disuasión nuclear llevaría a Estados Unidos a recordar, tanto a Pyongyang como a su aliado en Pekín, que Corea del Sur está protegida por el paraguas nuclear estadounidense. Además, ante tales amenazas, Corea del Sur, junto a otros objetivos del acoso norcoreano y chino —como Australia, Japón y Taiwán—, podrían considerar que disponen de los medios para convertirse en potencias nucleares con bastante rapidez y eficacia.

Volviendo a China, a la que Estados Unidos ha designado a menudo como su principal oponente, el general de división chino Zhu Chenghu advirtió en 2005 que «si los estadounidenses lanzan sus misiles y munición guiada sobre objetivos en el territorio de China, creo que tendremos que responder con armas nucleares». Las amenazas nucleares de Chenghu sobre Taiwán se han repetido desde entonces.

Por ejemplo, en julio de 2021 apareció durante un breve periodo un vídeo propagandístico donde el Gobierno chino se jactaba de sus intenciones de bombardear Japón si Tokio reafirmaba su pretensión de ayudar a defender Taiwán de una invasión china.[6]

Pakistán, otro posible punto caliente con armas nucleares, volvió a amenazar en agosto de 2021 a India, de un modo demasiado habitual, con una posible guerra nuclear. El ministro del Interior pakistaní, Sheikh Rashid, se explayó sobre el escenario de un ataque de este tipo:

Si India ataca a Pakistán, no hay margen para una guerra convencional. Será una guerra sangrienta y nuclear. Será una guerra nuclear con toda seguridad. Tenemos armas muy minuciosas que son pequeñas y perfectas. Nuestras armas salvarán vidas musulmanas y solo apuntarán a determinadas regiones. El alcance de Pakistán ahora incluye incluso Assam. Pakistán no tiene ninguna opción en la guerra convencional; por lo tanto, India sabe que, si ocurre algo, será el fin.

Rashid solo se hacía eco de una pesadilla común de los analistas nucleares: la potencia nuclear más fuerte obtiene ventaja en un conflicto convencional gracias a la disuasión, convenciendo a la potencia más débil de que su único recurso es un primer ataque preventivo con el arsenal atómico.[7]

Desde la crisis de los misiles de Cuba, mencionar el uso de armas nucleares era una especie de límite, un tabú; sin embargo, el listón se ha rebajado hasta la banalidad. Uno de los motivos es la ampliación del club de potencias nucleares durante los últimos sesenta años. Muchos de estos nuevos Estados nucleares —China, India, Israel, Corea del Norte y Pakistán— comparten fronteras con religiones e ideologías muy diferentes. Cuanto más consideran las actuales potencias nucleares usar sus arsenales, más alimentan el fomento nuclear de sus vecinos no nucleares amenazados. Si varios Estados asediados —como Libia, Sudáfrica y Ucrania— no hubieran renunciado a sus armas nucleares o a su intención de producirlas, podríamos haber asistido ya a un intercambio nuclear en tiempos de guerra.

Sin embargo, hay muchas otras naciones y regiones que corren el mismo riesgo de seguir el destino de Tebas o Cartago a causa de contar con un territorio más o menos confinado, un entorno difícil, enemigos poderosos, aliados poco fiables, una población pequeña y la convicción de que «aquí no puede pasar».

En 2002, con motivo del Día de Al-Quds, el expresidente iraní y entonces presidente de la Asamblea de Discernimiento de Conveniencia del Sistema, Akbar Hashemí Rafsanyaní, esbozó un escenario en el que la adquisición de armas nucleares podría resolver el problema de la «entidad sionista». Según informó el Middle East Media Research Institute, Rafsanyaní afirmó en un largo discurso

que los musulmanes deben vencer al colonialismo y forzar [a los colonialistas] a considerar si Israel los beneficia o no. Si un día el mundo del Islam llega a poseer las armas que actualmente posee Israel [se refiere a las armas nucleares], ese día esta forma de arrogancia global llegará a un callejón sin salida. Esto se debe a que el uso de una bomba nuclear en Israel lo destruirá todo, mientras que a la inversa solo dañará a una parte del Islam.[8]

Al parecer, el expresidente Rafsanyaní, considerado en su día un líder iraquí «moderado», también comentó en un momento dado que Israel era «un país de una sola bomba». Rafsanyaní quería decir que la mitad de la población judía del mundo estaba concentrada en una región relativamente pequeña y que, por tanto, podía ser liquidada con una sola arma nuclear.[9]

El espectro de un Irán teocrático que pronto será nuclear y que confía en sobrevivir a un intercambio nuclear, o que al menos prefiere el paraíso *post mortem* al *status quo ante bellum*, garantiza un peligroso estado de cosas, especialmente en el contexto de las recientes guerras subsidiarias entre Irán e Israel en Gaza, Líbano y Siria.

En diciembre de 2022, Teherán continuaba sus dos décadas de amenazas existenciales prometiendo que cualquier ataque convencional preventivo contra sus instalaciones de enriquecimiento nuclear provocaría una lluvia de misiles iraníes sobre el reactor nuclear israelí de Dimona, seguida de una andanada que «arrasaría Tel Aviv». Irán llegó a publicar un vídeo que mostraba ataques simulados con misiles que destruían Israel.[10]

Por desgracia, además de Israel, hay otras naciones y pueblos que tienen un largo y triste pasado de vulnerabilidad y persecución, para los que una escalada hasta una gran guerra podría amenazar su existencia. Estos pueblos residen en entornos peligrosos y tienen poblaciones relativamente pequeñas con recursos limitados, pero una historia larga.

Un buen ejemplo es la Grecia occidental, ortodoxa, de poco más de diez millones de habitantes, que ocupa más de ciento treinta y dos mil kilómetros cuadrados de territorio estratégico, tiene una densidad de población de tan solo 77,5 habitantes por kilómetro cuadrado y carece de grandes riquezas naturales. Se enfrenta a un miembro hostil de la OTAN, su conquistador y ocupante histórico: Turquía. Esta se ha despojado cada vez más de las tradiciones occidentales y seculares de su fundador, Mustafá Kemal Atatürk, y bajo su líder islamista Recep Tayyip Erdoğan se ha redefinido como el heredero legítimo del Imperio Otomano islámico y expansionista que absorbió al Imperio bizantino griego. El gobierno turco ha elogiado abiertamente su herencia imperial otomana al tiempo que restado importancia a la visión laica de su fundador. Como parte de su apelación al legado de la conquista otomana, la primera dama de Turquía ha llegado a elogiar el harén de los otomanos como un lugar de compañía y aprendizaje femenino ilustrado.[11]

Turquía insiste en que su antigua ocupación del norte greco-parlante de Chipre y el actual Estado títere de la República Turca del Norte de Chipre (reconocido solo por Turquía) son realidades permanentes. El presidente turco Erdoğan ha prometido en repetidas ocasiones invalidar por la fuerza si es necesario las legítimas reivindicaciones de gas natural y petróleo tanto de Grecia como de Chipre en el Mediterráneo oriental. Cada vez con más convicción, Turquía no reconoce la soberanía griega de las principales islas griegas de la costa de Asia Menor y considera que su estatus es fluido y, en última instancia, turco.

Como resultado, Turquía sobrevuela el territorio griego en el Egeo docenas de veces al mes para presionar, mientras insiste en que las islas permanezcan desmilitarizadas para evitar una invasión turca. Mientras tanto, Turquía, miembro de la OTAN, se ha acercado cada vez más a China, Irán y Rusia, al tiempo que intensifica su retórica antiestadounidense y antieuropea.

En diciembre de 2022, Erdoğan volvió a advertir a Grecia de que los misiles que adquirieran podrían estallar en la propia Atenas «si no mantienen la calma». Erdoğan explicó sus amenazas con más claridad:

Ahora hemos empezado a fabricar nuestros propios misiles. Por supuesto, esta producción asusta a los griegos. Cuando dices «Tayfun» ['tifón'], el griego se asusta y dice: «Golpeará Atenas». Pues claro que lo hará. […] Si no mantienen la calma, si intentan comprar algo [para armarse] de aquí y de allá, de América a las islas, un país como Turquía no será un espectador. Debe hacer algo.

Además, Erdoğan ha advertido ominosamente: «Podemos descender una noche, de repente, cuando llegue el momento».[12]

Aunque Turquía sigue siendo miembro de la OTAN y una potencia no nuclear, Erdoğan ha planteado la posibilidad de volverse nuclear. Ha provocado varios enfrentamientos con Estados Unidos, hasta el punto de discutir sobre la situación exacta del arsenal estadounidense de bombas nucleares B-61 almacenadas en la base aérea de Incirlik, en Adana (Turquía), arrendada por Estados Unidos. Por ejemplo, durante el intento de golpe de Estado de 2016 contra el Gobierno de Erdoğan, no era seguro que el personal estadounidense mantuviera el acceso directo a las armas o incluso la propiedad completa de ellas. El propio Erdoğan ha advertido a los estadounidenses que no retiren de Incirlik sus propias bombas nucleares. Esa paradoja apoya la idea de que Turquía cree que disfruta de derechos parciales de propiedad sobre su uso, o que ella misma se convertiría en una potencia nuclear si las armas de Turquía se trasladaran a Estados Unidos.[13]

La Turquía renaciente y sus agentes periféricos han retomado varias de sus antiguas rivalidades unilaterales con otras poblaciones vulnerables, en particular los kurdos y los armenios. El pueblo kurdo sigue careciendo de Estado; sus poblaciones están dispersas entre las tierras fronterizas de Irán, Irak, Siria y Turquía. Tradicionalmente, las alianzas fluctuantes de estos países de acogida han provocado la expulsión periódica de los kurdos de esas fronteras, que en ocasiones se arrasara a sus pueblos con gas venenoso y que se les exigiera renunciar a la identidad kurda. En diciembre de 2022, el presidente turco Erdoğan amenazó una vez más con entrar en el norte de Siria para expulsar a su población kurda.[14]

En la era moderna, Armenia solo resurgió como nación autónoma tras la desintegración de la antigua Unión Soviética. Ha sufrido dos genocidios organizados que costaron un millón y medio de vidas a manos tanto del sultanato otomano como de la emergente nación turca, antes, durante y después de la Primera Guerra Mundial. La triste historia del pueblo armenio sirve como recordatorio de que aún dispone de muy escaso margen de error en cualquier guerra a gran escala entre las grandes potencias regionales.

La minúscula población actual de Armenia —tres millones de habitantes—, junto con su cristianismo ortodoxo en medio de vecinos islámicos, la hace especialmente vulnerable. Además, la antigua inclusión de Armenia en la Unión Soviética, unida a sus fuertes lazos con Estados Unidos a causa de la diáspora armenia a América tras los genocidios, también aumentan su peligro, sobre todo durante los frecuentes periodos de distanciamiento ruso-estadounidense.

El gobierno turco sigue negando los hechos, y mucho menos su responsabilidad, del pasado genocidio de los armenios. En septiembre de 2020, se reavivó una guerra latente por las continuas reivindicaciones rivales de las tierras fronterizas de Nagorno-Karabaj. Un acuerdo de armisticio puso fin al conflicto de Nagorno-Karabaj temporalmente, pero solo debido a las concesiones armenias al mucho más grande, rico y poderoso Azerbaiyán. Esta última es una nación que goza del triple de superficie y población que Armenia, además de ricos recursos de petróleo y gas natural. En cuanto a la actual disputa territorial armenio-azerbaiyana, Erdoğan esgrimió una amenaza que invocaba implícitamente el anterior genocidio armenio: «Seguiremos cumpliendo esta misión que nuestros abuelos han llevado a cabo durante siglos en la región del Cáucaso». En septiembre de 2023, Armenia había admitido su derrota y parecía haber renunciado a sus antiguas reivindicaciones sobre todo el territorio de Nagorno-Karabaj, ya que miles de residentes armenios de la zona se vieron obligados a huir de sus hogares ancestrales a causa del recién ampliado Estado azerbaiyano.[15]

Los escenarios de aniquilación que surgen de estos conflictos potenciales no se limitan a la escalada nuclear o a la vulnerabilidad de las naciones más pequeñas frente a enemigos históricos armados convencionalmente. Como presenció el mundo con la pandemia del Covid-19, los agentes biológicos pueden ser más peligrosos que las bombas nucleares. En diciembre de 2022, la Organización Mundial de la Salud había calculado que quince millones de personas habían muerto a causa del covid solo entre 2020 y 2021.[16]

Más adelante, los vertiginosos avances de la inteligencia artificial (IA) se aplicarán inevitablemente a la guerra, con consecuencias totalmente desconocidas. Ya ha habido simulaciones de maniobras bélicas en las que un sistema de misiles de IA anuló las medidas de seguridad y «voló» a sus operadores. En un reportaje de *Newsweek,* los sorprendidos supervisores del hipotético ejercicio afirmaban:

> Lo estábamos entrenando en simulación para identificar y apuntar a una amenaza SAM [surface-to-air missile, 'misil superficie-aire']. Entonces el operador decía «sí, mata esa amenaza». El sistema empezó a darse cuenta de que, aunque a veces identificaba la amenaza, el operador humano le decía que no la matara, pero al fin y al cabo obtenía sus puntos matando a esa amenaza. Entonces, ¿qué hizo? Mató al operador. Mató al operador porque esa persona le impedía cumplir su objetivo.[17]

La guerra es probablemente la empresa humana más antigua, y la faz de la batalla cambia constantemente, con nuevos desafíos que suscitan respuestas heterogéneas. No se pueden subestimar sus peligros novedosos e imprevistos. Si bien las naciones del siglo XXI no toleran la esclavización de los vencidos, desde luego sí que advierten sobre su calcinación con armas nucleares.

De hecho, la civilización contemporánea se enfrenta a una paradoja emponzoñada. Cuanto más desarrolla la humanidad una tecnología avanzada capaz de aniquilar a sus enemigos en tiempos de guerra, más desarrolla también la idea posmoderna de que la guerra total es un ejercicio obsoleto, pues los desacuerdos entre los pueblos civilizados siempre serán arbitrados por las mentes más frías, sofisticadas y diplomáticas. La misma arrogancia que reconoce que se pueden fabricar complejas herramientas de destrucción masiva que, sin embargo, nunca se utilizarán, también alimenta la vanidad fatal de que la guerra en sí misma es un anacronismo y ya no supone una amenaza existencial; al menos, en comparación con problemas que se suponen más graves: las pandemias naturales, los impactos meteóricos, el cambio climático provocado por el hombre o la superpoblación.[18]

Si nuestro bravucón mundo contemporáneo se ha vuelto más peligroso gracias a la tecnología, hay constantes milenarias que explican por qué y cuándo pueden estallar guerras definitivas. La mayoría de los conflictos concluirán, como siempre ha ocurrido, con un estancamiento o una negociación, pero no con el fin de todo. Pero subrayo «la mayoría». El destino de los tebanos, los cartagineses, los bizantinos y los aztecas nos recuerda que lo que «no es posible que ocurra» sí puede ocurrir a veces, cuando la guerra desata las persistentes pasiones humanas y la escalada de la violencia se convierte en la norma del conflicto. Deberíamos recordar que no conocemos los límites ni las fronteras de lo que puede derivarse de una disputa en Ucrania, de un enfrentamiento sobre Taiwán o de un ataque a instalaciones nucleares en Irán.

Al igual que sus predecesores, habrá ocasiones en que los atacantes contemporáneos insistirán en condiciones imposibles. A veces se enfurecerán aún más con una resistencia prolongada y enconada. Por lo general, cambiarán de comandantes y de estrategias hasta encontrar los que garanticen la victoria, incluso al precio del exterminio del enemigo. Al final, perderán deliberada o inadvertidamente el control sobre sus tropas victoriosas, y estas, a su vez, pervertirán la victoria convirtiéndola en aniquilación. Más tarde puede que derramen lágrimas por lo que un día provocaron, y afirmarán que en realidad nunca pretendieron la aniquilación.

En estos rarísimos casos, los defensores también seguirán discutiendo y negando la realidad. Creerán que la resistencia condenada al fracaso puede no ser tan imposible, que los atacantes no considerarán el exterminio como parte de su victoria, que el socorro de los aliados asoma por el horizonte, que sus defensas son más fuertes mientras que los poderes de sus enemigos son más débiles y que, en definitiva, la razón gobierna la guerra.

Así esperarán que ni siquiera la derrota pueda suponer el fin de todo.

NOTAS

Introducción. Cómo desaparecen las civilizaciones

1. Véase la serie de tres volúmenes de Jared Diamond sobre el fin de los Estados, los pueblos y las civilizaciones, que suele encontrar el culpable en las enfermedades, los cambios climáticos, los daños medioambientales o los desajustes entre la población y los recursos: *Guns, Germs, and Steel: The Fates of Human Societies; Collapse: How Societies Choose to Fail or Succeed; y Upheaval: Turning Points for Nations in Crisis. Cf. G. Parker, Global Crisis: War, Climate Change and Catastrophe in the Seventeenth Century; W. Scheidel, The Great Leveler: Violence and the History of Inequality from the Stone Age to the Twenty-First Century;* y mi reseña del libro de *Scheidel, «Equal by Catastrophe», Inference,* en *https://inference-review.com/article/equal-by-catastrophe.*
2. Para un recorrido fascinante por algunos de los misteriosos Estados que han sido destruidos y en su mayoría olvidados, consulte N. Davies, *Vanished Kingdoms: The Rise and Fall of States and Nations,* incluyendo Tolosa, Alt Clut y Rutenia.
3. R. Beaton, *Greece: Biography of a Modern Nation,* 415-444.

Capítulo 1. La esperanza, consuelo del peligro

1. Diodoro, 17.10.1. El relato de Diodoro sobre el asedio se cuestiona a menudo por ser el más retórico y el menos fiable. En cualquier caso, es el más extenso y detallado, y sus líneas maestras están respaldadas por Arriano y Plutarco: A. Bosworth, *Historical Commentary on Arrian's History of Alexander,* 81.
2. A pesar de la histórica pérdida de la libertad griega en la batalla de Queronea, existen pocos relatos antiguos detallados. Véase Diodoro, 16.85.5-86.6; Plutarco, *Alejandro,* 9.2; Polieno, 4.2.2. Para la reacción y la ruta de invasión de Alejandro a Tebas, véase N. Hammond y F. Walbank, *History of Macedonia,* 56; y 59-60 para las segundas intenciones de los aliados teba-

nos. Sobre las controversias en torno a la batalla y el monumento del león, véase más recientemente J. Ma, «Chaironeia 338: Topographies of Commemoration», 72-91.

3. Los tratamientos antiguos del asedio y la batalla por parte de Tebas se encuentran en Diodoro, 17.16.8-15; Plutarco, *Alejandro,* 11-12; Arriano, *Anábasis,* 1.7-8, Justino, *Epítome,* 11.3.6-7; y Esquines, 3.133. Véase un resumen en I. Worthington, «Alexander's Destruction of Thebes», 65; y 85 sobre los términos moderados de Alejandro; y en B. Antela-Bernardez, «A Furious Wrath: Alexander the Great's Destruction of Thebes and Perdiccas' False Retreat» en G. Lee y otros, eds. *Ancient Warfare,* 94-105. Cf. también, A. Bosworth, *Conquest and Empire,* 32-35, 195-96. No estamos seguros de si los treinta mil del ejército de Alejandro se refieren solo a los macedonios o incluían a sus aliados beocios: Bosworth, *Historical Commentary on Arrian's History of Alexander,* 79; véase 78 para la debilidad de las defensas de Cadmea.

4. Sobre las batallas de Delio y Leuctra, véase respectivamente V. Hanson, *Ripples of Battle,* 171-243; «Epameinondas, the Battle of Leuctra (371 a. C.), and the "Revolution" in Greek Battle Tactics», 190-207. Sobre la mentalidad de «causa perdida», véase *Ripples of Battle,* 94-118.

5. Plutarco, *Comparación de Pelópidas y Marcelo,* 1.1.

6. Sobre las características del ejército tebano, véase N. Hammond, «What May Philip Have Learnt as a Hostage in Thebes?», 362-371.

7. Para las descripciones gráficas de los combates por parte de Diodoro, véase 17.11.3-5. Generalmente, la fuerza física de los hoplitas tebanos era reconocida en la Antigüedad. Véase una lista de referencias antiguas en V. Hanson, *Soul of Battle,* 421, nn. 17-19.

8. Véase Diodoro, 17.12.2-3.

9. Sobre las fortificaciones tebanas, véase T. Manolova, «The Mytho-Historical Topography of Thebes», 84-85. Sobre la reputación clásica de la excelencia tebana en arquitectura militar, cf. Diodoro, 14.84.3; Jenofonte, *Helénica,* 5.438.

10. Sobre los constructores de murallas tebanas, el papel de los tebanos en la fundación de las grandes ciudades amuralladas del Peloponeso y la «pista de baile de la guerra», véase V. Hanson, *Soul of Battle,* 424, 427; Plutarco, *Moralia,* 193E18.

11. Diodoro, 17.12.3.

12. Sobre las murallas de Tebas y la relación de la ciudad con los pueblos y aldeas circundantes, cf. *Hellenica Oxyrhynchia,* 12.3; S. Symeonoglou, *Topography,,* 35-36.

13. Arriano, 1.8.8. Los «otros» beocios, sabemos por distintas fuentes, incluían también a los orcómenos y los tespios. Cf. Diodoro 13.5; Plutarco, *Alejandro,* 11.11.

14. Diodoro, 17.13.1-3.

15. Sobre el voto del pueblo tebano, véase A. Bosworth, *Historical Commentary on Arrian's History of Alexander,* 74.

16. Plutarco, *Alejandro,* 11.10-12. Sobre las fuentes griegas de nuestros relatos posteriores, especialmente las historias perdidas de Éforo, Diulo y Clitarco,

véase, por ejemplo, R. Drews, «Diodorus and His Sources», *American Journal of Philology*, 83.4 (octubre de 1962), 383-392; J. Yardley, *Justin: Epitome*, 84.

17. No disponemos de cifras exactas sobre la población de Tebas en 335 a.C., aunque sí de más pruebas sobre las cifras de toda la región circundante de Beocia. Symeonoglou señaló que probablemente la población era inferior a treinta mil habitantes, aunque en teoría solo Cadmea tenía espacio para hasta doce mil residentes dentro de sus murallas, y la ciudad en sí podría haber albergado hasta cien mil personas. Véase S. Symeonoglou, *Topography*, 118, 146, 153-154. Véase también G. Vottéro, *Le dialecte béotien*, I.

18. Sobre la casa del poeta Píndaro y las diversas categorías de eximidos, véase J. Hamilton, *Plutarch: Alexander, A Commentary*, 30-31. Cf. Plutarco, *Alejandro*, 12.1-2 para la historia de Timoclea. Cf. también *Moralia (Mulierum virtutes)*, 259e; y Aristóbulo, *FGrHist*, 139 F2.

19. Para las observaciones adicionales de Plutarco, véase *Alejandro*, 11-12.5, y C. Mossé, «Plutarque, Alexandre et Thebes», 968. Véase Tucídides, 7.29-30 para Mycalessos.

20. Para un análisis general de las fuentes de Arriano y Alejandro en relación con el arrasamiento de Tebas, véase N. Hammond, *Sources for Alexander the Great*, capítulo 2.

21. Sobre los precios de los esclavos en relación con la derrota bélica, véase J. Yardley, *Justin: Epitome*, 99-101, y especialmente W. Pritchett, *War*, Vol. V, 243-245. En la mayoría de las batallas hoplitas clásicas, los derrotados perdieron entre el diez y el veinte por ciento de sus tropas, y los vencedores alrededor del cinco por ciento. Véase P. Krentz, «Casualties in Hoplite Battles», *Greek, Roman and Byzantine Studies*, 26.1 (primavera de 1985), 13-20.

22. Arriano 1.9.0.

23. Véase Justino, *Epítome*, 11.4.8. 24. Sobre el salario medio diario en la Grecia clásica, véase A. Bergh y C. Hampus Lyttkens, «Measuring Institutional Quality in Ancient Athens», 279-310. Jenofonte, *Sobre las rentas*, 4, cita 180 dracmas como el precio de un esclavo minero en las minas de plata de Laurión; es probable que los esclavos de Tebas, en su mayoría mujeres, se vendieran por menos.

24. Sobre el papel y el destino de los exiliados tebanos, véase S. Gartland, «A New Boeotia? Exiles, Landscapes, and Kings», 149-151.

25. Sobre las dificultades de destruir las tierras de cultivo, véase en general V. Hanson, *Warfare and Agriculture in Classical Greece*. Sobre el tamaño de Beocia y la ciudad propiamente dicha de Tebas, cf. V. Hanson, *The Other Greeks*, 207-210; P. Cartledge, *Thebes*, 72-73.

26. Para la destrucción de casas, tejas y la quema de viviendas de adobe, véase V. Hanson, *Warfare and Agriculture in Classical Greece*, 71-76, 107-109. Sobre los beocios promacedonios que probablemente utilizaron el botín para fundaciones y edificios memoriales posteriores, véase A. Schlachter, *Boeotia in Antiquity*, 113.

27. Arriano, 1.9.9.
28. Sobre el dinamismo filosófico en Tebas y los mitos fundacionales griegos relacionados con Tebas, cf. P. Cartledge, *Thebes*, 111-131, 247-249. Para referencias antiguas sobre los pitagóricos tebanos y otras escuelas filosóficas, V. Hanson, *Soul of Battle*, 422, nn. 25, 27.
29. Sobre la propaganda macedonia de un ataque panhelénico contra Persia, véase la oferta de Alejandro antes de la batalla de Tebas, Diodoro, 17.9.5-6.
30. Sobre la controvertida cifra de veinte mil mercenarios en Gránico, véase W. McCoy, «Memnon of Rhodes at the Granicus», 413-433; N. Hammond, «The Battle of the Granicus River», 73-88.
31. Sobre el asedio de Filipo a Olinto y las secuelas políticas, véase I. Worthington, «Alexander's Destruction of Thebes», 66-67, especialmente 83-85.
32. Justino, *Epítome*, 11.3.
33. Sobre las ciudades-Estado beocias que se unieron a los macedonios para atacar Tebas a pesar del sentimiento favorable de muchos beocios hacia Tebas, véase A. Schlachter, *Boeotia in Antiquity*, 113-114.
34. Para las diferencias lingüísticas determinantes entre griegos y macedonios, véase la obra clásica de A. Jarde, *The Formation of the Greek People*, 324-325. Sobre las masacres cometidas por Alejandro, véase V. Hanson, «Alexander the Killer», *Military History Quarterly*, 10.3 (primavera de 1998), 8-19.
35. Justino, *Epítome*, 11.3.10-11.
36. Sobre los discursos a favor y en contra de la clemencia, cf. Justino, *Epítome*, 11.4.
37. Arriano 1.9.6-7.
38. Sobre el asesinato de tebanos promacedonios antes de la rebelión, véase A. Schlachter, *Boeotia in Antiquity*, 126. Para la idea de que Alejandro destruyó Tebas en represalia por su apoyo al rival de Alejandro por el trono, véase I. Worthington, «Alexander's Destruction of Thebes», 85-86.
39. Pocas de las fuentes antiguas se dejaron engañar por el hecho de que Alejandro responsabilizara a sus rivales griegos del destino de Tebas. Cf. C. Mossé, «Plutarque, Alexandre et Thebes», 968-969. Normalmente, los soldados recibían el mismo salario diario que los jornaleros: un dracma; W. Pritchett, *La guerra*, vol. I, 3-52; D. Engels, *Alejandro*, 11-25.
40. Para los pretextos legales citados por el vencedor para justificar la destrucción de la ciudad, véase N. Hammond y F. Walbank, *History of Macedonia*, 64-66.
41. Sobre la revolución militar macedonia y su relación con los años de Filipo en Tebas, véase N. Hammond, «What May Philip Have Learnt as a Hostage in Thebes?», 357-370.
42. Arriano (1.9.1-3) parece ser la única fuente antigua que citó el papel de los exiliados para incitar al *dêmos* tebano a la revuelta. Sobre su prominente papel, véase N. Hammond y F. Walbank, *History of Macedonia*, 56-57; A. Bosworth, *Historical Commentary on Arrian's History of Alexander*, 75.

43. Sobre la letalidad de la falange macedonia durante décadas antes de la destrucción de Tebas, véase N. Hammond, «What May Philip Have Learnt as a Hostage in Thebes?», 362-363.

44. Sobre el papel ateniense a la hora de prestar ayuda y más apoyo, pero no soldados, véase Diodoro, 17.8.6; J. Trevett, «Demosthenes and Thebes», 184-202, especialmente 199. Sobre los falsos rumores que rodearon la muerte de Alejandro, véase Arriano 1.7.4-11; Diodoro, 17.9.1; Plutarco, *Alejandro,* 11.

45. Sobre los esfuerzos atenienses por aplacar a un Alejandro victorioso, véase Justino, *Epítome,* 11.3-5; Plutarco, *Demóstenes, 23.2; Alejandro,* 13, Arriano, 1.1.1-3.

46. Diodoro, 17.9.3-5.

47. Las «pruebas» arqueológicas de la destrucción del 335 a. C. a menudo consisten en la mera inexistencia de restos materiales entre el siglo v a. C. y la posterior ciudad refundada de Casandro. Cf. T. Manolova, «The Mytho-Historical Topography of Thebes», 82; S. Symeonoglou, *Topography,,* 148-150. Sobre Hipérides y su amante tebana liberada, véase Plutarco, *Moralia,* 849D.

48. Sobre las referencias posteriores a los beocios o tebanos que sobrevivieron y la multiplicidad de hipótesis que podrían explicar las escasísimas referencias a los tebanos tras la destrucción de la ciudad, véase A. Schlachter, *Boeotia in Antiquity,* 160-164.

49. Arriano, 9.1-8. Cf. I. Worthington, «Alexander's Destruction of Thebes», 65-68.

50. Los diversos objetivos y motivos de Casandro y las reacciones asociadas tanto de los beocios protebanos como de los antitebanos, se discuten en Y. Kalliontzis y N. Papazarkadas, «The Contributions to the Refoundation of Thebes», 293-294. Para las fuentes y la discusión de la reconstrucción, cf. N. Rockwell, *Thebes, A History,* 139-141.

51. Véase Diodoro, 19.53-4. Para los detalles de la «nueva» Tebas de Casandro y las pruebas inscripcionales, véase en general K. Buraselis, «Contributions to Rebuilding Thebes», 159-170; S. Gartland, «A New Boeotia? Exiles, Landscapes, and Kings», 162; Y. Kalliontzis y N. Papazarkadas, "The Contributions to the Refoundation of Thebes", 293-294.

52. Sobre los diversos destinos de la Tebas helenística y romana, véase P. Cartledge, *Thebes,* 244-252.

53. La palabra griega normal para «pueblo» era *ethnos* —como, por ejemplo, los medos o los arcadios—, pero solo ocasionalmente se utilizaba para denotar una organización tribal más amplia o una federación laxa.

54. Sobre las consecuencias de que un pequeño Estado pierda una batalla, y con ello la disuasión ante un ataque y la posterior destrucción, véase V. Hanson, «Hoplite Obliteration: The Case of the Town of Thespiae», 210-211.

55. Tucídides, «Diálogo de los melios», 5.84-116. Sobre Ío, véase Esquilo, *Prometeo encadenado,* 750-751.

56. Arriano, 1.9.

Capítulo 2. El salario de la venganza

1.   Apiano, *Guerras púnicas*, 19.129.

2.   Apiano, *Guerras púnicas*, 19.129.

3.   Las conjeturas antiguas y modernas sobre la población de Cartago varían mucho. Estrabón (17.15.13) creía que habitualmente la ciudad albergaba a setecientos mil cartagineses. D. Hoyos *(Hannibal's Dynasty*, 28) sostenía que había doscientos mil varones, lo que podría sugerir una población total, incluidos mujeres y niños, de ochocientos mil personas. La mayoría de los investigadores aceptan entre doscientos mil y quinientos mil, que seguramente se engrosaron con los refugiados rurales al inicio del asedio. Para una cifra inferior, véase B. Warmington, *Carthage,* 124-127.

4.   Apiano, *Guerras púnicas,* 19.131.

5.   Sobre Cartago y el genocidio, véase B. Kiernan, «Sur la notion de génocide», 179-192.

6.   Sobre los números en Ecnomo, G. Tipps, «The Battle of Ecnomus,» 436. Cf. A. Goldsworthy, *Punic Wars,* 109-115, y especialmente J. Lazenby, *First Punic War,* 81-96.

7.   Cf. «Cartago, con sus nuevos recursos y dominios territoriales, volvía a ser al menos tan poderosa como Roma. Los romanos, con sus aliados itálicos, podían contar con unos tres cuartos de millón de hombres en edad militar, en una población total de tres a cuatro millones. Cartago, con su socios, aliados y súbditos desde Lepcis Magna hasta Gades, habrá tenido una población similar». D. Hoyos, *The Carthaginians,* 199.

8.   Para un esbozo del crecimiento del poder romano y su confrontación con los reinos helenísticos y las tensiones preliminares con Cartago, véase F. Walbank, A. Astin, M. Frederiksen y R. Ogilvie, eds., *The Cambridge Ancient History, Volume 7, Part 1: The Hellenistic World,* 101-255, 412-472. Cf. también F. Walbank, A. Astin, M. Frederiksen y R. Ogilvie, eds., *The Cambridge Ancient History Vol. 7, Part 2: The Rise of Rome to 220 B.C.,* 466-559.

9.   Véanse los elogios de Aristóteles, *Política,* 1272b; y cf. Polibio, 6.2-18, 51.

10. Pseudo-Escílax, *Periplo,* 111; S. Lancel, *Carthage,* 137-138; D. Hoyos, *The Carthaginians,* 41; J. Quinn, *In Search of the Phoenicians,* 88; R. Miles, «Vandal North Africa and the Fourth Punic War», 384-410.

11. Polibio, 6.52.

12. J. Quinn, «Tophets in the "Punic World"», 23-48.

13. Clitarco, *FGrHist,* 137 F9.

14. Apiano, *Guerras púnicas,* 11.75. Los investigadores actuales sostienen que las cifras antiguas son exageradas y que es más probable que la fuerza expedicionaria fuera de cuarenta mil a cincuenta mil hombres. Cf. A. Goldsworthy, *Punic Wars,* 340. Sin embargo, ochenta mil no es un número improbable: en 255, en un momento de la Primera Guerra Púnica en el que Roma era mucho más débil, una fuerza romana mucho mayor intentó volver navegando desde

el norte de África, pero naufragó a causa de una tormenta en el Mediterráneo. Sufrió cien mil muertos.

15. Apiano, *Guerras púnicas,* 11.79. Para los ecos del *Diálogo de los melios* en el discurso de los cartagineses, véase, J. Leavesly, «Melos and Carthage: Genocide in the Ancient World». Sobre las armas entregadas a Roma, véase Apiano, *Guerras púnicas,* 11.75.

16. Apiano, *Guerras púnicas,* 12.81. 17. Sobre las fluctuantes exigencias romanas, véase Diodoro, 32.1-3. Sobre las pagas y el desarme cartagineses para el apaciguamiento, véase D. Armstrong, «Unilateral Disarmament: A Case History», 22-27.

17. S. Lancel, *Carthage,* 432-433.

18. Apiano, *Guerras púnicas,* 13.91-3. Véase Dion Casio, 21.9.26.

19. Cf. D. Hoyos, *The Carthaginians,* 146, 217.

20. Apiano, *Guerras púnicas,* 13.93-4; Diodoro, 32.9. Sobre la capacidad de Cartago para aprovechar los recursos del interior, véase H. Delile, E. Pleuger, J. Blichert-Toft y A. Wilson, «Economic Resilience of Carthage During the Punic Wars: Insights from Sediments of the Medjerda Delta Around Utica (Tunisia)», 9764-9769.

21. Sobre los problemas estructurales del ejército cartaginés frente al romano, véase Polibio, 6.52.

22. Sobre las murallas de Cartago, véase Apiano, *Guerras púnicas,* 14.95; cf. S. Lancel, *Carthage.*

23. Para los acontecimientos del primer año del asedio, véase Apiano, *Guerras púnicas,* 14.97-100. Para el desastre romano del primer año, véase la sinopsis en A. Goldsworthy, *Punic Wars,* 344-346.

24. Tucídides, 7.87.5-6.

25. Apiano, *Guerras púnicas,* 14.97-9.

26. Para la excepcionalidad de Escipión, véase Livio, 49; Dion Casio, 21.70.4. Para el Catón el Viejo sobre Escipión, véase Diodoro, 32.9a; cf. A. Astin, «Scipio Aemilianus and Cato Censorius», 159-180, especialmente 164-166. Aemilianus Paulus y Épiro: Livio, 45.33-4; Plutarco *Aemilio Paulo* 29.1-30.1.

27. Apiano, *Guerras púnicas,* 16.109-11.

28. Apiano, *Guerras púnicas,* 16.111.

29. Apiano, *Guerras púnicas,* 16.111.

30. Apiano, *Guerras púnicas,* 17.116.

31. Apiano, *Guerras púnicas,* 18.118.

32. Apiano, *Guerras púnicas,* 18.119-20.

33. Apiano, *Guerras púnicas,* 18.121.

34. Para las luchas marítimas entre cartagineses y romanos, véase de nuevo Apiano, *Guerras púnicas,* 18.122-3.

35. Apiano, *Guerras púnicas,* 18.124.

36. Apiano, *Guerras púnicas,* 20.133. Para la compleja historia temprana del mito de la «salazón de la tierra» de Cartago, véase R. T. Ridley, «To Be Taken with a Pinch

of Salt: The Destruction of Carthage», 140-46, en *Classical Philology* 81.2 (abril de 1986), 140-146. Para el debate sobre las diversas narraciones de la «salazón de la tierra», véase S. Stevens, «A Legend of the Destruction of Cartago», 39-41; B. Warmington, «The Destruction of Carthage: A Retractatio», 308-310.

37. Dion Casio, 21.9.30. El relato de Dion es fragmentario y la cronología, incoherente: Catón no pudo haber participado en el debate final sobre Cartago en 146, pues murió a finales de 149.

38. Polibio, 36.2-4.

39. A lo largo de la guerra, Roma fue mucho más tramposa que sus enemigos cartagineses, a los que a menudo se acusaba de «traición púnica»: A. Goldsworthy, *Punic Wars*, 331-332. Para la crítica general a la instigación de la guerra por parte de Roma, véase N. Rosenstein, *Rome and the Mediterranean*, 233.

40. El engrandecimiento de Masinisa durante décadas a costa de Cartago, D. Hoyos, *Mastering the West*, 244-248.

41. Polibio, 10.15.4-5.

42. Sobre Polibio y la tradición de los diversos pretextos de Roma para emprender una guerra innecesaria, véase D. Baronowski, «Polybius on the Causes of the Third Punic War», 16-31.

43. Sobre la frase «*Carthago delenda est*», véase U. Vogel Weidemann, «Carthago Delenda Est: "Aitia" and "Prophasis"», 79-95; C. Little, «The Authenticity and Form of Cato's Saying "Carthago Delenda Est"», 429-435. O bien Catón en realidad no decía al concluir sus discursos *Carthago delenda est,* o bien nadie le dio mucha importancia, si es que lo hacía. Solo más tarde, al parecer en época imperial, los historiadores romanos magnificaron y elaboraron la tradición de la insistencia de Catón en la destrucción de Cartago y recalibraron, o incluso inventaron, la famosa frase.

44. Plutarco, *Guerras púnicas*, 27.1; Plinio, *Historia natural*, 15.74. Sobre la anécdota de los higos, véase F. Meijer, «Cato's African Figs», 117-118.

45. El alcance de los daños que causó Aníbal en la campiña italiana es controvertido. Véase V. Hanson, *Warfare and Agriculture*, 250-251, contra A. Toynbee, *Hannibal's Legacy,* y H. Sidebottom, «Philosophers' Attitudes to Warfare under the Principate», 248-250.

46. Apiano, *Guerras púnicas*, 10.69.

47. N. Rosenstein, *Rome and the Mediterranean*, 237-238.

48. Para el texto del Plan Morgenthau, véase Obras citadas, Fuentes primarias, Documentos federales de Estados Unidos y México. Para la retórica y el apaciguamiento de Roma tras la Primera Guerra Púnica, y el acuerdo tras la Segunda, véase D. Kagan, *Origins*, 232-279.

49. Cf. F. Adcock «"Delenda Est Carthago"», 117-128.

50. Sobre el temor a un superestado norteafricano, véase, por ejemplo, C. Kunze, «Carthage and Numia, 201-149 B.C.», en D. Hoyos, ed. *Blackwell Companion to the Punic Wars*, 395-411. Sobre las paranoias romanas, véase Y. Le Bohec, «The "Third Punic War"», 434-435.

51. Sobre la idea del temor romano a la democratización radical cartaginesa, véase Y. Le Bohec, «The "Third Punic War"», 431-432, quien señaló los temores que tenía Roma de que «la propia Roma se inundara como una ola».

52. Cita de Plutarco: *Moralia,* 200D-E; referencia de Plauto: *Epídico,* 158-60. Para un debate sobre la cita de Plauto y en general sobre el motivo de la codicia para el imperialismo, véase especialmente W. Harris, «On War and Greed in the Second Century B.C.», 1371-1385, especialmente 1385.

53. Sobre los incentivos para la guerra, véase D. Hoyos, *Mastering the West,* 254-255.

54. Para las citas de Catulo y Juvenal, véase Catulo, *Poemas,* 51.15- 6; Juvenal, *Sátiras,* 6.292-3.

55. Salustio, Y*ugurta,* 41.

56. Véase Diodoro, 32.4. Sobre la evolución del imperialismo romano y sus manifestaciones en el extranjero, véase en general W. Harris, *War and Imperialism in Republican* Rome, especialmente 131-254; A. Eckstein, *Mediterranean Anarchy, Interstate War, and the Rise of Rome,* 117-118; N. Rosenstein, *Rome and the Mediterranean,* 2, 25-26, 211-212. Cf. A. Goldsworthy, *Punic Wars,* 149-150.

57. Sobre Calgaco, véase Tácito, *Agrícola,* 30.4. Al final, Roma solía encontrar formas de anexionar y absorber pueblos y naciones sin aniquilarlos, sobre todo mediante la seducción material y la vigilancia militar. Véase N. Morley, *The Roman Empire: Roots of Imperialism,* 38-69.

58. Véase Ennio (239-169 a. C.), Frag. 237: *Poeni suos soliti dis sacrificare puellos* ('Los fenicios están acostumbrados a sacrificar a sus propios hijos pequeños para los dioses').

59. Apiano, *Guerras púnicas,* 20.132. 60. Para el pasaje homérico, cf. *Ilíada,* 5.448-9 (traducción de Lattimore).

60. Cicerón, *Tusculanas,* 3.54.

61. Apiano, *Guerras púnicas,* 20.135.

62. Es divertido que los senadores afirmaran que «los lobos habían arrancado y borrado todas las líneas fronterizas de la ciudad» (Apiano, 20.136).

63. J. Prag, «Poenus Plane Est—But Who Were the 'Punickes'?», 1-37; cf. especialmente 11-21.

64. J. Quinn, *In Search of the Phoenicians,* 167-168.

65. Sobre la Cartago cristiana durante la época de Agustín, véase P. Brown, *Augustine of Hippo,* 54; cf. 7-15, 423-430.

66. Para la captura vándala de Cartago y su destrucción posterior, véase V. Hanson, *Savior Generals,* 52-93.

67. J. Quinn, *In Search of the Phoenicians,* 11-13.

Capítulo 3. Delirios mortales

1. E. Gibbon, *The Decline and Fall of the Roman Empire,* volumen XII, capítulo 68.

2. Para Constantino y la fundación de la ciudad, cf. W. Treadgold, *A History of the Byzantine State and Society,* 38-41.

3. Durante la mayor parte de su historia, los bizantinos se refirieron a sí mismos, y fueron conocidos, como *Rhōmaîoi*, la transliteración griega de 'romanos' (latín *Romani)*, para enfatizar que eran los sucesores directos y únicos supervivientes del antiguo Imperio romano, tanto oriental como occidental. El uso del latinismo *Romani* y del griego *Rhomaioi* acabó por distinguir el catolicismo romano occidental de la ortodoxia cristiana oriental. Por supuesto, de vez en cuando se referían a los bizantinos informalmente como «griegos» *(Graikoí/Γραικοί)*, y en ocasiones se llamaban a sí mismos «helenos». La primera autoridad que empleó «Bizantino» y «bizantinos» pudo ser Hieronymus Wolf, el historiador alemán. En 1557 publicó un compendio de fuentes imperiales titulado *Corpus Historiæ Byzantinæ*, al parecer en referencia al hecho de que Constantinopla se había fundado sobre la ciudad griega clásica de Bizancio; y porque a los europeos occidentales, especialmente a los católicos «romanos», quizá les molestaba la idea de que los cristianos ortodoxos de habla griega se hubieran apropiado de la herencia y la nomenclatura de los europeos occidentales y del catolicismo «romano», como si Constantinopla fuera la sucesora única y exclusiva de la *Romanitas*. En el siglo XIX, el ambiguo «bizantino/bizantinos» se normalizó para el posterior Imperio Romano de Oriente, a menudo por parte de occidentales resentidos que a veces lo utilizaba con sentido peyorativo, para destacar la supuesta corrupción, lamentaciones, rituales enrevesados y complejidad burocrática de la ortodoxia oriental de habla griega en comparación con su propio catolicismo occidental latinizado.

4. Para los antecedentes de los desacuerdos antes del Gran Cisma, véase P. O'Connell, «Nine Centuries of Schism: The Origins of the Schism», 168-175.

5. B. Ward-Perkins, *The Fall of Rome and the End of Civilization*, 59.

6. Sobre el comercio entre Oriente y Occidente y la geografía de Constantinopla, véase L. Dominian, «The Site of Constantinople: A Factor of Historical Value», 57-71.

7. Véase W. Kaegi, *Byzantium and the Decline of Rome*, 226-230. Sobre las diferencias entre Bizancio y la religión estatal de la Europa occidental posterior, véase J. Skedros, «"You Cannot Have a Church Without an Empire": Political Orthodoxy in Byzantium», 219-231; cf. 219-220.

8. Sobre la tradición científica griega y su continuidad en el Imperio bizantino, véase A. Tihon, «Science in the Byzantine Empire», 190-206.

9. Sobre la mutua influencia científica islámica y bizantina, véase H. Cohen, «Greek Nature-Knowledge Transplanted: The Islamic World», 53-76. Cf. M. S. Khan, «A Chapter on Roman (Byzantine) Sciences in an Eleventh Century Hispano-Arabic Work», 41-70.

10. Sobre los efectos espirituales de los monumentos, la arquitectura y los lugares públicos de la Constantinopla imperial, véase J. Bogdanović, «The Relational Spiritual Geopolitics of Constantinople, the Capital of the Byzantine Empire», 97-154. Sobre el tamaño variable de la población de Constantinopla y sus edificios emblemáticos, véase D. Jacoby, «La Population de Constantinople à l'époque Byzantine: un problème de démographie urbaine», 81-109.

11. Para las murallas terrestres y marítimas, véase D. Nicolle, J. Haldon y S. Turnbull, *The Fall of Constantinople*, 104-138.

12. El exitoso asedio de los venecianos de la Cuarta Cruzada en 1204 rompió las murallas marítimas, ya que controlaban el mar.

13. Sobre el carácter singular de las murallas en el mundo antiguo y medieval, véase M. Philippides y W. Hanak, *The Siege and the Fall of Constantinople in 1453*, 299.

14. Una descripción inigualable y un análisis detallado de las fortificaciones de la ciudad: M. Philippides y W. Hanak, *The Siege and the Fall of Constantinople in 1453*, 297-358, especialmente 306-310.

15. Sobre las estrategias de la muralla interior frente a la exterior, véanse los relatos de Laonicus Chalcocondylas y Leonardo de Quíos en J. Melville-Jones, *The Siege of Constantinople 1453*, 42, 30-33.

16. Sobre Gibbon y los bizantinos, véase S. Runciman, «Gibbon and Byzantium», 53-60. Sobre Hegel, véase G. Arabatzis, «Hegel and Byzantium», 31-39.

17. Venecia gobernó Corfú hasta 1797. La teoría ortodoxa rusa de por qué cayó Constantinopla, cuando Moscú se convirtió en la «Tercera Roma», culpa al acuerdo de última hora del patriarca ortodoxo griego de Constantinopla con los términos católicos de la unión, que supuestamente había traicionado la verdadera fe. Véase D. Strémooukhoff, «Moscow the Third Rome: Sources of the Doctrine», 84-101.

18. Sobre la llegada de las tribus turcas a Asia Menor y los retos que plantearon a Bizancio, véase A. Beihammer, «Patterns of Turkish Migration and Expansion in Byzantine Asia Minor in the 11th and 12th Centuries», 166-192.

19. E. Luttwak, *The Grand Strategy of the Byzantine Empire*, 13-14. Sobre las demás consecuencias de la plaga de Justiniano, véase W. Rosen, *Justinian's Flea. The First Great Plague and the End of the Roman World*, 198-268.

20. Sobre el brote del siglo XIV, cf. M. Congourdeau, «La Peste Noire a Constantinople de 1343 a 1466», 377-389. W. Rosen, *Justinian's Flea. The First Great Plague and the End of the Roman World*, 198-268.

21. Y. Ayalon, *Natural Disasters in the Ottoman Empire. Plague, Famine, and Other Misfortunes*, 21-60.

22. D. Nicolle, J. Haldon y S. Turnbull, *The Fall of Constantinople*, 98-99.

23. E. Luttwak, *The Grand Strategy of the Byzantine Empire*, 415-418.

24. D. Nicolle, J. Haldon, y S. Turnbull, *The Fall of Constantinople*, 81-84.

25. P. Rance, «Maurice's Strategicon and the Ancients», 217-255.

26. Sobre táctica, estrategia y armamento bizantinos, véase W. Treadgold, *Byzantium and Its Army*, 87-117; D. Nicolle, J. Haldon y S. Turnbull, *The Fall of Constantinople*, 56-58.

27. Sobre el ascenso de los turcos selyúcidas y los otomanos, véase R. Crowley, *1453*, 29-35.

28. Sobre la desunión, las derrotas continuadas de los cruzados y el miedo colectivo a los otomanos, K. DeVries, «The Lack of a Western European Military Response», 539-559.

29. D. Nicolle, J. Haldon y S. Turnbull, *The Fall of Constantinople*, 198-200. Cf. M. Philippides y W. Hanak, *The Siege and the Fall of Constantinople in 1453*, 74-75.

30. Sobre el devşirme, véase V. Ménage, «Some Notes on the "Devshirme"», 64-78. Sobre el resentimiento de los fanáticos excristianos, véase M. Greene, *The Edinburgh History of the Greeks, 1453 to 1774: The Ottoman Empire*, 22-56.

31. Sobre los jenízaros y los varegos, véase D. Nicolle, J. Haldon y S. Turnbull, *The Fall of Constantinople*, 142-143, 198-199.

32. Véanse las descripciones contemporáneas de Barbaro en J. Jones, *Nicolò Barbaro. Diary of the Siege of Constantinople, 1453*, 63-64, 32-33.

33. Sobre la política europea del harén, véase M. Iyigun, «Lessons from the Ottoman Harem on Culture, Religion, and Wars», 693-730.

34. Sobre la carrera anterior de Constantino, cf. R. Crowley, *1453*, 47-53.

35. Véase el relato de Michael Ducas en J. Melville-Jones, *The Siege of Constantinople 1453*, 69.

36. Sobre los intercambios entre Mehmed y Constantino, véase el relato de Michael Ducas en J. Melville-Jones, *The Siege of Constantinople 1453*, 64-65.

37. Véase la versión de las observaciones de Halil en el relato posterior de Michael Ducas en J. Melville-Jones, *The Siege of Constantinople 1453*, 63.

38. Para valoraciones contemporáneas de Halil, cf. M. Philippides y W. Hanak, *The Siege and the Fall of Constantinople in 1453*.

39. Citado en D. Nicolle, J. Haldon y S. Turnbull, *The Fall of Constantinople*, 180.

40. D. Nicolle, J. Haldon y S. Turnbull, *The Fall of Constantinople*, 159-169. 41. Cf. George Sphrantzes en M. Carroll, *A Contemporary Greek Source for the Siege of Constantinople: The Sphrantzes Chronicle*, 54-56.

41. Sobre la incapacidad de la flota turca para enfrentarse con éxito a los barcos cristianos, véanse las narraciones contemporáneas de Nicolò Barbaro, en J. Jones, *Nicolò Barbaro. Diary of the Siege of Constantinople, 1453*, 31-32, 35-36, 44-45.

42. J. Haldon, «Some Aspects of Byzantine Military Technology», 11-47; T. Salmon, *The Byzantine Science of Warfare: From Treatises to Battlefield*, 429-463.

43. Véase R. Cowley, *1453*, 52-64; M. Philippides y W. Hanak, *The Siege and the Fall of Constantinople in 1453*, 394-396, 411-413.

44. Véase la traducción en M. Philippides y W. Hanak, *The Siege and the Fall of Constantinople in 1453*, 369-370. Sobre la imposibilidad de ayuda desde el exterior, véase W. Treadgold, *A History of the Byzantine State and Society*, 798-799.

45. Sobre la ineptitud de la flota turca, véase el relato de George Sphrantzes en M. Carroll, *A Contemporary Greek Source for the Siege of Constantinople: The Sphrantzes Chronicle*, 49.

46. Existen relatos contradictorios sobre el número y la composición de los defensores, así como sobre cuántos de los aproximadamente cincuenta mil residentes de la ciudad fueron combatientes activos u ocasionales. Los informes contemporáneos sugieren que los griegos pudieron desplegar cerca de cinco

mil soldados profesionales (a veces referenciados como «4773»); además, había más de dos mil voluntarios o mercenarios extranjeros, así como cientos de anónimos no contabilizados que llegaron en menor número o se colaron desde los enclaves comerciales italianos circundantes. Cf. M. Philippides y W. Hanak, *The Siege and the Fall of Constantinople in 1453*, 142-145.

47. Sobre la naturaleza del cañón y las descripciones de la época, véase M. Philippides y W. Hanak, *The Siege and the Fall of Constantinople in 1453*, 413-425, 479-481. Sobre la exageración de la importancia del cañón otomano durante el asedio, cf. K. DeVries, «Gunpowder Weapons at Constantinople», cf. 353-357.

48. La evaluación más completa de la llegada, el papel y el valor de Giustiniani en las murallas se encuentra en M. Philippides y W. Hanak, *The Siege and the Fall of Constantinople in 1453*, 384-387; cf. Leonardo de Quíos en J. Melville-Jones, *The Siege of Constantinople 1453*, 28-29.

49. Leonardo de Quíos en J. Melville-Jones, *The Siege of Constantinople 1453*, 29.

50. K. DeVries, «The Lack of a Western European Military Response», 83-84.

51. Para el número y armamento de los defensores, véanse los relatos contemporáneos de Giacomo Tedaldi y Leonardo de Quíos en M. Philippides y W. Hanak, *The Siege and the Fall of Constantinople in 1453*, 53-57, 107- 111; cf. D. Nicolle, *Constantinople, 1453*, 33. Y cf. J. Melville-Jones, *The Siege of Constantinople 1453*, 1-41; D. Nicolle, J. Haldon y S. Turnbull, *The Fall of Constantinople*, 204-205.

52. Sobre la escasez de soldados, véase Leonardo de Quíos en J. Melville-Jones, *The Siege of Constantinople 1453*, 24-26.

53. S. Runciman, *The Fall of Constantinople*, 188. Sin embargo, cf. también su otra valoración (189): «Sin embargo, la fecha del 29 de mayo de 1453 marca un punto de inflexión en la historia. Marca el final de una vieja historia, la historia de la civilización bizantina».

54. Sobre las debilidades de las fuerzas navales otomanas, véase H. Inalcik, «Mehmet the Conqueror», 408-427, especialmente 412-413.

55. Para un análisis exhaustivo de la estrategia y las tácticas otomanas durante el asedio, véase M. Philippides y W. Hanak, *The Siege and the Fall of Constantinople in 1453*, 554-558.

56. Sobre los primeros días del asedio, cf. D. Nicolle, J. Haldon y S. Turnbull, *The Fall of Constantinople*, 104-138, 217-219. Para las posiciones del ejército y la flota turcos, véase D. Nicolle, *Constantinople, 1453*, 38-43.

57. George Sphrantzes analiza el despliegue de diversos contingentes en M. Carroll, *A Contemporary Greek Source for the Siege of Constantinople: The Sphrantzes Chronicle*, 58-59.

58. Para un relato de la época sobre los exitosos esfuerzos bizantinos por contrarrestar los túneles de los otomanos bajo las murallas interiores y exteriores, véase el testimonio de Nicolò Barbaro en J. R. Jones, *Nicolò Barbaro. Diary of the Siege of Constantinople, 1453*, 50-51, 55.

59. Leonardo de Quíos ofreció un retrato contemporáneo de las diversas armas y dispositivos de asedio de atacantes y defensores: cf. J. Melville-Jones, *The Siege of Constantinople 1453*, 16-18, 22-23.

60. Véanse las condiciones ofrecidas por el sultán en el relato casi contemporáneo de Michael Ducas. Cf. J. Melville-Jones, *The Siege of Constantinople 1453*, 89. Sobre los diversos contingentes en las murallas, véase Nicolò Barbaro en J. R. Jones, *Nicolò Barbaro. Diary of the Siege of Constantinople, 1453*, 27-30.

61. Michael Ducas en J. Melville-Jones, *The Siege of Constantinople 1453*, 89-90.

62. Michael Ducas en J. Melville-Jones, *The Siege of Constantinople 1453*, 29, 92-93.

63. J. Melville-Jones, *The Siege of Constantinople 1453*, 6.

64. Véase Nicolò Barbaro, en J. Jones, *Nicolò Barbaro. Diary of the Siege of Constantinople, 1453*, 63-64, 32-33; D. Nicolle, J. Haldon y S. Turnbull, *The Fall of Constantinople*, 231-232; y George Sphrantzes en M. Carroll, *A Contemporary Greek Source for the Siege of Constantinople: The Sphrantzes Chronicle*, 50-51. Sobre la quema de aceite y otros recursos de los defensores, véase M. Philippides y W. Hanak, *The Siege and the Fall of Constantinople in 1453*, 522-523.

65. J. Melville-Jones, *The Siege of Constantinople 1453*, 16-18, 36-37. Sobre la herida de Giustiniani, el pánico genovés subsiguiente y la controversia sobre la huida a los barcos, véanse también los relatos de fuentes primarias reunidos en M. Philippides y W. Hanak, *The Siege and the Fall of Constantinople in 1453*, 521-546.

66. M. Carroll, *A Contemporary Greek Source for the Siege of Constantinople: The Sphrantzes Chronicle*, 77-78. Sobre la polémica acerca de la muerte de Giustiniani, véase M. Philippides y W. Hanak, *The Siege and the Fall of Constantinople in 1453*, 542-546.

67. Cita de Constantinopla: J. Melville-Jones, *The Siege of Constantinople 1453*, 36.

68. Sobre el saqueo de Santa Sofía y demás atrocidades en el interior de la catedral, cf. R. Guerdan, *Byzantium*, 217-222.

69. J. Melville-Jones, *The Siege of Constantinople 1453*, 104-105.

70. J. R. Jones, *Nicolò Barbaro. Diary of the Siege of Constantinople*, 1453, 69.

71. Michael Ducas en J. Melville-Jones, *The Siege of Constantinople 1453*, 16-18, 106-107. Cf. M. Philippides y W. Hanak, *The Siege and the Fall of Constantinople in 1453*, 131-134.

72. H. Inalcik, «The Policy of Mehmet», 229-249.

73. Para ejemplos de la conmoción psicológica en Occidente ante la caída de la ciudad, cf. R. Crowley, *1453*, 238-239; y M. Kamariôtès, «Récit pitoyable de la prise de Constantinople», 771-778.

74. Para diversas revisiones de la idea del atraso militar y tecnológico otomano, véase J. Grant, «Rethinking the Ottoman "Decline"», 179-201.

75. Sobre los esfuerzos de Mehmed por reinaugurar la Constantinopla islámica como una suerte de concesión comercial internacional, véase C. Dauverd, «Cultivating Differences», 94-124.

76. Sobre las aspiraciones de la Constantinopla islámica posterior a 1453, cf. R. Crowley, *1453*, 246-253.

77. Sobre la conquista de los enclaves remanentes de Bizancio tras la caída, véase S. Runciman, *The Fall of Constantinople*, 170-177.

78. S. Runciman, *The Fall of Constantinople*, 176.

79. M. Philippides y W. Hanak, *The Siege and the Fall of Constantinople in 1453*, 197; Runciman, *The Fall of Constantinople*, 183-184.

80. Sobre Bizancio y el Renacimiento occidental: K. Setton, «The Byzan- tine Background to the Italian Renaissance», 1-76. Para las observaciones del papa Pío, véase M. Philippides y W. Hanak, *The Siege and the Fall of Constantinople in 1453*, 195-196.

81. D. Nicol, *The Immortal Emperor*, 98-108. Para los diversos mitos y relatos de los últimos minutos de Constantino, véase M. Philippides y W. Hanak, *The Siege and the Fall of Constantinople in 1453*, 234-235. Sobre el asedio de Balcanes durante las décadas posteriores a la caída, véase S. Runciman, *The Fall of Constantinople*, 176-177, y P. Kinross, *The Ottoman Centuries*, 123-137.

82. Sobre la importancia estratégica y la indeterminación de la Turquía contemporánea, véase el breve ensayo de F. Zabun, «Strategic Ambiguity».

83. Sobre el giro de Erdoğan hacia el islamismo, véase H. Fradkin y L. Libby, «Erdogan's Grand Vision: Rise and Decline», 41-50. Sobre los griegos actuales en Turquía, véase I. Magra, «Greeks in Istanbul», https://www.ekathimerini.com/society/diaspora/258839/greeks-in-istanbul-keeping-close-eye-on-developments/

84. Sobre los griegos supervivientes de Asia Menor durante los siglos posteriores a 1453, cf. P. Kitromilides y A. Alexandris, «Ethnic Survival, Nationalism and Forced Migration», especialmente 9-14. Véase también J. Harris, «Despots, Emperors, and Balkan Identity in Exile», 643-661.

85. Para la cita, véase K. Fleming, «Constantinople: From Christianity to Islam», 69-78. Sobre la controvertida carrera y muerte de Notaras, véanse las fuentes primarias relativas a su trayectoria en M. Philippides y W. Hanak, *The Siege and the Fall of Constantinople in 1453*, 41-62, 58-264.

86. H. Inalcik, «The Policy of Mehmet II», 229-249, especialmente 238-241. Sobre el esfuerzo posbélico por convencer a los griegos de la ciudad para que se quedaran, véase P. Kinross, *The Ottoman Centuries*, 112-115.

87. Véase M. Philippides y W. Hanak, *The Siege and the Fall of Constantinople in 1453*, 197-214.

88. P. Kitromilides y A. Alexandris, «Ethnic Survival», 6, 9-44.

89. Sobre la rápida islamización de Constantinopla por Mehmed y sus esfuerzos por aumentar su población, véase H. Inalcik, «Istanbul: Islamic», 1-23. Sobre el esfuerzo kemalista por sustituir el otomanismo por la idea de una nación turca moderna, véase G. Brockett, «When Ottomans Become Turks», 399-433. Sobre los controvertidos estudios de ADN de la demografía turca y el consiguiente revuelo político, véase *Newsroom Protothema*, «Turks Enraged as Ancestry.com Reveals the Truth: Most of Them are Greeks»; P. Antonopou-

los, «Turkish DNA Project Calls for Boycott after Ancestry.com Highlights Many Greeks Were Turkified».

90. Para la cita sobre el rey Constantino y el fin de la Gran Idea, véase G. Kaloudis, «Ethnic Cleansing in Asia Minor and the Treaty of Lausanne», 59-88 y A. Dagkas, «Constantinople-Istanbul. Rêve et réalité pour les Grecs», 71-81, especialmente 72-78.

91. Sobre la naturaleza y los orígenes de la *Idea Megali* y la idea de recuperar Constantinopla, véase M. Finefrock, «Atatürk, Lloyd George and the Megali Idea», 47-66. Sobre los vestigios griegos de 1453 hasta el presente, véase W. Treadgold, *A History of the Byzantine State and Society*, 848- 852. Sobre la población griega de Constantinopla, véase A. Dagkas, «Constantinople-Istanbul. Rêve et réalité pour les Grecs», 79.

92. Los navegantes portugueses —muchos genoveses de nacimiento—, habían llegado a Senegal en 1445 y casi a Sierra Leona en 1446 bajo el patrocinio del príncipe Enrique el Navegante.

Capítulo 4. La arrogancia imperial

1. F. Cortés, «Third Letter», en D. Carballo, *Collision of Worlds*, 225. Sobre las cartas en general, véase A. Padgen, *Hernán Cortés: Letters from Mexico*. «Aztecas», un término que los mexicas nunca utilizaron, se emplea aquí, para mayor claridad, a veces indistintamente con «mexica», el sustantivo empleado con mayor probabilidad por el pueblo de Tenochtitlán. Cf. C. Townsend, *Fifth Sun*, XI-XII.

2. Sobre el papel clave de los aliados en la victoria de Cortés, véase T. Brinkerhoff, «Reexamining the Lore of the "Archetypal Conquistador"», 169-187.

3. J. Bierhorst, *Cantares Mexicanos*, 319.

4. F. Aguilar, en P. de Fuentes, *Conquistadors*, 138.

5. D. Carrasco, *The History of the Conquest of New Spain by Bernal Díaz del Castillo*, 69-70.

6. A. Tapia, en P. de Fuentes, *The conquistadors,* 31.

7. Para los presagios, véase B. Sahagún, *The Florentine Codex*, libro 12, capítulo 1. Sobre la idea de que la «confusión cultural» explica la victoria española, véase V. Hanson, *Carnage and Culture*, 216-218.

8. Véase S. Colston, «No Longer Will There Be a Mexico», 239-258, donde se distinguen varias profecías y presagios aztecas: aquellos de gran popularidad antes de la invasión, y otros construidos a raíz del fin de Tenochtitlán.

9. F. Cortés, «Second Letter», en F. MacNutt, *Letters of Cortes*, 86.

10. Sobre la pujante creencia nativa de que en realidad los españoles no eran divinidades, véase W. Prescott, *History of the Conquest of Mexico*, 241-243, 278-279.

11. B. Sahagún, *The Florentine Codex*, libro 12, capítulo 9.

12. Sobre las diversas interpretaciones aztecas de quiénes eran los españoles y por qué vinieron, Véase H. Thomas, *The Conquest of Mexico*, 179-187.

13. Del *Códice Ramírez*, en M. León-Portilla, *Broken Spears,* 61. El Códice, de mediados del siglo XVI, es un relato español basado en una fuente náhuatl anterior.

14. Cf. H. Thomas, *The Conquest of Mexico*, 384, que describe en profundidad los diversos temores y excusas de Alvarado.

15. Sobre las diversas excusas para la carnicería de Alvarado, véase de nuevo H. Thomas, *The Conquest of Mexico*, 385-390.

16. *Códice Florentino*, 12, en M. León-Portilla, *Broken Spears*, 76.

17. F. Gómara, *Cortés, the Life of the Conqueror*, 222.

18. *Códice Florentino*, 12, en M. Leon-Portilla, *Broken Spears*, 76, 85-86.

19. Para una narración clásica y explícita de la Noche Triste y la batalla de Otumba, véase W. Prescott, *History of the Conquest of Mexico*, 441-465.

20. F. Gómara, *Cortés, the Life of the Conqueror*, 228.

21. H. Thomas, *The Conquest of Mexico*, 5-6.

22. Por ejemplo, Vasili Blojín, verdugo jefe de la NKVD (la agencia de seguridad interna de la Unión Soviética, bajo el control de Lavrentiy Beria) y quizá el ejecutor más letal de la historia, mató personalmente a casi siete mil personas, de una en una, durante la masacre de Katyn; tales esfuerzos le brindaron la Orden de la Bandera Roja. «Los métodos empleados [...] no habrían llevado más de uno o dos minutos por individuo», según G. Sanford, *Katyn and the Soviet Massacre of 1940*, 102. De ser cierto, Blojín podría haber empleado —estimemos un asesinato cada tres minutos— más de trescientas cincuenta horas para ejecutar a los siete mil. Al parecer, la juerga asesina duró unos veintiocho días, contando con que este cálculo de la muerte habría requerido que Blojín empleara doce horas asesinando cada noche.

23. Para estos truculentos detalles, véanse las descripciones en M. León-Portilla, *Broken Spears*, 107. Sobre los sacrificios humanos aztecas, véase J. Ingham, «Human Sacrifice at Tenochtitlán», 379-400; cf. M. Harner, «The Enigma of Aztec Sacrifice», 46-51.

24. Sobre el ingenioso diseño, construcción y transporte de los bergantines, véase F. Cortés, «Tercera carta», 255-257.

25. *Códice Florentino*, 12, citado en M. León-Portilla, *Broken Spears*, 94-96.

26. F. MacNutt, «Third Letter», Apéndice 4, 182. Para los antecedentes de la primera carta, cf. E. Wright, «New World News, Ancient Echoes: A Cortés Letter and a Vernacular Livy for a New King and His Wary Subjects (1520-23)», *Renaissance Quarterly* 61.3 (2008), 711-749.

27. B. Díaz, *The History of the Conquest of New Spain*, capítulo 156 en el texto original.

28. F. Cortés, «Third Letter», en D. Carballo, *Collision of Worlds*, parágrafo 111.

29. F. Gómara, *Cortés, the Life of the Conqueror*, capítulo 114 en el texto original.

30. B. Díaz, *Discovery and Conquest of Mexico*, 337-338, capítulo 95 en el texto original.

31. F. Gómara, *Cortés, the Life of the Conqueror*, 262-263, capítulo 130 en el texto original.

32. Considerando las muertes por viruela a la baja; para una estimación más modesta de las muertes aztecas por viruela, cf. F. Brooks, «Revising the Conquest of Mexico», 1-29.

33. B. Sahagún, *The Florentine Codex* 12, 29 (versión náhuatl).

34. R. Hassig, *Mexico and Spanish Conquest*, 102.

35. «Cantares Mexicanos», fos. 19v-20t, en M. León-Portilla, *Pre-Columbian Literatures of Mexico*, 87.

36. F. Gómara, *Cortés, the Life of the Conqueror*, 263, capítulo 130 en el texto original.

37. Véase F. Cortés, «First Letter», en F. MacNutt, *Letters of Cortes*, 164.

38. F. Alva Ixtkukxochitl, *Ally of Cortés*, xxvi. Cf. V. Hanson, «Alexander the Killer», 8-18.

39. Compárense varias causas de la victoria española, entre ellas la superioridad logística y de suministros: G. Raudzens, «So Why Were the Aztecs Conquered?», 87-104.

40. F. Cortés, «Second Letter», en F. MacNutt, *Letters of Cortes*, 86.

41. Véase F. Tezozomoc, *Crónica Mexicana*, 612.

42. D. Carrasco, *The History of the Conquest of New Spain by Bernal Díaz del Castillo*, 2, 100.

43. F. Aguilar, en P. de Fuentes, *The conquistadors*, 138. El asesinato de Matlatzincatl fue probablemente mérito grupal, aunque el golpe de gracia lo dio seguramente Juan de Salamanca.

44. Cf. «Lo notable de la guerra mexica es lo poco cooperativa que era. Los mejores guerreros eran cazadores solitarios [...] El novato competía directamente con sus pares mientras buscaba entre el polvo y la confusión de la batalla a un enemigo del mismo rango o, idealmente, superior [...] Intentar ayudar a un compañero superado por el enemigo podía interpretarse como un intento de robarle a su cautivo». I. Clendinnen, *Aztecs*, 111-128. Sobre el uso de las pieles humanas de los sacrificados, véase D. Carrasco, «Give Me Some Skin», 1-26.

45. Sobre la naturaleza ritual y las limitaciones aztecas en el sentido occidental de la guerra, véase I. Clendinnen, «The Cost of Courage», 44-89. Véase también D. Carballo, *Collision of Worlds*, 181.

46. B. Sahagún, *The Florentine Codex*, libro 12, 71.

47. J. White, *Cortés and the Downfall of the Aztec Empire*, 169. Cf. V. Hanson, *Carnage and Culture*, 226.

48. Sobre las comparaciones entre las armas españolas y aztecas, véase R. Hassig, *Mexico and the Spanish Conquest*, 78. Sobre los primeros encuentros de los romanos con los elefantes, véase Plinio, *Historia natural* 8.16.

49. B. Sahagún, *The Florentine Codex*, libro 12.

50. «Los garrotes y las espadas surtían efecto, pero la armadura de acero española era inmune de la mayoría de los proyectiles indios, excepto quizá de

los dardos lanzados desde muy cerca. De hecho, las heridas de los españoles se limitaban normalmente a las extremidades, la cara, el cuello y otras zonas vulnerables desprotegidas por la armadura.» R. Hassig, *Mexico and Spanish Conquest*, 37-38.

51. C. Townsend, «Burying the White Gods: New Perspectives on the Conquest of Mexico», *American Historical Review* 108.3 (2003), 659-687; cf. 677. R. Denhardt, «The Truth about Cortés's Horses», *Hispanic American Historical Review*, 17.4 (noviembre de 1937), 525-532.

52. B. Díaz, *The Discovery and Conquest of Mexico*, I, 224.

53. B. Sahagún, *The Florentine Codex*, libro 12, 96.

54. Sobre las mujeres españolas en la conquista, véase J. Johnson, «Bernal Díaz and the Women of the Conquest», 67-77.

55. F. Gómara, *Cortés, the Life of the Conqueror*, 241.

56. Sobre las innovaciones militares españolas, véase F. González de León, «Spanish Military Power and the Military Revolution», 25-42.

57. J. Lockhart, *The Nahuas After the Conquest*, 277-278.

58. Véase V. Hanson, *Carnage and Culture*, 222-230.

59. Era llamativo que España tuviera el mayor porcentaje de estudiantes universitarios de Europa durante el siglo xv: el tres por ciento de los jóvenes varones españoles, un nivel que no se alcanzó en Gran Bretaña hasta 1950. La mayoría estudiaba Derecho, como Cortés, aunque sin muchas esperanzas de conseguir un empleo en el gobierno. Estos hombres de clase elevada, con una sofisticada comprensión del mundo, se vieron arrastrados a la aventura del Nuevo Mundo. No eran matones callejeros, sino estudiantes de posgrado en paro. Véase R. Kagan, «Universities in Castille, 1500-1800», en L. Stone, *The University in Society*.

60. Véase D. Carrasco, *The History of the Conquest of New Spain by Bernal Díaz del Castillo*, 156, sobre la impresionante capacidad de los españoles para crear coaliciones de ciudades nativas en causa común contra los aztecas.

61. F. Cortés, «Second Letter», en F. MacNutt, *Letters of Cortes*, 189.

62. Para los retratos de los brillantes lugartenientes de Cortés, véase H. Thomas, *The Conquest of Mexico*, 106-107, 149-155.

63. F. Cortés, «Second Letter», en F. MacNutt, *Letters of Cortes*, 238.

64. F. Cortés, «Second Letter», en F. MacNutt, *Letters of Cortes*, 263. Para la idea de la homosexualidad como ejemplo de la concepción más «natural» de los aztecas de «una gama de posibilidades sexuales», véase C. Townsend, *Fifth Sun*, 63.

65. F. Cortés, «Third Letter», en D. Carballo, *Collision of Worlds*, 40.

66. F. Cortés, «Third Letter», en D. Carballo, *Collision of Worlds*, 80-81.

67. J. Lockhart, *We People Here: Nahuatl Accounts of the Conquest of Mexico*, 165-167, que contiene una traducción del *Códice Florentino*, 12, 26.

68. C. Townsend, *Fifth Sun*, 125.

69. F. Gómara, *Cortés, the Life of the Conqueror*, 143, 291.

70. C. Townsend, *Fifth Sun*, 192-194.

71. Sobre la supervivencia de la religión y la cultura prehispánicas a lo largo de los siglos de colonización española, véase F. Karttunen, «After the Conquest», 239-256.

72. J. Lockhart, *The Nahuas After the Conquest*, 429-430.

73. *Socio-Demographic Profile of the Population Speaking Nahuatl.*

74. Sobre la tendencia a exagerar las muertes aztecas por viruela durante la conquista, véase F. Brooks, «Revising the Conquest of Mexico», 1-29. Sus argumentos válidos no pretendían extenderse al conjunto de todas las muertes de los pueblos indígenas debidas a las numerosas enfermedades importadas durante las décadas que siguieron a la caída de Tenochtitlán. El total a lo largo de varios años pudo haber sido de entre cinco y diez millones de víctimas mortales, en lugar de las cifras mayores sostenidas por varios historiadores. Una buena discusión es R. McCaa, «Spanish and Nahuatl Views on Smallpox and Demographic Catastrophe in Mexico», 397-431.

75. F. Cortés, «Third Letter», en D. Carballo, *Collision of Worlds*, sección 136.

Epílogo. Cómo lo inimaginable se convierte en inevitable

1. Los clasicistas suelen definir vagamente la «Grecia clásica» o la «Edad de Oro» como el periodo que va desde las guerras médicas (comenzando con Maratón en el 490 a. C. o, alternativamente, tras la victoria en Salamina en el 480 a. C.) hasta la conquista de las ciudades-Estado griegas por Alejandro en el 335 a. C. o su muerte en el 323 a. C., a partir de lo cual comenzaría la era helenística.

2. Sobre las lamentaciones por las ciudades mediterráneas destruidas, véase en general, M. R. Bachvarova, D. Dutsch y A. Suter, eds., *The Fall of Cities in the Mediterranean: Commemoration in Literature, Folk-Song, and Liturgy*, especialmente 226-255. Sobre Cartago: E. Cook, «T. S. Eliot and the Carthaginian Peace», 341-355; B. Wardropper, «The Poetry of Ruins in the Golden Age», 295-305. Sobre Constantinopla: A. Norman Jeffares, «The Byzantine Poems of W. B. Yeats», 44-52. Sobre Tenochtitlán: D. Damrosch, «The Aesthetics of Conquest: Aztec Poetry before and after Cort.s», 101-120; B. Clarke, «The Fall of Montezuma: Poetry and History in William Carlos Williams and D. H. Lawrence,» 1-12; S. Park, «Mesoamerican Modernism: William Carlos Williams and the Archaeological Imagination», 21-47.

3. Sobre Alejandro Magno, véase P. Merlan, «Isocrates, Aristotle and Alexander the Great», 60-81. Para las dudas sobre la importancia del Círculo de Escipión, véase: F. Walbank, «The Scipionic Legend», 54-69. Sobre la biblioteca y la corte de Mehmed II, véase J. Raby, «Mehmed the Conqueror's Greek Scriptorium», 15-34. Sobre Cortés, véase J. Elliott, «The Mental World of Hernán Cortés», 41-58.

4. Tucídides, 5. 89.

5. P. Baker, «"I Too Have a Nuclear Button, but It Is a Much Bigger & More Powerful One": Trump Taunts Kim Jong-un» https://www.nytimes.com/2018/01/02/us/politics/trump-tweet-north-korea.html.

6. J. Watts, «Chinese general warns of nuclear risk to US», https://www.theguardian.com/world/2005/jul/16/china.jonathanwatts.

7. *Mumbai Mirror*, «Pakistan Minister Threatens India with Nuclear War Which Won't Harm Muslims», https://mumbaimirror.indiatimes.com/news/world/pakistan-minister-threatens-india-with-nuclear-war-which-wont-harm-muslims/articleshow/77675717.cms.

8. MEMRI, «Former Iranian President Rafsanjani on Using a Nuclear Bomb Against Israel», https://www.memri.org/reports/former-iranian-president-rafsanjani-using-nuclear-bomb-against-israel.

9. M. Oren, «Ex-envoy: Iran Deal Bad for Israel, U.S. and World», https://www.cnn.com/2015/07/01/opinions/oren-iran-nuclear-deal/index.html.

10. *Times of Israel,* «In Video, Iran Threatens to Raze Tel Aviv, Destroy Dimona, If Israel Hits Nuke Sites», https://www.timesofisrael.com/iran.-threatens-to-raze-tel-aviv-destroy-dimona-if-israel-strikes-nuclear-sites/. En el momento en que este libro entraba en imprenta, a principios de octubre de 2023, terroristas de la franja de Gaza entraron en Israel y asesinaron a más de mil doscientos civiles, llevándose rehenes a Gaza, decapitando bebés, ejecutando a mujeres y niños y descuartizando y profanando a los muertos. Tal salvajismo mereció una pronta invasión israelí en Gaza, pues los terroristas de Hamás, antes y después de las atrocidades, se jactaban de que su objetivo era destruir totalmente Israel y al pueblo judío en Oriente Próximo.

11. P. Koelle, «Recep Tayyip Erdogan's Relationship with the Ottoman Empire», https://intpolicydigest.org/recep-tayyip-erdogan-s-relationship.-with-the-ottoman-empire/. Cf. BBC World News, «Turkey's First Lady Praises Ottoman Harem», https://www.bbc.com/news/world-europe.-35773208.

12. N. Stamouli, «Erdoğan Warns Greece That Turkish Missiles Can Reach Athens», https://www.politico.eu/article/erdogan-warns-greece.-that-turkish-missiles-can-reach-athens%ef%bf%bc/.

13. M. Pomper, «Why the US Has Nuclear Bombs in Turkey, and Why It's So Tricky to Remove Them», https://www.businessinsider.com/us-nuclear-bombs-in-turkey-tricky-to-remove-2019-10. Cf., B. Fox, ed., «Turkey Warns It Could Kick Out US from Incirlik Nuclear Base», https:// www.euractiv.com/section/defence-and-security/news/turkey-warns-it-could-kick-out-us-from-incirlik-nuclear-base/.

14. S. Fraser y B. Mroue, «What's at Stake as Turkey Threatens to Escalate Conflict with Syrian Fighters?», https://www.timesofisrael.com./whats-at-stake-as-turkey-threatens-to-escalate-conflict-with-syrian-fighters/.

15. BBC World News, «Nagorno-Karabaj: Perfil», https://www.bbc.com/news/world-europe-18270325. Cf. A. Youssefian, «Turkey's Escalations Pose an Existential Threat to Armenia», https://armenianweekly.com/2020/09/30/

turkeys-escalations-pose-an-existential-threat-to-armenia/. Cf. Reuters, «Na-gorno-Karabakh's Armenians Start to Leave En Masse for Armenia», 25 de septiembre de 2023, https://www.reuters.com/world/armenia-calls-un-mis-sion-monitor-rights-nagorno-karabakh-2023-09-24/.

16. W. Msemburi et al., «The WHO Estimates of Excess Mortality Associated with the COVID-19 Pandemic», 130-137, https://www.nature.com/articles/s41586-022-05522-2.

17. A. Skinner, «Military Drone Attacks Human Operator in Hypothetical Sce-nario», *Newsweek*, 1 de junio de 2023, https://www.newsweek.com./mili-tary-drone-attacks-human-operator-simulation-1803949.

18. No se trata de descartar la amenaza de otros peligros existenciales distintos a la guerra, desde el cambio climático hasta las interrupciones de la cadena de suministro y la hambruna. Hay otras amenazas apocalípticas que a menudo se han desdeñado como ciencia ficción, incluidos los impactos de cometas o grandes meteoritos (como el acontecimiento en Tunguska o incluso el cometa que mató a los dinosaurios hace sesenta y cinco millones de años). Quizá sea aún más preocupante que nuestra tecnología pueda convertirse en nues-tro enemigo si el tan cacareado «apocalipsis de la IA» llegara a producirse y nos enfrentáramos a una entidad sobrehumana similar a «Skynet». Véase, por ejemplo, M. Tegmark, *Life 3.0* o T. Ord, *The Precipice: Existential Risk and the Future of Humanity*.

OBRAS CITADAS

Fuentes primarias

Obras clásicas

Apiano, *Guerras púnicas.*
Aristóbulo, *FGrHist,* 139 F2.
Aristóteles, *Política.*
Arriano, *Anábasis de Alejandro.*
Catulo, *Poemas.*
Cicerón, *Tusculanas.*
Clitarco, *FGrHist,* 137 F9.
Diodoro Sículo, *Biliotheca Historica.*
Dion Casio, *Historia de Roma.*
Ennio, Frag. 237. *Hellenica Oxyrhynchia.*
Esquilo, *Prometeo encadenado.*
Esquines, *Contra Ctesifonte.*
Estrabón, *Geografía.*
Homero, *Ilíada* (traducción de Lattimore).
Horacio, *Epístolas.*
Jenofonte, *Helénica.*
Jenofonte, *Sobre los ingresos.*
Justino, *Epítome de Pomponio Trogo.*
Juvenal, *Sátiras.*
Livio, *Ab Urbe Condita.*
Plauto, *Epídico.*
Plinio, *Historia natural.*
Plutarco, *Catón el Viejo.*
Plutarco, *Comparación de Pelópidas y Marcelo.*
Plutarco, *Moralia.*
Plutarco, *Vida de Alejandro.*
Plutarco, *Vida de Demóstenes.*

Polibio, *Historias.*

Polieno, *Estratagemas en la guerra.*

Pseudoescila, *Periplo.*

Salustio, *Guerra de Yugurta.*

Tácito, *Agrícola.*

Tucídides, *Guerra del Peloponeso.*

Fuentes primarias de la conquista de México

Aguilar, F., en P. de Fuentes, trad. y ed. *The Conquistadors; First-person Accounts of the Conquest of Mexico* (Austin: University of Texas Press, 1963).

Alva Ixtlilxochitl, F. *Ally of Cortés: Account 13, of the Coming of the Spaniards and the Beginning of the Evangelical Law*, trad. D. Ballentine (El Paso: Texas Western Press, 1969).

Bierhorst, J., trad. y ed. *Cantares Mexicanos: Songs of the Aztecs* (Stanford: Stanford University Press, 1985).

Carrasco, D., trad. y ed. *The History of the Conquest of New Spain by Bernal Díaz del Castillo* (Albuquerque: University of New Mexico Press, 2008).

Codex Ramirez (Códice Ramírez), trad. L. Kemp, in M. León-Portilla, ed. *The Broken Spears: The Aztec Account of the Conquest of Mexico* (Boston: Beacon Press, 1992). Cortés, F. «Third Letter», en D. Carballo, *Collision of Worlds: A Deep History of the Fall of Aztec Mexico and the Forging of New Spain* (Oxford: Oxford University Press, 2022).

Díaz, B. *The Discovery and Conquest of Mexico*, trad. A. P. Maudslay (New York: Harper & Brother, 1928).

Florentine Codex (Códice Florentino), trad. L. Kemp, en M. León-Portilla, ed. *The Broken Spears: The Aztec Account of the Conquest of Mexico* (Boston: Beacon Press, 1992).

Gómara, F. *Cortés, the Life of the Conqueror by His Secretary*, trad. L. Simpson (Berkeley: University of California Press, 1964).

Leon-Portilla, M., trad. «Cantares Mexicanos», fos. 19v–20t, in *Pre-Columbian Literatures of Mexico* (Norman: University of Oklahoma Press, 1969).

Lockhart, J., trad. y ed. *We People Here: Nahuatl Accounts of the Conquest of Mexico*, (Berkeley: University of California Press, 1994), 165– 167; contiene una traducción del *Códice Florentino* 12, 26.

MacNutt, F., trad. *Letters of Cortes: The Five Letters of Relation from Fernando Cortes to the Emperor Charles V* (New York: Putnam, 1908).

Sahagún, B. *The Florentine Codex*, libro 12, *The Conquest of Mexico*, trad. A. Anderson y C. Dibble (Salt Lake City: University of Utah Press, 2012).

Tapia, A., en P. de Fuentes, trad. y ed., *The Conquistadors* (Austin: University of Texas Press, 1963).

Documentos federales de Estados Unidos y México

Morgenthau Plan, http://docs.fdrlibrary.marist.edu/PSF/BOX31/t297a01.html.

Socio-Demographic Profile of the Population Speaking Nahuatl (Gov. of Mexico, 2005).

Fuentes secundarias

«Former Iranian President Rafsanjani on Using a Nuclear Bomb Against Israel», MEMRI Special Dispatch No. 325, 2 de enero de 2002.

«In Video, Iran Threatens to Raze Tel Aviv, Destroy Dimona, if Israel Hits Nuke Sites», *Times of Israel*, 27 de diciembre de 2022.

«Nagorno-Karabakh: Profile», BBC World News, 10 de abril de 2023. Cf. A. Youssefian, «Turkey's Escalations Pose an Existential Threat to Armenia», *Armenian Weekly*, 30 de septiembre de 2020.

«Pakistan Minister Threatens India with Nuclear War Which Won't Harm Muslims», *Mumbai Mirror*, 21 de agosto de 2020.

«Turkey's First Lady Praises Ottoman Harem», BBC World News, 10 de marzo de 2016.

Adcock, F. «Delenda Est Carthago», *Cambridge Historical Journal* 8.3 (1946), 117–128.

Antela-Bernardez, B. «A Furious Wrath: Alexander the Great's Destruction of Thebes and Perdiccas' False Retreat», en G. Lee et al., eds., *Ancient Warfare: Introducing Current Research*, Volumen 1 (Newcastle upon Tyne: Cambridge Scholars Publishing, 2015), 94–105.

Arabatzis, G. «Hegel and Byzantium (With a note on Alexandre Kojève and Scepticism)», *Philosophical Inquiry* 25 (2003), 31–39.

Armstrong, D. «Unilateral Disarmament: A Case History», *World Affairs* 126.1 (1963), 22–27.

Astin, A. «Scipio Aemilianus and Cato Censorius», *Latomus* 15.2 (1956), 159–180.

Ayalon, A. *Natural Disasters in the Ottoman Empire. Plague, Famine, and Other Misfortunes* (Nueva York: Cambridge University Press, 2015).

Bachvarova, M. R., D. Dutsch, y A. Suter, eds., *The Fall of Cities in the Mediterranean: Commemoration in Literature, Folk-Song, and Liturgy* (Cambridge: Cambridge University Press, 2015).

Baker, P. «"I Too Have a Nuclear Button, but It Is a Much Bigger & More Powerful One": Trump Taunts Kim Jong-un», *New York Times*, 2 de enero de 2018.

Baronowski, D. «Polybius on the Causes of the Third Punic War», *Classical Philology* 90.1 (January 1995), 16–31.

Beaton, R. *Greece: Biography of a Modern Nation* (Londres: Allen Lane, 2019).

Beihammer, A. «Patterns of Turkish Migration and Expansion in Byzantine Asia Minor in the 11th and 12th Centuries» en J. Preiser-Kapeller, L. Reinfandt, y Y. Stouraitis, eds., *Migration Histories of the Medieval Afroeurasian Transition Zone: Aspects of Mobility between Africa, Asia and Europe, 300-1500 C.E.* (Leiden: Brill, 2020), 166–192.

Bergh, A., y C. Hampus Lyttkens. «Measuring Institutional Quality in Ancient Athens», *Journal of Institutional Economics* 10.2 (Junio de 2014), 279–310.

Bierhorst, J., trad. y ed. *Cantares Mexicanos: Songs of the Aztecs* (Stanford: Stanford University Press, 1985).

Bogdanović, J. «The Relational Spiritual Geopolitics of Constantinople, the Capital of the Byzantine Empire», en J. Bogdanović, J. Christie, y E. Guzmán, eds., *Political Landscapes of Capital Cities* (Denver: University Press of Colorado, 2016), 97–154.

Bosworth, A. *Conquest and Empire: The Reign of Alexander the Great* (Cambridge: Cambridge University Press, 1988).

——. *Historical Commentary on Arrian's History of Alexander*. Volumen 1: Libros I–III (Oxford: Clarendon Press, 1980).

Brinkerhoff, T. «Reexamining the Lore of the "Archetypal Conquistador": Hernán Cortés and the Spanish Conquest of the Aztec Empire, 1519– 1521», *History Teacher* 49.2 (Febrero de 2016), 169–187.

Brockett, G. «When Ottomans Become Turks: Commemorating the Conquest of Constantinople and Its Contribution to World History», *American Historical Review* 119.2 (2014), 399–433.

Brooks, F. «Revising the Conquest of Mexico: Smallpox, Sources, and Populations», *Journal of Interdisciplinary History* 24.1 (Verano de 1993), 1–29.

Brown, P. *Augustine of Hippo* (Berkeley: University of California Press, 2013).

Buraselis, K. «Contributions to Rebuilding Thebes: The Old and a New Fragment of IG VII 2419 ≈ Sylloge3 337», *Zeitschrift Für Papyrologie Und Epigraphik* 188 (2014), 159–170.

Carballo, D. *Collision of Worlds: A Deep History of the Fall of Aztec Mexico and the Forging of New Spain* (Oxford: Oxford University Press, 2022).

Carrasco, D. «Give Me Some Skin: The Charisma of the Aztec Warrior», *History of Religions* 35.1 (1995), 1–26.

Carroll, M. *A Contemporary Greek Source for the Siege of Constantinople: The Sphrantzes Chronicle* (Amsterdam: Hakkert, 1985).

Cartledge, P. *Thebes: The Forgotten City of Ancient Greece* (Londres: Picador, 2020).

Clarke, B. «The Fall of Montezuma: Poetry and History in William Carlos Williams and D. H. Lawrence», *William Carlos Williams Review* 12.1 (Primavera de 1986), 1–12.

Clendinnen, I. «The Cost of Courage in Aztec Society», *Past & Present* 107 (Mayo de 1985), 44–89.

——. *Aztecs: An Interpretation* (New York: Cambridge University Press, 1991).

Cohen, H. «Greek Nature-Knowledge Transplanted: The Islamic World», 53–75, en H. Cohen, ed., *How Modern Science Came into the World: Four Civilizations, One 17th-Century Breakthrough* (Amsterdam: Amsterdam University Press, 2010).

Colston, S. «"No Longer Will There Be a Mexico": Omens, Prophecies, and the Conquest of the Aztec Empire», *American Indian Quarterly* 9.3, *American Indian Prophets: Religious Leaders and Revitalization Movements* (Summer 1985), 239–258.

Congourdeau, M. «La Peste Noire à Constantinople de 1343 à 1466», *Med Secoli* 11.2 (1999), 377–389.

Cook, E. «T. S. Eliot and the Carthaginian Peace», *ELH* 46.2 (1979), 341–355.

Crowley, R. *1453: The Holy War for Constantinople and the Clash of Islam and the West* (Nueva York: Hachette, 2005).

Dagkas, A. «Constantinople-Istanbul. Rêve et réalité pour les Grecs», en M. Mansouri, *La prise de Constantinople. L'évenement, sa portée et ses échos (1453–2003)* (Túnez: Cahiers du CERES, 2008), 71–81.

Damrosch, D. «The Aesthetics of Conquest: Aztec Poetry before and after Cortés», *Representations* 33 (1991), 101–120.

Dana, C. *New American Cyclopaedia* (Nueva York: Appleton, 1858–63).

Dauverd, C. «Cultivating Differences: Genoese Trade Identity in the Constantinople of Sultan Mehmet II, 1453–81», *Mediterranean Studies* 23.2 (2015), 94–124.

Davies, N. *Vanished Kingdoms: The Rise and Fall of States and Nations* (Nueva York: Penguin Books, 2012).

Delile, H., E. Pleuger, J. Blichert-Toft, y A. Wilson. «Economic Resilience of Carthage During the Punic Wars: Insights from Sediments of the Medjerda Delta Around Utica (Tunisia)» *PNAS*, 29 de abril de 2019, 116 (20), 9764–9769.

Denhardt, R. «The Truth about Cortés's Horses», *Hispanic American Historical Review* 17.4 (Noviembre de 1937), 525–532.

DeVries, K. «Gunpowder Weapons at Constantinople», en Y. Lev., ed., *War and Society in the Eastern Mediterranean, 7th–15th Centuries* (Leiden: Brill, 1997), 353–357.

——. «The Lack of a Western European Military Response to the Ottoman Invasions of Eastern Europe from Nicopolis (1396) to Mohacs (1526)», *Journal of Military History* 63.3 (1999), 539–55»,

Diamond, J. *Collapse: How Societies Choose to Fail or Succeed* (Nueva York: Viking, 2005).

——. *Guns, Germs, and Steel: The Fates of Human Societies* (Nueva York: Norton, 2005).

——. *Upheaval: Turning Points for Nations in Crisis* (Nueva York: Little, Brown and Company, 2019).

Dietrich, J. *The Morgenthau Plan: Soviet Influence on American Postwar Policy* (ed. rev.) (Nueva York: Algora Publishing, 2013).

Dominian, L. «The Site of Constantinople: A Factor of Historical Value», *Journal of the American Oriental Society* 37 (1917), 57–71.

Drews, R. «Diodorus and His Sources», *American Journal of Philology* 83.4 (Octubre de 1962), 383–392.

Eckstein, A. *Mediterranean Anarchy, Interstate War, and the Rise of Rome* (Berkeley: University of California Press, 2009).

Elliott, J. «The Mental World of Hernán Cortés», *Transactions of the Royal Historical Society* 17 (1967), 41–58.

Engels, D. *Alexander the Great and the Logistics of the Macedonian Army* (Berkeley: University of California Press, 1980).

Farkas C., et al. «Analysis of the Virus SARS-CoV-2 as a Potential Bioweapon in Light of International Literature», *Military Medicine* 188.3–4 (Marzo–Abril de 2023), 531–540.

Finefrock, M. «Atatürk, Lloyd George and the Megali Idea: Cause and Consequence of the Greek Plan to Seize Constantinople from the Allies, June–August 1922», *Journal of Modern History* 52.1 (1980) D10, 47–66.

Fleming, K. «Constantinople: From Christianity to Islam», *Classical World* 97.1 (2003), 69–78.

Fox, B., ed. «Turkey Warns It Could Kick Out US from Incirlik Nuclear Base», *Euractiv*, 11 de diciembre de 2019.

Fradkin, H., y L. Libby, «Erdogan's Grand Vision: Rise and Decline», *World Affairs* 175.6 (2013), 41–50.

Fraser, S., y B. Mroue. «What's at Stake as Turkey Threatens to Escalate Conflict with Syrian Fighters?», *Times of Israel*, 10 de diciembre de 2022.

Gartland, S. «A New Boiotia? Exiles, Landscapes, and Kings», en S. Gartland, ed., *Boiotia in the Fourth Century B.C.* (Filadelfia: University of Pennsylvania Press, 2016), 147–164.

Gibbon, E. *The Decline and Fall of the Roman Empire* (Londres: Strahan & Cadell, 1776–1789).

Goldsworthy, A. *The Punic Wars* (Londres: Weidenfeld & Nicolson, 2000).

González de León, F. «Spanish Military Power and the Military Revolution», en G. Mortimer, ed., *Early Modern Military History, 1450–1815* (Londres: Palgrave, 2004), 25–42.

Grant, J. «Rethinking the Ottoman "Decline": Military Technology Diffusion in the Ottoman Empire, Fifteenth to Eighteenth Centuries», *Journal of World History* 10.1 (1999), 179–201.

Greene, M. *The Edinburgh History of the Greeks, 1453 to 1774: The Ottoman Empire* (Edimburgo: Edinburgh University Press, 2015).

Guerdan, R. *Byzantium* (Nueva York: Perigee, 2000).

Haldon, J. «Some Aspects of Byzantine Military Technology from the Sixth to the Tenth Centuries», *Byzantine and Modern Greek Studies* 1 (1975), 11–47.

Hamilton, J. *Plutarch, Alexander, A Commentary* (Oxford: Clarendon Press, 1969).

Hammond, N. *Sources for Alexander the Great: An Analysis of Plutarch's Life and Arrian's Anabasis Alexandrou* (Cambridge: Cambridge University Press, 1993).

——. «The Battle of the Granicus River», *Journal of Hellenic Studies* 100 (1980), 73–88.

——. «What May Philip Have Learnt as a Hostage in Thebes?», *Greek, Roman and Byzantine Studies* 38 (1997), 362–371.

Hammond, N., y F. Walbank, *History of Macedonia*. Volumen III: 336–167 B.C. (Oxford: Clarendon Press, 1988).

Hanson, V. «Alexander the Killer», *Military History Quarterly* 10.3 (Spring 1998), 8–19.

——. «Epameinondas, the Battle of Leuctra (371 B.C.), and the "Revolution" in Greek Battle Tactics», *Classical Antiquity* 7.2 (1988), 190–207.

——. «Equal by Catastrophe», *Inference* 3.2 (Agosto de 2017).

——. «Hoplite Obliteration: The Case of the Town of Thespiae», en J. Carman y A. Harding, eds., *Ancient Warfare* (Cheltenham: History Press, 2009), 203–218.

——. *Carnage and Culture* (Nueva York: Doubleday, 2001).

——. *The Other Greeks* (Nueva York: Free Press, 1995).

——. *Ripples of Battle* (Nueva York: Doubleday, 2003).

——. *The Savior Generals: How Five Great Commanders Saved Wars That Were Lost—From Ancient Greece to Iraq* (London: Bloomsbury, 2013).

——. *The Soul of Battle* (Nueva York: Free Press, 1999).

——. *A War Like No Other: How the Athenians and Spartans Fought the Peloponnesian War* (Nueva York: Random House, 2005).

——. *Warfare and Agriculture in Classical Greece* (Berkeley: University of California Press, 1983).

Harner, M. «The Enigma of Aztec Sacrifice», *Natural History* 86.4 (Abril de 1977), 46–51.

Harris, J. «Despots, Emperors, and Balkan Identity in Exile», *Sixteenth Century Journal* 44.3 (2013), 643–661.

Harris, M. «On War and Greed in the Second Century B.C.», *American Historical Review* 76.5 (1971), 1371–1385.

Harris, W. *War and Imperialism in Republican Rome 327–70 BC* (Oxford: Clarendon Press, 1979).

Hassig, R. *Mexico and the Spanish Conquest* (Norman: University of Oklahoma Press, 1994; ed. rev. 2006).

Hoyos, D. *The Carthaginians* (Londres: Routledge, 2010).

——. *Hannibal's Dynasty: Power and Politics in the Western Mediterranean* (Londres: Routledge, 2003).

——. *Mastering the West: Rome and Carthage at War* (Oxford: Oxford University Press, 2017).

Iacurci, G. «Long Covid Has an "Underappreciated" Role in Labor Shortage, Study Finds», *CNBC*, 30 de enero de 2023.

Inalcik, H. «Istanbul: Islamic», *Journal of Islamic Studies* 1 (1990), 1–23.

——. «Mehmet the Conqueror (1432–1481) and His Time», *Speculum* 35.3 (1960), 408–427.

——. «The Policy of Mehmet II toward the Greek Population of Istanbul and the Byzantine Buildings of the City», *Dumbarton Oaks Papers* 23/24 (1969), 229–249.

Ingham, J. «Human Sacrifice at Tenochtitlán», *Comparative Studies in Society and History* 26.3 (July 1984), 379–400.

Iyigun, M. «Lessons from the Ottoman Harem on Culture, Religion, and Wars», *Economic Development and Cultural Change* 61.4 (2013), 693–730.

Jacoby, D. «La Population de Constantinople à l'époque Byzantine: un problème de démographie urbaine», *Byzantion* 31.1 (1961), 81–109.

Jarde, A. M. R. *The Formation of the Greek People*, Dobie, trad. (Londres: Routledge, 1996).

Jeffares, A. Norman. «The Byzantine Poems of W. B. Yeats», *Review of English Studies* 22.85 (1946), 44–52.

Johnson, J. «Bernal Díaz and the Women of the Conquest», *Hispaniola* 82 (September 1984), 67–77.

Jones, J. R., trad. *Nicolò Barbaro. Diary of the Siege of Constantinople, 1453* (Jericho, NY: Exposition Press, 1969).

Kaegi, W. *Byzantium and the Decline of Rome* (Princeton: Princeton University Press, 1968).

Kagan, D. *On the Origins of War and the Preservation of Peace* (New York: Doubleday, 1995).

Kagan, R. «Universities in Castille, 1500–1800» en L. Stone, ed., *The University in Society* (Princeton: Princeton University Press, 1974).

Kalliontzis, Y., y N. Papazarkadas. «The Contributions to the Refoundation of Thebes: A New Epigraphic and Historical Analysis», *Annual of the British School at Athens* 114 (2019), 293–315.

Kaloudis, G. «Ethnic Cleansing in Asia Minor and the Treaty of Lausanne», *International Journal on World Peace* 31.1 (2014), 59–88.

Kamariôtès, M. «Récit pitoyable de la prise de Constantinople», en V. Deroche y N. Vatin, eds., *Constantinople 1453: des Byzantins aux Ottomans: Textes et Documents* (Tolosa: Anacharsis, 2017), 771–778.

Karttunen, F. «After the Conquest: The Survival of Indigenous Patterns of Life and Belief», *Journal of World History* 3.2 (Otoño de 1992), 239–256.

Kennedy, P. *The Rise and Fall of the Great Powers: Economic Change and Military Conflict from 1500 to 2000* (Nueva York: Random House, 1987).

Khan, M. S. «A Chapter on Roman (Byzantine) Sciences in an Eleventh Century Hispano-Arabic Work», *Islamic Studies* 22. 1 (1983): 41–70.

Kiernan, B. «Sur la notion de génocide», *Le Débat* (Paris) 104 (Marzo–Abril de 1999), 179–192.

Kinross, P. *The Ottoman Centuries: The Rise and Fall of the Turkish Empire* (Nueva York: HarperCollins, 1979).

Kitromilides, P., y A. Alexandris. «Ethnic Survival, Nationalism and Forced Migration», *Bulletin of the Centre for Asia Minor Studies* (1986), 6–14.

Koelle, P. «Recep Tayyip Erdogan's Relationship with the Ottoman Empire», *International Policy Digest*, 13 de junio de 2019.

Krentz, P. «Casualties in Hoplite Battles», *Greek, Roman and Byzantine Studies* 26.1 (Spring 1985), 13–20.

Kunze, C. «Carthage and Numia, 201–149 B.C.», en D. Hoyos, ed. *Blackwell Companion to the Punic Wars* (Oxford: Blackwell, 2011), 395–411.

Lancel, S. *Carthage: A History*, A. Nevill, trad. (Oxford: Blackwell, 1995).

Lazenby, J. *The First Punic War: A Military History* (Stanford: Stanford University Press, 1996).

Le Bohec, Y. «The "Third Punic War": The Siege of Carthage (149–146 BC)», en D. Hoyos, ed., *A Companion to the Punic Wars* (Oxford: Blackwell, 2011), 430–445.

Leavesly, J. «Melos and Carthage: Genocide in the Ancient World», https://www.academia.edu/31572631/Melos_and_Carthage_Genocide_in_the_Ancient_World.

Little, C. «The Authenticity and Form of Cato's Saying "Carthago Delenda Est"», *Classical Journal* 29.6 (Marzo de 1934), 429–435.

Lockhart, J. *The Nahuas After the Conquest* (Stanford: Stanford University Press, 1992).

Luttwak, E. *The Grand Strategy of the Byzantine Empire* (Cambridge: Harvard University Press, 2009).

Ma, J. «Chaironeia 338: Topographies of Commemoration», *Journal of Hellenic Studies* 128 (2008), 72–91.

Magra, I. «Greeks in Istanbul Keeping Close Eye on Developments», *Ekathimerini.com* 22.3 (05.11.2020).

Manolova, T. «The Mytho-Historical Topography of Thebes», *Hirundo* 8 (2009/2010), 80–94.

McCaa, R. «Spanish and Nahuatl Views on Smallpox and Demographic Catastrophe in Mexico», *Journal of Interdisciplinary History* 25. 3 (1995), 397–431.

McCoy, W. «Memnon of Rhodes at the Granicus», *American Journal of Philology* 110.3 (1989), 413–433.

Meijer, F. «Cato's African Figs», *Mnemosyne* 37.1–2 (1984), 117–118.

Melville-Jones, J. *The Siege of Constantinople 1453: Seven Contemporary Accounts Translated* (Hakkert: Amsterdam, 1972).

Ménage, V. «Some Notes on the "Devshirme"» *Bulletin of the School of Oriental and African Studies*, University of London 29.1 (1966), 64–78.

Merlan, P. «Isocrates, Aristotle and Alexander the Great», *Historia: Zeitschrift Für Alte Geschichte* 3.1 (1954), 60–81.

Miles, R. «Vandal North Africa and the Fourth Punic War», *Classical Philology* 112.3 (2017), 384–410.

Morgenthau, H. *Germany Is Our Problem* (Nueva York: Harper & Brothers, 1945).

Morley, N. *The Roman Empire: Roots of Imperialism* (Londres: Pluto Press, 2010).

Mossé, C. «Plutarque, Alexandre et Thebes», en S. Bianchetti, et al., eds., *Poikilma* (La Spezia: Agorà, 2001), 167–172.

Msemburi, W., et al. «The WHO Estimates of Excess Mortality Associated with the COVID-19 Pandemic», *Nature* 613 (2023), 130–137.

Nicol, D. *The Immortal Emperor: The Life and Legend of Constantine Palaiologos, Last Emperor of the Romans* (Cambridge: Cambridge University Press, 1992).

Nicolle, D. *Constantinople, 1453: The End of Byzantium* (Oxford: Osprey, 2000).

Nicolle, D., J. Haldon, y S. Turnbull. *The Fall of Constantinople* (Oxford: Osprey, 2007).

O'Connell, P. «Nine Centuries of Schism: The Origins of the Schism», *Studies: An Irish Quarterly Review* 48.190 (1959), 168–175.

Ord, T. *The Precipice: Existential Risk and the Future of Humanity* (Nueva York: Hachette, 2020).

Oren, M. «Ex-envoy: Iran Deal Bad for Israel, U.S. and World», CNN, 1 de julio de 2015.

Padgen, A. *Hernán Cortés: Letters from Mexico* (New Haven: Yale University Press, 2001).

Park, S. «Mesoamerican Modernism: William Carlos Williams and the Archaeological Imagination», *Journal of Modern Literature* 34. 4 (2011), 21–47.

Parker, G. *Global Crisis: War, Climate Change and Catastrophe in the Seventeenth Century* (New Haven: Yale University Press, 2014).

Philippides, M., y W. Hanak. *The Siege and the Fall of Constantinople in 1453* (Farnham: Ashgate, 2011).

Pomper, M. «Why the US Has Nuclear Bombs in Turkey, and Why It's So Tricky to Remove Them», *Business Insider*, October 24, 2019.

Prag, J. «Poenus Plane Est—But Who Were the "Punickes"?», *Papers of the British School at Rome* 74 (2006), 1–37.

Pritchett, W. *The Greek State at War*, Vol. I (Berkeley: University of California Press, 1975).

——. *The Greek State at War*, Vol. V (Berkeley: University of California Press, 1991).

Prescott, W. *History of the Conquest of Mexico* (Nueva York: Harper and Brothers, 1843).

Quay, S. «Led by Science: The COVID-19 Origin Story», *Select Subcommittee on the Coronavirus Crisis*, June 26, 2021.

Quay, S., y R. Muller. «The Science Suggests a Wuhan Lab Leak», *Wall Street Journal*, 6 de junio de 2021.

Quinn, J. «Tophets in the "Punic World"», *SEL* 29–30 (2012–13), 23–48.

——. *In Search of the Phoenicians* (Princeton: Princeton University Press, 2017).

Raby, J. «Mehmed the Conqueror's Greek Scriptorium», *Dumbarton Oaks Papers* 37 (1983), 15–34.

Rance, P. «Maurice's Strategicon and the Ancients: The Late Antique Reception of Aelian and Arrian», en P. Rance y N. V. Sekunda, eds., *Greek Tak-*

tika. Ancient Military Writing and Its Heritage (Gdańsk: Akanthina, 2017), 217–255.

Raudzens, G. «So Why Were the Aztecs Conquered, and What Were the Wider Implications? Testing Military Superiority as a Cause of Europe's Pre-industrial Colonial Conquests», *War in History* 2.1 (March 1995), 87–104.

Ridley, R. T. «To Be Taken with a Pinch of Salt: The Destruction of Carthage», *Classical Philology* 81. 2 (Abril de 1986), 140–46.

Rockwell, N. *Thebes, A History* (Londres: Routledge, 2017).

Rosen, W. *Justinian's Flea: The First Great Plague and the End of the Roman World* (Londres: Penguin, 2008).

Rosenstein, N. *Rome and the Mediterranean, 290 to 146 B.C.: The Imperial Republic* (Edimburgo: Edinburgh University Press, 2012).

Runciman, S. «Gibbon and Byzantium», en G. W. Bowerstock, J. Clive, y S. R. Graubard, eds. *Edward Gibbon and the Decline and Fall of the Roman Empire* (Cambridge: Harvard University Press, 1977), 53–60.

———. *The Fall of Constantinople* (Cambridge: Cambridge University Press, 1957).

Salmon, T. «The Byzantine Science of Warfare: From Treatises to Battlefield», en S. Lazaris, ed. *A Companion to Byzantine Science* (Leiden: Brill, 2020), 429–463.

Sanford, G. *Katyn and the Soviet Massacre of 1940: Truth, Justice, and Memory* (Londres: Routledge, 2005).

Scheidel, W. *The Great Leveler: Violence and the History of Inequality from the Stone Age to the Twenty-First Century* (Princeton: Princeton University Press, 2017).

Schlachter, A. *Boeotia in Antiquity. Selected Papers* (Cambridge: Cambridge University Press, 2016).

Seaman, M. «The Athenian Expedition to Melos in 416 B.C.», *Historia* 46.4 (1997), 385–418.

Setton, K. «The Byzantine Background to the Italian Renaissance», *Proceedings of the American Philosophical Society* 100.1 (1956), 1–76.

Sidebottom, H. «Philosophers' Attitudes to Warfare under the Principate», en J. Rich y G. Shipley, eds., *War and Society in the Roman World* (Londres: Routledge, 1993), 241–264.

Skedros, J. «"You Cannot Have a Church Without an Empire": Political Orthodoxy in Byzantium», en G. Demacopoulos y A. Papanikolaou, eds., *Christianity, Democracy, and the Shadow of Constantine* (Nueva York: Fordham University Press, 2017), 219–231.

Skinner, A. «Military Drone Attacks Human Operator in Hypothetical Scenario», *Newsweek*, 1 de junio de 2023.

Stamouli, N. «Erdoğan Warns Greece That Turkish Missiles Can Reach Athens», *Politico Europe*, 11 de diciembre de 2022.

Stanzel, V. «Germany and Japan: A Comeback Story», *Globalist* (March 7, 2015).

Stevens, S. «A Legend of the Destruction of Carthage», *Classical Philology* 83.1 (Enero de 1988), 39–41.

Stimson, H., y Bundy, M. *On Active Service in Peace and War* (Nueva York: Harper, 1948).

Strassler, R., ed. *The Landmark Thucydides* (Richard Crawley translation) (Nueva York: Free Press, 1996).

Strémooukhoff, D. «Moscow the Third Rome: Sources of the Doctrine», *Speculum* 28.1 (1953) 84–101.

Symeonoglou, S. *The Topography of Thebes from the Bronze Age to Modern Times* (Princeton: Princeton University Press, 1985).

Tegmark, M. *Life 3.0: Being Human in the Age of Artificial Intelligence* (Nueva York: Knopf, 2017).

Tezozomoc, H. *Crónica Mexicana* (Ciudad de México: Imprenta y Litografía de Ireneo Paz, 1878).

Thomas, H. *The Conquest of Mexico* (Londres: Random House UK, 1993).

Tihon, A. «Science in the Byzantine Empire», en D. Lindberg, y M. Shank, eds. *The Cambridge History of Science*, Vol 2. *Medieval Science* (Cambridge: Cambridge University Press, 2013), 190–206.

Tipps, G. «The Battle of Ecnomus», *Historia* 34.4 (1985), 432–465.

Townsend, C. «Burying the White Gods: New Perspectives on the Conquest of Mexico», *American Historical Review* 108.3 (2003), 659–687.

———. *Fifth Sun* (Oxford: Oxford University Press, 2019).

Toynbee, A. *Hannibal's Legacy: The Hannibalic War's Effects on Roman Life* (Londres: Oxford University Press, 1965).

Treadgold, W. *Byzantium and Its Army* (Stanford: Stanford University Press, 1995).

———. *A History of the Byzantine State and Society* (Stanford: Stanford University Press, 1997).

Trevett, J. «Demosthenes and Thebes», *Historia: Zeitschrift Für Alte Geschichte* 48.2 (1999), 184–202.

Vogel Weidemann, U. «Carthago Delenda Est: "Aitia" and "Prophasis"», *Acta Classica* 32 (1989), 79–95.

Vottéro, G. *Le dialecte béotien*, 83. (París: A.D.R.A., 1998).

Walbank, F. «The Scipionic Legend», *Proceedings of the Cambridge Philological Society* 13.193 (1967), 54–69.

Walbank, F., A. Astin, M. Frederiksen, y R. Ogilvie, eds. *The Cambridge Ancient History*, Vol 7, *Part 1: The Hellenistic World* (Cambridge: Cambridge University Press, 1984).

———. *The Cambridge Ancient History*, Vol 7, *Part 2: The Rise of Rome to 220 B.C.* (Cambridge: Cambridge University Press, 1990).

Ward-Perkins, B. *The Fall of Rome and the End of Civilization* (Oxford: Oxford University Press, 2005).

Wardropper, B. «The Poetry of Ruins in the Golden Age», *Revista Hispánica Moderna* 35.4 (1969), 295–305.

Warmington, B. «The Destruction of Carthage: A Retractatio», *Classical Philology*, 83.4 (Octubre de 1988), 308–310.

OBRAS CITADAS

Warmington, B. H. *Carthage* (Londres: Robert Hale, 1960).

Watts, J. «Chinese General Warns of Nuclear Risk to US», *Guardian*, 15 de julio de 2005.

White, J. *Cortés and the Downfall of the Aztec Empire* (Nueva York: St. Martin's Press, 1971).

Worthington, I. «Alexander's Destruction of Thebes», en W. Heckel y L. Tritle, eds., *Crossroads of History: The Age of Alexander* (Claremont, CA: Regina Books, 2003), 65–86.

Yardley, J., trad. *Justin: Epitome of the Philippic, History of Pompeius Trogus*, Classical Resources Series. No. 3 (Atlanta: Scholars Press, 1994).

Zabun, F. «Strategic Ambiguity: Explaining Foreign Policy Under the Erdogan Presidency», *MENA Politics Newsletter*, 3.1 (Spring 2020).

ÍNDICE ONOMÁSTICO

*Los números de página en **negrita** se refieren a los mapas.*